히틀러에서 하이마트까지

From *Hitler* to *Heimat*:
The Return of History as Film

by Anton Kaes

Copyright © 1989 by the President and Fellows of Harvard College

Korean translation edition © 2013 by The National Research Foundation of Korea
Published by arrangement with Harvard University Press, Massachusetts, USA
Arranged by Bestun Korea Agency, Seoul, Korea

All rights reserved

이 책의 한국어 판권은 베스툰코리아 에이전시를 통하여 저작권자인 Harvard University Press 와 독점 계약한 (재)한국연구재단에 있습니다. 저작권법에 의해 한국 내에서 보호를 받는 저작물이므로 어떠한 형태로든 무단 전재와 무단 복제를 금합니다.

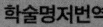

히틀러에서 하이마트까지

역사, 영화가 되어 돌아오다

From *Hitler* to *Heimat*:
The Return of History as Film

안톤 캐스 지음 | 김지혜 옮김

일러두기

1. 번호가 붙은 주는 저자 주이다.
2. 본문의 고딕 강조는 원문의 강조이다.

차례

머리말 | 007

1. 역사의 이미지: 전후 독일 영화와 제3제국 | 015

2. 신화로서의 독일: 한스 위르겐 지버베르크의 〈히틀러, 한 편의 독일 영화〉 | 065

3. 과거의 현존: 라이너 베르너 파스빈더의 〈마리아 브라운의 결혼〉 | 119

4. 독일을 찾아서: 알렉산더 클루게의 〈애국자〉 | 163

5. 우리의 어린 시절, 우리 자신: 헬마 잔더즈-브람스의 〈독일, 창백한 어머니〉 | 207

6. 기억으로서의 독일: 에드가 라이츠의 〈하이마트〉 | 243

7. 에필로그: 역사, 기억, 그리고 영화 | 289

참고문헌 | 297
주석 | 319
옮긴이 후기 | 375
찾아보기 | 379

| 머리말 |

　과거는 멀어질수록 더 가까워진다. 셀룰로이드에 고정되어 기록보관소에 저장된 이미지들은 수천 번 반복 재생되면서 과거를 영원한 현재로 보여준다. 그리고 이제 그런 이미지가 기억과 경험의 자리를 대신하기 시작했다. 이는 점진적일지는 몰라도 피할 수 없는 일이 되었다. 히틀러의 시대를 살았든 살지 않았든 우리 모두는 한 무더기의 다큐멘터리와 극영화 속에서 그 시대의 영상과 소리에 동참한다. 영화적 재현은 과거를 바라보는 우리의 시각에 영향을 끼치고 있다. 아니 사실상 과거를 바라보는 우리의 시각을 형성한다는 편이 더 옳은 말일 것이다. 오늘날 이미지는 기술력을 사용한 기억의 저장고 역할을 한다. 역사에 대해 폭넓은 접근이 가능해진 것처럼 보이지만, 기억에 대한 권한이 이런 이미지를 제작하는 사람들의 수중으로 넘어가고 있다. 최근 우리는 공공의 기억을 생산하고 관리하는 일을 둘러싸고 벌어진 격렬한 투쟁들을 목격했다.
　텔레비전용 볼거리로서 극적으로 연출된 1985년 5월 로널드 레이건의 비트부르크 군인묘역 방문을 둘러싸고 일어났던 격한 반응들, 본(Bonn)과 베를린에 새로 건립된 독일 역사 관련 박물관의 기능을 둘러싸고 벌어진 불꽃 튀는 논쟁, 홀로코스트와 제3제국이 독일의 역사에서 차지하는 위치를 둘러싸고 서독의 역사가들이 벌인 격렬한 논쟁— 이 모든 예들은 독일의 역사에 대해 국민적 합의가 존재하지 않는다는 사실을 입증해 주었을 뿐만 아니라 집단 기억과 국민 정체성이라는 문제에 대해 사람들이 점점 더 예민해지고 있다는 것 역시 입증해 주었다.

지난 10여 년 동안 독일의 역사를 다시 서술하고 히틀러 시절의 잔학상을 관용할 수 있는 마스터내러티브에 독일의 역사를 꿰어 맞추려는 시도들이 있었다. 그리고 그 강도는 점점 더 강해졌다. 1970년대 중반 이후 소개된 수많은 책과 글, 학술대회, 전시회, 텔레비전 프로그램이 독일 역사의 불연속성과 국민 정체성의 부재에 초점을 맞추어 왔고 진공상태로 여겨지는 것을 메우려고 안간힘을 써왔다. 다른 어느 나라에서도 그토록 많은 정치가와 언론인과 학자와 예술가와 문인이 자신들의 고향, 곧 "하이마트(Heimat)"의 역사와 정체성에 이렇게까지 집착했던 예는 없었다.

영화작가들이 이 일의 수행에 특별한 역할을 했다. 그들의 극영화—대부분 텔레비전을 통해 방영되었고 여러 차례 재방영되기도 했다—는 연설이나 학술보고서 또는 서적보다 훨씬 더 폭넓은 일반 관객에게로 뻗어갈 뿐만 아니라 더 직접적인 감정적 방식으로 관객을 움직이고 조종한다. 더욱이 영화—복잡한 허구의 구성물로서—는 단순한 설명을 거부하고 다원적인 해석을 요구하는 이중적인 관점과 모순적인 태도를 제공한다. 극영화는 관객의 감춰진 소망과 두려움을 표출시키고 그들의 공상을 해방시키며 그들이 공유하고 있는 분위기와 성향에 구체적 형태를 부여할 수 있다. 그러므로 영화는 문화적 삶과 정치적 삶에 개입하는 것으로 볼 수 있다. 예를 들어, 한스 위르겐 지버베르크(Hans Jürgen Syberberg)가 1977년에 제작한 히틀러에 관한 영화 에세이나 에드가 라이츠(Edgar Reitz)가 1984년에 제작한 16시간 분량의 영화 연대기 〈하이마트〉(Heimat)가 논쟁을 불러일으켰고 논쟁은 영화를 훨씬 뛰어넘는 수준까지 확대되었다. 1979년 서독에서 미국의 텔레비전 연속극 〈홀로코스트〉(Holocaust)의 수용 역시 그랬다. 그 연속극은 30년이나 지속된 침묵을 깼고 홀로코스트에 관한 독일인의 논의에 지울 수 없는 흔적을 남겼다. 라이너 베르너 파스빈더(Rainer Werner Fassbinder)의 〈마리아 브라운의 결혼〉(Die Ehe der Maria Braun)이나, 알렉산더 클루게(Alexander Kluge)의 〈애국자〉(Die Patriotin)나, 헬마 잔더즈-브람스(Helma Sanders-Brahms)의 〈독일, 창백한 어머니〉(Deutschland, bleiche Mutter) 같은 영화들까지 "담론적 사건"이 되었다. 이 영화들은 구체적인 관심사에 대한 반응에서 비롯되었으며 독일의 역사와 정체성에 관한 논쟁에서 일정한 위치를 차지하게 되었다. 이 글에서 검토하게 될 것이 바로 허구, 기억, 현재 사이의 역동적인 상호작용이다.

이 책의 제목은 지크프리트 크라카우어(Siegfried Kracauer)가 1947년에 출간한 그의 연구서 『칼리가리에서 히틀러까지: 독일 영화의 심리학적 역사』(From Caligari to Hitler: A Psychological History of the German Film)에서 차용한 것이다. 크라카우어의 책은 다음과 같은 문장으로 시작된다. "이 책은 독일 영화 그 자체에 관한 것은 아니다." 나 역시 이 책에 그런 시각을 적용했다. 그럼에도 불구하고 나는 크라카우어의 의도까지 공유하지는 않았다. 크라카우어는, 그가 생각하기에 히틀러의 집권을 예고한, 1918년부터 1933년 사이의 극영화를 이용해서 "심층의 심리적 기질" 혹은 독일인의 태생적인 파시즘 성향을 드러내려고 했다. 가상의 독재자 칼리가리로부터 현실의 히틀러로 연결되는 크라카우어의 궤적은 대담하지만 논란의 소지가 있는 구성물이며 영화의 사회적 힘에 대한 그의 믿음을, 곧 영화가 사람들의 인식에 영향을 끼치고 여론을 조성하는 사회적 힘을 지닌다고 여기는 그의 강한 믿음을 극명하게 보여준다. 그와는 반대로, 이 책 『히틀러에서 하이마트까지』는 오직 허구의 공간만 탐색한다. 오늘날 히틀러는 말 그대로 〈히틀러: 한 편의 독일 영화〉(Hitler: A Film from Germany)가 되어버렸다. 그리고 하이마트는 오직 한 편의 영화 속에서나 떠올려지는 기억으로만 존재할 뿐이다. 그럼에도 불구하고, 모든 예술, 그중에서도 근본적으로 영화를 하나의 집단적 과업으로 다루려는 크라카우어의 결의가 내 작업에 영향을 미쳤다는 사실에는 의심의 여지가 없다. 그러므로 나는 영화를 독자적 예술품이나 독창적인 예술가 개인의 표현으로 해석하는 일에는 별 관심이 없다. 그보다는 영화가 만들어지고 작용했던 문화적, 사회적, 정치적 환경 속에 영화를 위치시키는 일에 관심이 있다. 제작 시기와 장소의 지배적 담론들과의 관계 속에서 바라볼 때, 영화는 다양한 목소리, 각양각색의 정치적 확신, 미학적 전통과 공명하기 시작한다. 자신의 책에서 단 하나의 명제만 추구했던 크라카우어와 달리, 나는 영화의 복잡성에 초점을 맞추려고 노력할 것이다. 그렇게 해야만 영화가 **한 가지** 이야기가 아니라 **여러 가지** 이야기를 들려주기 시작할 것이기 때문이다.

내가 선택한 영화들은 히틀러와 홀로코스트, 독일인들의 정체성과 "하이마트" 등 지난 10여 년 동안 독일에서 가장 긴요하고 시급했던 몇 가지 쟁점을 다루고 있다. 이 쟁점들을 둘러싼 논쟁은 역사를 전혀 다른 방식으로 암호화하는 영화적 담론으로 옮겨졌다. 예컨대 파스빈더, 잔더즈-브람스 그리고 에드가 라이츠의 비교적 전통적인 서사체 영화들부터 지버베르크와 클루게의 포스트모던적인 영화들에 이르기까지 다양한 담론으로 옮겨졌다. 그러나 이 영화들은 형식적 차이에도 불구하고 하나의 공통점을 지니고 있다. 그것은 자신들의 과거 — 그 과거에 대한 재현이 어디에나 존재하는 까닭에 결코 사라지지 않을 과거—와 씨름하려는 독일인들이 최근에 수행하고 있는 수정주의적 시도들을 둘러싼 모호함이 이미 여러 해 전에 바로 그 영화들에서 이런저런 방식으로 예고되었다는 점이다.

이 책은 1987년 텍스트와 비평(text+kritik) 판으로 뮌헨에서 출간했던 내 독일어 저서 『독일의 이미지: 역사, 영화가 되어 돌아오다』(*Deutschlandbilder. Die Wiederkehr der Geschichte als Film*)를 개정한 것으로서, 단순한 번역서가 아니다. 장들을 다시 배치했고 강조점을 바꾸었으며 내용을 첨가하고 주와 참고문헌도 새롭게 손질했다. 원서를 번역해준 루스 크롤리(Ruth Crowley)에게 감사의 마음을 전하며 번역을 위해 충분한 후원금을 지원해준 인터네이션즈에도 감사한다.

또한 내가 베를린에서 이 책을 집필할 수 있도록 연구 지원금을 제공해준 알렉산더 폰 훔볼트 재단에도 감사의 마음을 전한다. 베를린에 머무는 동안 나는 그 어느 곳에서보다도 더 명확하게 독일의 과거에서 비롯된 결과들을 접할 수 있었다. 또 나는 버클리 소재 캘리포니아 대학교 연구소와 독일 학술 교류 서비스의 단기 연구 지원금에도 감사의 뜻을 전한다. 버클리와 베를린에서 함께 이 책을 논의했던 동료, 학생, 친구들의 이름을 모두 열거하자면 너무 긴 목록이 될 것이다. 하지만 최소한 이 책의 장들을 읽고 개선점을 제안해준 분들에게는 감사의 뜻을 전해야겠다. 에드워드 디멘드버그(Edward Dimendberg), 미리엄 핸슨(Miriam Hansen), 로버트 홀럽(Robert Holub), 마틴 제이(Martin Jay), 프리드리히 크닐리(Friedrich Knilli), 바브라 코스타(Barbra Kosta), 로즈위타 뮐러(Roswitha Mueller), 한스 헬무트 프린즐러(Hans Helmut Prinzler), 힌리히 제바(Hinrich Seeba), 지그프리트 지엘린스키(Siegfired Zielinski)에게 감사한다. 그리고 이 책에서 분석된 영화들과 관련해 레오 뢰벤탈(Leo Lowenthal)과 수잔 뢰벤탈(Susanne Lowenthal) 부부와 오랜 시간 동안 함께 나눈 영감 어린 대화도 역시 즐거운 추억으로 떠오른다. 동료이자 친구이자 협력자로서 이 기획의 모든 면에 관여했던 에릭 렌트쉴러(Eric Rentschler)에게 진 신세는 말로 표현할 길이 없다. 그는 독일 영화에 관한 자신의 해박한 지식을 나누어주는 데 관대하기로 정평이 나 있으며 미국의 대학에서 독일 영화에 대한 연구가 흥미 있는 작업이 되게 하는 데 중요한 역할을 해왔다. 또한 처음부터 지칠 줄 모르는 열정으로 이 기획을 지원해준 하버드대학교 출판부의 패트리샤 윌리엄즈(Patricia Williams)에게도 깊은 감사의 마음을 전한다. 메리 앨런 기어(Mary Ellen Geer)는 놀라운 솜씨로 원고를 교정해주었다.

마지막으로 1982년부터 1984년 사이 버클리 소재 캘리포니아 대학교에서 독일학의 학제적 세미나에 참여했던 나의 학생들에게도 감사의 마음을 전하고 싶다. 그들은 학과를 뛰어넘어 더 큰 맥락 속에서 의미 있는 다층적인 텍스트로서 영화를 진지하게 대하는 "신(新)역사주의"의 방식으로 독일 영화를 논하는 데 관심을 보였다. 이 책에 제시한 많은 생각을 그 수업에서 처음 검토했다.

세 장의 초기 (전혀 다른) 판본들은 전에 발표한 적이 있다. 3장은 《잔상》(Persistence of vision 2, Fall 1985)과 『독일의 영화와 문학』(German Film and Literature, ed. Eric Rentschler, London/New York: Methuen, 1986)에 수록된 바 있다. 4장은 《텍스트와 비평》(Text + Kitik 85, 1985)에 수록되었고 6장은 《찰나: 마르부르크 매체과학 잡지》(Augen-Blick: Marburger Hefte zur Medienwissenschaft 1/2, 1985)에 수록되었다. 이 책의 일부는 미국과 유럽의 여러 대학에서 강의한 것들이다.

요아힘 노이그로쉘(Joachim Neugrooschel)이 번역한 한스 위르겐 지버베르크의 『히틀러, 한 편의 독일 영화』의 발췌본을 파라, 스트로스, 지로 사(Farrar, Straus, Giroux, Inc.)와 카르카넷 출판사(Carcanet Press Limited)의 허락을 받아 재인용했다. 존 윌렛(John Willet)과 랠프 만하임(Ralph Manheim)이 번역한 『브레히트 시 1913-1956』(*Brecht Poem 1913-1956*, London/New York, 1982)에 수록된 베르톨트 브레히트의 시 「독일」은 메튠사(Methuen, Inc.)의 허락을 받아 인용했다. 할 드레퍼(Hal Draper)가 편찬한 『하인리히 하이네 시 전집: 현대 영역본』(*Complete Poems of Heinrich Heine: A Modern English Version*, Boston, 1982)에 수록된 하이네의 시 「밤의 생각들」(*Night Thoughts*)은 주어캄프 출판사(Suhrkamp Publishers)의 허락을 받아 재인용했다. 16, 121, 165, 211, 그리고 247쪽의 사진들은 베를린 소재 독일 시네마테크 재단의 후원으로 이 책에 수록할 수 있었다. 67쪽의 사진은 뮌헨 소재 TMS 영화사의 후원으로 이 책에 수록되었다.

1
역사의 이미지

전후 독일 영화와 제3제국

"우리에게 심판할 권리는 없지만, 고발할 의무는 있다."
― 〈우리들 속에 살인자가 있다〉 중에서
　　힐데가르트 크네프와 에른스트 빌헬름 보르헤르트

1945년 이후 정치적인 이유로 나치즘에 덧씌워진 침묵의 덮개 때문에 나치즘이 독일인의 정신과 마음, 몸에 초래하게 될 결과를 묻는 일이 불가능했던 것은 분명하다. 나치즘으로부터 무언가가 온 것은 틀림없다. 그래서 사람들은 겁에 질린 채 터널의 반대편 끝에서 억압된 과거가 과연 어떤 모습을 드러낼지, 과연 어떤 신화로, 어떤 역사로, 어떤 상처로 모습을 드러낼지 전전긍긍하고 있었다.

— 미셸 푸코

재현의 정치

1944년에서 1945년으로 넘어가는 겨울에, 천년 제국이 무너지고 있었고 독일에서 삶은 지하 벙커와 방공호 속으로 옮겨가고 있었다. 그리고 제3제국의 유명 감독이던 바이트 할란(Veit Harlan)은 그 유명한 콜베르크 전투를 다룬 총천연색 전쟁 서사극의 촬영을 막 끝낸 참이었다. 요제프 괴벨스(Joseph Goebbels)의 의뢰를 받은 그 영화의 제작 의도는 1807년 프랑스군에 맞서서 승산 없는 전투를 끝까지 고집했던 콜베르크 주민들에 대한 기억을 되살리려는 것이었다. 곧 점점 더 절망 속으로 빠져들고 있는 독일인에게 콜베르크 주민들이 본보인 용기와 용맹함을 불어넣어 그들이 꿋꿋이 견뎌낼 수 있게 하려는 의도였다. 전쟁의 막바지에 어디서나 물자가 부족했음에도 불구하고, 독일 정부는 할란의 영화 〈콜베르크〉(Kolberg)에는 비용을 아끼지 않았다. 이 영화를 히틀러 집권기에 제작된 영화 가운데 가장 공들인 작품으로 만들기 위해서였다.[1] 전하는 바에 따르면, 1944년에 전투 장면의 보조출연자로 투입하기 위해서 18만 7천 명의 병사를 전선에서 소환했다고 한다. 이는 실제 콜베르크 전투에 출전했던 병사의 수보다도 더 많은 것이다. 할란이 해군 4천 명의 추가 투입을 요청했을 때, 처음에 그의 청은 거절되었다. 하지만 괴벨스와 통화한 후에, 할란은 이 역시 확보할 수 있었다. 영화 〈콜베르크〉의 촬영은 지리하고 험난한 작업이었다. 계속되고 있던 실제의 전투가 카메라를 위해 연출된 모의 전투를 계속 방해했기 때문이다. 독일의 패배가 뻔히 내다보이는 암울한 현실 속에서 독일의 승리를 보여주는 허구적인 영화의 제작이 더뎌지는 것은 어쩌면 당연한 일이었다.

 1945년 1월 30일 적에게 포위된 라 로셸의 대서양 요새에서 영화 〈콜베르크〉의 시사회가 열렸다. 독일의 항복을 몇 달 앞두고 있던 그날은 히틀러의 집권 12주년 기념일이자 마지막 기념일이 되었다. 1945년 2월에 몇 곳 남지 않은 베를린의 영화관 가운데 한 곳에서 그 영화가 상영되었을 때, 쏟아지는 폭격 때문에 영화의 호소력은 실종되고 말았다. 오늘날 할란의 영화 〈콜베르크〉는 이미지의 선동적 힘에 대해 제3제국이 품었던 굳건한 믿음의 표상이 되었다. 폴 비릴료(Paul Virilio)의 말을 빌리자면, 〈콜베르크〉는 "전쟁과 영화산업의 삼투압 현상"[2]을 보여준 가장 인상적인 예였다.

 1945년 4월 17일에 〈콜베르크〉의 특별 상영이 끝난 후, 선전부 장관이었던 괴벨스는 영화감독 같은 어조로 자신의 참모진에게 미래에 대해 다음과 같이 말했다고 전한다. "여러분, 앞으로 백 년 안에 우리가 살았던 끔찍한 시절을 총천연색 영화로 보여줄 것입니다. 그 영화에 출현하고 싶지 않습니까? 만약 출현하기를 원한다면 지금 꿋꿋이 견뎌야 합니다. 지금부터 백 년 후에 관객들이 화면에 등장한 여러분을 향해 야유와 욕설을 퍼붓게 되기를 원치 않는다면 말입니다."[3] 영화로 만들어질 자신들의 역사에서 관객을 실망시키지 말라고 부하들을 독려하는 괴벨스의 말은 완전한 파국의 순간까지도 외형과 연극 같은 몸짓, 그리고 모사(模寫)에 의지했던 한 정치체제의 징후를 제대로 보여주는 것이다.

"제3제국"을 영화에 빗대자면, 촬영지는 독일이었고, 제작자는 히틀러였으며, 감독은 괴벨스였고, 출연진은 괴벨스 휘하의 장병들이었다. 무대 디자인은 알베르트 슈페어(Albert Speer)가 맡았고 주민들은 보조출연자로 참여했다. 적은 비중의 배역을 받았던 출연자 가운데에 일부는 자신들이 어떤 영화에 출연하고 있는지 궁금했을 것이다. 그러나 그들은 대부분 영화가 개봉되기 전까지 그에 대해 제대로 알 수 없었다. 설사 영화가 끝나기 전에 발을 뺄 기회가 있었다고 하더라도 그렇게 하기엔 그들이 너무 많은 것을 약속받았고 너무 많은 이들을 희생시켰으며 그들 자신도 역시 너무 큰 대가를 치렀다. 독일의 투쟁과 권력을 무대에 올리는 일에 의구심이 들수록, 사람들은 점점 더 괴벨스의 선동 기제가 만들어낸 기만적인 이미지에 매달렸다. 그 이미지들은 항복 바로 전날까지도 그들의 눈앞에 독일의 승리와 개선을 약속해 보여주었다.

이미지의 제작은 히틀러의 집권 첫 날부터 연합군에 의한 해방이 있기 전까지 12년 동안 어떤 방해도 없이 지속되었다. 모든 상업영화와 다큐멘터리가 제3제국 영화국으로부터 이데올로기적인 유용성을 검토 받고 난 후에야 비로소 제작을 허가받을 수 있었다. 모든 영화관에는 주간 뉴스의 상영이 지시되었다. 전쟁 초반 "승승장구하던" 시절에는 뉴스가 꼬박 한 시간씩 지속되는 일이 허다했다. 매주 괴벨스 자신은 뉴스의 거짓말과 왜곡에 냉소하면서도 뉴스의 선전 효과에 대해서만은 칭찬을 아끼지 않았다. 심지어 그는 뉴스의 편집을 돕기도 했다.

세계의 다른 어떤 영화산업도 정부의 선전에 그토록 맹종했던 경우는 없다. 다른 어떤 정부도 그처럼 강박적으로 스스로를 영화로 재현한 바 없었다. 그러나 선전부는 자국 영화의 정치적이거나 선동적인 기능을 철저히 은폐했다. 1941년에 제3제국의 영화제작자들 앞에서 괴벨스는 다음과 같이 말했다. "영화는 진정 위대한 예술입니다. 교육의 목적을 드러내지 않고도 교육할 수 있다는 점이 그렇습니다. … 최고의 선전은, 말하자면, 보이지 않게 작용하고, 선동자가 주창하는 바를 대중에게 전부 알려주지는 않으면서 그들의 삶 전체로 파고드는 것입니다."[4] 괴벨스는 "정치적이지 않은" 오락 영화를 주창할 때 자신이 실제로 하고 있는 바를 잘 알고 있었다. 그 영화들은 대중이 백일몽에 빠져들게 하고 보통 독재적인 통치자와 권위주의적인 규칙을 넌지시 말하고 미묘하게 암시하는 간접적인 방식으로 국가사회주의 이데올로기의 기본 원칙들을 그들에게 각인시켰다. 대중문화와 군국주의가 손을 잡은 것이다. 영화 평론가 카르스텐 비테(Karsten Witte)에 따르면, 1920년대의 유명 영화제작사였고 1933년에는 선전부의 부속기관이 된 UFA 영화사(Universum Film Aktiengesellschaft)의 현란한 뮤지컬 코미디 영화와 레니 리펜슈탈(Leni Riefenstahl)의 〈의지의 승리〉(*Triumph des Willens*, 1935)처럼 화려한 나치의 선전 영화가 서로를 보완했다. "〈프리미에르〉(*Premiere*)에서 〈위대한 사랑〉(*Die Grosse Liebe*)에 이르는 뮤지컬 코미디 영화의 웅장한 마지막 장면은 〈의지의 승리〉의 연장선에 있었고 그 영화의 관습적인 표현을 대중적인 영화 장르로 옮겨 놓았다. 뉘른베르크의 지형 위에서 그들 자신과 대면한 독일 대중의 압도적인 경험은 일상적인 작품 속에서 연속성을 얻어야만 했다."[5]

그 기념비적인 성격과 역동성, 그리고 어마어마한 규모만으로도 보는 이를 압도하는 것이 국가사회주의 선전 영화의 목적이었다. 무대, 극의 구조, 편집 등 모든 것이 이런 원칙을 따르고 있다. 〈의지의 승리〉(일반적으로 전형적인 파시즘 영화로 간주된다)에서 카메라는 끊임없이 움직인다. 회전하고 움직이고 치밀하게 구성된 공간과 운집한 군중 속에서 거역할 수 없는 에너지를 창출해내고, 건물과 기념물들까지 살아 움직이게 만든다. 영화는 상징적인 조명을 활용해서 고대 종교에 가까운 신비스러운 분위기를 자아냈다. 롱쇼트(long shot)와 클로즈업(close-up)을 번갈아 구사하며 술렁이는 군중과 한가운데에 정지한 채 서 있는 총통의 모습을 부감으로 촬영하여 교차시킨다. 독일에서는 이런 이미지가 대중적인 기억의 한 부분으로 자리 잡았다.[6]

"이전에 그 어느 나라에서도 이미지와 언어가 지금 이곳에서만큼 부도덕하게 악용된 적이 없었다. 이전에 다른 어느 곳에서도 이미지와 언어가 거짓을 전달하는 도구로서 그처럼 깊이 타락했던 적이 없었다."[7] 이는 1977년에 히틀러의 "이력"을 묘사하기 위해서 바로 그런 이미지를 활용했던 어느 다큐멘터리 영화를 두고 독일의 영화감독 빔 벤더스(Wim Wenders)가 했던 말이다. 그 다큐멘터리는 두 시간 삼십 분 길이의 〈히틀러: 어떤 이력〉(*Hitler: Eine Karriere*)이었으며 《프랑크푸르터 알게마이네 자이퉁》(*Frankfurter Allgemeine Zeitung*)의 유력한 편집자였던 요아힘 페스트(Joachim C. Fest)와 크리스티안 헤렌되퍼(Christian Herrendoerfer)가 연출을 맡았다. 높은 평가를 받으며 폭넓은 독자층을 얻었던 1천 페이지에 달하는 페스트의 전기 작품 『히틀러 평전』(*Hitler*, 1973)을 바탕으로 만든 이 다큐멘터리는 독일의 대중이 히틀러에게 매료된 이유를 보여주려고 했다.[8] 상업적인 이해관계는 물론이고 호기심과 노스탤지어에 자극받은 히틀러의 새로운 이미지는 알베르트 슈페어의 출판물을 통해 1968년에 등장했었다. 히틀러는 더 이상 그때까지 묘사되어 왔던 것과 같은 사악한 범죄자가 아니었고, 정신 이상의 괴물도 아니었으며, 악의 화신도 아니었다. 이제 히틀러는 복잡하고 모순투성이이며, 슈페어 같은 지식인조차 사로잡을 수 있는 매력의 소유자로서 매혹적인 인물이었다.[9] 만약 우리가, 도덕적으로 말해서, 히틀러를 범죄자로 간주한다면, 다음과 같은 것들을 물어야 한다.

그럼에도 불구하고 히틀러는 어떻게 그 많은 사람들 위에 군림하며 자신의 목적에 그들을 이용할 수 있었을까? 그는 어떻게 자신의 동시대인들에게 확신을 주고, 그들의 저항을 분쇄했으며, 그들을 타락시키고 그들의 가치 체계를 유보시켰을까? 그는 어떻게 국가 권력을 장악하고 전 세계적인 평화 체제를 무력화시켜 1930년대 소련과 함께 독일을 권력의 두 이데올로기적 중심의 하나로 만들 수 있었을까? … 그럼에도 불구하고 독일의 대부분이 여전히 더 이상의 연구도 없이 도덕적 분노로 특징 지워지는 히틀러의 이미지를 고수하고 있다. 이는 정치적으로 순진한 이들을 위해 마련된 히틀러의 이미지이다.[10]

영화는 히틀러의 이런 새로운 이미지를 공표하기에 확실한 매체였다. 시각적 이미지는 인쇄된 언어보다 훨씬 더 직접적이고 강력한 것으로서, 히틀러가 수백만 명의 사람들에게 최면을 거는 데 이용했던 매력과 선동적인 힘을 입증하는 가장 효과적인 수단이 되었다. 그런 매력과 권력을 환기하기 위해, 페스트와 헤렌되퍼는 국가사회주의의 선전 영화에 사용되었던 바로 그 이미지들을 봇물처럼 쏟아놓았다. 그들은 선전 영화에서 잘라낸 이미지들을 사용했고 동시음향 효과(스테레오로 들려주는 발자국 소리, 폭발음 등)를 덧입혔으며 이미지의 시각적 품질을 강화했고 오늘날의 관행에 따라 그 이미지들을 편집했다. 그들은 쇼트/역쇼트(shot/countershot)를 사용해서 총통과 민중 사이에 사이비종교 같은 에로틱한 연합을 구축했다. 총통이 열변을 토하고 있는 동안 여성들은 총통의 발치에서 넋을 잃은 채 그의 말에 귀를 기울이며 자신을 내맡기고픈 리비도적 무아경의 욕망을 충족시킨다. 정교하게 연출된 퍼레이드, 대중연설, 당 전당대회의 선전 이미지들은 현란함과 암시적인 힘을 발산하고 그 이미지들을 설명하는 것이었을 페스트의 화면 밖 음성해설을 완전히 압도해 버린다. 영화에서 시각적 즐거움은 언제나 비판적인 분석을 압도한다. 듣는 것이 아니라 보는 것이 우선이다.[11] 페스트의 해설은 총통의 인간적인 면과 신화에 한정된다. 영화 도입부에서 화면 밖 음성이 "역사는 흔히 한 사람의 개인을 통해서 실현되곤 한다"고 주장한다. 심지어 해설자는 이따금 히틀러의 관점에서 주장하기도 한다. 히틀러의 "이력"을 가능하게 했던 사회적, 지적, 역사적 상황에 관한 것들은 거의 찾아볼 수 없다. 그리고 극소수의 예외를 제외하고, 사람들의 공포와 고통, 강제수용소에서의 억압과 고문, 살인, 혹은 반체제 인사들에 대한 박해와 그들의 저항 같은 것들도 볼 수 없다. 다큐멘터리적인 접근법은 역사적인 영상 자료들만 사용한다는 사실을 자랑으로 삼지만, 바로 그런 접근법이 영화작가의 비판적 의도를 잠식하고 있다. 범죄, 고통, 반목 같은 것들이 나치의 선전 영화에는 담겨 있지 않았으므로, 이 영화의 논리를 따르자면, 그런 것들은 보여줄 수 없는 것이고, 그래서 그런 것들을 배제하는 것은 당연한 일이다. 촬영되지 않은 것은 무엇이든 존재하지 않는 것이다. 그래서 〈히틀러: 어떤 이력〉이 실제로 하고 있는 것은 선전부가 제작한 하나의 리얼리티를 그 시대에 대한 진정한 기록인 것처럼 보이게 만드는 일이다. 그래서 그 영화는 고의적이었든 고의적이지 않았든 파시즘의 미학을 복제했고 기만적이고 선동적인 영상을 재활용하고 있다.[12]

히틀러를 다룬 페스트의 영화는 히틀러와 제3제국을 그들 자신이 보이고 싶어 했던 모습 그대로 보여준다. "수십 명의 촬영기사가 계속해서 그(히틀러)를 에워쌌다. 그들이 찍은 사진은 히틀러를 하나의 역사적 기념물로 양식화했다." 화면 밖 음성의 이런 비판적인 해설에도 불구하고, 페스트는 원본 이미지의 테두리 안에 머문다. 마치 리펜슈탈의 교묘하고 인위적인 쇼트가 국가사회주의의 현실을 담은 실제 모습을 전달한다는 듯이, 벤더스는 이 영화를 논박하면서 다음과 같이 말했다. "페스트와 헤렌되퍼가 탐색하고자 했던 '이력'은 무엇보다도 모든 영상 자료가 전면적으로 통제되었기 때문에 가능했던 것이다. 곧 이 사람(히틀러)과 그의 관념에 관한 모든 이미지가 영리한 방식으로 만들어져서 기술적으로 선별되고 전술적으로 활용되었기 때문에 가능했던 것이다. 이와 같이 영상을 철저히 선전용으로만 다룬 결과, 독일에서 영화 이미지 제작에 관여한 양심적이고 유능한 사람은 모두 이 나라를 떠났다."[13]

벤더스가 염두에 둔 것은 프리츠 랑(Fritz Lang)을 포함해서 나치의 노선에 따르기를 거부했기 때문에 독일에서 강제 추방당했거나 자진해서 국외로 망명했던 1천5백 명 이상의 감독, 촬영기사, 기술자, 배우들이다. 벤더스는 이 대규모 이탈의 결과로 독일의 영화 문화에 초래된 장기적인 재난을 여전히 절감하고 있다.

자신의 이야기를 들려주는 소리와 이미지를 끊임없이 불신하는 나라에서 나는 최근 몇 년 사이 오랜 가뭄 끝에 다시 영화를 만들기 시작한 모든 사람을 대변한다. 이런 이유 때문에 이 나라는 30여 년 동안 게걸스럽게 외국의 이미지를 탐닉했고, 그런 이미지들은 이 나라와 이 나라의 정신 사이를 유리시켜 왔다. 우리처럼 자기 자신의 이미지, 이야기와 신화에 대해 이토록 자신감을 잃은 사람들이 또 있다고는 믿기 어렵다. 우리 뉴시네마의 감독들은 이런 상실의 고통을 절감해왔다. 아버지가 없는 세대로서 우리 자신의 전통이 결여되어 존재하지 않는다는 사실에서, 그리고 당혹해 하는 관객의 반응과 처음 망설이는 태도에서 상실의 고통을 절감해왔다. 그런데 한편에서 이런 방어적인 태도와 자신감의 결여가 차츰 사라지고 있다. 그리고 아직도 몇 년이 더 걸려야 할지 모르는 과정 속에서 이미지와 소리라는 것이 수입되어 들어온 어떤 것이 아니라 이 나라에서 생산되는 어떤 것이고 이 나라와 관련된 어떤 것일 수 있다는 의식이 다시 싹트고 있다.[14]

지난 25년 동안 독일의 젊은 세대 영화작가들은 국가사회주의 영화의 유산—독일을 다룬 영상과 소리에 대한 본능적인 불신—에 사로잡혀 있었다. 그들은 어떻게 국가사회주의의 영화산업이 만들어낸 것과 다른 독일과 독일 역사의 이미지를 찾아내고 창조했어야 했을까? 일그러진 독일 영화의 전통 때문에 벤더스는 존 포드 같은 미국의 감독들로부터 스타일에 대한 영감을 얻었다. 베르너 헤어조크(Werner Herzog)는 1920년대 독일의 표현주의 전통에 터를 잡았고 폴커 슐뢴도르프(Volker Schlödorff)는 영화제작을 배우러 프랑스로 건너갔다. 국가사회주의 영화 전통의 단호한 거부는 1960년대 이래 뉴저먼시네마의 비밀스러운 응집력이 되어왔다.

나치 과거의 영화와 단절하는 일은 1962년 오베르하우젠에서 개최된 제8회 독일 단편 영화제에서 가시화되었다. 에드가 라이츠와 알렉산더 클루게를 포함한 26명의 젊은 영화작가와 언론인들은 옛 독일 영화의 죽음을 선포하고 "독일의 새로운 극영화" 창조를 공표하는 선언서를 발표했다.[15] "오베르하우젠 선언"의 작가들은 제작, 내용, 형식, 스타일 등 모든 면에서 "아버지들"의 영화와 절연하기를 원했다. 뉴저먼시네마의 영화는 1950년대의 상업 영화에서 찾아볼 수 없는 예술적 열망을 담고 있었다. 고다르(Jean-Luc Godard), 트뤼포(François Truffaut), 샤브롤(Claude Chabrol) 등 1950년대 말에 시작된 프랑스 누벨바그의 여러 작가(auteur)들로부터

실마리를 찾은 독일 감독들은 자신들의 영화에도 놓칠 수 없는 "작가"의 서명이 담기기를 원했다. 그들의 선언은 영화 매체가 이데올로기적으로나 상업적으로 이용되는 것을 분명하게 거부했고 미학적으로도 정치적으로도 새로운 시작을 추구했다. 오베르하우젠 집단은 영향력 있는 "그루페 47"로 결집한 문인 집단에 필적하는 영화인의 모임으로서 서독의 삶에서 비판적인 목소리로 역할하기를 원했다.[16] 그런 소망은 젊은 영화작가들의 새로운 관심에 상응하는 것이었다. 그들은 아데나워 시절에는 영화에서 꺼낼 수도 없었던 문제들, 곧 독일의 가장 최근 과거의 문제와, 서독의 현재에 그 과거가 여전히 존속하고 있다는 사실에 관심을 기울였다. 그러므로 1960년대 뉴저먼시네마(Neuer Deutcher Film)를 일컫는 이름이었던 "젊은 독일 영화(Junger Deutscher Film)"의 처음 두 작품에서 독일인이 그들 자신의 과거와 맺고 있는 문제성 많은 관계가 강조되었다는 점은 결코 놀라운 일이 아니다.

 1966년에 개봉된 알렉산더 클루게의 데뷔 작품은 뉴저먼시네마 장편영화로서는 최초로 국제영화제에서 수상했다. 〈어제의 소녀〉(*Yesterday Girl*)라는 영어 제목으로 개봉된 그 영화의 독일어 원제 〈어제와의 결별〉(*Abschied von gestern*)은 하나의 구호처럼 읽힌다. 1950년대 중반을 배경으로 한 이 영화는 동독 출신의 한 젊은 유대인 여성을 그리고 있다. 서독으로 탈출한 후, 그녀는 그곳에서 안식처를 찾지 못한다. 그녀의 과거가 거듭해서 그녀의 발목을 잡는다. 영화는 과거로부터 벗어날 수 없음을 보여준다. 도입부의 자막에서 "어떤 심연도 그저 상황만 다른 것일 뿐인 어제와 우리를 갈라놓지 못한다"고 주장한다. 뉴저먼시네마 후기의 여러 영화들이 그랬던 것처럼, 이 영화도 가장 단절되어 보이는 곳에서 독일사의 연속성을 강조한다. 기숙학교의 생활을 다룬 로베르트 무질의 1906년 작 중편소설을 원작으로 한 폴커 슐뢴도르프의 〈청년 퇴를레스〉(*Der junge Törless*, 1965–66)는 제3제국의 전사(前史)를 보여준다. 영화는 한 학생의 이야기를 들려준다. 그 학생은 다른 두 명의 학생이 유대인 동급생을 괴롭히고 있는 모습을 반쯤 매료되고 반쯤 홀린 듯한 상태로 지켜본다. 그 이야기는 국가사회주의 시절에 끔찍한 만행이 저질러지는 동안 침묵했던 수많은 순응적 지식인들의 역사를 반추하는 데 사용되었다.[17]

클루게와 슐뢴도르프가 주제를 다루는 형식은 크게 다르다. 그럼에도 불구하고, 두 사람은 국가사회주의의 원인과 결과에 대한 관심을 공유했다. 그것은 뉴저먼시네마와 옛 독일 영화를 구별 짓는 관심이었고 새로운 감독들은 더 이상 독일의 역사를 금기로 여기지 않았다. 그들은 동시대의 서독 사회를 신랄하게 비판했다. 그리고 차츰 그들 자신의 나라를 묘사한 이미지들에서 느끼는 불편함을 극복해 나갔다. 1960년대 초 예루살렘에서 열렸던 아이히만 재판과 프랑크푸르트에서 있었던 아우슈비츠 재판(zweite Auschwitz-Prozess)은 강제수용소의 잔학상을 온 세상에 폭로했다. 수동적이었든 능동적이었든 독일의 지식인과 공포 정권의 공모는 공개적인 토론의 주제가 되었다.[18] 독일의 최근 과거에 대해 비판적인 태도를 견지하는 영화를 위한 때가 무르익은 듯 했다. 그러나 모델로 삼을 만한 것이 거의 없었다.

기억으로부터의 도주

기억은 어떻게 작동하는 것일까? 우리의 지식 — 그 자체가 불완전하고 모순적이다 — 에 따르면 기억의 기본적인 메커니즘은 수집-저장-회상의 체계를 따라 작동한다. 더욱이, 첫 번째 단계는 쉽게 지워질 수 있는 흔적으로서 세포의 생체 전기적인 작용에 의해 기록되는 것이라고 한다. 반면, 저장은 장기적 기억으로 전환되는 것으로서 아마도 화학의 문제일 것이다. 영구 저장소에 고정된 기억의 입자들 … 그런데, 최근 연구에 따르면, 이 과정은 밤에 우리의 꿈속에서 일어난다고 한다.

— 크리스타 볼프(Christa Wolf)

1945년에 연합군이 독일의 영화산업을 접수했을 때, 국가사회주의의 이미지 제작이 갑자기 중단되었다. 전후 몇 해 동안 독일 영화는 거의 제작되지 않았고 그나마도 4개 점령 지역에서 서로 다른 복잡한 인가 체계의 통제를 받았다. 서방 연합국은 무엇보다도 영화를 상업적인 오락물로 여겼다. 서방 연합국의 주요 관심사는 자국 영화를 위한 시장으로서 서독을 다시 손에 넣고 보호하는 일이었다. 그들은 독일의 자국 영화 산업을 재건하는 일 따위에는 별 관심이 없었다.[19] 또한 그들은 12년 동안이나 선전부의 효과적인 무기로 봉사해온 독일의 영화산업을 믿을 수도 없었다.

다른 한편에서, 소비에트 진영은 자신의 지역에서 파시즘에 대항하는 투쟁의 무기로서, 그리고 "독일 민족, 특히 젊은이들을 교육"하면서 대중들에게 접근하는 효과적인 도구로 영화를 활용했다.[20] 1946년 소련의 인가 아래 DEFA 영화사(DEFA: Deutsche Film-AG)가 설립되었다. 초창기부터 DEFA 영화사는 국가사회주의의 심리적, 사회적 근원을 다루고 독일에서 파시즘이 발전할 수 있었던 조건 — 굴종, 복종, 정치적 무관심 — 을 신랄하게 비난하는 여러 편의 영화를 제작했다. 에리히 엥겔(Erich Engel)의 〈블룸 사건〉(*Affärre Blum*, 1947), 쿠르트 메치히(Kurt Maetzig)의 〈어둠 속의 결혼〉(*Ehe im Scatten*, 1949), 폴크 하르나크(Falk Harnack)의 〈반츠베크의 도끼〉(*Beil von Wandsbeck*, 1949), 슬라탄 두도프(Slatan Dudow)의 〈밤보다 더 강한〉(*Stärker als die Nacht*, 1949)부터 볼프강 슈타우테(Wolfgang Staudte)의 영화 〈근무교대〉(*Rotation*, 1949)와 〈충복〉(*Der Untertan*, 1951)을 거쳐 콘라트 볼프(Conrad Wolf)의 역사 작품들인 〈리시〉(*Lissy*, 1957)와 〈맘락 교수〉(*Professor Mamlock*, 1961), 〈나는 열아홉 살이었어요〉(*Ich war 19*, 1968), 〈어머니, 저 살아 있어요〉(*Mama, Ich lebe*, 1977)에 이르는 동독 영화는 국가사회주의의 원인과 결과, 전쟁, 파시즘, 유대인 박해, 레지스탕스 운동에 뚜렷한 관심을 보였다. 대부분 사회주의 리얼리즘의 교리를 따랐던 이 역사 영화들은 파시즘, 자본주의, 전쟁의 결탁이 되살아나는 것에 대한 경고로 작용했다.

　볼프강 슈타우테의 영화 〈우리들 속에 살인자가 있다〉(*Die Mörder sind unter uns*, 1946)는 DEFA 영화사에서 제작된 첫 번째 영화였고(프랑스와 미국은 그 시나리오의 인가를 거부했다) 전후 독일 영화로서는 처음으로 최근 과거를 다루었다. 그 영화는 당파적이지 않았고 파시즘의 경제적, 정치적 근원을 분석하지도 않았다. 그 대신에 죄와 속죄라는 문제를 제기했다. 비참한 모습의 퇴역 군인 메르텐즈 박사는 집으로 돌아왔지만 황량한 현실 속에서 발붙일 곳을 찾지 못한다. 과거 자신의 상관이었던 브뤼크너가 베를린에 살고 있다는 사실을 알게 되었을 때, 메르텐즈는 복수를 꿈꾸게 된다. 메르텐즈는 브뤼크너가 그의 전쟁범죄를 속죄해야 한다고 믿고 있다. 브뤼크너는 "우리들 속에 있는 살인자"이기 때문이다. 1942년의 크리스마스 전야로 되돌아간 장면에서, 우리는 폴란드에서 포로들의 사살을 명령하는 브뤼크너를 보게 된다. 전쟁 중에 저지른 범죄도 반드시 처벌받아야 한다는 믿음에 바탕을 두고 있는 이 영화는 복수를 꿈꾸는 한 남자의 공상을 보여준다. 그리고 최후의 순간에 그런 공상이 국가의 합법적인 정의에 대한 요구로 변환될 때까지 정당화된다고 주장하는 듯하다. 영화의 마지막에서 메르텐즈의 친구인 한 여자[21]가 강제수용소에서 막 풀려나와 다음과 같이 말한다. "우리에게 심판할 권리는 없지만 고발할 의무는 있다. 살해되어 싸늘한 주검이 된 수백만 명의 무고한 사람들을 대신해서 속죄를 요구할 의무가 우리에게 있다."

국가의 법률체계에 호소하는 이런 주장이 별다른 인상을 주지 못하는 것은 무엇보다도 그런 호소가 영화의 극적 구조에 따른 필연적 귀결이 아니기 때문이다. 그 주장은 부자연스럽게 덧붙여졌다. 슈타우테가 사용하고 있는 영화 언어는 국가사회주의 선전의 최면적인 형식을 의식적으로 거부한다. 그 대신에 그는 이탈리아의 네오리얼리즘을 연상시키는 요소뿐만 아니라, 흔히 나치에 의해 타락했다고 주장되는 바이마르 공화국의 표현주의 양식을 채용한다. 왜곡된 카메라 앵글, 강하게 두드러지는 실루엣, 대각선, 짙게 드리운 그림자—〈칼리가리 박사의 밀실〉(*Das Cabinet de Dr. Caligari*, 1920)에서 친숙해진 것들이다—가 주인공의 내면의 고통과 혼란을 상징한다.

슈타우테의 〈우리들 속에 살인자가 있다〉는 1946년에서 1948년 사이에 만들어진 이른바 "폐허영화(Trümmerfilm)" 가운데 가장 잘 알려진 작품이다.[22] 이 영화들은 폐허로 변한 동시대의 도시를 배경으로 최근 과거와 씨름한다. 서방 점령지에서 만든 영화들도 전쟁 직후 인도주의적이고 실존주의적인 분위기를 보여준다. 미국의 주둔 지역에서 만든 최초의 극영화, 요제프 폰 바키(Josef von Baky)의 〈그리고 우리 머리 위에 있는 하늘〉(*Und über uns der Himmel*, 1947)은 군인들이 굶주린 자, 가난한 자, 암거래상의 삶에서 차츰 도덕적이고 윤리적인 존재로 변모해 가는 단계들을 그린다.

그 이야기는 지극히 정서적이고 진취적이다. "우리를 굽어보시는 하느님께서 우리를 죽게 내버려두시지 않을 것이기 때문이다." 폐허가 된 풍경과 암시장의 이미지는 옛 가치의 상실을 기록한다. 그리고 새로운 인간성에 대한 탈정치화된 호소를 위한 장식의 역할을 한다.

헬무트 코이트너(Helmut Käutner)의 영화 〈그 시절〉(*In jenen Tagen*, 1947)은 영국의 인가를 받아 제작된 작품으로서 1933년부터 1945년 사이 독일의 역사를 공감적으로 해석한다. 7개의 에피소드에서 고결하지만 무기력한 개인들이 파시즘에 파괴되는 것은 숙명처럼 보인다. 그들의 인간성 자체가 그들을 취약한 존재로 만들기 때문이다. 영화는 공포 정치 아래에서도 인도주의적인 행위가 있었음을 보여주려고 한다. 자기 정화의 이데올로기 — 무의미한 사건에 의미를 부여하려는 회고적인 시도로서, 영화의 감상적인 시각적 상징주의를 설명해준다(마지막 장면에서 폐허로 변한 건물 한복판에 피어있는 꽃 한 송이가 클로즈업된다) — 가 영화에 동기를 부여한다. 실제 폐허를 배경으로 파시즘이 개인들 사이의 갈등에 투영된다. 정치적 함축이 그럴듯하게 치장된다. "인류란 무엇인가?"라는 형이상학적인 물음이 바로 몇 해 전에 인류가 실제로 할 수 있었던 것이 무엇이었는지를 살피는 것보다 더 중요해 보인다.

패배의 트라우마와 그에 따른 "정치적 격리",[23] 1945년에 점령세력은 독일인을 이런 상태에 놓이게 했고, 이로 인해 나치즘의 조건과 작동원리, 그리고 그 결과에 관한 공개적인 정치적 분석이 차단되었다. 실존주의적이고 인본주의적인 접근법이 적용되면서 옳고 그름의 문제, 죄와 속죄의 문제는 회피되거나 사랑 이야기의 심리학에 의해 모호해지거나 그리스도교적 용서의 호소로 전환되었다. 독일인이 나치즘의 수동적이고 고통받는 희생자로 등장한 반면, 히틀러와 그의 측근들은 범죄자로 등장했다. 이는 뉘른베르크 재판으로 인해 대중의 마음속에서 은연중에 강화된 시각이다. 그 재판에서 죄인들은 응분의 처벌을 받았다고 상정된다. 전후 독일인은 사실상 능동적인 참여자라기보다는 자신들의 운명을 수동적으로 지켜보는 참관인에 불과했다. "탈나치화"의 현실은 다시 한 번 독일인의 순종적인 역할을 전제했다. 독일인은 그저 명령에 복종했을 뿐 그들을 위해 정책을 마련한 것은 다른 사람들이었다.[24] 억제된 에너지는 정치적으로 아무런 위협도 되지 않는 자유로운 문화의 영역에서, 독일인의 정체성이 스스로를 표현할 수 있는 유일한 영역이었던 문화의 영역에서 더욱더 큰 힘으로 표출되었다. 정치적인 독일의 파괴와 함께 더욱 생기를 얻게 된 인본주의적이고 영적으로 충만한 "다른" 독일을 재현하기 위해 괴테가 부활했다. 1946년에 출간된『독일의 비극』(Die deutsche Katastrophe)에서 프리드리히 마이네케(Friedrich Meinecke)는 독일의 고전주의가 독일의 정체성을 부활시킬 것이며 매주 일요일 괴테를 기념하기 위해 비워둔 시간이 독일의 도덕적 재생을 촉진할 것이라고 주장했다.[25]

폐허의 잔해가 제거되면서 과거의 시각적 기호들도 사라져 갔다. 곧 폐허 위에 잔디가 자라나고 사람들은 새 집을 짓기 위해서 다시 탄공에 기초를 다지기 시작했다. 또 다시 그릇된 신념을 좇는 일을 피하기 위해서 사람들은 전반적으로 정치로부터 물러섰다. 한 번 매운 맛을 본 독일인은 갑절로 소심해졌다. 독일인은 특히 사기를 잃고 국민 정체성의 문제로 고통을 받는 듯했다. 1934년에 뉘른베르크 전당대회를 기록한 레니 리펜슈탈의 영화〈의지의 승리〉에서 루돌프 헤스(Rudolf Hess)는 군중이 운집한 경기장에서 이렇게 외쳤다. "독일은 히틀러이며 히틀러는 독일이다!" 그런데 히틀러가 죽었다. 그렇다면 독일 역시 죽은 것일까? 총통으로 규정되는 독일의 정체성은 파괴되었다. 1945년의 비극적 종말 때문에 독일인의 우월성을 표현한 수사적 표현들은 부조리한 것으로 판명되었다. 1949년에 독일인은 자신들의 나라가 두 동강 나는 것을 놀랄 만큼 담담히 받아들였다. 그보다 앞서 탈나치화, 서방 연합군에 의한 "재교육", 미국과 러시아 점령군이 저지른 잔혹행위들, 특히 여성에 대한 악행들을 받아들였을 때와 마찬가지로 그들은 담담했다. 1945년에 독일은 주권도 없고 정치권력도 없는 나라, 곧 세계 정치의 탄공이었다.

역설적이게도, 전쟁 직후, 뉘른베르크 전범 재판이 이루어지고 (1951년에 에른스트 폰 살로몬(Ernst von Salomon)의 〈질문서〉(*Der Fragebogen*)에서 풍자된 바 있는) 탈나치화 프로그램이 진행되고 연합군이 공공 미디어와 기관들을 장악했을 때, 독일인 사이에서 그들의 과거에 관한 자유로운 논의가 조장되기는커녕 오히려 지양되었다. 이제 독일인의 과거가 연합국의 관할 아래에 있는 것처럼 보였다. 과거를 청산하는 것은 **저들**의 일이었다. 독일인은 스스로 히틀러에게서 해방된 것이 아니었기 때문에, 그들에게는 자신들의 죄를 자각할 능력이 없다고 주장되었다. 더욱이 연합국은 독일인에게 뿌리 깊은 파시즘적인 국민성이 있다고 믿는 것 같았다. 사회학자 스펜 팝케(Sven Papcke)의 주장에 따르면, 이런 전면적인 의심은 독일인의 양심이 전반적으로 무뎌지고 있는 것에 상응했다.[26] 그러나 날로 커져가는 점령세력에 대한 분노가 전쟁 직후 얼마동안은 표면화되지 않았다. 히틀러 시절과 마찬가지로, 이런 분노는 억제되어야만 했다. 그 분노는 3, 40년이 지나 점령군이 저지른 범죄를 논의하는 자리에서, 혹은 1970년대 후반에 완곡하게 정치색을 드러낸 영화들에서 비로소 표출되었다. 이 글에 거론된 영화 가운데 몇 편에 나타나는 점령군 병사에 대한 부정적인 시각은 이런 관점에서 보아야 하는 것이 분명하다.

1950년대에는 억압된 정치적 심리적 에너지들이 독일의 물리적 재건에 투입되었다. 처음 마셜 계획의 원조와 1948년의 화폐개혁(이로 인해 소련 점령지역과 나머지 지역의 분리는 돌이킬 수 없게 되었다)을 출발로 서독 경제는 번영을 이루었고, 얼마 지나지 않아서 승전국의 경제력을 앞질렀다. 그렇게 눈앞에 약속된 미래가 있었으므로 과거를 잊기는 쉬운 일이었다. 과거를 돌아보았다면 독일인은 망연자실했을 것이고 ― 대다수는 그렇게 생각했다 ― 그랬다면 그들의 진보는 더뎌졌을 것이다. 과거 독일의 영토였던 동유럽 지역에서 망명해온 1천 2백만 명의 사람들도 업적지향적인 새로운 사회에서 살아남아 성공을 거두기 위해서는 과거에 대해 깊이 생각할 겨를이 없었다. 그에 따른 정서적 결핍과 영적 결함을 보상하는 일은 대중문화의 몫이 되었다.

아데나워(Conrad Adenauer)와 에르하르트(Ludwig Erhard) 시절의 영화는 건강한 독일, 아름다운 독일 풍경, 순박하지만 고귀한 독일 민족에 대한 열망을 충족시켜주는 꿈의 세계로서 기능했다.[27] 검은 숲을 배경삼은 행복한 결말에서 재회하는 불운한 연인의 수많은 이야기가 화려한 음악과 색채로 치장되어 독일의 현실과 역사에 대한 환영적인 이미지를 보여준다. 그 환영적인 이미지는 전에 작용했던 억압과 자기기만, 집단적 소망을 간접적으로 지시하고 있다. 등장인물들은 마치 악은 이방인으로만, 통상 다른 도시 출신 사람의 모습으로만 개입하는 진부한 신화의 아카디아에 있는 것처럼 움직인다. 이른바 이들 하이마트영화(Heimatfilm, "향촌영화") 가운데 300편 이상이 1950년대에 제작되었고 다소 획일적인 서사 구조와 비슷비슷한 영상으로 이루어졌다. 전형적인 독일 전통의 산물인 그 영화들의 기원은 1920년대와 1930년대에 자연을 이상화한 아르놀트 팡크(Arnold Fanck), 루이스 트렝커(Luis Trenker), 레니 리펜슈탈의 산악영화까지 거슬러 올라갈 수 있다. 그 영화들은 또한 독일인의 피와 독일의 토양의 신비스러운 구현체로서 전원의 삶을 찬미하고 "혈통과 토양(Blut und Boden)"을 강조했던 나치 시절의 영화에서 파생된 것이기도 하다. 1950년대의 하이마트영화는 (미국의 서부영화와 마찬가지로) 가상의 공간과 순전히 영화적인 삶을 보여주고, 강한 도덕적 저류를 보여주는 하나의 장르로 자리 잡았다. 먼지와 파편, 가난으로부터의 도피처이자 전후에 박탈당한 많은 것의 보상으로서 이 영화들은 현실의 집단적 요구를 충족시켰다. 예컨대, 1951년에 2천만 명에 가까운 관객이 한스 데페(Hans Deppe)의 〈초원은 푸르다〉(*Grün ist die Heide*)를 관람했다. 이 영화는 하이마트영화 장르의 고전 작품 가운데 하나이다. 또한 1950년대에 이 하이마트영화들이 고향을 잃은 수백만 명의 망명객들에게 고향, 곧 "하이마트"에 대한 새로운 느낌을 전해 주었다는 것은 누구나 아는 사실이다. 독일을 낯 뜨거울 만큼 이상화된 노스탤지어의 대상으로 그려낸 이 영화들은 전쟁으로 실향민(heimatlos)이 된 모든 사람이 서독을 자신들과 동일시하고 그들의 새 하이마트로 받아들이게 하는 데 일조했다. 고향으로서 독일은 영화적인 꿈인 동시에 아물지 않는 상처였다.

1962년 오베르하우젠 영화작가들의 공격을 받은 대중적인 영화 장르 가운데서도 50년대 하이마트영화들은 특별히 혹독한 비판을 받았다. 아그파 사의 천연색 필름으로 촬영된 독일의 숲, 풍경, 풍속, 행복과 안전 등에 관한 하이마트영화의 상투적 이미지가 젊은 감독들에게는 기만적인 키치 영화로 보였다. 그들은 또 1930년대에서 1950년대로 이어지는 주제와 형식의 연속성도 공격했다. 성공을 거둔 하이마트영화 가운데 많은 작품이 사실 히틀러 시절의 영화를 리메이크한 것들이었다. 한스 데페, 파울 마이(Paul May), 롤프 한젠(Rolf Hansen)과 같이 잘 알려진 하이마트영화 감독 가운데 많은 이가 1930년대와 1940년대 UFA 영화사에서 기교─상업적인 오락영화 — 를 익힌 숙련된 전문가들이었다.[28] 히틀러 치하에서 하이마트 영화는 독일 영화의 주요 장르였다. 그래서 그 영화들은 국가적 쇼비니즘, "혈통과 토양"의 이데올로기, 과도한 감상주의 등의 부정적인 의미를 내포했다. 그러나 젊은 독일 영화작가들은 하이마트영화를 경멸했음에도 불구하고 몇 안 되는 토종 장르 가운데 하나인 하이마트영화에 손대는 것을 일종의 도전으로 받아들였다. 페터 플라이슈만(Peter Fleischmann)(〈저지대 바바리아의 사냥 장면 *Jagdszenen aus Niederbayern*〉), 폴커 슐뢴도르프(〈콤바흐의 가난한 민중들이 얻은 갑작스러운 부 *Der plötzliche Reichtum der armen Leute von Kombach*〉), 라인하르트 하우프(Reinhard Hauff)(〈마티아스 크나이슬 *Mathias Kneissl*, 1971〉)의 "비판적인 하이마트영화"부터 그 장르를 지극히 양면적으로 적용한 에드가 라이츠의 〈하이마트〉(*Heimat*, 1984)에 이르는 이 모든 영화가 애증의 대상인 고향, 하이마트로서의 독일에 초점을 맞춘 이미지와 서사를 활용했고 재활용했다.[29]

    1950년대의 전쟁영화에는 하이마트영화만큼이나 대중적이고 부정적인 전통이 실려 있었다. 과거 나치 영화와 직접적인 연관성을 보여준 전쟁영화는 재무장 논쟁의 결과로 서독에서 특별한 관심을 촉발했다. 여기서도 역시 우리는 괴벨스 밑에서 영화를 만들던 감독들을 발견하게 된다. 예를 들어, 1942년에 히틀러청소년단(Hitlerjugend)을 위한 루프트바페(Luftwaffe) 영화 〈젊은 독수리들〉(*Junge Adler*)을 감독한 바 있는 알프레드 바이덴만(Alfred Weidenmann)은 1954년에 전쟁(반전)영화 〈카나리스〉(*Canaris*)로 여러 상을 수상했다. 특히 전쟁에 관한 이미지 선택과 서사 전개에서 연속성을 볼 수 있다. 이런 영화들이 보이는 외형상의 반전 태도는 나치 영화와 차이를 드러내지만 전투 장면의 자연주의적 묘사 때문에 그런 결의는 희석되어버렸다. 이미지는 어떤 비판적 의도도 압도해버린다. 보는 즐거움과 화려한 볼거리 앞에서 도덕적 교훈은 자취를 감추고 만다. 한스 헬무트 키르스트(Hans Hellmut Kirst)의 베스트셀러 『08/15』(1954-55)를 각색해서 만든 폴 마이의 3부작 영화와 카를 주크마이어(Carl Zuckmayer)의 연극을 각색해 만든 헬무트 코이트너의 〈악마의 장군〉(Des Teufels General, 1954)처럼 서로 크게 다른 영화들조차 의무감에 넘치는 올곧은 병사들을 미치광이 총통과 그의 무자비한 참모진의 힘없는 희생양으로 보여준다는 점에서 일치한다. 영웅적인 병사가 미치광이 범죄자의 권위에 저항한다. 이처럼 확실한 서사의 전쟁영화 공식은 볼프강 페터젠(Wolfgang Petersen)의 〈특전 U 보트〉(Das Boot, 1982)에서도 여전히 작용하고 있고 그 영화가 국제적인 성공을 거두는 데도 일조했다.[30]

이 영화들에서 볼 수 있는 권력 구조와 의존 관계는 여전히 불합리하고 이해하기 어려운 것이다. 그렇게 해서 그 영화들은 간접적으로, 그리고 어쩌면 무의식적으로 "사나이다운" 용맹함과 영웅주의, 복종과 명예, 순국, 의심의 여지없는 조국애와 같은 과거의 군사적 미덕을 찬미하고 되살려내는 데 성공했다.[31] 심지어 폭넓은 찬사를 받은 베른하르트 비키(Bernhard Wicki)의 반전 영화 〈교각〉(Die Brücke, 1959)에도 정치적 양면성이 담겨있다. 이 영화는 전략적으로 쓸모없는 교각을 사수하라는 명령에 한 무리의 어린 소년들이 진격해 들어오는 미군 탱크에 맞서 무의미하게 죽어가는 모습을 보여준다. 비키의 이 영화 역시 희생된 독일 소년병들의 운명에 집중한 나머지 그런 이중성을 초래했다. 소년병은 정치적이지 않은 만큼 무고하다.

제2차 세계대전 당시에 축적된 이미지들은 전쟁이 끝나고 채 5년이 지나지 않아 서독에서는 물론이고 미국에서도 다시 활용되었다. 사실 1948년부터 1959년 사이에 서독에서 상영된 224편의 전쟁영화 가운데 절반 이상이 미국에서 제작된 것들이었다. 헨리 헤서웨이(Henry Hathaway)의 〈사막의 여우〉(*The Desert Fox*, 1951), 프레드 진네만(Fred Zinnemann)의 〈지상에서 영원으로〉(*From Here to Eternity*, 1953), 데이비드 린(David Lean)의 〈콰이강의 다리〉(*The Bridge on the River Kwai*, 1957) 등, 유명 작품들이 모두 독일어로 더빙되어 서독에서 상영되었다. 이 작품들은 이국적인 풍경을 배경으로 "고귀한 주제"―삶과 죽음, 비뚤어진 양심, 치열한 전투, 그리고 남자의 시련―를 다루었다. 이 주제들은 제2차 세계대전 중에 만든 나치 영상물들과 공통점이 많았다. 아데나워 치하 소시민들의 사회복지국가에서 그 영화들은 좌절을 막고 박탈감을 상쇄시키는 데 기여했고 이국적인 땅에서의 모험과 전선에서의 영웅적인 삶에 대한 향수어린 공상에 불을 지폈다. 그 영화들은 또 정직한 군인을 분별력 없고 비열한 정권과 구별했고, 그렇게 해서 이미 확산되어 있던 변명의 성향을 강화하는 데 성공했다.

냉전은 탈나치화 프로그램의 때 이른 종결을 가져왔고, 이는 과거를 쉴 수 있게 놓아두어야 한다는 생각을 조장했다. 그런 생각은 1950년대에 굳건히 뿌리를 내렸다. 1952년에 일찍이 아데나워조차 이런 경향에 단호히 맞서 체계적인 저항을 시작해야 한다고 느꼈을 정도이다.

적극적인 사람은 너무 쉽게, 그리고 어쩌면 너무 편안하게 과거를 잊는다. 특히 그 과거가 자신이 좋아하지 않는 것일 경우에는 더더욱 그렇다. 거기에는 상당한 위험이 따른다. 과거는 하나의 실체이기 때문이다. 과거는 사라지지 않으며 우리가 과거에 눈을 감아버렸을 때조차도 과거는 계속해서 결과를 낳는다. … 대체로 독일의 잘못 때문에 우리의 조국과 전 세계에 찾아든 이름을 붙일 수 없는 불행을 생각할 때면, 그리고 그 시절에 대해 정말 책임이 있는 이들을 찬양하는 글이 우리의 몇몇 신문에 거듭해서 등장하는 것을 볼 때면 분노가 치밀어 오른다. 대다수 독일인을 그런 치명적인 길로 이끄는 일이 가능했다는 사실은 생각이 있는 모든 사람에게 심각한, 아주 심각한 질문을 던진다. 특히 애초에 어떻게 그런 일이 가능했을까라는 질문이다. 그처럼 깊고 끔찍한 나락으로 다시 떨어지는 일이 없도록 전력을 다하기 위해 우리는 반드시 이런 질문들을 던져야 한다.[32]

이는 과거에 관한 서독 정치가들의 공식적이고 명백한 담론이자 1950년대 초나 지금이나 크게 변한 것이 없는 경고의 담론이다.[33] 그러나 대다수의 사람은 "치명적인 길"과, "어떻게 그것이 가능했는지"에 관한 아데나워의 질문을 그리 시급한 것으로 여기지 않았다. 그들은 텔레비전이 등장하기 전에 그 어느 때보다도 대중적 인기를 누렸던 영화를 즐기기 위해서 극장으로 향했다. 현실도피적인 하이마트영화와 노스탤지어가 깃든 전쟁영화와 더불어, 대하사극(후에 프란츠 요제프(Franz Joseph)의 아내로서 오스트리아의 황후가 된 바이에른 공주 엘리자베스(Elizabeth)의 일생을 소재로 한 연속극), 코미디(인기 절정의 하인츠 에르하르트(Heinz Erhardt)와 하인츠 뤼만(Heinz Rühmann)을 기용한 여러 작품들), 멜로드라마, 공포물 등이 있었다. 1950년대에 과거를 (특히 현재와의 관계 속에서) 비판적으로 바라보는 시각의 영화가 만들어진다는 것은 이례적인 일이었다.[34] 1950년대에 독일의 영화계에는 자신의 모든 저술을 통해 독일이 스스로의 과거와 직면하게 하는 일을 사명으로 삼았던 하인리히 뵐(Heinrich Böll)에 견줄 만한 사람이 없었다.[35]

1962년 장-마리 스트라우브(Jean-Marie Straub)와 다니엘 위예(Danièle Huillet)가 하인리히 뵐의 단편을 각색해서 그들의 첫 작품을 만들었다. 아데나워의 연설이 있은 후 10년이 지나 그들은 "치명적인 길"과 그 원인에 관한 아데나워의 질문에 진지하게 답하려고 노력했다. 두 사람은 영화에 역사를 다루는 새로운 방식을 도입한 탓에 신랄한 비난에 직면했다. 스트라우브는 알자스 태생으로 1958년부터 서독에 살았으며 스트라우브와 그의 공동연출자 다니엘 위예는 독일의 새로운 작가주의 영화에 지대한 영향을 끼친 선구자들이었다. 그들은 상업적인 오락물과 영화를 엄격히 구분했고 영화를 전위 문학의 영역에 재배치했다. 정치적으로도 스트라우브와 위예는 시대를 앞선 인물들이었다.

뵐의 풍자적인 작품 『수도일기』(*Hauptstädtisches Journal*)를 각색해 만든 단편영화 〈마호르카-무프〉(*Machorka-Muff*)에서, 에리히 폰 마호르카-무프는 히틀러 정권에서 장군으로 복무한 인물로서 "군 회고록을 위한 아카데미"를 설립해서 어린 시절부터 간직해온 꿈을 이룬다. 이곳에선 장교 출신의 군인들이 편안히 회고록을 쓸 수 있다. 그의 첫 강연 제목 "역사적 과제로서의 기억"을 통해 그는 공공연히 다시 되풀이해 이야기하고 있는 노병들의 노스탤지어에 젖은 경향을 지적할 뿐만 아니라 경제 기적을 이루던 시절의 집단적 기억상실을 지적한다. 스트라우브는 다음과 같이 이야기한다. 그 영화는 "군부로부터 자유로워질 기회가 있었던 한 나라의 강탈을 다루었다. 〈마호르카-무프〉는 교훈적인 작품이었다. 독일은 혁명의 기회를 놓쳤고 파시즘에서 헤어나지 못했다. 내가 보기에 독일은 하나의 원 안에서 움직이고 있고 그 과거로부터 자유로울 수 없는 나라이다."[36] 영화는 다음과 같은 자막으로 시작된다. "이 영화는 추상적인 이미지로 이루어진 한 편의 꿈일 뿐 이야기가 아니다." 그러나 영화의 끝에서 장군이 "저항? 그게 무엇인가?"라고 묻는 마지막 대사에서 마치 깨달음이 일어나는 듯하다.

뵐의 소설 『아홉시 반의 당구』(*Billiard um halbzehn*)를 각색해 만든 스트라우브와 위예의 급진적인 영화 〈화해불가; 혹은 폭력이 난무하는 곳에서는 폭력만이 도움이 된다〉(*Nicht versöhnt oder Es hilft nur Gewalt, wo Gewalt herrscht*, 1965)는, 제목에서 드러나듯이, 정치적 색채가 훨씬 더 뚜렷하다. 명확하지 않은 갑작스러운 회상 장면을 통해서 영화는 파시즘의 과거와 서독의 현실을 연결짓는다. 영화는 어느 가톨릭 건축가 집안을 삼대에 걸쳐 다루고 있는데, 그 집안은 수도원을 지은 뒤 그저 다시 지을 목적으로 수도원을 파괴한다. 막내아들은 어떤 죄의식도 없이 존재하는 자신의 이런 현재와 "화해할 수 없다".

뵐의 문학 텍스트들은 두 영화를 위한 출발점에 불과하다. 스트라우브와 위예는 〈마호르카–무프〉에 재무장에 관한 신문 기사를 끼워 넣었고, 〈화해불가〉에는 허구의 일부로서 짧은 다큐멘터리 영상을 끼워 넣었다. 스트라우브와 위예는 브레히트의 서사극 이론을 견지하면서 영상, 소리, 연기, 대사, 자막 카드에 적힌 글(무성영화에서 영상의 흐름을 방해하는 요소이다) 등, 다양한 영화적 요소의 상대적 독립과 구별에 관심을 기울인다. 스트라우브와 위예는 이 다양한 언어를 하나의 일관된 서사 속에 섞어 넣어 그 형성의 모든 흔적을 지워버리는 대신 관객이 언제나 필름에 담긴 허구 속에서 의미가 구축되는 과정에 접근하기를 원했다. 허구를 허구로서 인식하고 있을 때에만, 곧 허구는 연출되고 꾸며진 어떤 것이라는 점을 인식하고 있을 때에만 관객은 더 이상의 혼란 없이 계몽될 수 있고 배움을 얻을 수 있다는 이유에서다. 나치 영화의 화려한 이미지에 단호히 반대하면서, 스트라우브와 위예는 이미지에 대해 거의 금욕적인 관계를 유지한다. 그래서 그들의 초기 작품들에서는 마치 이미지가 고갈되어버린 것처럼 보인다. 보통 카메라는 고정되어 있고 극의 구조는 극히 필수적인 것에만 한정된다. 간극과 비약, 생략이 도처에서 나타난다. 스트라우브와 위예가 선호하는 연기자는 직업배우가 아닌 사람들이다. 브레히트의 방법에 따라 그런 연기자들은 허구의 등장인물이 "되는" 대신 그들을 "인용"하기 때문이다. 스트라우브와 위예는 영화의 촬영 작업을 영화 자체에 기록해 넣기 위해서 애초에 녹음된 사운드트랙을 그대로 둔다. 요컨대, 그들의 영화는 할리우드의 관행을 거의 모두 위반한다. 관객은 다르게 볼 것을 자극받고 강요당한다. 그리고 ― 모더니즘의 전통에 따라 ― 영화적 이미지의 구성 자체를 비판적으로 성찰할 것을 권유받는다. 화면 위의 등장인물과 동일시하는 일은 자주 방해를 받고 시각적 즐거움은 좌절된다.

스트라우브와 위예에 따르면, 진정한 정치 영화는 정치적 주제를 관습적인 서사로 다루지 않는다. 오히려 영화적 재현 자체에서 혁명이 요구된다. 두 사람은 역사를 영화로 표현하는 일은 전통적인 서술 전략으로 해결할 수 없는 구체적인 문제를 제기한다고 주장한다. 두 사람의 영화 〈역사수업〉(*Geschichtsunterricht*, 1972)이 분명히 했듯이, 중요한 것은 이야기가 아니라 역사로서의 이야기(그리고 이야기로서의 역사)를 재현하는 것이다. 〈역사수업〉은 브레히트가 1930년대 말 덴마크로 망명한 기간에 쓴 미완성 소설 〈율리우스 카이사르 씨의 사업〉(*Die Geschäfte des Herrn Julius Cäsar*)을 원작으로 삼았다. 소설과 마찬가지로, 스트라우브와 위예의 영화는 서사의 연속성과 조야한 지시성을 모두 지워 역사적 재현에 도전한다. 그 영화는 단순한 복원의 방식으로는 현재 속에서 과거를 다시 포착해내는 일이 불가능하다는 사실에 주의를 환기한다. 브레히트가 1932년에 만든 영화 〈쿨레 밤페: 세상의 주인은 누구인가?〉(*Kuhle Wampe oder Wem gehört die Welt?*)는 영화적 표현들(연출된 부분들은 물론이고, 이미지, 타이틀, 음악, 소리, 다큐멘터리)을 주도면밀하게 혼합한 영화로서 하나의 모범으로 기능한다. 브레히트의 원칙을 영화로 옮겨놓은 스트라우브와 위예의 작업은 알렉산더 클루게와 라이너 베르너 파스빈더의 미학뿐만 아니라 에노 파탈라스(Enno Patalas)와 프리다 그라페(Prieda Grafe)같이 권위 있는 비평가들의 판단에도 강한 영향을 끼쳤다. 뵐의 텍스트들을 전위적으로 연출한 스트라우브와 위예의 영화는 외국의 영화제에서 여러 상을 수상했다. 그러나 서독 관객 대부분은 두 사람의 영화에 적대적이거나 무관심했다.

스트라우브와 위예는 1960년대 믿기 어려울 정도로 편협하고 아무런 감흥도 주지 못하는 영화들이 판치고 있는 서독의 영화산업에 불만을 품었던 서독 출신 감독들의 소규모 집단에서 중요한 일부였다. 그러나 "젊은 독일 영화"는 하나의 운동도, 유파도 아니었다. 그 구성원들이 개인적인 기질이나 스타일에서 보인 관심은 서로 크게 달랐다. 1970년대 중반에 그들을 계승한 뉴저먼시네마가 그랬던 것처럼, 젊은 독일 영화가 국제무대에서 두각을 나타내게 된 것은 주로 그들을 배출한 제작 환경 때문이었다(그리고 그런 제작 환경은 오늘날까지도 작동하고 있다). 그런 조건들은 보조금, 대출, 선금, 각종 시상 등의 정교한 시스템을 통해서 선별된 영화에 자금을 지원하려고 했던 국가의 의지를 크게 반영하고 있다. 1970년대 이후, 독일의 텔레비전은 점점 더 공동제작자의 역할을 수행했다. 시장으로부터의 이런 경제적 독립은 뉴저먼시네마는 물론이고 젊은 독일 영화의 감독들이 처음부터 자신들을 "반-영화(counter-cinema)"의 작가로, 전위적인 작가로 볼 수 있게 했다. 충분히 예상할 수 있는 것이고 또 어느 정도 의도적인 것이기도 한데, 이 영화작가들은 대중의 지지를 얻지 못했다. 그리고 그들은 결코 대중의 지지를 얻으려고 하지도 않았다. 처음부터 그들이 정부의 지원에 의지할 수 있었던 것이 원인이다. 크라프트 베츨(Kraft Wetzel)은 그의 비판적 조사연구인 「뉴저먼시네마: 기적 없는 경제」("New German Cinema: Economics without Miracle")에서 다음과 같이 적고 있다. "서독에서 제작된 영화의 총매출액이 제작비용은 고사하고 배급에 필요한 비용도 충당할 수 없는 수준이었기 때문에, 영화에서 얻은 수익으로 다른 영화에 지원해줄 재원을 마련할 가능성은 없다. 그러므로 서독의 영화작가들은 정부가 보조금을 지불할 수 있는 선까지만 영화를 만들 수 있다. 결론적으로, 서독 영화의 역사는 정부를 움직여 보조금을 책정하게 하고 정부에 확신을 주어 그 돈을 입수하고, 그런 다음 유용할 수 있는 돈의 액수를 늘리기 위해 정부를 설득하는 고군분투의 역사이다."[37]

1981년 독일의 주 정부와 연방 정부는 영화제작 후원금으로 총 8천만 마르크를 지출했다. 오페라, 연주회, 연극에 대한 정부 보조금도 규모가 상당히 컸지만, 이 보조금들에는 의무가 따랐다. 국고보조를 받은 독일 영화는 그 어느 나라의 영화보다도 은밀한 문화적 임무를 많이 받아들였다. 25년 동안 "예술적 야심이 넘치는" 뉴저먼시네마는 해외 영화제에서 눈부신 성공을 거두며 서독을 대변했다. 전 세계에 분포한 괴테 연구소는 회고전이나 기획전을 통해 뉴저먼시네마를 상영했다.[38] 외국의 각급 학교 교사와 대학 교수들은 서독 대사관이나 영사관에서 적은 비용으로 뉴저먼시네마의 영화를 대여할 수 있었다. 그렇게 해서 뉴저먼시네마는 해외에 서독의 문화를 소개하는 데 중요한 역할을 담당했다. 뉴저먼시네마의 일부 영화가 서독 내에서는 거의 알려지지도 않았고 평가를 받지도 못했다는 사실―이런 사실을 알게 되면 외국인들은 항상 놀란다―을 고려하면, 공적 자금을 지원받은 영화는 주로 외국에 배급하기 위한 수출용 품목의 역할만 한다고 결론짓고 싶은 유혹을 강하게 느낀다.

서독은 이 영화들을 거울삼아 나머지 세계에 스스로를 보여준다. 그러므로 독일의 최근 과거를 다룬 영화가 각별한 관심을 받고 있는 것은 그리 놀랄 일이 아니다. 서독 정부는 간혹 이 영화들이 자주 보여주는 독일의 자기 비판적 이미지가 독일 정부의 평판에 손상을 줄지도 모른다는 사실을 염려해서 이 영화들에 반대하기도 한다.[39] 그럼에도 불구하고 최근 10년 사이에 정부의 지원을 받아 제작된 영화의 상당수가 1933년에서 1945년 사이의 시기를 다루었다. 이는 과거를 받아들이는 고통스러운 작업을 매체의 모사된 현실에 내맡기는 일종의 보상기제라고 말할 수 있을 것이다. 1975년에서 1985년 사이에만도 서독에서 국가사회주의를 다룬 새로운 극영화가 50편 넘게 제작되었다. 이는 거의 앞선 30년 동안 제작된 영화의 전체 편수에 육박하는 수치이다.[40] 그런데 수치가 인상적이기는 하지만, 미학적 관점에서 보면, 대부분 별 의미가 없는 영화들이며 이미지의 이미지를 재활용한 것에 불과하다.

1970년대부터 시작해서 나치의 도상은 진화했고 이제 이 영화들에서 나치 시절에 관한 이미지가 일상적으로 되풀이되어 재생산된다. 1970년대 초에 제작되어 세계적 명성을 얻은 훌륭한 예술 영화들—루키노 비스콘티(Luchino Visconti)의 〈저주받은 사람들〉(The Damned), 루이 말(Louis Malle)의 〈라콩브 뤼시앵〉(Lacombe Lucien), 프랑수아 트뤼포의 〈마지막 지하철〉(Le Dernier Métro) 그리고 릴리아나 카바니(Liliana Cavani)의 〈비엔나 호텔의 야간 배달부〉(Il Portiere Di Notte The Night Porter)—은 너무도 강렬한 이미지를 통해서 파시즘 시절의 과거를 보여주었다. 그래서 그 이후에 만들어진 제3제국 관련 영화들은 한결같이 이 영화들에서 영향을 받았다.[41] 이 영화들의 시각적 스타일은 나치즘을 다룬 역사 영화에서 하나의 관행으로 자리 잡았다. 이들 영화에서 제3제국 자체는 보통 하나의 기호학적 현상으로 환원되었다. 친위대 제복, 나치 문장, 말끔히 면도된 목덜미, 검은 가죽 벨트와 부츠, 위협적인 복도와 대리석 층계가 "파시즘"을 상징하는 확실한 기호가 되었다. 그 모두가 하나의 함축적인 배경으로 작용하며 사적인 사건을 역사의 무게와 결과의 전면으로 부상시킨다. 1977년에 이미 카르스텐 비테는 파시즘의 이미지를 상투적으로 활용하는 것에 대해 비난했다.

과거를 감수한다는 구실 아래 우리는 과거를 이용할 만큼 이용하지 않았나? "면역"이라는 구실 아래 나치의 과거에 충분히 노출되지 않았나? 우리가 처음 시작했던 사료의 동어반복적인 재생산 말고 파시즘의 시각적인 분석에서 찾을 것이 더 남았을까? 영상의 공급은 이제 고갈되었다. 우리는 이미 그것들을 모두 보았지만 새로운 관점에서 본 적은 거의 없었다. 여론은 휴일에 태연히 방영되는 이 파시즘의 상품들로부터 스스로를 보호해야 하며, 계몽의 이름으로 집단 최면을 거는 장사꾼들이 그들의 진짜 의도를 공개적으로 인정하게 해야 한다. [42]

이런 영화와 텔레비전 작품들 가운데 대다수가 이른바 1970년대 "히틀러의 물결" 속에서 등장했다.[43] 과연 이런 재현물 가운데 독일인이 과거에 대한 회상을 시작하게 만든 작품이 있었는지 모르겠다. 그 영화들의 직설적이고 리얼리즘적인 서사 형식은 그 작품들을 쉽게 — 재미는 있지만 해로울 것은 없는 — 오락물로 여기게 했다. 이야기에 굶주린 텔레비전은 나치 시절에 관한 역사 영화를 별 어려움 없이 수용했다. 이 영화들은 단절된 과거시제의 영화로 서사에서 관객의 현재와 차단되었다. 그 영화들에서 "진정한" 복원은 과거를 완료된 어떤 것으로서, 곧 이미 끝나버린 어떤 것으로서 보여주었다. 아무도 과거의 영향을 받을 필요가 없었다.

억압되었던 것들의 귀환

죽은 자들, 그들도 역시, 미래의 지면 위에 쓰고 있다. 그들의 화염은 이미 미래를 파괴하려 위협하고 있다.

— 하이너 뮐러(Heiner Müller)

1977년 9월 5일에 다이믈러-벤츠사의 사장이자 서독의 가장 중요한 기업인 가운데 한 사람이었던 한스 마르틴 슐라이어(Hanns Martin Schleyer)가 적군파(Red Army Faction: RAF)의 조직원들에게 납치되었다. 그를 수행했던 네 사람은 총에 맞아 숨진 채로 발견되었다. 10월 13일에는 체포된 조직원들의 석방을 요구하는 적군파가 86명의 승객을 실은 루프트한자 항공기를 공중피랍해서 소말리아의 모가디슈에 강제 착륙시켰다. 10월 18일에 서독 국경수비대 소속 대테러 전담팀의 작전 수행으로 인질들이 석방되었다. 같은 날, 경비가 삼엄한 슈탐하임 교도소에서 바더-마인호프 테러단원인 안드레아스 바더(Andreas Baader)와 구드런 앤슬린(Gudrun Ensselin), 얀-카를 라스페(Jan-Carl Raspe)가 시신으로 발견되었다. 자살이 분명했지만 상황이 너무 의심스러워서 국제적인 조사위원회가 구성되었다. 10월 19일에 슐라이어의 시신이 알자스 뮐하우제의 폐차량 안에서 발견되었다. 이 일련의 사건은 나중에 "독일의 가을"이라 불리게 된 1977년 가을에 일어났다. 같은 해 4월에 적군파 단원들이 연방 검찰총장 지크프리트 부박(Segfried Buback)을 살해했고 6월에는 은행가 위르겐 폰토(Jürgen Ponto)를 살해했다. 의혹과 불안, 신경증적인 분위기 속에서 정부는 안전 조치를 강화하는 것으로 대응했고 적군파에 동정적이라고 의심되는 사람이면 누구든 적극적이고 무차별적인 탄압의 대상이 되었다. 정부의 탄압 정책을 서슴없이 비판했던 하인리히 뵐 같은 인사들이 모두 탄압 대상에 포함되었다. 자신의 의견을 개진하는 것은 위험스러운 일이 되었다. 감시와 검열에 대한 전반적인 두려움이 온 나라에 짙게 드리웠다. 무의미하게 쌓여가는 테러 범죄들은 가라앉아 있던 정치적 광기를 표출시켰다. 정치적 광기에 체계적인 방법은 없었을지 몰라도 역사는 있었다. 당시 여든 살이었던 노베르트 엘리아스(Nobert Elias)는 1977년 가을에 관해 다음과 같이 논평했다. "소규모 비밀 테러 단체의 폭력적인 행동과 그에 대한 대응으로 그들의 동조자들에게 맹공을 가한 것은 단지 방아쇠의 기능을 했을 뿐이다. 그들은 서독사회에 잠재된 균열을 가시적인 것으로 만들어서 전 세계가 볼 수 있게 했다. 그런 균열의 원인은 훨씬 더 오래전까지 거슬러 올라간다."[44]

테러리스트의 대부분을 배출했던 독일의 전후 세대 — 1960년대 중반에 20대가 되어 대학에 진학한 독일의 전후 세대 — 는 그 어느 곳에서보다도 더 극단적으로 부모 세대의 정치적 가치와 태도에 결별을 고했다. 마르가레테 폰 트로타(Margarethe von Trotta)의 극영화 〈독일 자매〉(*Die Bleierne Zeit*, 영어 제목: *Marienne and Julianne*, 1981)는 테러리스트 가운데 한 사람인 구드룬 앤슬린의 살짝 포장된 개인사를 탐구했다. 폰 트로타가 본 앤슬린은 성직자의 딸로서 부모가 자신에게 물려준 끔찍한 죄를 깨닫고 나서 급진적으로 변모했다. 마르가레테 폰 트로타는 알랭 레네(Alain Renais)의 영화 〈밤과 안개〉(*Nuit et Brouillard*)의 강제수용소 다큐멘터리 영상을 보고 있는 어린아이를 통해 앤슬린이라는 인물의 성격을 보여준다. 그녀는 무서운 영상에 큰 충격을 받아 구토를 일으켰다. 전쟁 종반에 태어난 사람들에게 나치 정권의 만행은 지울 수 없는 카인의 흔적이자 낙인이었다. 그들은 그토록 야만적인 짓을 저지를 수 있는 나라와 자신들을 하나로 여길 수 없었다. 이 세대에 속한 사람들은 서독을 옛 파시즘 국가의 계승자로 보았고 그래서 국가에 격렬히 저항했다 — 그들은 마치 부모에게 30년 전 파시즘 국가에 어떻게 맞섰어야 했는지를 보여주려고 작정이라도 한 것 같았다. 그렇게 해서 그들은 부모가 하지 못했던 저항을 뒤늦게 했다. 그들은 현재 서독의 이른바 "파시즘 체제"에 맞선 소득 없는 투쟁에서 그들의 과거라는 악령과 상징적으로 맞섰다.

노베르트 엘리아스에 따르면, 독일인이 히틀러 치하에서 저지른 범죄는 현실의 원칙들을 외면하고 지나칠 정도로 아무 의식이 없었다는 점에서 다른 나라의 범죄와 질적으로 전혀 다른 것이었다.[45] 그는 이런 특질들이 1977년 가을의 테러 행위에 나타나는 특징이라고 말한다. 그런 행위들은 궁극적으로 독일의 가공할 과거의 진실을 보통 부모가 아닌 학교나 책을 통해 알게 되면서 얻게 된 집단적 트라우마에서 비롯된다. 이 억압된 트라우마가 서독에서 "화석화된 상황"에 대한 좌절감과 결합되는 것은 시간 문제였다. 전후 독일 역사의 전반적인 재건 기간 동안 나치의 테러 정치에 대한 기억은 공개적인 논의에서 배제되었다. 그렇게 해서 독일인은 과거를 극복하고 과거와 화해할 기회를 뿌리친 것이다. 생략되었던 이 부분이 이제 젊은 세대의 테러리즘을 통해 복수하고 있는 것만 같았다. 영국에서 출간된 책 『히틀러의 아이들』(Hitler's Children)은 자신들의 붉은 깃발에 "반(反)파시즘"을 새겨 넣은 테러리스트들의 진정한 동기를 간과하고 있다.[46] 그럼에도 불구하고, 구세대 독일인의 뇌리에 테러리즘, 억압된 표현의 자유, 히틀러 정권은 너무도 긴밀히 연결되어 있었다. 독일의 가을에 관해 쓰면서 알렉산더 클루게는 다음과 같이 이야기했다. "운명이 빚은 참극이 많은 이들의 기억상실을 헤치고 나오는 데 성공했다. 그 사건들이 전쟁과 직접 연관되지는 않았지만, '1945년'과 '전쟁'은 그 사건들을 연상시킨다. 우리가 **독일과 독일을 형성한 역사에 관해 의문을 제기하는 감정적 변화를 겪게**

된 것은 결코 우연이 아니다. 억압된 충격이 테러리즘으로 표출된다. 그런데 테러리즘은 이전의 억압된 것들을 받아들이기에 적합하지 않은 지점이다. 그것은 새로운 왜곡을 낳을지도 모른다."[47]

1977년 10월에 아홉 명의 뉴저먼시네마 감독들이 연대기이자 회고록이 될 1977년의 독일에 관한 공동연출작품을 제작하기로 결정했다. 그런 제안을 해 온 것은 배급사인 작가주의 영화사(Filmverlag der Autoren)였다. 1971년에 한 영화작가 모임이 설립한 이 영화사는 1977년 2월에 《슈피겔》지에 부분 인수되었다. 〈독일의 가을〉(*Deutschland im Herbst*)이라는 제목의 영화는 1977년의 사건들에 대한 즉각적인 반응을 기록하고 짤막한 허구적 장면들 속에서 당시의 불안을 성찰하려고 했다. 이 공동기획은 정보의 차단에 저항하는 수단이었으며 사건에 대한 비공식적인 설명으로 "공식적인" 설명에 맞서려고 한 시도를 의미했다. 1967년에 알랭 레네, 크리스 마르케(Chris Marker), 장-뤽 고다르가 함께 만든 프랑스 영화 〈베트남에서 멀리 떨어져〉(*Loin de Vietnam*)와 마찬가지로, 〈독일의 가을〉도 공동연출작품이었다. 아홉 명의 영화작가가 각자 15분에서 30분 분량을 나누어 제작한 부분들은 누가 어느 부분을 맡았는지 확인할 수 없다. 그럼에도 불구하고 영화에는 알렉산더 클루게가 전반적인 지휘를 맡았다는 사실이 분명하게 드러난다. 클루게와 그의 편집자였던 베아테 마잉카-옐링하우스(Beate Mainka-Jellinghaus) 주도로 아홉 시간 가까운 분량을 두 시간의 영화로 편집했기 때문이다. 표면적으로, 영화는 다큐멘터리 쇼트와 인터뷰, 허구적 장면들을 혼합하여 텔레비전 작품의 구조를 모방하고 있다. 그러나 독일 텔레비전에서 찾아볼 수 없는 이미지들을 보여주고, 들을 수 없는 이야기들을 들려주며, 얻을 수 없는 관점들을 제공한다.

두 개의 공개적인 추도식이 영화의 틀을 이룬다. 하나는 한스 마르틴 슐라이어를 위한 국장이고 다른 하나는 죽은 테러리스트들의 매장식으로 현장에는 경찰들이 대거 출동했다. 두 장례식 사이에 독일 역사의 여러 장례식과 폭력 장면들이 배치된다. 살해되기 전의 로자 룩셈부르크를 담은 다큐멘터리 영상과 1944년 히틀러로부터 자살을 강요당했던 육군 원수 에르빈 롬멜의 국장을 기록한 영상이 삽입된다. 전쟁 영웅의 아들이자 슈투트가르트 시의 시장인 만프레드 롬멜(Manfred Rommel)이 (인터뷰 도중에) 테러리스트들을 위해 격식을 갖춘 장례를 치러줄 것을 개인적으로 요구하는 장면에서 현재와 과거의 연결이 충격적일 만큼 명확해진다.

하인리히 뵐과 폴커 슐뢴도르프가 연출한 부분은 소포클레스의 작품 〈안티고네〉의 텔레비전 방영 취소라는 (가상의) 이야기에 집중된다. 극중 신화의 관점에서 바라본 매장의 거부, 반란, 자살은 앤슬린의 여동생이 슈탐하임에서 죽은 적군파 세 사람의 합장묘를 돌보며 기울이는 갖은 노력들을 연상시킨다. 그 신랄한 풍자로 보아 1977년의 정치 상황에서 〈안티고네〉의 텔레비전 방영은 너무 선동적인 일이 되리라는 것이 자명했다. 폭력과 저항이라는 주제를 다루는 고전극을 텔레비전에서 방영할 수는 없었던 것이다.

〈독일의 가을〉에서 형식을 혼합한 것은 그 정치적 쟁점들의 모호성에 걸맞은 것이었다. 영화작가들은 자신들이 하고 있는 일의 목적을 설명하면서 테러리즘을 설명할 이론을 개진하려 하지 않았다는 점을 강조했고, 그들의 영화가 테러리즘을 설명하려 한다면 그것은 "영상이 없는 영화"가 되고 말 것이라고 설명했다.

우리를 자극하는 것은 단순해 보이는 어떤 것, 곧 기억의 부재이다. 처음에는 뉴스가 차단되었고 그 다음에는 이미지 없이 언어적으로만 뉴스매체가 활용되었다. 1977년의 가을 — 카플러, 슐라이어, 모가디슈, 슈탐하임의 죽음—이 지나가고 아무 일도 없었다는 듯이 여느 해와 마찬가지로 1977년의 크리스마스가 찾아왔고 새해가 되었다. 이 역사의 특급 열차 여행에서 우리는 비상 브레이크를 당기고 있다. 영화가 상영되는 두 시간 동안 우리는 주관적인 찰나의 인상이라는 형태의 기억에 매달려 보려고 안간힘을 쓰고 있었다. 우리가 할 수 있는 최선을 다했다. 어느 누구도 자신이 할 수 있는 것 이상을 할 수는 없다. 이런 점에서 우리의 영화는 한 편의 다큐멘터리이다—이는 또한 감추기를 원치 않는 또 다른 약점이다. … 1977년의 가을은 혼란의 역사이다. 정확히 이 점에 매달려야 한다. 진실을 아는 사람은 모두 거짓을 말하고 있다. 진실을 알지 못하는 사람은 모두 진실을 찾아내려고 한다. 이는 우리 자신의 편견이다. 설사 우리가 저마다 다른 정치적 견해를 가지고 있다고 하더라도 말이다.[48]

뉴저먼시네마의 영화로서 공공 보조금이나 정부 기구의 보조금을 받지 않고 만든 최초의 영화이자 무엇보다도 최초의 공동작품인 〈독일의 가을〉을 홍보하기 위해서 기자회견이 열렸다. 그 자리에서, 아홉 명의 영화작가들은 자신들의 미래 계획을 가급적 간명하게 이야기했다. "우리는 우리나라의 이미지에 관심을 갖고 싶습니다."[49]

〈독일의 가을〉이 "우리나라의 이미지"와 관련된 몇 가지 기획에 영감을 주었던 것은 결코 우연이 아니었다. 알렉산더 클루게는 〈독일의 가을〉의 짤막한 에피소드, 헤세 주(州)의 역사교사로서 독일 역사의 뿌리를 찾기 위해 삽을 들고 땅을 파헤치는 가비 타이헤르트를 보여주었던 에피소드를 그의 영화 〈애국자〉(1979)에서도 계속 이어갔다. 파스빈더가 연출한 부분에는 파스빈더와 그의 어머니가 여론의 형성에 관해서, 그리고 오늘날과 국가사회주의 시절의 공적 행위에 관해서 나누는 대화가 담겨 있다. 이

의미심장한 대화를 동력 삼아 파스빈더는 〈마리아 브라운의 결혼〉(1979), 〈롤라〉(*Lola*, 1981), 〈베로니카 포스의 갈망〉(*Die Sehnsucht der Veronika Voss*, 1982)으로 구성된 "서독 삼부작"에서 서독의 초창기를 고찰했다. 에드가 라이츠는 〈독일의 가을〉에서 자신이 연출을 맡은 부분에 어느 국경 수비대원을 등장시킨 바 있다. 그는 지방 사투리를 사용하며 비행사가 되기를 꿈꾸는 인물이다. 라이츠는 1979년에 시작된 자신의 영화 연대기 〈하이마트〉에서도 그 꿈을 다루었다. 폴커 슐뢴도르프는 1979년에 귄터 그라스(Günther Grass)의 소설 『양철북』(*Die Blechtrommel*)을 각색해서 영화로 만들었다. 그 작품에서는 나치 시절에 성장하기를 거부했던 종잡을 수 없는 "테러리스트" 난쟁이 오스카가 관심을 끈다. 〈독일의 가을〉에 참여했던 또 한 사람의 감독 베른하르트 진켈(Bernhard Sinkel) 역시 1979년부터 작업을 시작해서 1986년에 서독 텔레비전에서 4부작으로 방영된 여덟 시간 길이의 가족 서사극 〈아버지와 아들〉(*Väter und Söhne: Sins of the Fathers*)에서 독일의 최근 역사의 한 장—독일 화학산업과 국가사회주의의 부정한 결탁—을 철저히 고찰하려고 노력했다.

 〈독일의 가을〉은 현재의 이미지를 과거와 연결시켜 집단 기억상실증에 의식적으로 맞서려고 했다. "우리나라의 영화적 이미지"가 어떻게 거리를 둔 비판적인 방식으로 전시될 수 있는지를 보여주는 하나의 모델로서 기여했을 수 있다. 그러나 실험적인 몽타주 형식뿐만 아니라 기억과 슬픔이라는 문제를 주제로 한 관심이 극영화에 대한 관객의 기대를 저버렸기 때문에 〈독일의 가을〉에 대한 대중의 공감은 극히 제한적이었다. 감정을 이입할 극중 인물이 없었고, 정교하게 다듬어진 역사적 배경도 없었으며, 몰입해서 따라갈 이야기도 없었다. 이런 기대를 충족시켜준 것은 〈독일의 가을〉보다 1년 늦게 만들어진 미국의 텔레비전 연속극 〈홀로코스트〉(*Holocaust*)였다.

〈홀로코스트〉는 수백만 명의 유럽 유대인에게 가해졌던 박해와 그들의 체계적 학살을 허구적인 형식으로 다룬 최초의 주류 상업 영화였다. 그렇기 때문에, 그 영화가 서독에서 특히 큰 반향을 불러일으키리라는 것은 쉽게 예상할 수 있는 일이었다. NBC 방송사가 1억 2천만 명에 이르는 시청자에게 여덟 시간 분량의 4부작 연속극을 방영한 1978년 4월 중순부터 이미 서독에서는 논의가 시작되었다.[50] 미국에서 나온 최초의 보도는 그 영화의 상업적 동기와 일관되게 유지되는 키치 스타일, 그리고 강제수용소 장면과 광고를 혼합시킨 것에 대해 혹독하게 비난했다. 1978년 4월 16일에 이 연속극의 방영이 시작되자 실제 아우슈비츠의 생존자였던 엘리 위젤(Elie Wiesel)은 《뉴욕 타임즈》에 「홀로코스트를 사소한 것으로 만들어 버리다: 사실도 아니고 허구도 아니다」라는 제목의 기사를 투고하고 드라마 〈홀로코스트〉에 대한 불쾌감을 드러냈다. 대다수의 독일 비평가에게는 그 영화에 대한 엘리 위젤의 반감이 자신들의 주장을 대변하는 것이었다.

진실하지 않고 공격적이며 싸구려이다. 텔레비전 작품으로서 그 영화는 비명에 죽어간 사람들과 살아남은 사람들에 대한 모욕이다. 제목에도 불구하고 이 "다큐드라마"는 우리의 일부가 홀로코스트라는 이름으로 기억하고 있는 것에 관한 것은 아니다.

　　내가 너무 모진 것일까? 어쩌면 지나치게 예민한 것일지도 모르겠다. 하지만, 내가 너무 예민한 것이라면, 그 영화는 충분히 예민하지 못한 것이다. 그 영화는 상상조차 할 수 없는 것들을 보여주려고 한다. 하나의 존재론적 사건을 통속극으로 바꾸어 버렸다. 의도야 어찌되었든 결과는 충격적이다. 왜곡된 상황, 감상적인 에피소드, 설득력 없는 우연, 그런 것들이 여러분을 눈물짓게 했다면, 여러분은 그릇된 이유로 울고 있는 것이다. …

텔레비전 드라마로서의 홀로코스트이며, 반(半)사실, 반(半)허구적인 작품으로서의 홀로코스트이다. 이는 바로 최근 전 세계적으로 도덕적 혼란에 빠진 그 많은 "학자들"이 주장하고 있는 바가 아닌가? 홀로코스트는 "지어낸 것"에 다름 아니라는 바로 그 주장이 아닌가? … 홀로코스트는 반드시 기억되어야 한다. 그러나 결코 한낱 쇼로 기억되어서는 안 된다.[51]

역사적 허구의 고전적 서사 양식을 따르고 있는 〈홀로코스트〉는 더 큰 일반적 역사를 성찰하기 위해서 가공된 한 가족의 이야기를 들려준다. 대본에 적힌 가공 인물들의 삶은 검증할 수 있는 자료와 사건들로 이루어진 역사적 "텍스트"로 직조된다. 사적인 사건들이 정치적이고 공적인 사건들과 교차된다. 〈홀로코스트〉는 어느 의사 가족을 통해 1933년부터 1945년 사이에 제3제국에서 독일 유대인에게 가해졌던 체계적인 박해와 절멸을 단계적으로 보여준다. 관객은 가공 인물들의 개인적인 삶을 통해 뉘른베르크 법안, "수정의 밤(Kristallnacht)", 안락사 프로그램, 그리고 바르샤바, 부헨발트, 테레지엔슈타트, 바비-야르, 소비보르, 아우슈비츠의 강제수용소에 관해 알게 된다. 극적 구조의 차원에서 바이스 일가는 실업자인 에릭 도르프와 짝을 이룬다. 도르프는 나치당에 가입하면 일자리를 얻을 수 있으리라는 희망을 품고 있다. 야심 넘치는 아내에게 떠밀려 그는 나치 친위대 지휘관인 하이드리히와 칼텐부르너의 부관으로 일하게 된다. 그리고 제3제국이 붕괴한 후 도르프는 스스로 목숨을 끊는다. 등장인물들과 그들의 사랑 이야기, 그들의 우연한 만남과 어쩔 수 없는 이별 등은 분명한 허구이며 인위적으로 연출된 것이지만 그들의 삶에 개입하는 역사는 실제이다.

이처럼 가공 인물들을 역사적 사건과 뒤섞고, 정치적인 역사(Geschichte)

와 개인적인 이야기(*Geschichten*)를 뒤섞은 것은 월터 스코트(Walter Scott)의 전통에 따른 것으로서 고전 역사소설 장르의 특징이다.[52] 텔레비전으로 방영된 역사는 이런 공식을 따르는 경향이 있다. 하지만 과거의 진상을 보여준다고 주장하는 텔레비전의 관습적인 주장 때문에 허구적인 역사와 사실적인 역사, 허구적 공간과 실제 공간 사이의 구분은 훨씬 더 모호해졌다. 텔레비전 연속극으로 가공된 홀로코스트라는 역사적 사건은 애매한 사실성이라는 텔레비전 고유의 딜레마를 공유하고 있다. "사실이 허구로 보이는 것일까? 그리고 허구는 사실로 보이는 것일까?"〈홀로코스트〉의 각본을 쓴 제럴드 그린(Gerald Green)이 제기한 이 물음은 여전히 대답을 얻지 못하고 있다.[53]

사실,〈홀로코스트〉의 경우에는 이 물음에 대한 대답이 필요하지 않다. 왜냐하면 영화는 바로 이런 불확정성 자체를 이용하고 있기 때문이다. 사실주의 스타일, 섬세하게 복원된 역사적 미장센, 자주 등장하는 다큐멘터리 사진과 강제수용소를 담은 실제 영상을 삽입해서 영화에 강력한 "리얼리티 효과"를 불어넣는다. 이런 효과는 관객의 시각적 기억에 호소함으로써 한층 더 강화된다. 강제수용소 사진은 널리 알려진 것들이다. 그 사진들을 알아보지 못할 사람은 없다. 텔레비전 연속극의 일부로 그 이미지들을 다시 보는 것은 암묵적으로 그 영화의 역사적 "정확성"을 인정하게 하는 데자뷔 효과를 낳는다.

〈홀로코스트〉는 서사 구조와 시각적 스타일에서 보면, 하나의 **합성물**(*mixtum compostium*)로서 소비 상품과 마찬가지로 모든 사람에게 무언가를 제공한다.[54] 그 연속극에는 가정의 행복과 해체, 사랑, 전쟁, 모욕, 감금, 생존, 반란, 궁극적 해방이 담겨있다. 이 모든 것이 보편적으로 타당한 극적 소품들이며 그 결합은 폭넓은 대중에게 호소력을 갖도록 보장해준다. 〈홀로코스트〉가 방영 첫 해에만 50여개 국 — 1979년 1월 마지막 주 4일 동안 이 드라마를 방영했던 서독을 포함해서 — 에 수출되었다는 사실은 결코 놀라운 일이 아니다.

미국에서 대중적인 성공을 거둔 후에, 그 작품이 "죄악의 땅"에서 강한 반향을 불러올 것은 충분히 예견할 수 있는 일이었다. 그럼에도 불구하고, 수용의 범위는 예상을 훌쩍 뛰어넘었다. 〈홀로코스트〉 — 그 단어는 1979년 독일의 신조어가 되었다[55] — 는 민감한 정치적 상황에 직면했다. 〈홀로코스트〉의 방영은 계속되고 있던 마즈다넥 재판과 동시에 진행되었다. 마즈다넥 재판은 1975년부터 1981년까지 지속되었으며 서독 역사상 강제수용소 범죄에 관한 것으로는 가장 광범위한 재판이었다. 또한 전쟁 종반 한 탈영병에게 사형을 선고한 혐의로 바덴-뷔르템베르크 주지사가 고발된 필빙거 사건도 이 시기의 일이다. 그리고 나치 범죄의 범위를 어디까지 확대할 것인지를 두고 의회에서 열띤 논쟁이 벌어진 것도 이즈음의 일이다. 이런 상황을 고려하더라도 2천만 명이 넘는 서독의 인구가 〈홀로코스트〉를 시청했다는 통계치는 충격적인 것이다. 2천만 명이라면 당시 서독 성인 인구의 절반을 뜻한다.

〈홀로코스트〉 방영 후, WDR 방송사에는 3만 통 이상의 전화와 수천 통에 이르는 편지가 쇄도했다.[56] 〈홀로코스트〉의 뒤를 이어 라디오 방송, 신문, 잡지들이 전쟁 중 독일의 범죄라는 쟁점에 몰두했다. 서독의 양대 주간지 발행사인 슈피겔 사와 슈테른 사는 논설을 통해 자신들 역시 그때는 사물을 다른 식으로 바라보았기 때문에 독일 내 유대인의 차별에 가담했던 사실을 고백했다. 매회 드라마가 방영되는 동안에 화면에는 자막을 이용해서 전화번호를 내보냈고 — 전 국민 앞에서 — 언론계와 학계의 전문가들과 통화하기를 원하는 시청자들의 전화를 기다렸다. 〈홀로코스트〉

의 매회 방영 후에는 자유토론이 이어져 몇 시간씩 지속되었다. 시사주간지 《슈피겔》에서 활동하던 하인즈 회네(Heinz Höhne)는 여론의 분위기를 다음과 같이 적고 있다.

도덕적인 이유 때문이 아니라 상업적인 이유 때문에, 계몽을 위해서가 아니라 오락을 위해서 통속적인 스타일로 만든 미국의 텔레비전 연속극은 전후 30여 년 동안 수백 권의 책과 수백 편의 연극, 영화, 텔레비전 프로그램, 수천 편에 이르는 다큐멘터리와 강제수용소 관련 재판이 해내지 못했던 일을 해냈다. 그것은 바로 독일인의 감정을 자극하고 그들에게 감동을 주어 그들이 독일인의 이름으로 유대인에게 저지른 범죄를 일깨우는 일이었다. … 〈홀로코스트〉 덕분에 그 이후 비로소 독일 국민 대다수가 "최종안"이라는 전혀 해로울 것 없어 보이는 문구 뒤에 숨은 것이 무엇인지를 알게 되었다. 미국의 영화작가가 그런 일을 해낼 수 있었던 것은 그들에게는 대량학살을 묘사하는 일이 불가능하다는 무기력한 생각을 떨칠 용기가 있었기 때문이라는 사실을 독일 국민은 알고 있다.[57]

WDR 방송사의 연예오락 부문 국장인 귄터 로르바흐(Günter Rohrbach)는 다음과 같이 말했다. "〈홀로코스트〉는 우리의 역사의식을 바꾸어 놓았을 뿐만 아니라 대중매체가 어떤 것일 수 있는지를 가르쳐 주었다. 〈홀로코스트〉 이후에 텔레비전은 더 이상 예전과 같은 것이 될 수 없다."[58] 이 미국의 텔레비전 연속극은 과거를 다루려고 했지만 대중의 많은 관심을 얻지 못했던 독일 텔레비전의 노력에 하나의 전기를 마련해주었다. "학식 있는 사람들은 자기들끼리 정보를 교환한다. 언젠가 어떻게든 그 소식이 아래로 전해지리라는 희망을 안고서 말이다."[59] 미국에서는 "교육받은 엘리트의 이런 오만"이 있을 수 없다. 그는 계속해서 그곳에서는 "정보가 아래에서 위로 흐른다"고 말한다. 미국의 텔레비전에 대한 이런 민중주의적 시각은 강력한 식자층 관료를 동원해 국가가 통제하는 서독의 텔레비전과 달리, 미국의 텔레비전은 광고산업의 일환으로서 대규모 시청자와 높은 시청률에 의존하고 있다는 사실을 언급하지 않는다.

특히 엘리트 지식인들은 미국의 텔레비전 연속극이 거둔 눈부신 성공에 심기가 불편했다. 독일의 "고급문화"와 미국의 상업적인 "대중문화"가 만들어낸 영혼 없는 생산물을 분리시키는 관행적인 구분—바이마르공화국 시절의 논쟁들로까지 거슬러 올라가는 구분—이 갑자스레 의문스러운 것이 되어버렸다.[60] 독일인이 오랫동안 품어온 꿈이, 곧 미국의 "천박한 오락문화"에 비해 월등한 독일 문화의 우수성이라는 꿈이 무참히 깨져버렸다. 고급문화에 대한 독일인의 긍지—18세기 이래 민족 정체성의 본질적인 부분이었다—의 실질적인 효력과 사회적 기능이 의문에 부쳐져야 했다. 독일 문화의 그런 상태에 대해 책임을 통감한 사람들은 공개적으로 자신을 책망하고 나섰다. 심지어 문학 평론가인 마르셀 라이히 라니츠키(Marcel Reich Ranicki)처럼 전통에 침윤되어 있던 몇몇 사람들까지도 조바심을 내며 독일인은 왜 〈홀로코스트〉와 같은 작품을 만들지 못했는지를 물었다. 그리고 유력 주간지 《디 자이트》(Die Zeit)의 발행인인 마리온 폰 된호프(Marion von Dönhoff)는 그녀 자신이 〈홀로코스트〉에 대해 했던 미학적 반박에 의구심을 드러냈다. "지난 해《뉴욕 타임즈》를 필두로 이 나라에서도 영화 비평가 집단이 이 영화에 대해 많은 비판적 반박을 내놓았었다. 최루성 멜로드라마라느니, 하찮은 오락물의 상투적 표현이라느니, 사랑 이야기와 공포의 허락할 수 없는 혼합물이라느니 하는 등의 비판이었다—마치 이런 미학적 범주가 이 연속극의 도덕적 측면과 교훈에 직면해서도 최소한의 의미는 지닌다는 듯이 말이다. 일부 비평가는 정말 무서운 방식으로 도덕적인 것까지 희생해가면서 미학적인 것을 과대평가한다."[61] 그녀는 계속해서 순전히 미학적인 것에 가치를 두는 것은 파시즘의 전형적인 특질이었다고 이야기한다. "히틀러의 집권 중에도 거대하게 연출된 깃발 행진이나 뉘른베르크 전당대회의 미학적 완벽성이 많은 이에게 감명을 주었고 그들을 '여행의 동반자'로 만들었다." 미학을 파시즘에 오염된 것으로 악마화하는 것은 물론이고, 미학과 도덕성, 작품의 질과 대중적 효과 사이의 엄격하고 변증법적이지 않은 대립은 〈홀로코스트〉라는 미디어적 사건이 독일에서 불러일으킨 저널리즘의 과도함을 입증해준다.

〈홀로코스트〉의 방영을 전후해서 언론이 보인 반응의 변화가 특히 두드러진다. 일간지 《프랑크푸르터 알게마이네 자이퉁》의 기자 사비나 리츠만(Sabina Lietzmann)은 1978년 4월 20일에 〈홀로코스트〉에 관해 첫 번째 기사를 썼다. 「통속극으로서의 유대인 학살」("The Annihilation of Jews as Soap Opera")이라는 경멸적인 제목의 기사였다. 그녀는 이 글에서 고통을 하찮은 것으로 만들어 버리고 역사를 이야기로 전락시켜버린 데에 대한 불편함을 피력했다. 그런데 독일에서 〈홀로코스트〉가 방영되기 몇 달 전인 1978년 9월 28일에 그녀는 자신의 입장을 번복했다. 이제 그녀는 〈홀로코스트〉의 주제가 국민의 자각에서 너무나 중요한 위치를 차지하는 것이며 "이번 경우처럼 때로는 전반적인 재고를 이끌어낼 수 있는 지속적인 사고를 촉구한다"고 확신했다.

왜? 〈홀로코스트〉에 대해 미국의 대중이 보인 반응은 (그들 가운데 많은 사람들이 반응을 유보했지만) 우리에게 지적이고 비판적인 반응과 순진한 감정에서 나타나는 자연발생적인 효과가 별개의 문제라는 사실을 일깨워 주었다.

미국 전역에서 수백만 명의 시청자에게 〈홀로코스트〉는 그 영화가 아니었다면 상상도 못했을 현상인 유대인 학살에 대한 최초이자 유일한 접근 통로가 되었다. 우리는 여전히 훌륭하고 객관적인 다큐멘터리가 고급 정보의 전달 도구가 되어야 한다고 생각하지만, 〈홀로코스트〉가 수많은 관객으로 하여금 "민중의 견지에서" 그 문제를 보게 했고 공감하게 만들었다는 사실을 알고 있다. 이는 아무리 잘 만든 다큐멘터리도 지니지 못하는 힘이다. 만약 어떤 정보도 제시할 수 없는 상황과, 리얼리티를 포기하고 흥미를 원하는 사람들이 쉽게 접근할 수 있게 재단된 "이야기"로 정보를 얻을 수 있는 상황 가운데 하나를 선택해야 한다면, 우리는 단연 이야기를 선택할 것이다. 그런 의미에서 설사 우리의 취향이나 우리의 비평적 순수주의에 위배된다고 할지라도 〈홀로코스트〉에는 분명히 하나의 역할이 있다.[62]

1979년 1월에 마침내 〈홀로코스트〉가 서독 텔레비전에서 방영되었을 때, 마치 전 국민이 난생 처음 자신들의 과거를 회상하고 바라보는 것 같았다. 서독의 집단적 애도는 의식적이든 무의식적이든 세계인의 눈앞에서 공연된 거대한 볼거리가 되었다. 독일인은 세계의 나머지 사람들이 숨을 죽인 채 자신들이 이 영화를 수용하기만 기다리고 있다는 사실을 잘 알고 있었다. 예를 들어, 미국의 영향력 있는 논객인 메리 맥그로리(Mary McGrory)는 〈홀로코스트〉에 대한 논평에서 이 점을 언급했다. "이렇게 끔찍하고 서툴게 재창조된 최근 역사를 지켜보느라 녹초가 된 사람들에게 가장 기운 날 소식은 독일이 이 영화를 주문했다는 사실일 것입니다."[63] 독일에서 이 영화의 방영을 책임졌던 귄터 로르바흐 역시 같은 맥락에서 다음과 같이 쓰고 있다. "독일의 지도자들이 그처럼 고의적으로 유대인 절멸을 추진했기에, 만약 다른 사람들이 그 주제를 다루는 것에 대해 독일인이 특별한 반론을 제기한다면 그것은 주목할 만한 일이 될 것입니다."[64] 마찬가지로, WDR 방송사의 사장 하인즈 베르너 휘프너(Heinz Werner Hübner) 역시 조금도 주저하지 않고 다음과 같은 점을 인정했다. "그 영화는 하나의 정치적 사건이다. 그리고 만약 홀로코스트로 고통받았던 사람들의 땅인 이스라엘에서 그 드라마가 방영된다면, 만약 그렇게 된다면, 그런 사건에 가담했던 독일의 민중과 그 후손들 역시 마땅히 그 영화를 봐야 한다고 생각한다."[65] 귄터 륄(Günter Rühle)은 독일에서 〈홀로코스트〉가 방영되기도 전에 그런 기대의 국제적 지평을 훨씬 더 분명하게 기술한 바 있다.

> 지난 30여 년 동안 세계의 나머지 사람들은 쉴 새 없이 우리에게 1933년부터 1945년 사이에 독일에서 벌어졌던 일을 상기시켰다. 4부작 텔레비전 연속극 〈홀로코스트〉는 … 우리의 기억을 새롭게 일깨웠다. … 그 작품은 미국, 영국, 이스라엘에서 첨예하게 엇갈린 반응을 불러일으킨 바 있다. 그러나 바로 이들 나라의 사람들은 과연 독일인이 이 영화를, 곧 사실상 유럽 전역에서 벌어진 어떤 움직임 속에서 1,100만 명의 유럽 거주 유대인 가운데 600만 명에 이르는 이들이 몰살당한 사건을 보여주는 이 영화를 과연 어떻게 대할지 궁금해 하고 있다.[66]

이런 관점에서 볼 때, 독일인에게 연속극 〈홀로코스트〉는 할리우드가 들이민 거울 속에서 자신들의 모습을 확인해야 하는 하나의 도전이었을 것이다. "올바른" 반응이 가져다 줄 한 가지 이점이 있다면, 그것은 세계의 나머지 사람들에게 독일인이 역사에서 배운 바가 있다는 사실, 곧 그들이 변했다는 사실을 보여줄 기회가 된다는 것이었다.

오랫동안 억압되어 온 역사와 대면하는 일이 저항과 비판에 직면했다는 것은 결코 놀라운 일이 아니다. SWR 방송사의 사장 페터 슐츠-로르(Peter Schulz-Rohr)는 "과시에 가까울 정도의 자기부정에 몰두하는 독일인의 경향"에 관해 이야기했다. 그런 경향은 "치명적인 방식으로 공개적인 속죄 행위의 연기와 결합되고 타인에게 깊은 인상을 주려는 식의 도덕적 몸짓을 선보인다. 하지만 양심적인 사람에게 그런 몸짓은 오히려 그런 몸짓을 통해 입증하려는 도덕성 자체를 의심스러운 것으로 만든다."[67] 에드가 라이츠에게 죄와 속죄의 끔찍한 광경보다 훨씬 더 끔찍한 것은 "미국의 상업적인 미학"이 독일의 역사를 넘겨받았다는 사실, 곧 독일인의 "수중에서" 독일의 역사를 "낚아챘다"는 사실이었다.[68] 설사 더할 수 없이 비인간적인 형태일지라도 그들 자신의 역사를 간직하겠다는 주장은 독일이 그 스스로의 과거와 씨름하는 과정에 관한 연대기에 새롭고 지극히 양면적인 특징을 남기는 것이다. 몇 년 후, 많은 논란을 불러일으킨 1985년 5월 레이건 대통령의 비트부르크 군인묘역 참배에서,[69] 그리고 1986년 이른바 "역사가 논쟁"[70]에서 그 특징은 결코 놓칠 수 없는 것이 되었다. 두 사건 모두 독일의 역사, 기억, 국민 정체성을 둘러싼 새로운 수정주의의 투쟁을 부각시켰다.

우리가 참조할 수 있는 몇 가지 경험적 연구들이 있기는 하지만, 그것만으로는 연속극 〈홀로코스트〉가 독일의 대중에게 실질적으로 끼친 영향을 평가하기 어렵다. 다양한 기대에 부합하기 위해서 (그리고 그렇게 해서 상업적으로 성공을 거두기 위해서) 정교하게 조직된 드라마의 미학적 구조가 매우 다양한 반응을 허용한 것은 그리 놀라운 일이 아니다. 독일의 관객이 보내온 편지는 거센 거부반응부터 가시적이고 자학적인 죄의 고백에 이르기까지 광범위했다. 〈홀로코스트〉를 다루는 개인의 전략이 무엇이든, 그리고 그 영화가 자아낸 눈물이 아무리 순간에 그치는 것일지라도, 한 가지만은 분명하다. 그 영화가 독일의 과거에 관한 이미지와 이야기에 대해 새롭고 폭넓은 기반을 가진 관심을 촉발했다는 사실이다.

〈홀로코스트〉는 또 영화로 역사를 표현하는 다양한 방식에 관한 열띤 논쟁에 새로운 자극제가 되었고 활기를 불어넣었다. 〈홀로코스트〉의 뒤를 이은 몇 편의 영화에서 특징적인 것으로 자리 잡은 혁신적인 서사 기법과 영화 미학은 미국 텔레비전 연속극의 미학과 극적 구조에 대한 간접적인 반응으로 볼 수 있다. 1977년 독일의 가을은 지식인과 영화작가들 사이에서 독일의 역사를 다루려는 "지나친 동기부여"(클루게)를 낳았지만, 독일의 최근 과거를 다룬 영화로 관객을 불러 모을 수 있었던 것은 〈홀로코스트〉의 폭넓은 수용에 따른 결과일 뿐이었다. 〈독일의 가을〉은 과거에 짓눌린 한 나라의 인상을 보여준다. 〈홀로코스트〉에 대한 독일인의 반응은 그런 과거에 통달하기 위해서는 아직도 얼마나 많은 노력이 뒤따라야 하는지를 보여주었다.

독일인은 1979년에 이르러 마침내 자신들의 역사를 눈으로 볼 수 있게 된 것 같았다. 〈홀로코스트〉는 이번에는 희생자의 시선으로 그들을 대리해서, 관객이 언제든 꺼버릴 수 있는 해로울 것 없는 텔레비전 드라마의 형태로 독일인을 자신들의 가장 최근 과거와 대면시켰다. 수많은 관객이 느꼈던 집단적 카타르시스가 한 편의 영화(한 편의 허구, 모사[模寫])를 통해서 왔기 때문에, 사람들은 정말 그런 카타르시스가 있었다면, 그것은 자기기만에 근거한 것이었다고 의심할지도 모른다.[71] 그럼에도 불구하고, 〈홀로코스트〉와 같은 미디어적 사건의 장기적 효과에 대해 얼마나 회의적인지와 관계없이, 그 영화의 뒤를 따라 서독에서 새로운 역사의식이 일어났다는 사실을 부정할 수 없다. 한 순간에 과거가 바로 현재가 되어버린 것 같았다. 독일의 영화작가들은 독일의 역사와 이미지를 다루어야 한다는 도전의식을 느꼈다.

2
신화로서의 독일

한스 위르겐 지버베르크의 〈히틀러, 한 편의 독일 영화〉

"나는 예나 지금이나 여러분의 가장 은밀한 소망이 향하는 곳이며 여러분의 꿈의 전설이자 현실이다."

— 〈히틀러, 한 편의 독일 영화〉 중에서 하인츠 슈베르트

대중은 이성적으로 제시되었더라면 거부했을 것들을 신화로서 받아들인다. 우리 자신이 무의미를 체현하는 존재인 까닭에, 우리 자신이 우리에 관한 특별한 계획이 없는 자연의 우연한 산물인 까닭에, 우리에게는 우리를 지탱해 줄 형이상학적 버팀목이 필요하다. 그것은 우리 삶의 의미, 무의미한 실존을 초월할 수 있게 해 주는 신화를 향한 열망을 설명해준다. 우리는 운명을 원한다. 설사 운명을 극복하기 위해 총과 검, 강제수용소, 가스실을 동원해야 한다 하더라도 말이다. 우리 자신의 무의미함을 받아들이기에 전에, 우리는 그 신화에 수많은 이름을 지어줄 것이다.

— 귄터 쿠네르트(Günter Kunert)

미학과 정치의 통합을 믿는다면 당신은 이미 탈—역사(*Post-histoire*)의 시대에 살고 있는 것이다.

— 볼프 레페니즈(Wolf Lepenies)

정지된 역사

신사 숙녀 여러분, 이제 우리에게는 황제도 신도 사라지고 없습니다.
    시편은 지금까지 들어온 것들 가운데 가장 위대한 이야기입니다. 우리 그에게 기회를 주도록 합시다. 그리고 우리 자신에게도 기회를 줍시다. 금기, 이 공연은 금기에 관한 것입니다. 금세기 최고의 공연이며 큰 사업이자, 공연 중의 공연입니다. … 인간의 이야기가 아니라 인류의 역사이며, 재난 영화가 아니라 영화로서의 재난입니다. 세상의 종말이자 대홍수이며 먼지를 집어삼킨 우주입니다.

그래서 사생활을 담은 장면도 없고, 제3제국의 공포와 참상에 관한 장면도 없으며, 30년 전의 정치적 공갈인 "캐비지 트러스트(cabbage trust)"에 관한 장면도 없습니다. 오히려 산도 움직일 수 있을 만한 믿음에 관한 것이 담겨 있고, 전대미문의 총통에 관한 것이 담겨 있습니다. 그러므로 여러분의 힘과 기쁨과 슬픔을 한 곳으로 모으십시오.

스탈린그라드를 다시 보고 싶은 분에게는 실망스러운 것이 될 것입니다. 7월 20일의 음모나 벙커에서 맞은 외로운 늑대의 최후나 리펜슈탈의 뉘른베르크를 다시 보고 싶은 분이라면 실망하게 될 것입니다. 우리는 되풀이할 수 없는 현실을 보여주지는 않습니다. 희생자들이 자신들의 이야기에 대해서 느끼는 감정을 보여주지도 않습니다. 작가의 논픽션도 보여주지 않으며, 도덕성과 공포, 혹은 두려움과 죽음, 보상, 오만, 의로운 분노를 거래하는 커다란 사업도 보여주지 않습니다(41-43).[1]

적절한 경고이다. 지버베르크의 6시간 45분 분량의 영화 도입부에서 하얗게 분칠을 한 서커스 호객꾼이 우리에게 전례 없는 볼거리를 약속한다. 그가 예고하는 것은 역사 영화도 아니고, 제3제국의 복원도 아니며, 서커스의 볼거리이다. 그가 예고하는 것은 지어진 이야기이든 실화이든 한 편의 이야기가 아니다. 그는 하나의 심판을 예고한다. 교육도 아니고 노스탤지어도 아니며 감상도 아닌 연극으로서의 역사, 호러 픽처 쇼로서의 역사를 예고한다. 시작부터, 그 영화는 영화의 장르와 그에 따르는 관객의 기대에 거리를 둔다. 호객꾼은 그 영화가 보여주지 **않을** 것들을 모두 나열한다. 그의 긴 목록이 드러내는 것은 영화의 논쟁적인 차원과 자기반영적인 차원이다. 영화는 도입부에서 역사에 대한 다른 모든 접근법들과 그 영화를 구별함으로써 스스로를 구축한다. 비디오 녹화기가 하듯이, 새로 녹화하기 위해 이미 녹화했던 것들을 지운다.

그 영화는 여러 면에서 매우 독창적인 것이 될 것임을 주장한다. 그런 주장은 히틀러를 주인공으로 택한 사실을 통해 정당화된다. 지버베르크에 따르면, 히틀러는 하나의 독특한 현상이었다. 그래서 수백만 명의 사람들로부터 사랑과 증오를 받았던 이런 인물을 정당하게 다루기 위해서는 특유한 영화 미학이 필요하다. 90분 분량의 장편 극영화로는 히틀러의 추종자, 희생자, 독일의 역사, 세계에 대해 히틀러가 지니는 의미를 이해시킬 수 없다. 지버베르크의 영화는 또한 히틀러라는 현상을 영화적으로 적절히 표현하기 위해 집요한 노력을 기울인 결과이기도 하다. 이런 노력을 보여주는 증상 가운데 하나는 기조의 급격한 변화가 자주 일어난다는 점이다. 페이소스에서 익살로, 장엄함에서 우스꽝스러움으로, 고상함에서 일상적인 것으로 급격히 변화한다. 또 다른 징후로는 화가 치밀 정도로 길게 지속되는 독백, 거듭되는 빈정거림과 호언장담을 꼽을 수 있다. 그것들은 대부분 화면 밖 음성으로 들려온다. 줄거리를 전개할 인물도 현실과의 어떤 미메시스적인 관계도 없기 때문에, 영화는 지속적으로 영화 자체만 언급한다. 영화는 계속해서 스스로를 새롭게 고안해 나간다.

전통적인 서사체의 영화를 배경삼아 역사적 재현의 가능성 자체에 대해 끊임없이 의문을 제기하고 있는 이 독백들이 지버베르크의 입장에서는 조증에 가깝게 자아도취적인 것으로 보였을 것이 분명하다. 관객은 화면 밖 음성의 수많은 해설과 때로는 기괴하기까지 한 주장들, 결론과 예언을 지버베르크가 자신의 의견을 직접 표명한 것으로 받아들였다. 비평가들은 그 영화 전체를 과대망상자의 왜곡된 천재가 표출하는 분노, 곧 파시즘에 너무 매료되어 스스로 "파시스트"가 되어버린 어떤 천재의 분노를 표현하기 위한 하나의 장이라고 의심하기 시작했다. 논쟁은 곧바로 그 영화가 아니라 지버베르크 자신에게 집중되었다. 반드시 짚어둘 것은 지버베르크가 자신에게 쏟아진 비난 덕분에 성장한 것 같다는 점이다. 지버베르크는 신랄한 공격에 대해 마찬가지로 신랄한 논평으로 응수했고 그의 논평들은 그가 서독 영화 비평가 집단 전체를 얼마나 경멸하고 있는지를 보여주었다.

그러나 지버베르크의 히틀러 영화를 하나의 스캔들로 만드는 일에 반드시 그가 비평가들과 벌인 악명 높은 설전이 필요했던 것은 아니다. 논란은 영화 자체에 이미 3중으로 각인되어 있었다. 첫째, 그 영화가 히틀러를 도덕적이고 다큐멘터리적인 방식으로 다루지 않고 경외감을 가지고 시적으로 다루고 있다는 사실은 충분히 도발적이었다. 둘째, 이야기와 대사를 정적인 장면과 장황하고 성찰적인 독백으로 대체한 연극적이고 "영화답지 않은" 형식이 관객을 당황시키고 좌절시킨다(명상적이고 정적인 영화, 예를 들어, 마르그리트 뒤라스(Marguerite Duras)나 알랭 로브-그리예(Alain Robbe-Grillet)의 명상적이고 정적인 영화에 익숙하지 않은 관객들에게는 특히 그렇다). 마지막으로, 자신의 영화에서 독일 정체성의 핵심에는 비이성이 놓여있다고 말한 지버베르크의 도발적인 주장은 서독에서 본능적인 거부감을 불러일으켰다. 그의 영화에 대한 서독 영화작가들의 비난이 너무 거셌기 때문에 지버베르크는 애초부터 자신의 영화를 보여주지 않으려고 했다. 그는 1978년 베를린 영화제에 그 작품을 출품하지 않았다. 1977년 그의 영화가 칸(한 시간 길이의 예고편), 런던(1977년 11월), 파리(1978년 6월), 빈(1978년 10월)에서 시사회를 가진 후 마침내 서독에서 개봉되었을 때 단 하나의 사본만이 상영에 사용되었다. 영화는 주로 박물관이나 연극공연장에서 상영되었고 극장에서는 거의 상영되지 않았다.[2] 1979년 12월에 비로소 그의 영화는 독일의 텔레비전에서 방영되었다. 프란시스 포드 코폴라(Francis Ford Coppola)가 배급을 맡은 지버베르크의 영화는 1979년과 1980년에 미국 내의 모든 주요 영화제에서 〈우리의 히틀러〉라는 제목으로 상영되어 큰 성공을 거두었다. 1980년 2월, 수잔 손탁(Susan Sontag)이 《뉴욕 서평》(*New York Review of Books*)에 그 영화에 대한 평을 게재했을 때 지버베르크는 바그너, 아르토, 셀린느, 조이스와 같은 반열에 올랐다.³ 손탁의 평이 미국에서 지버베르크의 영화를 위한 하나의 돌파구가 되었다는 것은 두말할 나위도 없다.

1978년 영화에서 발췌한 사진들을 풍부하게 수록한 대본이 독일에서 출판되었고 대중은 이 영화를 "읽을" 수 있게 되었다. 비록 지면에는 소리와 시각적인 것 사이의 긴장, 풍부한 이미지, 그리고 공공장소에서 영화를 지켜보는 경험이 실종되고 없었지만 영화대본의 출간은 지버베르크에게 의미심장한 일이었다. 지버베르크가 보기에 오직 상업적인 이해관계에만 지배되는 영화 제도의 처분에 더 이상 자신을 내맡기지 않아도 되었기 때문이다.

〈히틀러, 한 편의 독일 영화〉라는 제목은 우리가 다루고 있는 것이 한 편의 영화라는 사실을 강조한다. 더욱이, 우리가 알고 있는 영화 매체의 모든 가정에 급진적으로 도전하는 것보다 더 지버베르크를 사로잡는 일은 없었다. 그는 1972년에 영화 〈루트비히: 미혼의 왕을 위한 진혼곡〉(*Ludwig: Requiem für einen jungfräulichen König*, 1972)으로 할리우드의 영화 관행에 맞서 그의 체계적인 (그리고 자의식적이고 돈키호테적인) 저항을 시작했다. 그는 그런 저항을 가리켜 "할리우드와 그 식민지의 전통에 서 있는 대사를 갖춘 오락 영화의 지배적 형식에 대한 선전포고"라고 말했다.⁴ 그는 계속해서 "그것은 또한 심리적 드리블, 개그와 액션에 바탕을 둔 플롯, 연속 편집의 철학과 쇼트/역쇼트 기법, 자동차와 총의 형이상학, 문을 여닫는 일의 흥분, 섹스와 범죄에 기반을 둔 멜로드라마, 요컨대, 원칙적

으로 서사체 영화의 지배에 대한 선전포고였다."⁵

지버베르크는 오늘날 할리우드에서 영화제작을 지배하는 사실주의 서사체 영화가 영화 매체의 혁명적인 시작을 차단하고 덮어버린다고 믿고 있다. 그리고 알렉산더 클루게라면 이런 믿음에 적극적으로 동조할 것이다. 마술사 조르주 멜리에스(Georges Méliès)와 독일 표현주의 영화작가들은 스튜디오에서 독자적인 세계를 창조해냈다. 그들의 연극적이고 회화적인 영화는 이야기의 줄거리가 아니라 미장센과 분위기에 의지했다. 오늘날 "영화답지 않아" 보이는 것이 실은 1920년대 말까지, 곧 소리가 영화를 좀 더 "사실적인" 것으로 만들기 전까지 영화적 표현의 지배적인 형식이었다. 특히 조르주 멜리에스의 속임수와 환상의 영화들은 지버베르크에게 "새로운 신화의 탄생, 최소한 마술과 볼거리를 가지고 작업할 기회가 있는 신화를 실현하는 도구"의 서막으로 보였다.⁶

지버베르크가 이 독창적이고 모사적이지 않은 영화제작의 전통에 빚을 지고 있다는 점은 그가 조르주 멜리에스의 (〈달로의 여행〉(Le Voyage dans la lune, 1902)처럼) 초현실적이고 환상적인 영화들을 시각적으로 다양하게 인용하고 있다는 사실뿐만 아니라 영화적 환상이 떠오르는 장소인 스튜디오로 회귀한 사실에서도 여실히 드러난다. 지버베르크는 최초의 스튜디오, 곧 토머스 에디슨의 "블랙 마리아"를 유리구슬 안에 모형으로 복원했고 영화의 도입부에서 그것을 클로즈업한다. 랩디졸브 후에 우리는 스튜디오 안으로 들어가게 되고 그곳에서 영화가 시작된다. 1900년의 전형적인 영화 스튜디오를 통과하는 이런 카메라의 여정이 표현하고 있는 것은 영화의 기원으로 되돌아가려는 지버베르크의 소망, 곧 그의 영화를 실제로 영화가 만들어진 곳에 위치시키려는 그의 소망이다. 영화가 상영되는 동안 논리의 법칙이 유보되고 속임수와 마술이 지배하며 마술의 인위적이고 환영적인 세계가 우리에게 최면을 거는 진정으로 허구적인 하나의 공간 안에 자신의 영화를 위치시키고 싶은 지버베르크의 소망을 드러낸다.

연미복 차림에 모자를 쓰고 지팡이를 든 서커스 여리꾼이 서커스의 군중이 그려진 배경을 뒤로 하고 박제된 제국의 독수리 옆에 서서 영화의 예식을 시작한다. 여리꾼은 또한 멜리에스적인 의미에서 예식의 집전자이기도 하다. 그는 우리를 초대해 우리가 감정적으로 몰입하지 않으면서 조심스럽게 쇼를 보고 즐기게 한다. 사건을 (재현하지 않고) 표현하는 것은 중세 후기까지 거슬러 올라갈 수 있는 연극의 전통이다. 그 전통은 연극연출가에 의해 괴테의 「파우스트」 서막에서 부활되었고 그 다음에는 베데킨트와 브레히트의 반(反)심리극으로 전개되었다. 막스 오퓔스(Max Ophüls) 또한 자신의 영화 〈롤라 몽테〉(*Lola Montés*, 1955)에서 이 장치를 활용했다. 그리고 서커스의 감독이 롤라 몽테를 "우리 모두가 배울 수 있는 완전히 이례적이고 독특한 모범"이라고 소개한 것처럼 지버베르크의 영화에 등장하는 사회자는 자신의 히틀러가 유일하고 전무후무한 인류의 표본이라고 소개한다. 그 영화의 표현 방식은 영화를 — 그리고 관객을 — 원료로부터 멀어지게 한다. 여기서 관객은 과거의 동시대인이 되는 것이 아니라 언제나 관객으로서 자신의 위치를 인식하고 있다. 직접적인 연설, 연극적이고 "지시적인" 방식의 연기, 연속성을 차단하고 환영을 파괴하는 양식적인 단절과 분위기의 진동은 관객을 그 사건들로부터 정서적으로 분리시키고 계속해서 충격을 받는 관찰자의 역할 속으로 밀어 넣는다. 동시에, 브레히트의 연극에서처럼, 관객은 지적으로 도전을 받는다. 그들은 영화의 주체인 동시에 객체이다. "우리 자신 외에는 주인공이 없을 것이다. 그리고 우리 자신에 관한 이야기 외에는 이야기도 없을 것이다"(42).

연극을 영화로 옮기는 작업에 대한 지버베르크의 관심은 1952년부터

1953년 사이 8mm 카메라로 촬영한 그의 첫 영화와 함께 시작되었다. 이 때 브레히트는 괴테의 「원형 파우스트」(*Urfaust*) 제작의 전체 과정은 물론이고, 자신의 극단 베를린 앙상블이 「푼틸라와 그의 시종 마티」(*Puntila und sein Knecht Matti*)와 「어머니」(*Die Mutter*)의 제작을 위해 진행한 리허설 과정을 17세 소년[지버베르크]이 기록하도록 허락해 주었다.[7] 1965년 프리드리히 뒤렌마트(Friedrich Dürrenmatt)의 희곡에 관한 박사학위 논문을 쓰고 있던 시기에, 지버베르크는 〈5막 7장: 프리츠 코르트너 음모와 사랑을 예행연습하다〉(*Fünfter Akt, siebente Szene: Fritz Kortner probt Kabale und Liebe*)라는 제목으로 2시간 분량의 다큐멘터리를 만들었다.[8] 크라카우어나 바쟁(Andre Basin)과 달리, 지버베르크는 영화 매체의 토대가 사진, 곧 뤼미에르의 전통에 있기보다는 연극, 곧 독일 표현주의 영화를 형성한 멜리에스의 전통에 있다고 여겼다.[9] 표현주의 영화는 세계를 "사실적"이고 직접적으로 설명하려는 영화매체의 강한 경향에 반기를 들었다. 표현주의의 이론에 따르면, 영화가 예술이 될 수 있는 것은 "형태가 주어지지 않은" 자연의 "순전히" 기술적인 기록에서 벗어나서 그 대신에 이미 확립된, 학구적인 엘리트의 아주 잘 다듬어진 연극적 전통으로부터 차용하는 선에서만 가능한 일이다. 1910년 이후 예술적 야심을 가진 영화가 점차 무대 배우들을 기용하고 연극의 표현적 어휘들을 채용한 것은 결코 우연이 아니었다. 무성영화가 연극적인 양식에 지배된 것은 1920년대 독일 영화의 특징이었다. 영화의 역사를 연구하는 울리히 쿠로프스키(Ulrich Kurowski)에 따르면, 표현주의 전통에 서 있는 비사실주의 영화는 독일 영화 전반에 걸쳐 나타나는 전형적인 특질이며 이 영화들은 세계를 "있는 그대로" 묘사하는 데 목표를 두지 않는다. 그보다는 스튜디오 안에서 (인위적으로, 통제된 상황 아래에서, 주관적인 왜곡으로) 세계를 새롭게 창조하기를 원한다. 의식적인 연극성은 한 편의 영화를 전형적인 "독일" 영화로 만든다고 쿠로프스키는 말한다.[10] 이런 점에서, 지버베르크의 역사 영화가 보여주는 양식은 특별히 **독일적인** 영화 전통을 되살려 전달하고 있다.

연극에 더해 음악은 지버베르크의 미학에 강한 영향을 끼친 또 다른 매체이다. 영화가 만들어내는 새로운 마법의 세계는 음악적 원칙에 따라 구조화될 수 있다. 그리고 그것은 지버베르크의 영화를 단선적인 이야기하기에서 한층 더 멀어지게 한다.[11] 음악은 그의 영화를 — 순전히 시각적인 것에 의존하고 있는 멜리에스와 독일 표현주의 영화를 넘어서서 — 리하르트 바그너가 19세기 말에 그렸던 총체적인 예술작업, 곧 **총체예술**(Gesamtkunstwerk)에 근접시킨다.[12] 객석을 완전히 캄캄하게 하고 황홀경 같은 이미지를 보여주는 바그너의 음악극은 어느 정도 영화를 예고했다. 바그너의 손자가 말한 것처럼, 만약 바그너가 여전히 살아있다면 그는 아마도 할리우드에서 영화를 만들고 있을 것이다. 여러 음악적 인용을 통해, 특히 히틀러가 좋아했던 오페라, 〈리엔치〉(Rienzi, der Letzte der Tribunen)와 〈신들의 황혼〉(Götterdämmerung)의 음악을 인용한 것에서는 물론이고 영화의 전반적인 구조를 통해서도 지버베르크는 자신이 바그너에게 빚지고 있다는 사실을 인정한다. 〈니벨룽의 반지〉와 마찬가지로 〈히틀러〉는 4부로 구성되었다. 지버베르크가 독일의 신화에 매료되었다는 점을 감안하면 그의 영화를 기술적 재생산의 시대에 바그너의 기획을 연장한 것으로 보더라도 결코 무리한 일은 아니다.

그렇게 해서 할리우드에 대항한 투쟁에서 지버베르크는 결코 조화될 수 없는 (브레히트와 바그너의) 동맹을 이루어냈다. 그리고 지버베르크는 이들이 정말로 조합을 이룰 수 없다는 점을 잘 알고 있었다. "나는 미학적으로 논란을 일으킬 만한 시도를 했다.[13] 브레히트의 서사극 이론과 리하르트 바그너의 음악적 미학을 결합시키려고 시도했고 반(反)아리스토텔레스적인 영화로서의 서사 체계를 새로운 신화의 법칙과 연결시키려고 시도했다." 이 혼성적인 기원은 갑작스러운 단절을 낳았고, 분위기와 관점에서 아무런 동기도 없는 변화를 초래했으며 어떤 해석의 시도도 어렵게 만드는 양면성을 낳았다.

    음악과 연극의 정신으로부터 재탄생된 지버베르크 영화는 그가 역사적 자료를 다루는 데에도 커다란 파장을 일으키는 결과를 가져왔다. 본래의 맥락에서 잘려 나온 과거의 사건과 인물은 그 나름의 법칙을 따르는 어떤 미학적 구조속에서 인용할 수 있는 무대소품이 된다. 역사는 "쇼"의 형식으로 "제작"(이 단어의 두 가지 의미 모두에서)되고 전시되어 다수의 독립적인 스케치로 구성된 익살극처럼 보인다. 지버베르크는 인과관계를 다루는 역사의 구성물보다 상호연관성이 인정되는 분위기를 환기하는 일에 더 관심이 있다. 또한 지극히 인위적인 그의 표현 방식은 (실제로는 상투적인) 진정한 과거의 복원이라고 주장되는 모든 것을 공격한다. 히틀러를 다룬 요아힘 페스트의 영화에서 그랬던 것처럼, 그런 복원에서는 옛 선전 영화의 기만적인 이미지가 조악하게 재생산되고 복원된다. 지버베르크의 영화는 모든 지시적 환영을 파괴한다. 결국 영화가 반영해야 하는 것은 어떤 리얼리티일까? 과거의 리얼리티는 존재하지 않으며 되풀이될 수도 없다. 역사와 그 재-현(re-presentation) 사이에는 깊은 괴리가 존재한다. 표현되는 대상은 결코 표현 자체와 동일한 것이 아니다.

    지버베르크가 선호하는 것은 시간과 장소에 얽매이지 않는 연상 속에서 역사를 **지시하는** 언어적 기호와 이미지를 갖춘 자기반영적인 연극이다. 꿈의 이미지 속에서 힘러(Heinrich Himmler)가 자신이 결코 만나본 적 없는 희생자들과 대면할 때 다큐멘터리적인 리얼리티의 문제는 결코 중요한 것이 아니다. (단테의 『신곡』을 위해 구스타프 도레(Gustave Doré)가 그린 삽화에서 차용한 모티프로서) 히틀러가 바그너의 무덤에서 일어날 때 혹은 히틀러가 자신의 일을 계속 이어가고 있는 세계의 모든 지도자를 비꼬아 칭찬할 때 그것은 "실제"가 아니다. 다양한 시간의 층들이 공공연한 시대착오를 통해 서로 연결되면서, 서사체 역사에서 나타나는 연속성의 환영이 철저히 파괴된다. 역사적 시간은 연대기가 아니라 연상의 힘에서 도출된 원칙에 따라 정지되고 재결합된다. 시각적인 중심주제와 청각적인 중심주제가 영화 전체를 통해 거듭 다시 등장하고 간혹 사운드트랙과 이미지 구성물의 몇 개의 층 가운데 하나로 다시 등장한다. 지버베르크의 복잡한 사운드–이미지의 콜라주는 시간의 단선적인 진행을 중립적인 것으로 만들고 역사를 정지상태에 이르게 한다. 우리는 이야기의 "수평적인" 전개 대신에 다양한 수준의 의미와 연상이 공존하고 다성악적으로(Polyphonically) 공명하는 수직적인 구조를 갖게 된다.

카메라에 기록된 것은 모두 스튜디오의 무대 위에서 벌어진 일들이다. 그리고 무대는 외부세계와 철저히 단절되어 있다. 시간은 공간적인 것이 되고, 문학, 음악, 영화의 상호텍스트적인 지시대상과 인용이 하나의 치밀한 망으로 연결된다. 그러나 역시 몽타주를 자신의 가장 중요한 방법으로 활용하고 있는 알렉산더 클루게와 달리, 지버베르크가 겨냥하는 것은 하나의 총체성이고 그는 그것을 영화라는 매체 자체를 통해 성취할 수 있다고 믿는다. 자신의 히틀러 영화에 대해 "모든 것이 그 안에 있다. 관객은 결정을 해야 한다. 상황이 좀 더 직접적이기를 기대하는 사람이라면 누구나 거짓말을 시작하고 다음에 있을 실수들을 예비한다"(27)고 한 지버베르크의 고백은 총체성에 대한 그의 이런 의지를 입증한다. 클루게의 접근법은 지버베르크와 다르다. 클루게는 영화를 편집하면서 이미지와 사운드에서 발견된 기존의 것들을 아이러니하게 병치시키고 충돌시켜서 "관점의 변화"를 이끌어내려고 한다. 이와 대조적으로 지버베르크는 정확히 하나의 모순적인 전체, 총체성 — 알렉산더 클루게는 몹시 의심스러워하는 개념이다 — 을 만들어내기 위해 처음부터 이미지, 소리, 연설, 음악, 무대 효과를 조합하고 "층을 만들어서" 그의 다차원적인 미장센을 구축한다. 클루게의 작품에는 지버베르크의 초현실적인 타블로에 상응할 만한 것이 존재하지 않는다. 지버베르크의 초현실적인 타블로는 역사를 하나의 거대한 기호 체계로 바꾸어 놓는다.

예를 들어, 히틀러 영화의 초반부 어느 지점에서 우리는 사운드 몽타주를 듣게 된다. 그 몽타주는 9세기의 종말론적인 시 「무스필리」(*Muspilli*)를 낭송한 것 — "산이 불타고, 땅 위의 나무가 사라지고, 강이 말라버리고, 달이 떨어져, 마침내 땅이 모두 불타버린다"— 과 1932년 히틀러의 육성 연설 — "우리에게는 목표가 있습니다. 그리고 무덤에 들어갈 때까지 우리는 조금도 흔들리지 않고 그 목표를 열성적으로 사수할 것입니다"(40) — 의 원본을 동시에 들려준다. 세계의 종말에 대한 신화적 예언이 집단적 죽음의 열망에 관한 히틀러의 표현과 연상적으로 연결된다. 그와 동시에 우리는 무대 위에서 한 소녀가 히틀러 얼굴의 박제된 개를 요람에 눕히는 모습을 보게 된다. 소녀는 실물 크기의 종이인형에 둘러싸여 있다. 그 종이인형들은 땅 위에 짙게 깔린 인공 안개 속에서 모습을 드러내는데 안개는 시각적인 것에 바그너적인 분위기를 불어넣는다. 그 종이 인형들은 1920년대 독일 표현주의 영화의 등장인물들, 곧 최면술사이자 허풍장이인 칼리가리 박사, 그의 몽환적 살인자인 체자레, 흡혈귀 노스페라투를 표상한다. 여기서 관객은 어쩌면 지크프리트 크라카우어가 1947년에 그의 연구서 『칼리가리에서 히틀러까지』에서 펼쳤던 주장, 곧 이른바 독일의 표현주의 영화에 등장하는 권력에 목마른 악당들이 히틀러를 예고했다는 주장을 떠올리게 될지도 모른다. 이 극영화의 등장인물들은 또한 히틀러 — 칼리가리나 노스페라투처럼 — 가 오늘날의 우리에게는 그저 셀룰로이드 이미지의 하나로, 여러 기표(시니피앙) 가운데 하나로 활용될 수 있는 것이라는 사실을 환기하는 기능을 할 수도 있다.[14]

이렇게 넘쳐나는 청각 기호와 시각 기호들이 관행적인 의미로 해석될 리 없다. 다층적인 콜라주로서 그 기호들은 투명하거나 단순한 메시지를 포함하고 있지 않으며 오히려 여러 인상과 다면적인 가능성을 내포하고 있다. 그 기호들에 담긴 것은 하나의 독립적인 리얼리티를 표상하는 이미지가 아니다. 그 기호들은 독자적인 인공의 세계를 명확하게 드러낸다. 또한 그 기호들은 직설적인 이야기를 담고 있지도 않다. 그 기호들은 단일한 지점으로 수렴되지 않은 채 복잡하게 뒤얽힌 일단의 연상들이며 그런 연상들과 경로를 담고 있다. 시간과 공간으로부터 분리되어 나온 역사는 하나의 꿈과 같다. 지버베르크는 자신의 히틀러 영화를 "역사를 꿈꾸려는" 시도라고 말한 적이 있다.[15]

마치 이 꿈을 체현하기라도 하듯이, 검은 옷을 입은 어린 소녀가 히틀러 인형을 품에 안고 어르며 몽유병 환자처럼 무대 위를 오간다. 그 아이는 지버베르크의 딸이다. 소녀의 이미지는 어린아이의 천진함에 관한 긍정적인 반(反)신화로서 기능한다. 소녀는 역사의 천사로서 파편들이 기괴한 산처럼 쌓여 있는 과거로부터 도망친다. 벤야민은 클레가 그린 〈엔젤루스 노부스〉에 대해 다음과 같이 적고 있다. "그의 얼굴은 과거로 향해 있다. 우리가 일련의 사건을 인식하는 곳에서 그는 단 하나의 파국을 본다. 그 파국은 그의 발 앞으로 밀려들며 계속해서 파편더미를 쌓아간다."[16] 그 소녀는 모차르트의 피아노 협주곡 라단조와 함께 영화의 각 부가 시작되고 끝나는 지점에서 마치 하나의 중심적인 모티프인 것처럼 반복해서 등장한다.

몇 차례의 반복을 통해 강화된 이 장면의 정적인 특징은 흐르는 시간의 경험으로서의 역사를 하찮아 보이게 한다.

이 영화에서 역사는 하나의 장터처럼 보인다. 그곳에서는 독일의 신화부터 미국의 대중문화에 이르기까지, 횔덜린(Johann Christian Friedrich Hölderlin)부터 히틀러와 힘러에 이르기까지 더없이 다채로운 영역에서 나온 옛 신화와 새로운 신화가 하나의 꾸러미(en masse)로 제공된다. 지버베르크의 영화는 고전주의 이전 시대에 그랬던 것처럼 고급문화와 민중문화의 구분이 중요하지 않고 모든 양식이 뒤범벅되어 섞인 하나의 카니발과도 같다. 지난 2천 년 동안 서양 문화의 역사가 벽돌을 제공했고 이 영화의 작가는 브리콜라주 작가로서 그 벽돌을 끊임없이 재배열하고 재분류한다. 〈히틀러, 한 편의 독일 영화〉는 거의 끝없이 늘어선 일련의 인용으로 이루어져 있다. 문학적 자료, 자전적 자료, 역사적 자료로부터 절충적으로 취한 인용은 영화의 음성 텍스트로 엮어져 영화의 이미지에 수반되며, 이미지 대부분도 역시 회화, 연극 작품, 다른 영화에서 인용한 것들이다. 양산(proliferation), 병치, 모순, 상호텍스트성 같은 지버베르크의 양식적인 전략은 그가 포스트모더니즘 시학에 얼마나 익숙한지를 드러낸다. 그의 종말론적 세계관, 문화적 비관주의, 그리고 진보로서의 역사를 부정하는 태도는 그를 "탈-역사(post-histoire)"의 전통 위에 세운다.[17] 지버베르크와 같이 포스트모던적인 예술가가 맘껏 인용할 수 있는 "원료"로서 과거를 쉽게 사용할 수 있는 근거가 되는 것은 역사와 진보가 한계점에 이르렀고 정지상태에 있다는 믿음이다. 그리고 현재 자체가 과거에서 가져온 인용의 모음에 불과하다는 믿음에 근거를 둔다. **탈-역사**의 시대에 독창성과 혁신이 의미하는 것은 재활용과 패스티시이다. 이런 의미에서 포스트모더니즘과 탈-역사는 서로 연관된 개념들이다. 그러나 포스트모더니즘이 여전히 비약적으로 성장하고 있는 비판적 논쟁을 유발한 반면,[18] 탈–역사라는 용어는 거의 주목받지 못한 채 사라져 갔다. 탈–역사라는 용어의 기원을 살펴보면, 지버베르크의 기획과 놀랄 정도의 내적 연관성이 있음을 발견하게 된다. 독일의 사회학자 아르놀트 겔렌(Arnold Gehlen)은 1952년에 이미 헨드리크 드만(Hendrik de Man)으로부터 그 용어를 차용해서 안정성과 경직성의 상태로 규정되는 한 시대, 곧 변화도 발전도 기대할 수 없는 시대를 지시하는 데 활용했다.[19] (겔렌이 아데나워가 집권한 재건 시대에 이 용어를 도입했다는 점은 결코 우연이 아니다. 그래서 그가 오슈발트 슈펭글러(Oswald Spengler)와 함께 시작된 문화적 비관주의의 전통에 서 있다는 것 또한 우연이 아니다.) 1961년에 「문화의 결정화에 관하여」("Über kulturelle Kristallization")라는 꼭 맞는 제목의 글에서 겔렌은 다음과 같이 쓰고 있다. "나는 지금 관념의 역사가 종말에 이르렀으며 우리가 탈–역사의 지점에 도달했음을 예고하고 있다. 그래서 이제 고트프리트 벤(Gottfried Benn)이 개인에게 해주던 충고, 곧 '지금 당신이 가진 것으로 해내라'는 충고는 하나의 전체로서의 인류에게 합당한 것이다. 이제 눈으로, 그리고 정보를 통해 지구를 관측할 수 있게 된 시대에, 어떤 중요한 사건도 놓칠 수 없게 된 시대에, 더 이상 놀랄 일이란 없다."[20]

지버베르크는 〈히틀러〉의 2부, 얼음 우주에 관한 나치의 신화를 설명하는 장면에서 결정화, 얼음과 같은 경직성이라는 이 모티프를 취한다. 클루게 역시 그의 영화 〈애국자〉에서 결정화, 얼음, 화석화의 이미지에 매료된다. 지버베르크의 〈히틀러〉에서 역사가 모방되는 무대 자체가 얼어붙은 세계의 표식으로서 제시된다. 지버베르크에 따르면, 미래에는 더 이상 전망이 없고 역사는 정지상태에 이른 것처럼 보인다. 과거의 파편을 의미 있는 (서사) 순서에 맞추어 끌어 모을 자석의 역할을 할 수 있는 세력이 존재하지 않는다. 파편은 여전히 파편으로 남아 있다. 파편들은 여전히 죽은 채로 맥락도 없이 지버베르크의 무대 위에 흩어져 있다. 시간을 역사의 수많은 시대에서 나온 단절된 파편—대참사 이후 조각나고 동강난 그대로—이 흩어져 있는 닫힌 영역으로 "공간화"한 사실은 **탈-역사**의 신봉자들이 말하는 영원한 현재라는 개념과 정확히 일치한다. 지버베르크의 〈히틀러〉에는 앞으로 나아가는 어떤 움직임도 없다. 대신에 그 영화는 과거의 영광에 관한 애수 어린 기억, 노스탤지어, 그리고 종말의 느낌을 불러일으킨다.[21] 어떤 발전이나 변화도 가능하지 않은 곳에서 미래는 자취를 감춘다. 역사의 끝에서 예술가는 지금 수중에 있는 것을 영원히 재활용하는 과정 속에서 작업한다. 서양 문화 전체가 이제 활용할 수 있는 것이 된다. 그것은 인용을 취할 수 있는 하나의 전거이다. 1981년에 지버베르크는 이를 다음과 같이 표현했다.

> 이제 세계는 갈라졌고 우리 작품의 원천이 되는 역사와 문화의 전통에 자리를 내주었다. 인용을 위한 옛 문화의 거대한 광산들이 켜켜이 쌓여 새로운 문화가 된다. 우리가 보여주고 말하는 모든 것은 이전에 사용되었던 것들이며 이미 다루어졌던 것들이다. 오직 체제와 파편들의 재배열만이, 만약 그것이 제대로 작동한다면, 뭔가 새로운 것을 만들어낸다. 우리에게 새로운 것은 옛 것으로부터 만들어진 것이다. 그것이 우리의 운명이고 행운이며 전에도 그랬던 것처럼 자체의 영생을 바라는 새로운 기쁨이다. 방황하는 오디세이에 관한 오늘날의 신화는 우리의 역사에 관한 학문으로부터 인용한 것들로 구축된다. 그래서 오늘날의 페넬로페가 느끼는 두려움은 미래—모든 역사의 끝—에 관한 전조로서 우리의 내적 풍경의 지평선에 혼란을 일으키려고 위협한다.[22]

포스트모더니즘의 무대연출

고통스러운 생각: 어떤 특정 지점에 관한 한 역사는 더 이상 현실이 아니었다. 그 점을 알아채지 못한 채, 모든 인류는 갑작스럽게 현실을 떠났다. 그때 이후 일어나고 있는 모든 일은 진실이 아니었을지도 모르겠다. 그러나 짐작컨대, 우리는 그 점을 깨닫지 못했던 것 같다. 우리의 임무는 이제 그 지점을 찾아내는 일이 될 것이다. 그리고 그 지점이 없는 한 우리는 현재에 일어나고 있는 파괴를 견디는 수밖에 없을 것이다.

— 엘리아스 카네티(Elias Canetti)

지버베르크는 역사적 현실을 기호, 상호텍스트성, 인용, 암시, 개인적 기억과 시각적 연상들로 해석함으로써 독일의 역사를 다양한 표현 양식들—서커스, 놀이공원, 공포의 방, 인형극, 카바레, 막간극, 궁정, 그랑기뇰(Grand Guignol), 즉흥 가면극, 그리고 알레고리적이고 기괴한 연극의 세계—로 자유롭게 암호화할 수 있게 되었다. 영화의 핵심적인 기획은 히틀러 자체를 재현하는 것이 아니다. 히틀러를 재현하는 다양한 형식들을 보여주는 것이다. 지버베르크는 자신의 관심은 "본질적으로 사실주의로 표현할 수 없는"[23] 한 인물을 보여줄 가능성에 있다고 생각한다. 왜냐하면 오늘날 역사적 주체로서 히틀러는 다양한 이미지 속으로 용해되어버렸기 때문이다. 지버베르크는 히틀러라는 현상을 하나의 이미지로 축소하는 대신 이미지들을 양산한다. 그렇게 해서 우리는 영화의 처음부터 히틀러가 했던 서로 다른 역할들과 대면하게 된다. 도장공, 미쳐 날뛰는 광인, 인형의 팔다리를 떼어내어 먹어치우는 네로, 〈위대한 독재자〉(*The Great Dictator*)의 한 장면에 등장하는 찰리 채플린, 그리고 마지막으로 프리츠 랑의 〈엠

〉(M)에 등장하는 강박적인 성도착자 살인범으로서의 히틀러와 대면하게 된다. 〈엠〉의 살인범은 보이지 않는 재판관들 앞에서 그의 유명한 변론을 되풀이한다. "누가 내 말을 믿겠습니까, 나를 사로잡고 있는 것이 무엇인지를 대체 누가, 누가 알겠습니까! 나는 그럴 수밖에 없습니다, 나도 원치 않습니다, 그래도 난, 난 그럴 수밖에 없습니다. 나도 원치 않습니다. 하지만 그럴 수밖에 없습니다. 어쩔 수 없습니다. 내 자신을 어쩔 수 없습니다. 그렇게 할 수밖에 없습니다. 난 그렇게 해야만 합니다. 아무도 내 말을 믿지 않겠지만 나도 어쩔 수 없는 일입니다. 나는, 나는…"(61) 나치돌격대 제복을 입은 오스트리아 출신 배우 페터 케른(Peter Kern)이 자신을 파괴하는 연극적인 몸짓으로 독백을 한다. 그의 대사는 1939년 베를린에서 녹음한 내용 위로 오버랩된다. 녹음에선 히틀러가 등장하자 군중들이 "지크 하일(Sieg Heil), 지크 하일"을 연호한다. 살인자가 여전히 "어쩔 수 없습니다, 나는, 나는…"이라고 중얼대는 동안, 우리는 나치돌격대의 군가를 오리지널 사운드트랙으로 듣게 된다.

> 기치를 높이 올려라! 우리의 군인들은 굳게 뭉친다.
> 나치돌격대(SA)가 지금 용감하고 힘찬 걸음으로 행진하고 있다.
> 반동분자들과 붉은 전선의 총에 맞은 전우들,
> 그들은 비록 죽어서 혼령이 되었지만 우리와 함께 행진하고 있다.(61)

프리츠 랑의 1931년작 영화에 등장하는 편집광적인 아동살해범과 1939년 히틀러 사이의 연결성을 확립하는 것은, 자신의 결백을 중얼거리는 성범죄자와 열광적으로 "지크 하일!"을 외치며 자신들을 표현하는 집단 광기에 사로잡힌 군중 사이의 연결을 확고히 하는 것은 관객들의 몫이다. 사람들의 신경증과 체포된 범인의 충격적인 사악함이 하나의 몽타주로 서로 연결된다. 그런데 목적이 무엇일까? 히틀러는 자신의 충동의 희생자로서 면죄부를 받아야 한다는 것일까? 우리는 "총통"을 외치는 군중을 비난해야 한다는 것일까? 혹은 이 장면의 신경증이 시대의 분위기를 환기하는 것일까? 지버베르크는 논란이 될 만큼 답을 열어둔다. 그는 어떤 해석도 제공하지 않는다. 그 대신에 대상의 주위를 도는 실험적인 배열을 구축한다. "어떤 이들에게 히틀러는 빛의 신이었고, 또 다른 이들에게는 그가 도깨비 상자(Jack-in-the-box)이자 격분한 사람(carpet chewer)이었다. 두 해석 모두 동일한 비중으로 다루어지고 다양한 형태로 병치된다."[24]

지버베르크의 영화에서 히틀러는 피카르트가 1949년에 발표한 책 『우리 안의 히틀러』(Hitler in uns selbst)에서 히틀러를 지칭했던 대로 "아무 것도 아닌 것(nothing)"으로 등장한다. 피카르트는 동시에 히틀러를 "모든 것(everything)"이라고도 불렀다.[25] "히틀러"는 더없이 다양한 전설, 일화, 재현들로 채울 수 있는 빈 잔에 다름 아니다. 지버베르크에 따르면, 독일인에게 히틀러는 그들의 소망과 열망과 희망을 투사할 수 있는 스크린에 다름 아니었다. 그것이 바로 그 영화의 중심 독백, 히틀러의 입으로 말하게 한 독백의 핵심이다.

결국, 내가 아니고는 내게 기대되었던 역할을 넘겨받을 사람도 없었고 넘겨받을 수 있는 사람도 없었다. 그래서 그들은 나를 찾았다. 처음에는 부르주아가 나를 찾았고, 그 다음에는 군이 나를 찾았다. 축복과 더러움에 손을 비비며, 그리고 자신들의 명예를 지키기 위해 그들은 나를 찾았다. 내가 그런 사실을 몰랐을 것이라고 생각한단 말인가? 그 다음엔 산업계가 볼셰비즘을 몰아내기 위해 나를 찾았다. 그런데 나는 그들의 레닌으로부터 너무 많은 것을 배웠다. 그리고 그들의 스탈린은 은밀히 추앙받을 수 있었다. 그 다음 차례는 소시민, 노동자들이었다. 나는 그들에게 너무 많은 것을 줄 수 있었다. 그리고 다음에는 청년들이 나를 찾았다. 나는 그들에게 목표를 주었다. 그리고 또 학생들도 나를 찾았다. 그들에게는 내가 필요했다. 그리고 지식인들, 그들은 이제 그들의 친구이자 적인 유대인 마피아로부터 해방되었다. 그리고 다른 나라들, 그들은 평화로운 모습을 되찾은 유럽을 다시 얻게 되고 힘과 엄숙함을 갖게 된 것을 기뻐했다. 그리고 내가 얼마나 많은 사람에게 대항할 가치가 있는 것을 주었는지 생각해야 한다. 그리고 그 많은 사람들의 삶—생기 없고 공허한 삶—을 비교해 보라. 내가 그들에게 준 것은 그들이 내게 주입한 것들이다. 나는 그들이 듣고 싶어 하는 것을 들려주었고 그들이 하고 싶어 하는 것을 해주었으며 그들이 하기 두려웠던 것을 해주었다. 나는 그들을 위해서 그렇게 했고 그들을 위해서 앞에 나섰다. 그 모든 것이 그들을 위한 것이지 나를 위한 것이 아니었기 때문이다. … 나는 예나 지금이나 여러분의 가장 은밀한 소망이 목적하는 바이다. 여러분의 꿈의 전설이자 현실이었고 지금도 마찬가지이다. 그러므로 우리는 뚫고 나아가야 한다. 마지막으로, 마지막? 악몽? 롱쇼트가 아니다.(127–129)

누가 말하고 있는 것일까? 이는 지버베르크가 히틀러로 하여금 말하게 한 목소리, 히틀러가 그 스스로를 변호하게 한 여러 목소리 가운데 하나이다. 히틀러를 심판하기 위해 모인 사람들을 역설적으로 심판하는 사람이 바로 죽은 자들 가운데서 되살아난 히틀러 자신이라는 것이 이 독백의 본질이다. 히틀러는 독일인의 "가장 은밀한 소망"의 목적지로, 종속되기를 원하는 독일인의 소망이 향하는 대상으로, 그리고 독일인이 집단적으로 열망하는 모든 것의 집행자로 등장한다. 지버베르크는 우회적으로 금기의 물음을 던진다. 곧 파시즘은 엘리트까지 포함해서 어떻게 그렇게 폭넓은 추종자를 끌어들일 수 있었는가라는 물음을 던진다. 파시즘의 매력과 미학이 공개적으로 인정된 것은 수십 년간 도덕적 차원과 경제적 차원에서 파시즘을 설명해온 전통적인 연구가 있은 이후 최근 몇 년 사이에 일어난 일이다. 베르사유 조약과 바이마르 공화국의 겸양의 정치 이후 사람들은 자신들이 국민의 긍지와 집단 정체성을 박탈당했다고 느꼈고 파시즘은 이들의 숨겨진 욕망과 욕구를 충족시킨 것 같았다.[26]

시각적인 것은 이 장면에 부가적인 차원을 제공한다. 환각적인 이미지에서 리하르트 바그너의 열려 있는 무덤으로부터 히틀러가 일어나 나온다. 로마인의 토가를 입은 "히틀러는 지옥에서 걸어 나와 사색이 된 채"(127) 안개에 휩싸여 있었다. 그런 장면을 마주한 관객은 어리둥절해서 어찌할 바를 모른 채 그 장면의 시각적 힘에 사로잡힐 뿐만 아니라 그렇게 더할 수 없이 유치한 무대 마술을 우스꽝스러운 방식으로 사용하는 그 장면의 대담함에 충격을 받는다. 그리고 히틀러가 자신을 변호하며 던지는 도발적인 정치적 발언은 관객으로 하여금 본능적으로 그의 말을 반박하고 싶게 한다. 하지만 히틀러의 말은 그 맥락 때문에, 그리고 너무나 자명해 보이는 연극적인 연기 때문에 사실적이지 않은 것이 되어 버린다. 그의 진술은 주장의 영역에서 제안의 영역으로 옮겨간다. 관객은 "그것이 그저 허구일 뿐"이라고 생각하지만 그래도 의혹은 여전히 남는다.

이런 스타일의 장면은 로버트 윌슨(Robert Wilson)이 발전시킨 포스트모더니즘의 연기 스타일을 떠올리게 한다. 윌슨과 동독의 극작가 하이너 뮐러는 공동연출작 〈내전〉(CIVIL warS, 1984)에서 하나의 통일된 텍스트라는 전통적인 개념을 해체했고 연극의 모든 관행을 파기했다. 지버베르크의 경우에 그랬던 것처럼 연기자들은 더 이상 드라마의 인물을 구현하지 않는다. 그저 등장인물을 인용할 뿐이다. 예를 들어, 〈내전〉의 4막에서는 모든 시대의 문화사에서 가져온 파편적인 인용과 기성 문학의 요소들을 쌓아놓아 최종 분석에서 더 이상 일관성과 의사소통을 추구하는 읽기가 허락되지 않는다. 이런 식의 제작은 관객에게 더 이상 작품의 (주어진 혹은 감춰진) 의미를 찾으라고 요구하지 않는다. 그 대신에 그런 텍스트의 제작과정을 분석하는 새로운 수용의 방식을 요구한다.[27]

확실히, 지버베르크의 "텍스트"는 처음 보기만큼 그렇게 자의적이지 않다. 그의 텍스트는 영화 전체를 통해 다양하게 변형되어 반복되기는 하지만 하나의 극중 인물이나 서사의 맥락으로 연결되지 않는 일단의 주제와 모티프 — 죄, 죽음, 애도, 믿음, 상상 — 의 언저리에서 구축된다. 이 모티프들을 연출하면서 지버베르크도 윌슨도 충격적일 만큼 단순하고 유치한 이미지를 주저 없이 활용한다. 한스-티에스 레만(Hans Thies Lehmann)이 로버트 윌슨의 연극론에 관한 논문에서 썼던 것처럼, "지극히 성찰적인 유치함이라는 역설"은 그런 이미지의 활용에서 비롯된 결과이다.[28] 그러나 이는 지버베르크의 작품이 포스트모더니즘적으로 제대로 수용되는 데는 방해가 된다. 교훈을 향한 그의 억제할 수 없는 충동이 때때로 그의 이미지를 지배하고, 사실상, 그의 모든 포스트모더니즘적인 파편화와 역설적인 모사에 대한 하나의 대응점으로 기능하기 때문이다.

환기와 교훈의 혼합은 인형을 나치 이데올로기의 대변자로 사용한 데서 확인할 수 있다. 지버베르크는 16세기의 인형극으로까지 거슬러 올라가는 파우스트 극의 독일적인 전통을 되살려냈고 인형을 활용해서 영화와 연극의 리얼리즘에 맞선 체계적인 투쟁을 벌인다. 끊임없이 변화하는 기분을 표현하는 사람의 얼굴과 달리, 가면 같은 인형의 얼굴은 시간을 정지시킨다. 인형의 얼굴은 굳어 있고 생명이 없으며 영원히 고정되어 있는 것으로 보인다. 눈빛과 몸짓 사이에 상호작용이 없으며 심리도 없다. 지버베르크는 요제프 괴벨스, 헤르만 괴링(Hermann Wilhelm Göring), 하인리히 히믈러, 에바 브라운(Eva Braun), 알베르트 슈페어, 그리고 히틀러의 뚜렷한 신체적, 감정적 특질들을 인형에 옮겨 놓는다. "리얼리즘이 지배하는 우리의 세계"에서는 "있을 법하지 않은 소외"이다.²⁹

발터 벤야민과 마찬가지로, 지버베르크는 역사가 잃어버린 유치한 측면을 밝혀낸다. "그것이 바로 히틀러 영화 전체가 한 어린아이의 세계인 이유이다. 그 세계는 꼭두각시와 인형의 세계이며 별과 음악이 가득한 세계이고 한 번도 꿈꾼 적 없는 끔찍한 악몽 꺼리로서의 세계이며 고통과 빛의 세계이다. 누군가는 어쩌면 이 모든 것이 정말 그래서는 안 되는 일이고, 이 주제에 관해서는 분명히 그러면 안 된다고 느낄지도 모르겠다"(22). 그러나 나치의 지도자들을 꼭두각시로 재현한 것은 그들을 웃음거리로 보이게 해서 탈신비화하고 축소시켜 버린다. "그렇다, 그게 바로 우리가 그를 이용해서 하려고 하는 바이다. 아돌프, 펀치와 주디의 쇼에 등장하는 타락한 꼭두각시 … 그것이 독일로부터의 진보, 총통인 꼭두각시 어릿광대이다. 그렇다, 그야말로 꼭두각시 어릿광대인 총통이다. 그렇다. 그들이 이제 꼭두각시 어릿광대로 살아야 한다는 것은 지옥의 복수이다"(70). 꼭두각시가 된 그들에게는 자기 자신의 삶이 없으며 그들은 그들을 움직이고 (조작하며) 그들의 입에 말을 넣어주는 사람들에 의지해서만 움직이고 말한다. 그들은 대변자에 다름 아니다. 우리는 그들을 통해 말을 한다. "그들은 **우리가** 원하지 않는 것은 아무것도 할 수 없다. 그들은 우리의 수중에 있다. 우리가 없다면 히틀러가 무엇이 될 수 있을까? 우리 모두가 없다면?"³⁰

"우리 안의 히틀러"를 환기하기 위해서 지버베르크는 우리와 그 역사적

인물 사이의 거리를 좁힌다. 루트비히 2세의 요리사를 다룬 그의 초기 세미다큐멘터리, 〈테오도르 히르네이스 혹은: 전직 요리사인 그 남자는 어떻게 왕의 궁정으로 갔을까?〉(*Theodor Hirneis oder: Wie man ehem. Hofkoch wird*, 1972; 영문 제목: *Ludwig's Cook*)에서, 지버베르크는 이미 "높은 분"들에 대해 알기 위해 시종의 시각을, 곧 밑으로부터의 시각을 관심의 초점으로 만들었다. 〈히틀러〉에는 1934년 이래 줄곧 히틀러의 집사로 근무했던 카를-빌헬름 크라우제(Karl-Wilhelm Krause)라는 인물이 등장한다. 그가 카메라를 향해 서서 거의 30분 가까이 건조한 말투로 상세하게 설명하는 그의 기억은 한 개인으로서의 히틀러에 대해 예사롭지 않은 시각을 제공한다. 자신에게는 그날이 그날일 뿐인 하루 일과를 시시콜콜 들려주는 크라우제의 설명은 히틀러와 관객 사이에 가로놓인 시간의 거리가 한 순간에 사라지게 하는 단조로운 시각으로 히틀러를 보여준다. 예를 들어, 크라우제는 일상적인 아침식사에 관해 다음과 같이 묘사한다. "그분은 아침을 언제나 똑같이 드셨습니다. 미지근한 우유 두 잔과 라이프니츠 츠비박 쿠키 열 조각 정도, 그리고 잘게 부순 초콜릿 바 1/3쪽에서 반 쪽 정도를 드셨습니다. … 목욕하실 때에는 솔잎 비누를 사용하셨습니다"(143). 일상적인 삶에서 우리는 모두 똑같다. 되풀이되는 진부한 일상 속에서는 어제나 오늘이 다를 바 없다. 시간 자체가 무한한 현재 속으로 용해되어 버리는 듯하다. 히틀러의 진부한 일상생활, 소소한 기벽들, 히틀러가 좋아하거나 혹은 좋아하지 않는 우스꽝스러운 것들 때문에 —"독일 국민의 총통이 근사한 양말 한 켤레도 가질 수 없단 말인가?"(151) — 그리고 너무나 인간적으로 기분과 감정에 좌우되었기에 히틀러는 "우리 가운데 한 사람"이었다. 롤랑 바르트(Roland Barthes)는 일상적인 사생활의 소소한 세부사실에서 느끼는 이런 즐거움을 빗대어 "일인극, 위대함이 아닌 소소함에 관한 극(소소함의

꿈, 소소함의 환상도 있지 않을까?)"이라고 불렀다.³¹

집사는 지나칠 정도로 정확한 언어와 당혹감이 느껴질 만큼 차분한 어조로 1937년의 크리스마스 전야를 묘사한다. 그와 히틀러가—"카펫 위에 누워"(155)—선물을 포장하고 신분을 감춘 채 택시를 타고 뮌헨 거리를 돌아다녔던 일을 묘사한다. 브라나우 출신의 소시민이 느끼는 개인적인 크리스마스 정신이 1942년 크리스마스의 정치적 상황과 함께 영화 속에서 나란히 펼쳐진다. 노스탤지어가 깃든 1937년 크리스마스에 관한 집사의 묘사에 덧입힌 사운드트랙에서는 1942년 12월 24일에 전 세계 모든 전선에 배치되어 있던 독일 병사들을 하나로 묶어준 유명한 라디오 방송이 들려온다. 그 방송에서는 감상과 공격성, 크리스마스 정신과 제국주의 전쟁이 한데 뒤섞인다.

> 우리는 사랑스러운 크리스마스 캐럴 "고요한 밤 거룩한 밤"을 여러 동지들이 다시 한 번 불러 줄 것을 요청합니다. … 흑해의 남쪽 깊숙한 곳에서 동지들이 보내오는 이 크리스마스 인사에 모든 주둔지의 병사들이 동참할 것입니다. 지금 그들은 핀란드의 북극해에서 노래를 부르고 있습니다. 그리고 이제 우리는 그 노래를 모든 주둔지로 전달하고 있습니다. 레닌그라드와 스탈린그라드, 그리고 이제 프랑스, 카타니아, 자 이제 아프리카의 차례입니다. 이제 그들은 모두 다 함께 노래 부르고 있습니다. … 아기 잘도 잔다. … (155)

오리지널 사운드로 들려오는 그 라디오 녹음 방송은 하나의 기술 혁신을 입증하는 것으로서 세계 곳곳으로 향하는 독일의 팽창을 상징한다. 녹음된 시기는 스탈린그라드에서 독일이 패배했던 바로 그 해다. 영화에서는 이 녹음 방송이 크라우제의 독백 위로 오버랩 되었다. 크라우제는 계속해서 말하지만, 결국 라디오 방송이 그의 목소리를 압도한다. 이는 총통을 향한 집사의 변함없는 충실함과, 총통에 대한 충성심 때문에 전선에서 스러져간 수백만 명의 독일 병사들이 맞이한 운명 사이의 연결성을 시사한다. 그리고 히틀러의 인간적인 측면에 관해 말하는 크라우제의 행정가다운 어조와, 30만 명의 병사를 스탈린그라드로 보내는 데 필요했던 합리적인 행정의 창의력 사이에 존재하는 연결성을 시사한다. 이는 알렉산더 클루게가 1964년에 이미 그의 다큐멘터리 소설 『어느 전투에 관한 묘사: 재난의 조직적 구축』(*Schlachtbeschreibung: Der organisatiorishce Aufbau eines Unglücks*)에서 믿기지 않을 만큼 매력적으로 탐색했던 바이다. 미셸 푸코는 이 영화를 비평하면서 "지버베르크의 영화는 공포가 일상적인 것이며 일상성 자체가 공포의 차원들이라는 주장, 공포와 일상성은 호환될 수 있는 것이라는 주장을 일관되게 견지하고 있다"고 말했다.[32] 기계화된 대량 살상을 "효율적이고" 행정적으로 "올바른" 방식으로 조직하는 데에는 반유대주의의 광기만이 아니라 크라우제 같이 평범한 사람들의 편협한 관료적 근면성이 필요했다.[33] 그러나 그 장면의 마지막은 스탈린그라드에 대한 다른 읽기를 제안한다. 곧 좀 더 모호한 읽기를 제안한다. 스튜디오의 한복판에 서 있는 것이 분명한 크라우제의 머리 위로 눈이 쏟아지기 시작하고 점차 그를 뒤덮어버린다. 결국 크라우제의 얼굴은 얼어붙었고, 그 모습은 스탈린그라드에 발이 묶여 동사한 독일 병사들을 구현하는 하나의 표상이다. 독일인은 투철한 의무감을 지닌 희생자로 비친다. 크라우제가 그랬던 것처럼, 그들은 총통에게 복종한다.

히틀러가 머물던 두 곳, 곧 총통의 관저와 오베르잘츠베르크의 산장이 후면에 투사되면서, 그 장면 내내 크라우제의 독백에서 상세하게 묘사되었던 소시민의 일상적인 삶의 목가적 풍경과 대응점을 형성한다. 주로 핸드

헬드 카메라로 촬영된 이 음울한 영상은 크라우제가 마치 여행객처럼 돌아다닌 곳들을 그대로 옮겨 놓은 듯한 인상을 준다. 때때로, 특히 히틀러의 가구들을 클로즈업으로 극대화해서 보여줄 때 크라우제는 마치 난쟁이처럼 보인다. 그 다큐멘터리 영상은 사적인 이야기와 별개로 좀 더 큰 역사의 조용한 목격자 노릇을 한다. 그러나 집사는 사소한 것들의 더미 속에서 점점 더 자신을 상실해가는 한편, 그의 뒤로 펼쳐지는 무성영화에서는 예기치 못한 일이 벌어진다. 우선 우리는 히틀러의 집무실이 담긴 정지사진들을 보게 된다. 그런 다음에는 같은 각도에서 촬영되었지만 1945년에 완전히 파괴되어 버린 그의 집무실을 보게 된다. 이런 식의 장면전환은 화려함과 영광이 한 순간에 잿더미로 변해버렸음을 극적으로 표현하면서 집사의 행복한 기억을 파괴하고 역사에 대해 기괴할 정도로 제한적인 그의 시각에 조용히 반기를 든다. 행진곡과 바그너의 〈리엔치〉의 모티프들을 결합시킨 음악적 콜라주를 통해 이 장면에 또 다른 연상의 층이 더해진다.

이 장면의 수직적인 구조는 다양한 언어적 코드, 음악적 코드와 시각적 코드를 층층이 쌓아놓은 데서 비롯된 산물이다. 글쓰기와 같은 비공간적인 매체는 그런 동시성의 효과를 그저 흉내만 낼 수 있을 뿐이다. 사적인 것과 정치적인 것, 허구적인 것과 진정한 것, 사소한 문제와 세계사의 문제가 하나로 얽혀 동시에 환기된다. 그리고 갑작스러운 장면전환을 통해 덧붙여지는 뒤의 장면에서 모든 것이 다시 의문에 부쳐진다. 얼음과 눈으로 뒤덮인 집사의 머리를 클로즈업한 장면과 스탈린그라드에서 패배한 사실을 알리는 1943년 모스크바 발 라디오 방송에 이어 앉은 채로 우리에게 우주에 관해 가르쳐주고 있는 앙드레 헬러(André Heller) 뒤로 윌리엄 블레이크(William Blake)의 〈상상의 사원〉(*Shrine of the Imagination*)(을 담은 정지사진)이 투사되는 장면이 뒤를 잇는다. 헬러는 우리에게 다음과 같이 말한다. "UC 버클리의 천문학자들이 가장 멀리 떨어진 은하계를 발견했다. 태양이 3조 개나 되는 이 어마어마한 구조는 80억 광년 이상 떨어져 있다. 지금 우리에게 도달한 빛은 우리의 태양과 태양계가 존재하기도 전에 보내진 것이다(157).

수잔 손탁은 히틀러의 일상과 스탈린그라드에서 독일군이 겪은 패배로부터 비현실적인 광년의 개념으로 넘어가는 이런 식의 장면전환을 스탠리 큐브릭(Stanley Kubrick)의 〈2001: 스페이스 오딧세이〉(*2001: A Space Odyssey*)에 등장하는 장면전환과 비교한다. 거기서는 한 원시인이 던진 뼈다귀가 날아오르는 장면이 우주선의 장면으로 장엄하게 전환된다.[34] 히틀러의 사생활과 독일의 역사에서 우주의 역사로 넘어가는 이런 극적인 장면전환은 상당한 문제의 소지를 안고 있다. 그런 장면전환은 80억 광년이나 떨어진 곳에서 보면 **모든** 세상사가 별 것 아니어 보인다는 것을 암시하면서 모든 것을 상대적인 것으로 만들어버리기 때문이다. 그럼에도 불구하고 지버베르크는 거기서 멈추지 않는다. 투사된 빙산의 이미지, 곧 카스파르 다비드 프리드리히(Kaspar David Friedrich)의 작품 〈얼어붙은 바다〉 앞에서, 헬러는 아달베르트 슈티프터(Adalbert Stifter)가 쓴 유대인 아브디아스와 그의 앞 못 보는 딸 디타에 관한 이야기에서 인용한 부분을 들려준다. "마른 하늘의 날벼락 같은 엄청난 고난들이 몰아닥치는 바람에 결국 멈춰선 채로 자신에게 휘몰아치는 폭풍우를 고스란히 맞고 있는 사람들이 존재한다면, 마치 자연의 법칙이 거꾸로 돌아가 오직 그들만이 재난을 겪을 만큼 고의적인 불운에 시달리는 그런 국가와 행성, 대륙 역시 분명히 존재할 것이다"(158-159). 이 인용문은 이어 앞의 두 장면을 새롭게 조명한다. (히틀러와 스탈린그라드로 요약되는) 독일의 역사는 냉혹할 뿐만 아니라 이해할 수 없는 운명으로 해석된다. "때때로 구름 속에서 보이지 않는 손을 뻗어 우리의 눈앞에서 우리로서는 이해할 수 없는 짓을 벌이고 그것 때문에 우리가 죄의식을 느끼게 하는" 그런 운명으로 풀이된다(159). 영화는 몽타주와 연상을 통해 자연의 신화를 국가사회주의를 위한 설명 모델—유대인을 위한 설명 모델로 사용하지는 않았다. 물론 슈티프터의 소설에서는 유대인이 쟁점이다—로서 제시한다. 지버베르크의 작업에서 모든 자료를 인용하는 포스트모더니즘의 즐거움은 또 다시 그릇된 전유의 위험에 노출된다. "무엇이든 다 좋다"는 포스트모더니즘의 정신에서 지버베르크는 아이러닉하고 초연한 "조합자"[35]로서 자신을 보여준다. 곧 지버베르크는 하나의 텍스트 안에 유대인의 운명을 설명하려는 의도의 인용을 엮어 넣었고 그 안에서 그 인용은 느닷없이 독일 국민의 역사를 설명하는 것처럼 보인다.

(확실히 가장 의심스러운) 이 우주적인 모델조차도 지버베르크가 "전체"라고 부르는 것의 근사치에 불과하다. 지버베르크는 히틀러주의가 하나의 단일 명제로는 설명될 수 없다는 통찰에 집착한다. 그는 저마다 다른 목소리, 사건, 기록된 기억, 그리고 소설과 시와 군사 보고서, 자서전, 연설, 노래, 사진, 멜로디에서 인용한 것들을 가지고 자신의 주제를 다각적으로 탐색한다. 이 모든 것이 아돌프 히틀러라는 은밀한 중심에 접근하는 방법이다. 히틀러는 타자의 왜곡된 거울 속에서만 실재가 되고 이해할 수 있게 되는 주제이며 오직 우리가 우리 자신을 투사하는 정도까지만 채워지는 비어 있는 중심이다.

그 중심 주위를 선회하며 암시를 통해서만 작동하는 이런 간접적인 접근법은 4부에서 앙드레 헬러가 그럴듯한 여러 시나리오를 읽어줄 때에 가장 명확해진다. 시나리오는 자주 반복되는 "상상해보라…"는 말로 시작되며 우리가 보지 못하는 장면에 대한 상세한 구두 설명이 이어진다. "이 영화를 위해 해두었던 메모를 읽어 보겠습니다"(211). 나치 시절에 만들어진 아마추어 다큐멘터리 영상이 상영되고 있는 스크린 앞에 앉아 헬러가 말한다. 그 영상은 지버베르크가 나치 시절에 제작된 미공개 영상물을 찾고 있다는 신문 광고를 낸 후에 여러 사람이 그에게 보내 준 것들이다. 아마추어 영화 형식으로 된 이런 작자미상의 역사는 거칠고 때로는 식별할 수조차 없는 이미지와 함께 마치 악몽처럼 조용히 쉴 새 없이 돌아간다. 반면에, 이야기는 전면에서 낭독되지만 무대에 올려지지는 않는다. 우리는 말 그대로 아직 제작중인 한 편의 영화를 목격하게 된다. 모든 대사는 시험적이고 임시적이다. 배우가 읽는 대사가 이미지보다 더 중요하다. 영화 초반 등장하는 충격적인 정지 장면과 뚜렷이 대비되는 미니멀리즘의 접근법이다. 물론 여기에는 재정적인 이유가 있었다. 지버베르크는 (준비한 지 5년 만에 단 4주 동안 50만 달러라는 쥐꼬리만한 예산으로 촬영한) 자신의 히틀러 영화에서 거의 일곱 시간에 이르는 분량이 "가능하지만 실현되지 않은 영화이며 더 많은 시간과 도구가 있어야 했지만 당시에는 시간과 도구가 허락되지 않았던 영화의 밑그림이다. 그래서 결국 그 영화가 만들어질 수 있었던 것은 그야말로 하나의 기적이었다"고 말했다.[36] 수단의 경제성은 강력한 소외 효과를 낳았으며 리얼리티가 아니라 제시될 수 없고 오직 상상만 가능한 어떤 것을 암시하는 극적 구조에 도움이 되었다.

신화와 정체성

우리 사회에서는 역사가 신화를 대체해서 신화와 동일한 기능을 수행하고 있다. 글과 기록이 없는 사회의 경우에 미래가 현재와 과거에 충실할 것이라는 점을 가능한 한 철저히 — 완벽한 철저함은 불가능하다 — 보장하는 것이 신화의 목적임을 믿을 수밖에 없다.

— 클로드 레비-스트로스(Claude Lévi-Strauss)

다시 신화가 유행이 되었다. 서독에서는 특히 그렇다. 1980년대의 학계와 대중적인 논쟁들을 살펴보면 신화적 사고의 매력을 한 눈에 알아볼 수 있다.[37] 계몽주의는 물론이고 서양의 로고스 중심주의 전반이 의심을 받게 되었다. 새로운 신화에 관한 강연 원고에서 만프레트 프랑크(Manfred Frank)는 오늘날의 "의미의 신화-종교적 맥락의 재확립"[37]에 관해 이야기한다. 그리고 카를 하인츠 보러(Karl Heinz Bohrer)는 6백 페이지 분량의 논문집에서 근대성과 신화의 관계 속에서 신화를 다루었다.[38] 연극, 문학, 회화에서 우리는 점차 독일 역사에 대한 신화적 이해의 요소들을 발견한다. 구체적으로 안젤름 키퍼(Anselm Kiefer)(예를 들어, 1976년 작 〈바루스 Varus〉; 1978년 작 〈브룬힐데 잠들다 Brunhilde Sleeps〉;, 1978-80년 작 〈세속적 지혜의 방식들 — 아르미누스의 전투 Ways of Worldly Wisdom - Arminus's Battle〉는 도발적일 정도로 아이러니를 피하며 고대 민족들의 신화를 탐구한다.[40] 클라우스 파이만(Claus Peymann)이 무대에 올린 클라이스트(Heinrich von Kleist)의 희곡 「토이토부르크 숲의 전투」(*Hermannsschlacht*)와 프랑크-패트릭 슈테켈(Frank-Patrick Steckel)이 무대에 올린 헤벨(Christian Friedrich Hebbel)의 「니벨룽겐」(*Nibelungen*) 역시 독일 역사의 신화적 인식을 검토하고 독일의 가장 최근 역사의 관점에서 19세기 민족 신화를 재해석한다. 하이너 뮐러의 아름다운 콜라주 「베를린에서 게르마니아의 죽음」(*Germania Tod in Berlin*, 1977)과 하랄트 뮐러(Harald Mueller)의 연극 「죽은 자의 뗏목」(*Das Totenfloss*, 1984)은 페터 한트케(Peter Handke), 보토 슈트라우스(Botho Strauß)와 미카엘 엔데(Michael Ende)의 최근 소설과 연극이 그랬던 것처럼,

신화의 모티프를 활용한다.⁴¹ 더욱이 낭만적인 시각으로 파괴의 신화를 담아낸 베르너 헤어조크의 영화 — 예를 들어 〈신기루〉(*Fata Morgana*, 1970)나 〈유리의 심장〉(*Herz aus Glas*, 1972)⁴² — 와 (〈향수〉(Nostalgia) 등) 안드레이 타르코프스키(Andrej Tarcovskij)의 수수께끼 같은 영화, 고드프리 레지오(Godfrey Reggio)와 필립 글라스(Philip Glass)의 〈코야니스카시: 균형 잃은 삶〉(*Koyaanisqatsi: Life out of Balance*)은 문명에 대한 비판을 넘어 마술적이고 의례적인 것, 불가해하고 통제할 수 없는 것들의 주변을 선회한다.⁴³ 영화는 현재의 새로운 신화적 경향들과 특별한 친화력을 지닌 것처럼 보인다. 말을 사용하지 않는 이미지의 언어(nonverbal language of images)가 무의식에 직접 호소하기 때문이다.

이제는 유행이 된 신화에 관한 논쟁이 있기 몇 해 전에 지버베르크는 자신의 영화 〈루트비히: 미혼의 왕을 위한 진혼곡〉과 〈카를 마이〉(*Karl May*, 1974)에 대해 "영화적 장치를 통해 적극적으로 역사를 신화로 만드는 작업"(12)이라고 말했다. 동화 같은 성을 짓고 리하르트 바그너를 후원했던, 19세기 말 세속을 초월한 바이에른의 왕 루트비히와, 작센을 떠나지 않고도 문학적 상상력으로 수백만 명의 독일인들이 아메리카 서부와 같은 머나먼 땅을 볼 수 있게 했던 인기작가 카를 마이는 모두 지버베르크에게 잃어버린 천국을 찾는 독일을 상징했다. 루트비히 2세와 카를 마이는 모두 고대의 신화와 유토피아를 점점 더 냉담해지는 산업과 상업의 세계에 대한 보상으로 삼았다. 고대의 신화와 유토피아에 골몰하는 영화들은 신화를 향한 근대의 양면적 태도를 드러낸다. 예를 들어, 〈루트비히〉에서는 대중음악과 민속음악이 정기적으로 바그너의 음악에 끼어든다. 〈카를 마이〉의 감수성은 아이러니에 의해, 그리고 과도한 아르 데코 키치의 기상천외한 사용 때문에 무너진다. 그럼에도 불구하고 두 영화는 모두 독일 역사의 신화적 측면과 씨름하려고 했던 진지한 시도들이다. 루트비히를 다룬 지버베르크의 영화는 특히 신화를 시각적 이미지로 변환하는 미학을 실험한다. 그리고 그 영화는 5년 후에 발표될 〈히틀러, 한 편의 독일 영화〉를 예고했다.

루트비히를 다룬 내 영화는 내림 마장조인 〈라인의 황금〉(*Rhinegold*) 도입부로 시작해서 〈신들의 황혼〉 결말부로 끝을 맺는다. 그 마지막 빛줄기 속에서 수염을 기른 늙고 왜소한 루트비히가 에르다의 동굴 한가운데에서 슬픈 미소를 지은 어린아이의 모습으로 걸어 나온다. 니벨룽의 신화는 내 영화에 틀을 제공한다. 영화에서 루트비히에 대한 암시와 바그너에 대한 암시의 상관관계가 앞뒤를 오가며 끊을 수 없이 연결된 서사적 우주를 심화시킨다. 그 속에서 우리는 우리 자신을 인식할 수 있고 어쩌면 비극적인 방식으로 우리 자신을 기념할 수 있다. 잃어버린 낙원 또는 인공적인 낙원을 추구하는 사람의 눈앞에서 유토피아가 파괴되는 것이 주제이기 때문이다.[44]

비스마르크 시대의 현실정치에서 벗어나 바그너의 신화의 세계로 향하는 루트비히의 도피는 그 자체가 하나의 신화가 되었다. 좀 더 정확히 말하자면, 그것은 여행과 기념품 산업 덕분에 시시한 환상으로 변질되어버린 신화이다. 영화 막바지에서 동화 속의 성에 사는 신비한 왕을 둘러싼 별 볼일 없는 신화들이 적나라하게 묘사된다. 슬픔에 잠긴 채 탁자에 앉아 있는 루트비히 위로 후면 투사된 다큐멘터리 영상이 오버랩 된다. 그 영상은 한 무리의 미국인 여행객이 안내를 받아 루트비히의 노이슈반슈타인 성의 좁은 길을 밀치고 지나가는 모습을 보여준다. 여행객들은 악몽에서 튀어나온 유령처럼 보인다. 이 모습은 아름다움에 홀린 고독한 예술가의 낭만적 신화가 오늘날 시장에서 어느 정도로 통용되는지를 분명하게 보여준다. 지버베르크의 〈루트비히〉는 왕족 출신의 몽상가에 관한 신화의 기원과 그 신화를 평범한 것으로 만들어버리는 과정을 모두 부각시킨다. 신화의 유통이라는 동일한 모티프가 영화 〈히틀러〉에도 등장한다. 오베르잘츠베르크를 배경으로 관광부 장관과 시장이 새로 건립된 히틀러 박물관을 공식 개관한다. 곧 "박스오피스에서 제대로 힘을 발휘하는" 국제적인 명사 히틀러를 기용한 "독일판 디즈니랜드"를 개관한다(228).

〈카를 마이〉는 우리에게 "동화가 사라진 시대에 독일의 마지막 위대한 신비주의자"의 세계를 보여준다.[45] 히틀러는 마이의 인공 낙원이라는 환상을 열광적으로 지지했다고 한다. 히틀러 자신이 영화의 등장인물 가운데 한 사람으로서 1912년경 비엔나에서 카를 마이가 행했던 마지막 공개 독서회에 참석한 수줍음 많은 청년으로 등장한다. 지버베르크는 이미 광신도였던 히틀러가 강령을 선포하게 한다. "우리의 자유를 쟁취하는 데 사용할 무기의 부족한 부분은 우리의 의지의 힘으로 채워야 한다."[46] 〈카를 마이〉에서 지버베르크는 우리에게 하나의 사이코그램을 제공한다. 곧 히틀러의 집권을 설명하기 위한 세기말 독일에 관한 심리학적 역사를 제공한다. 카를 마이와 마찬가지로, 점점 더 경제적 가치에 지배되는 세계 속에서 히틀러는 이상주의, 의지력, 충성심과 영웅주의에 굶주린 듯하다. 카를 마이와 같이, 히틀러는 고귀한 영웅, 드넓은 공간, 이국적인 풍경을 갈구한다. 영화 〈카를 마이〉는 영화 〈루트비히〉보다 제3제국이 성장해 모습을 갖추게 된 토양을 훨씬 더 많이 다룬다. 곧 사소한 문학적 신화들이 침투한 토양을 훨씬 더 많이 다루었다. 에른스트 블로흐(Ernst Bloch)는 20세기 초 독일의 정서적이고 영적인 생활에서 카를 마이의 중요성을 인지한 최초의 인물이었다.[47] 지버베르크는 일련의 정지 장면을 사용해서 카를 마이

(그리고, 또한 연상 작용에 의해 히틀러)가 어떻게 예술을 통해 (그리고 히틀러의 경우 예술로 오용된 정치를 통해) 그의 진부하고 우울증에 빠진 신경증적인 사생활을 초월했는지 보여준다.

영화 〈카를 마이〉와 〈루트비히〉의 궁극적인 목적(telos)은 히틀러이다. 지버베르크에 따르면, 루트비히가 하지 못한 바를 성취한 사람이 바로 히틀러이다. 수많은 상관관계들이 세 편의 영화를 하나의 단일한 텍스트로 만들었다. 곧, 삼부작[48]으로 만들었다. 그리고 그 삼부작의 무언의 목적은 역사적 인물과 사건의 이면에 있는 불변의 신화적 구조를 찾아내는 것이다. 곧 롤랑 바르트가 신화를 정의하면서 말했던 것처럼 역사를 자연으로 변화시키는 구조를 찾아내는 것이 삼부작의 암묵적인 목적이다.[49] 지버베르크가 탐색하기를 원했던 것은 낭만적인 독일 정신의 변함없는 특징적 성격이다. 낭만적인 독일 정신은 인공적인 낙원을 열망하고 낙원을 찾으려다가 광적인 망상의 희생양으로 전락한다. 히틀러 영화의 도입부는 이 점을 분명하게 보여준다. 고전적인 공상과학 영화 〈스타워즈〉에서처럼 우리를 향해 날아드는 별을 보면서 우리는 우주의 어둠 속으로 날아오른다. 잡음과 모차르트의 피아노 협주곡 라단조를 들으면서 우리는 화면 위에 투사된 대사를 읽는다. "우리 모두는 우주를 관통하는—그렇게 해서 우리 내면의 자아에 도달하는—여행을 꿈꾼다. 내면으로의 신비스러운 여정, 밤의 내면으로 향해가는 신비스러운 여정을 꿈꾼다"(26).

이런 대사는 독일의 낭만파 시인 노발리스의 유명한 경구를 떠올리게 한다. "비밀의 길은 내면으로 이어진다." 꿈을 밤과 연결시키고 〈스타워즈〉의 시각적 요소를 인용하면서 그런 암시가 함축하는 바는 또 다른 세계를 향한 멈출 줄 모르는 열망이다. 그 열망은 독일의 낭만주의와 우주여행이라는 근대의 공상을 연결시킨다. 우주 공간으로부터 내면의 경로로 갑작스럽게 전망을 바꾼 것은 우리를 멈춰 세우고 우리의 현실감각을 한동안 마비시키려는 의도이다. 그렇게 해서 우리는 우주에 투영된 개인의 세계와 개인의 세계에 투영된 우주를 보게 될지도 모른다. 그런 다음에 낭만적이고 이국적인 풍경화가 어둠 속에서 서서히 모습을 드러낸다. 그 풍경화는 루트비히 2세 시절에 그려진 것으로서 높은 산과 야자수와 호수가 있는 열대의 지상낙원을 담고 있다. 우리는 〈파르시팔〉의 서곡을 듣는다. 그리고 어떤 화면 밖의 음성이 다음과 같이 말한다. "만약 나의 한 손에 기업의 황금과 잔뜩 배부른 직원들, 행복, 그리고 세상의 온갖 놀잇감이 있고, 다른 한 손에 동화와 황홀한 꿈과 낙원에 대한 열망과 우리의 관념에서 들려오는 음악이 있다면, 설사 거짓된 것일지라도 모든 이가 맹목적으로 낙원을 택할 것이다. 그들은 탐욕스럽게 희생양의 피를 요구하며 최선을 다할 채비를 한 채 맹목적으로 낙원을 택할 것이다. 그리고 인간 영혼의 감상적 승리를 위해 더없이 잔인하게 우리가 원하는 것들에 전념할 것이다"(26).

낙원과 같은 풍경이 투사되는 화면 위로 검은색의 굵고 넓은 부서진 글자체의 "성배(Der Gral)"라는 단어가 나타나고 이어 "Le Graal", "The Grail"이라는 글자들이 차례로 나타난다. 그런 다음 글자들은 하얗게 흐려진다. 그리스도교의 신화에서 "성배"가 의미하는 것은 유토피아적이며 비밀스럽고 신성한 대상이다. 그리고 성배는 그것을 소유한 사람에게 지상 혹은 천상의 기쁨을 선사한다. 그런데 그것은 오직 순수한 마음을 지닌 선택받은 자만이 발견할 수 있는 것이다. 중세부터 전해오는 유럽의 여러 전설과 시가 성배의 이야기를 들려주었고, 『파르시팔』(*Parzifal*)과 『성배 이야기』(*Les Comtes del Graal*)에서는 크레티엥 드 트루아(Chrétien de Troyes)와 볼프람 폰 에셴바흐(Wolfram von Eschenbach)가 성배의 이야기를 들려주었다. 에른스트 블로흐에 따르면, 성배는 별에서 유래한 신화적 기원을 가지고 있다. "헤스페리데스의 황금 사과에 현혹되어 서방으로 향했든, 아니면 대부분의 경우처럼 인도의 기적에 유혹되어 동방으로 향했든, 황금과 양털, 황금과 성배, 황금과 낙원의 기묘한 결합은 언제나 통하는 이야기였다. 전설적인 꿈의 여행과 실제로 행한 여행은 모두 전리품과 기적에 대한 희망을 품고 그것을 항해의 안내자로 사용했다."⁵⁰

히틀러 영화의 원제는 "성배"였다. 지버베르크에게 성배라는 단어가 뜻하는 것은 현실을 초월하는 신화의 힘이다. 곧 낙원에 대한 거칠 것 없는 믿음이다. 그러나 영화의 도입 장면에서 낙원의 이미지 위로 갑자기 글자가 나타나면서 낙원의 이미지가 완전히 둘로 갈라진다 — 화면 자체가 둘로 찢긴 것처럼 보인다. 그렇게 벌어진 틈 사이로 처음에 그랬던 것처럼 다시 별들이 나타난다. 이런 눈속임(trompe-l'oeil) 효과는 낙원의 신화가 기만적이고 덧없는 이미지이며 영화적 투사로 만들어진 환영을 통해서만 존재하는 덧없는 신기루(*fata morgana*)임을 폭로한다.

지버베르크에게는 영화 자체가 신화를 만드는 매체로서 20세기에 기술적이고 경제적인 합리성의 팽배에 대한 일종의 보상기제로서 작용한다. 과학에 의한 탈신화화는 "그 이미지와 소리의 감각적인 직접성을 통해 오직 영화만이 달성할 수 있는 재신화화"⁵¹에서 답을 찾는다고 지버베르크는 말한다. 이성의 시대에 전복된 신화는 20세기에 영화적인 신화로 되돌아온다. 그렇게 해서 유명한 신화학자 클로드 레비-스트로스는 1964년에 《카이에 뒤 시네마》(*Cahiers du Cinéma*)와 가진 인터뷰에서 "근대 신화의 박물관과 같은 것"을 제공하면서 고전 영화들을 영구적으로 상영하는 특별한 영화관이 세계의 대도시에 건설되어야 한다고 주장했다.⁵²

영화 매체는 처음부터 국민 정체성을 표현하고 주조하기 위해 신화를 사용했다. D. W. 그리피스의 〈국가의 탄생〉(*The Birth of Nation*, 1915)과

아벨 강스의 〈나폴레옹〉(*Napoleon*, 1927)은 가장 뚜렷한 예들이다. 〈지크프리트〉(*Die Nibelungen: Siegfried*)와 〈크림힐트의 복수〉(*Kriembilds Rache*)는 니벨룽 신화에 관한 프리츠 랑의 2부작으로 1923과 1924년 사이에 제작되어 제1차 세계대전에 패배한 독일의 정체성을 재규정하는 수단이 되었다. 지크프리트가 하겐에게 등을 찔린 것처럼 독일은 내부의 적으로부터 배신을 당했다. 그리고 지크프리트의 원수를 갚아주었듯이, 독일의 원수 역시 갚아주어야 했음을 의미했다. 랑의 영화가 현대의 맥락에서도 새롭게 기능하고 정치화할 수 있는 시대를 초월한 영화판 신화라고 했던 괴벨스와 히틀러의 판단은 결코 틀리지 않았다.

에른스트 카시러(Ernst Cassirer)가 지적했던 것처럼, 만약 영화가 한 국민의 집단 정체성을 정의하고 보장하는 중요한 수단이라면,[53] 나치의 신화라는 무기고를 이해하는 일은 반드시 필요하다. 지버베르크의 영화 〈히틀러〉에는 그런 신화에 대한 많은 시각적, 청각적 언급이 담겨있다. 1923년에 있었던 히틀러의 반란에서 스러져 간 사람들의 장례식에서 따온 악절들처럼, 바그너의 오페라, 특히 〈리엔치〉, 〈신들의 황혼〉, 〈파르시팔〉에서 차용한 부분들이 거듭해서 주제로 재등장한다. 우리는 또 빙하 우주발생론에 관한 설명을 듣게 된다(130-137). 이는 제3제국의 사이비 철학이 제시한 아주 괴상한 이론 가운데 하나이다. 우리는 영장류에 관한 다윈의 이론을 듣게 되고(164-165), 「무시필리」의 낭송에서 세상의 종말에 관해 듣게 된다(40). 신비한 느낌을 주기 위해 특수효과로 만들어진 안개, 나치의 표식이 그려진 깃발, 무시무시한 포스터, 제3제국의 소소한 신화—히틀러의 애견 모형, 국민차, 제국의 독수리, 안톤 그라프(Anton Graff)가 그려 히틀러의 벙커에 걸린 프리드리히 대제의 유명한 초상화—는 물론이고 모든 것이 히틀러 체제의 조작된 신화적 우주를 나타내는 중요한 단서가 된다. 기능과 맥락이 삭제된 채 단순히 수치로만 축적된 나치의 이런 신화들은 의미를 비워낸 것처럼 보이고 과장된 모습으로 인해서 거의 우스꽝스러워 보인다. 그러나 카니발에서 역사적인 신화의 아이러닉한 재고정리(97-106)는 지버베르크의 신화 개념이 지닌 한 가지 측면, 곧 비판적인 측면만 반영한다.

계몽주의와 합리주의에 대한 지버베르크의 비판은 신화를 재건하려는 그의 결의를 증명한다. "더 이상 신화가 존재하지 않는 이 시대에 사실과 숫자에 지배되며 계몽주의를 숭배하고 물질주의의 황금송아지 주변에서 춤을 추고 있는 우리 국민을 생각해보라."[54] 물론 지버베르크가 신랄하게 비난하는 냉혹하고 영혼 없는 서독의 물질주의 자체가 히틀러 치하에서 벌어졌던 신화의 중독에 대한 하나의 대응일 뿐이다. 뒷날 독일의 국가(國歌)가 되어버린 하이든의 "황제 4중주"를 배경으로 히틀러 인형과 나누는 대화에서 앙드레 헬러는 히틀러에게 다음과 같이 말한다. "당신은 우리로부터 우리의 석양을 빼앗고 카스파르 다비드 프리드리히의 석양을 앗아가 버렸소. 우리가 들판의 곡식만 보아도 당신을 떠올리게 되는 것은 모두 당신 탓이란 말이오 … '마술', '신화', '봉사', '통치', '총통', '권위'가 무너지고 사라져버렸소. 영원의 시간 속으로 사라져버렸단 말이오. 우리 모두가 죽어버렸고 이곳에서는 더 이상 어떤 것도 자라날 수 없게 되었소. 지성인과 엘리트가 떠나버렸고 국민 전체가 더 이상 존재하지 않게 되어 버렸단 말이오"(242).

히틀러가 자신의 목적을 이루기 위해 독일의 신화와 반계몽적인 독일 낭만주의의 경향을 거리낌 없이 사용한 탓에 1945년 이후 그런 것들은 거부해야 할 것이 되어 버렸다. 그런 것들은 금기가 되어버린 나치의 세계와 접촉하면서 오염된 것처럼 보였다. 히틀러는 독일의 신화를 부조리한 극단까지 몰아갔다. "독일이 히틀러이고 히틀러가 독일이다." 제3제국이 끝날 무렵 독일의 나치 신화뿐만 아니라 국민의 신화도 사라져버렸으며 더 이상은 회복할 수 없이 상실된 것처럼 보였다. 지버베르크에 따르면, 남은 것은 국민의 정체성이 없는 땅 덩이뿐이며 정체성을 정의하고 유지하는 그들 나름의 신화에 대해 신경증적인 불확실성이 팽배해 있다. 앙드레 헬러는 히틀러 인형과 대화를 계속 이어간다. "당신은 나머지 것들도 모두 차지해버렸고 행동으로 그 모든 것을 오염시켜버렸소. 명예, 충성심, 촌락의 삶, 고된 노동, 영화, 존엄, 조국, 자긍심, 신념, 이 모든 것을 말이오. 우리를 압도한 돈과 물질주의의 승리를 통해 당신 스스로 민주적으로 나서서 자신을 서양문명의 사형집행인으로 선출했소. 우리 세기의 흑사병이요 자진해서 정치가로 타락해버린 교수형 집행인이자 몰락한 예술가요. 그리고 지금껏 그 누구도 누려보지 못한 환호를 받았소"(242).

히틀러가 악용한 탓에 독일 역사의 신화적인 측면은 영원히 평가절하되었다. 중세 독일 제국의 권력에 대한 기억과 신화 속 바르바로사의 귀환에 관한 꿈, 자주 환기되는 니벨룽의 명예와 충성심, 아르미니우스와 프리드리히 대제 같은 지도자들의 카리스마는 모두 히틀러에 의해 전유되었으며 제3제국(그 자체가 하나의 신화적 관념이다)의 국민 신화 속에 통합되었다. 지버베르크에 따르면, 히틀러는 모든 국민 신화를 도용하고 오염시켜 독일의 정체성을 그 뿌리부터 고사시켰다. 그러나 지버베르크의 영화에서 독일 정체성의 상실은 묵시록의 전망에 길을 내어준다.

이 세계로의 여행 뒤에 그 죄인[히틀러]보다 더 신에 가까이 있는 사람이 있을까? 그런데 우리 스스로 그 죄인을 없애버려 신이 없는 시대는 어떨까? 그러자 악마가 말했다. 궁극적으로 냉소적이고 도덕적인, 혹은 그의 역할 가운데 인간적인 어떤 것: 신이 없는 신들의 황혼기, 진보의 아마겟돈, 열등

한 해충 때문에 인간이 생태학적 죽음을 맞은 시간의 끝, 빙하기를 맞은 사회의 영혼의 죽음, 재판관이 없는 인민재판, 그리고 마지막으로 끊임없는 공포에 관한 어떤 것. 이웃 별에 다음 세대를 위한 공간을 만드는 것은 인류 때문에 자멸적인 것이 되어버린다.(242-243)

신화도 신도 없이 종말과 인류의 자기 파괴로 끝나는 시대에 관한 지버베르크의 암시는 파국을 환기하는 1980년대의 문학을 예고한다.[55] 그러나 시간의 종말과 지구 전체의 파괴로 향하는 지평을 연 것은 지버베르크 작품의 논쟁적인 측면을 가리킨다. 그 작품은 다시 한 번 히틀러 정권의 범죄를 하찮은 것으로 보이게 하는 "거시적 전망"을 떠올리게 한다. 제3제국의 지도자들을 축소모형으로 만든 것은 그들을 덜 사악해 보이게 하는 효과를 낳을 뿐만 아니라 그들을, 나아가 그들의 범죄를 해로울 것 없는 무의미한 것으로 만든다. 힘러의 희생자들이 공포의 환영이 되어 그에게 나타나는 장면을 제외하면(164 이하) 영화는 수백만 명의 물리적 희생자의 관점을 부정한다. 그리고 영화는 관객들이 이미 나치가 저지른 범죄의 정도를 알고 있으며 히틀러가 그의 희생자들에게 입힌 손상보다 그가 독일인에게 입힌 손상에 대해 좀 더 깊이 숙고하고 있음을 전제하는 것 같다. 파시즘에 대한 대중의 매혹을 진지하게 받아들이고 미학과 파시즘의 정치가 맺고 있는 관계를 이해하는 것 또한 중요하지만, 이는 결국 나치즘의 일면에 불과하다. 또 다른 측면은 나치즘이 희생자들에게 가한 공포와 테러이다. 그리고 영화는 이런 것들에 관한 어떤 이미지도 찾아내지 못했다. 그 대신, 히틀러가 독일 국민에게 저지른 죄―그들의 언어를 말살하고 그들의 국민 신화를 거짓으로 만들고 긍지어린 국민의 정체성을 파괴한 죄―를 조목조목 열거했다.

독일 신화의 종말은 죽음의 폭넓은 신화화로 표현된다. 1923년 9월 9일 히틀러의 정부 전복 기도에서 희생된 사람들을 위해 나치가 치러준 장례식 기록은 이 영화의 사운드트랙에 주기적으로 등장하는 중심 주제로 사용된다. 경건한 북소리에 맞추어 그 일에 목숨을 바친 이들의 이름이 다시 호명된다. "우리의 무덤을 향해! 죽은 자들은 지상에 있는 우리보다 훨씬 더 강력하고 해상에 있는 우리보다 훨씬 더 강력한 군대입니다. 그들은 우리를 앞서 갔습니다"(189). 괴벨스는 1944년 크리스마스에 행한 연설에서 이렇게 말했다. 나치즘의 특징인 신비스러운 집단적 죽음에 대한 열망은 지버베르크에 의해 신화를 통해서만 확인할 수 있는 세계의 종말에 대한 전지구적 열망으로 강화되고 전체화된다. 영화에서도 언급되는 아메리카 원주민의 몰살, 유대인의 절멸을 포함해서 반인륜적 범죄들은 빈사상태에 놓인 서양의 치명적 질환의 증상에 불과한 것이 되어 버린다. 화면에 제목이 나가기도 전에 영화는 화면 밖 음성으로 그 입장을 표명한다. "죽음의 춤, 죽은 자들의 대화, 죽은 자들의 왕국에서 나누는 대화, 수백 년 후, 수천 년 후, 수백만 년 후, 열정, 오라토리오 … 잃어버린 문명과 잃어버린 삶의 잔해들, 붕괴 이전의 우리 유럽, 서양에 대한 작별 인사, **영원**(*Sub specie aeternitatis*), 영화에 등장하는 모든 것, 우리의 새로운 기회, 우리가 살았던 옛 빛의 죽음에 관한 이야기, 그리고 우리의 문화, 멀리서 들리는 노래 소리의 이야기"(32).

그런 문단에서 나타나는 문화적 비관주의는 독일인의 뚜렷한 죄가 **탈-역사**의 만연한 불안과 세계의 종말에 대한 예견 속으로 용해되어 버리게 한다. 위대한 신화의 눈앞에서, 그리고 종말과 "영원"의 지평에서 추종자와 희생자, 폭력과 고통의 "합리적" 구분은 그 의미와 정당성마저 상실한다. 지버베르크에게 진정한 적은 계몽주의와 물질주의와 진보에 대한 신념이다.

재생된 비이성주의

예술은 사회에 대한 사회적 반명제이다.

— 테오도르 W. 아도르노

1918년, 제1차 세계대전 직후에 막스 베버는 "직업으로서의 학문"이라는 제목으로 강연을 했다. 강연에서 그는 근대 산업사회의 "합리화"와 "지성화"의 결과로 점차 확대되는 탈신화화(Entzauberung, 마법의 상실)를 선언했다.[56] 제1차 세계대전에 따라 모든 전통적 가치들이 위기를 맞으면서 이런 탈신화화는 그런 상실에 대한 보상으로서 1920년대에 예기치 않은 비이성적 운동들이 출현하는 결과를 낳았다. 맨발의 예언자들이 전국을 순회하며 다가올 영혼의 왕국을 설교했다. 지식인들은 부처와 노자를 논했다.[57] 히틀러 자신도 이런 기이한 개혁자와 예언자 집단에 속했다. 그들의 해결책이 진지하게 받아들여진 적은 없었다. 그러나 의심할 바 없이 경제와 사회와 문화의 영역에서 근대화의 급속한 속도는 합리적이고 기술적인 이성의 그림에 맞지 않는 것들을 모두 끌어들이는 하나의 저수지를 만들었다. 점점 더 커지는 그 저수지의 둑이 조만간 터져 전국을 휩쓸 홍수를 일으키게 될 것이었다. 더 많은 바이마르의 정치인들이 온순하고 "무감각해" 보일수록 나치에 대한 지지는 점점 더 커졌다. 다른 어느 정당보다 더 그들은 집단적 상상력에 호소하고 야간 횃불 행진, 제복, 고대의 제례를 통해 비이성적인 것에 대한 요구를 충족시킬 방법을 알고 있었다. 이미 1920년대 말에 마르크스주의자 에른스트 블로흐는 나치의 비이성적 요소들의 대중적 호소력을 정확히 지적했고 이 잠재적 폭발력을 무시한 데 따를 결과를 경고했다.[58] 독일 문화에서 비이성주의는 이성의 "어두운 면"으로서 늘 존재해왔다. 그리고 1933년에 세속적 국가 종교를 위한 충분히 논리적인 토대가 되었다.

히틀러 시절 "독일의 혼"을 구현했던 비이성의 조류들이 제3제국 말에 혹평의 대상이 된 것은 놀라운 일이 아니다. 지버베르크에 따르면, "남은 것은 '새로운 합리성의 요새'였다. 그들이 들어왔던 대로 감정과 이상은 재난으로 이어지기 때문이다"(6). 지버베르크 자신은 1935년에 포메라니아에서 지주의 아들로 태어났고 1959년까지 동독에서 살았다.[59] 그래서 서독의 문필가와 영화작가들과 달리, 지버베르크는 독일 문화의 "미국화"로부터 영향을 받지 않았다. 그는 "프로이센적인 의미에서 보수적이며, 고전적 유파이며, 껌과 핀볼도 없었을 만큼 스탈린 시대에 성장했다는 사실에서 영향을 받았다"[60]고 주장한다. 서독이 서방진영의 경제와 방위권 안에 포섭되면서 서독의 전후 문화는 점점 더 미국의 대중문화에 지배되었던 반면, 동독은 범상치 않은 열의를 가지고 독일 고전 전통의 유지를 고집했다.[61] 그러나 독일 문화의 비이성적 요소 — 바이마르 시절의 보수적인 문화적 전망의 전통 안에는 비이성적 요소가 아주 많았다[62] — 를 강조한 사실은 또한 지버베르크를 합리주의적이고 마르크스주의적인 동독의 문화 개념에서도 벗어나게 했다. 그러므로 지버베르크의 비난은 서독과 동독을 모두 겨냥한 것이다.

합리주의와 물질주의를 부지런히 배워가는 과정에서 그들은 자신들의 가장 중요한 한 가지 전통을 억압했다. 그들이 억압한 전통은 그들의 본성에서 저주받은 주요 요소이다. 그들은 어떤 이의도 없이 그것을 모두 나치에 집중시켜 비이성주의의 오랜 역사에 파시즘의 저주를 실었다. **질풍노도**(*Sturm und Drang*), 고전문학, 낭만주의 시기, 니체, 바그너와 표현주의, 그리고 그들의 음악과 그들이 지녔던 최고의 것들에서 핵심이 포기되고 재배치되고 억압되었다. … 독일은 영적으로 분열되었고 죽었다. 사회학과 사회 정책으로 정당화될 수 없는 것은 무엇이든 잠재워졌다. … 비이성이 없다면 쉴러(Johann Christoph Friedrich von Schiller)의 『군도』(Räuber)도 없고, 동화도 없고, 민요도 없고, 룽게(Philipp Otto Runge)도 없었을 것이다. 모든 것을 히틀러와 괴벨스에게 돌린다는 말인가? 카스파르 다비드 프리드리히는 우익의 파시스트인가? 비이성주의는 우익인가 좌익인가? … 우리는 고향이 없는, "하이마트"가 없는 어떤 나라에 살고 있다.(6-7, 강조는 필자)

지버베르크는 영화를 활용해서 독일인의 영적 고향으로 되돌아가는 길을 찾아내려 했다. 그는 독일인의 영적 고향이 물질주의와 합리주의 때문에 상실되었다고 믿는다. 그의 기획은 아이러닉하다. 히틀러 운동이 전유하고 착취했던 비이성주의는 비이성주의를 독일인의 정체성의 진수로 기념하는 영화에 의해 나치와의 연결성을 잃게 될 것이다. 이런 작업에 필요한 태도는 건설과 파괴를 동시에 수행하면서 미몽에 빠지게 하는 일과 각성시키는 일, 곧 빠져들게 하는 일과 거리를 갖게 하는 일을 동시에 수행하는 것이다. 그렇게 해서 브레히트와 바그너로부터 취한 모순적인 양식적 모형들을 결합시키고 파시즘이 행사하는 매력의 표현에서 긍정과 비판 사이를 오간다. "히틀러는 맞서야 할 대상이다. 그에게 맞서 싸울 무기는 아우슈비츠의 통계치나 나치 경제에 대한 사회학적 분석이 아니다. 리하르트 바그너와 모차르트가 그에게 맞설 무기이다"라고 지버베르크는 말한다(9).

비이성주의가 없는 독일은 "위험하고, 병들고, 정체성도 없으며, 폭발의 위험이 있는 어떤 것 ─ 가능성들의 파괴된 그림자 ─ 에 다름 아니다"(9)라는 그의 기본 명제 때문에 지버베르크는 예술이라는 대체 종교에 토대를 두고 있으며 독일의 관념주의에 뿌리를 둔 비이성주의를 옹호하게 되었다. 지버베르크에게 예술은 우리 삶의 합리화에 "유일하게 진실하며 전면적인 반론"이다. 예술로서 그의 영화는 "독일의 참극으로부터 도피할 수 있는 은신처"이다(7). 예술의 영역은 정치에서 멀리 떨어진 것이다. 예술의 영역은 유토피아와 낙원이 설계되는 곳이고 꿈과 신화가 탄생하는 곳이며 파국과 아이러니와 연극이 귀족적 자유 속에서 지배하는 곳이다.[63] 지버베르크에 따르면, 영화는 내면의 세계와 비이성적인 충동을 **총체예술**로 변환시킬 수 있다. 총체예술은 오페라, 연극, 회화, 문학, 역사적 리얼리티와 학문적 분석을 결합시킨다. 세계를 형성할 수 있는 이런 힘에 "예술가의 파우스트적인 전 지구적 야심"이 놓여 있다. 예술가는 "환영의 예술 속에서 산산조각난 정치적 환영들"을 성공적으로 실현할 수 있고, "히틀러와 그의 제3제국, 곧 전면전의 악마적인 예술가로부터" 우리가 알고 있는 대로, "세상을 지배하려는 욕망의 금기"를 일깨운다.[64]

예술의 전능함에 대한 그런 공상은 1970년대 말의 문화적 풍경에서 이상하리만치 두드러졌다. 그런 공상은 영화제작을 히틀러 자신의 권력 행사에 비유하기를 서슴지 않는다[65]—자존감에서는 지버베르크에 필적할 사람이 없다. 이미 보토 슈트라우스와 페터 한트케 모두 전반적으로 고양된 어조를 채택했고, 그들의 작품에서 신화적인 것을 다루기 시작했다. 하지만 그들에게는 지버베르크와 같이 도발적인 경향과 열정적인 사명감이 없었으며, 지버베르크와 같이 공격적이고 유아독존적인 보수주의도 없었다. 지버베르크는 자신의 히틀러 영화에 대한 원대한 포부 때문에 실패를 면할 수 없었다. 그는 국민을 치료하고 싶어 했다. 곧 "애도의 작업"을 수행하고 싶어 했다. 지버베르크는 극 속에서 과거를 되풀이하고 돌파함으로써 독일인에게 히틀러를 극복할 기회를 주고 싶어 했다. 파시즘의 비이성주의와 매력을 탐색했던 그의 영화는 그 자체가 비이성적이라는 비난을 받았다. 그의 영화는 서독에서 질시와 냉대를 받고 외면당했다. 서독에는 비이성주의에 민감할 만한 충분한 이유가 있었다. 지버베르크가 느끼기에, 이런 사실은 애도의 작업을 수행하지 못하는 독일인의 지속적인 무능을 다시 한 번 입증해주는 것일 뿐이다.

"애도작업(Trauerarbeit)"이라는 생각은 알렉산더 미철리히(Alexander Mitscherlich)와 마르가레트 미철리히(Margarete Mitscherlich) 부부의 책 『애도불능』(*Die Unfähigkeit zu trauern*, 1958)을 통해서 대중적인 것이 되었다. 두 사람은 1915년에 발표된 프로이트의 논문, 「애도와 비탄」("Trauer und Melancholie")에서 설명된 명제를 출발점으로 삼았다. 곧 개인이 사랑하는 이의 상실을 극복할 수 있는 것은 오직 애도의 작업을 통해서라는, 곧 반복적이고 고통스러운 회상의 과정을 통해서라는 프로이트의 명제를 출발점으로 삼았다.[66] 히틀러는 수백만 명의 사람들에게 사랑의 대상이었지만, 총통(히틀러) — 곧 수백만 명의 독일인이 동일시했던 집단적 자아의 이상 — 을 잃은 후에, 독일인에게는 이런 상실을 공개적으로 인정할 기회가 없었다. 그 대신에, 대부분의 독일인은 잘 알려진 대로 승자와 자신들을 동일시했으며 재건의 시기로 뛰어들었다. 비트부르크의 나치친위대 묘역에서 화해의 기념식이 계획되었던 1985년에 마르가레트 미철리히-닐젠(Margarete Mitscherlich-Nielsen)은 그녀의 연설문, 「나의 나라, 독일을 말한다」에서 다음과 같은 점에 주목했다. "그러나 과거를 부정하고 억압하고 현실을 탈피하는 일로 과거의 극복 과정을 대체하려고 할 때, 반복의 충동은, 설사 은폐된다고 해도, 피할 수 없는 것이다. 반복되는 것은 체제의 내용이 아니다. 한 사회의 구조이다. 나치의 상징과 나치를 연상시키는 것들을 금지시킬 수는 있다. 그러나 애도의 작업 없이 교육, 행동, 사회적 태도와 사고방식의 세계에서 나치의 구조를 몰아낸다는 것은 결코 불가능한 일이다."[67]

마찬가지로, 지버베르크의 영화를 통한 애도 작업은 현재에 도전한다. 지버베르크에 따르면, 히틀러는 테러리즘 속에 여전히 살아 있다. 그리고 현대의 전체주의 속에도, 환경오염 속에도, 오락산업을 통해 삶이 황폐해지는 과정 속에도, 예술을 혐오하는 양적인 대중 민주주의 속에도 여전히 히틀러가 살아 있다. "히틀러 자신이 이런 과거의 주제이자 중심이다. 우리는 그 속으로 파고들어가야 한다. 이 과거는 너무 상처 받았고 고통스러운 것이며 분명하게 확인할 수 있다"(3). 미철리히-닐젠에 따르면, 독일인은 그들의 잃어버린 이상과 가치에 작별을 고할 때 비로소 새로운 방식으로 사고하고 인식할 수 있을 것이다.[68] 지버베르크 역시 다음과 같은 의문을 제기한다. "히틀러와 그의 독일에 관한 영화가 이런 점에 대해 무언가를 설명할 수 있고 또 설명해야 하는 것인가? 정체성을 회복할 수 있으며 회복해야 하는 것인가? 치유하고 구원할 수 있으며 그렇게 해야 하는 것인가?"(3) 그에게 이런 질문들은 수사적인 것일 뿐이다. 영화의 극적 구조가 애도에서 "구원"으로, 죄의 자백에서 "치유"로 향하는 길을 가리키고 있기 때문이다. 그의 영화는 베토벤 9번 교향곡에 나오는 합창곡 "환희의 송가"가 연주되면서 뒤러(Albrecht Dürer)의 유명한 판화작품 〈멜랑콜리아〉의 일부인 검은 돌이 가득한 장면으로 끝을 맺는다. 영화의 마지막 이미지는 영화의 맨처음에서 그랬던 것처럼, 공상과학의 시뮬레이션 속으로 사라진다. 거대한 눈물방울을 통해 흰 옷을 입은 채 전면에 말없이 서 있는 소녀와 함께 별이 빛나는 하늘이 보인다. 소녀는 순수를 상징하는 알레고리이다. 소녀는 히틀러의 얼굴을 한 강아지 인형을 안고 있다. 처음 소녀는 인형을 차버린다. 그리고 다시 집어 들어 가지고 논다. "멀리 했다가 다시 집어들면서"(247).

이 영화에서 히틀러는 알레고리가 되고 미학적으로 표현되고 키치의 대상이 된다. 그런 양식화된 소외 장치들은 재현의 "적절성"에 대해 엇갈린 반응을 유발한다. 전통적인 유형의 영화적 수용은 더 이상 통하지 않는다. 대신에, 정지상태가 유발되는데 그것은 이성의 활용으로는 해소될 수 없다. 사울 프리들랜더(Saul Friedländer)가 묘사한 대로, 어떤 "불편함"이 유발된다. "관심은 그렇게 차츰 나치즘 자체를 다시 환기하는 것에서, 곧 공포와 고통에서 … 관능적인 분노와 매혹적인 이미지로, 사람들이 영원히 지속되는 것을 보고 싶어 하는 이미지로 옮겨간다. 그것은 하나의 걸작을 낳을 수도 있다. 하지만 잘못된 색조로 변질된 걸작을 낳을지도 모른다. 명상 도중에 의혹과 순응이 생겨난다. 어떤 종류의 한계를 넘어섰고 불편함이 나타난다. 그것은 새로운 담론의 신호이다."[69]

비이성주의를 도발적으로 제시하고 독일 문화의 비이성적 차원과 바그너적인 극단, 그리고 제3제국의 미학화를 일깨우고 신화를 옹호하고 절대주의적인 성향을 보이는 지버베르크를 서독은 외면해 버렸다. 그러나 해외에서는 그의 모든 것이 환영을 받았다. 특히 프랑스에서 그랬다.[70] 프랑스인은 오랫동안 낭만적이고 분열되고 비이성적인 독일의 파우스트적 특성을 흠모해왔다. 1810년에 마담 드 스탈(Mme de Staël)은 자신의 책 『독일론』(De L'Allemagne)에서 이런 생각을 완성했다. 그리고 그 생각은 거듭 되풀이되었다. 예컨대, 미셸 투르니에의 소설 『마왕』(Le Roi des Aulnes, 1970)[71]과 가장 최근에는 브리짓 소제(Brigitte Sauzay)의 책 『독일의 현기증』(Le vertige Allemand, 1986)에서도 그런 생각이 나타난다. 그런 생각을 품고 있는 프랑스인에게 비이성적인 것을 독일의 진수로 보여주는 지버베르크가 전형적인 독일인으로 보인 것은 당연한 일이었으며 그의 히틀러 영화는 파우스트 비극의 연작, "파우스트 3부"로 여겨졌다.[72] 심지어 크리스티앙 짐머(Christian Zimmer)같은 분석적인 비평가들조차 『현대』(Les temps modernes)에 글을 쓰면서 "독일의 '형이상학적 열기'"에 관해 이야기한다.[73] 그리고 짐머는 지버베르크가 나치즘의 물적 토대를 부정했다고 비난하는 비평가들에 맞서 지버베르크를 옹호했다. 쉽게 예상할 수 있는 일이지만 짐머는 종교적–형이상학적, 비이성적, 신화적 토대, 요컨대 "독일적" 토대를 강조했다. 그리고 히틀러의 자기파괴적인 광기는 그런 토대 위에서 다시 검토되었다. 이런 관점에서, 지버베르크의 영화는 독일 제국의 이런 영적 토대를 진지하게 받아들여 150년 동안 프랑스 지식인들 사이에 강하게 자리 잡고 있던 "독일의 본성"에 관한 신화적 이미지, 곧 낭만적 이미지에 상응한다.

지버베르크는 파리와 뉴욕 — 수잔 손탁이 《뉴욕 서평》에 발표했던 8페이지 분량의 히틀러 영화에 관한 유명한 논의는 지버베르크 영화의 상징주의적이고 새로운 초현실주의적 미학에 대한 찬사로 가득하며 그 영화의 정치적이고 "독일적인" 측면에 관해서는 별로 언급하지 않는다[74] — 에서는 인정을 받았지만 고국에서는 외면을 당했다. 지버베르크가 프랑스인에게서 차용한 것처럼 보이는 이상주의적이고 시각적이고 비이성적인 독일의 이미지는 서독의 현실에 의해서는 매일 부정될 수 있고, 하나의 환영인 것처럼 보일 수 있었다. 지버베르크는 자신의 눈길이 닿는 곳이면 어디서나 진부한 물질주의와 합리주의와 지적 지체 현상을 보았다. 그렇게 해서 전후 독일에 대한 그의 비난은 파스빈더나 잔더즈–브람스, 라이츠의 비난과 마찬가지로 지극히 부정적이다. 독일은 "죽은 나라"이자 "활력을 잃은 사회"이자 "소비 민주주의"로서[75] 그곳에서는 억압된 비이성주의가 테러리스트의 발작이라는 형태로 스스로를 표출한다. 영화 〈히틀러〉는 사실 "1977년 10월 20일,

모가디슈 — 슈탐하임 — 물하우제 이후"라는 마지막 문구로 우리에게 비이성주의와 테러리즘의 이런 인접성을 상기시킨다. 지버베르크에게는 테러리스트의 공격, 감옥에서의 죽음, 1977년 가을의 살인이 단지 지하에 묻혀 있던 것, 억압되었던 비이성주의의 표출일 뿐이다.

지버베르크는 독일의 작가와 예술가들 — 레싱(Gotthold Ephraim Lessing), 괴테, 횔덜린, 니체, 바그너, 투홀스키(Kurt Tucholsky) — 의 오랜 전통 속에 자신을 위치시킨다. 그들은 견딜 수 없는 현실의 독일과 대비시키기 위해서 상상 속의 이상화된 독일을 고안해냈다. 허구의 독일과 실제의 독일 사이에 가로 놓인 간극이 끊임없이 가늠되고 끝없이 묘사된다. 세계의 어느 나라도 스스로에 대한 공상과 이미지를 그렇게 많이 양산하지 않았다. 지식인 가운데 그렇게 많은 망명객을 배출한 나라도 없었다. 더욱이 토마스 만이나 브레히트처럼 망명한 이주민들이 여전히 독일의 공상에 그토록 열렬히 탐닉하는 경우도 없다. 독일의 문화적 전통에 대한 지버베르크의 사랑은 현대 독일의 국가, 정치, 경제 체제에 대한 혐오와 극단적으로 대비된다. 지베르크는 스스로를 자신의 국가에 사는 망명객으로 보기를 즐겼다. 영화 〈하이마트〉에서 잃어버린 고국을 재건하려고 했던 에드가 라이츠의 노력에 대해 지버베르크에게 논평을 요청한 것이 외국의 영화 잡지였던 것은 결코 우연이 아니다. 지버베르크는 다음과 같이 썼다. "그 영화의 예술 형식을 통해 가능한 것이 현실에서는 상실된 것 같다. 우리의 '하이마트'를 느끼고 발견하는 능력에 관한 물음에 대해 현실에서 얻을 수 있는 답은 슬픈 것일 수밖에 없기 때문이다."[76]

3
과거의 현존

라이너 베르너 파스빈더의 〈마리아 브라운의 결혼〉

"나는 미래 문제의 전문가다"
— 〈마리아 브라운의 결혼〉 중에서 한나 쉬글라와 엘리자베스 트리제나

기억의 상실은 무의식의 우월성에 대비되는 의식의 취약성에서 비롯된 결과라기보다 온전하게 깨어 있는 의식이 이룬 성취이다. 결코 지난 일일 수 없는 것을 이런 식으로 망각하면서, 사람들은 다른 사람들 모두 알고 있는 것으로부터 벗어나라고 스스로에게 이야기해야 하는 사람이 느끼는 분노를 감지한다. 곧, 다른 사람들에 그것으로부터 벗어나라고 설득하기 전에 자기 자신부터 설득해야 하는 사람이 느끼는 분노를 감지한다.

― 테오도르 W. 아도르노

당신에게 내 모든 비밀을 털어놓았다.
하지만 내 과거에 관해서만은 거짓을 말했다.

― 탐 웨이츠(Tom Waits)

기억의 화살에는 독이 없다. 하지만 그 화살에 맞은 사회체제가 허약함을 내보이지 않으려고 몸을 일으켜 몸부림칠수록 그 사회는 점점 더 쇠약해진다.

― 앙드레 글룩스만(André Glucksmann)

사생활의 정치

1982년 6월 10일에 라이너 베르너 파스빈더는 뮌헨에 위치한 자신의 아파트에서 숨진 채 발견되었다. 당시 그의 나이는 37살이었다. 전 세계 주요 일간지에 실린 그의 사망 기사는 생전에 그가 받았던 존경과 뉴저먼시네마에 대한 그의 공헌을 짐작케 했다. 타협할 줄 모르는 성품과 보헤미아적 생활방식, 그리고 그가 평생토록 만들어 여러 상을 수상했던 43편의 영화와 텔레비전 작품은 그에게 독일 뉴저먼시네마의 "심장"이라는 평판을 안겼다.[1] 외국 언론의 눈에는 서독의 현실에 대한 파스빈더의 비판적 시각이 (결코 변함없는 비판정신을 지닌) 서독의 진정한 기록자로서 그의 자질을 말해주는 것으로 비쳤다. 파스빈더의 영화들은 "독일에 관한 정보"를 주었다.[2] 보수적 일간지 《데일리 메일》(*Daily Mail*) 에 따르면, 파스빈더는 "독일의 양심"으로 활약했다.[3] 콜레트 고다르(Colette Godard)는 그녀의 기사 첫 머리를 다음과 같은 말로 시작한다. "라이너 베르너 파스빈더는 독일 영화의 분노를 표상했다. 그는 젊은 세대가 1960년대에 눈을 뜨게 되어 연장자들이 그들에게 무엇을 남겼는지 깨닫게 되면서 느낀 분노를 표상했다. 젊은 세대가 그들의 연장자들로부터 물려받은 것은 나치즘을 통한 독일 정체성의 파괴였다."[4]

특히 독일 밖에서 파스빈더는 이른바 "경제 기적"의 1950년대에 성장해서 1960년대에 부모와 스승과 국가에 반기를 들었던 독일 전후 세대를 체현하는 것으로 보였다. 안드레아스 바더(Andreas Baader, 1944년생), 구드런 앤슬린(Gudrun Ensslin, 1942년생), 루디 더치케(Rudi Dutschke, 1940년생)가 파스빈더와 같은 세대였으며, 페터 슈나이더(Peter Schneider, 1942년생), 베르너 헤어조크(1944년생), 빔 벤더스(1945년생) 역시 파스빈더와 같은 세대이다. 1930년대에 태어난 지버베르크나 클루게의 세대와 달리, 이들은 제3제국이나 히틀러, 전쟁을 직접 겪지 않은 세대이다. 파스빈더와 같이 1945년에 출생한 세대에게 독일의 과거는 원하지 않는 유산이었다.

1950년대에 그 유산은 금기의 대상이었다. 구세대는 의식적으로든 무의식적으로든 독일의 최근 과거에 대한 일체의 질문을 금지시켰다. 예루살렘에서 열린 아이히만 재판과 프랑크푸르트에서 있었던 아우슈비츠 재판 직후인 1960년대 중반에 전후 세대 자녀들이 그들의 부모에게 히틀러 정권에 관여했었는지 묻기 시작하면서, 서독에서는 세대 사이의 관계에 심각한 위기가 초래되었다. 부모가 무슨 말로 정당화하고 어떤 변명을 하든, 젊은 세대의 판결은 가혹했다. 그들에게 이제 "아우슈비츠 세대"로 불리는 그들의 부모는 유죄였다. 폐허가 된 독일을 세계에서 가장 부유한 나라로 일구어 놓았다는 사실에 대한 부모 세대의 긍지가 자녀들의 눈에는 그저 그들이 과거에 독일의 이름으로 저지른 돌이킬 수 없는 범죄에 대한 관심을 다른 곳으로 돌리려는 무마책으로밖에 보이지 않았다.

오랫동안 억눌려왔던 구세대를 향한, 곧 "범죄자 세대"를 향한 이런 증오는 1967년에 분출되었다. 베트남전에 대한 전 세계적인 반전 운동으로 한층 더 강해진 분노는 하원에서 통과된 국가비상법안을 겨냥했으며 신문왕 악셀 슈프링거(Axel Springer)가 장악한 우익의 유력 일간지들을 표적으로 삼았다. 그리고 다시 그 분노는 화석화된 교육 제도와 위계적인 대학 구조에 대한 학생들의 불만으로 이어졌다. 이른바 우드스탁 세대로 불리는 전 세계적인 청년 문화의 일환으로 독일 연방 내에서 전후 세대의 의식을 완전히 뒤바꿔놓은 운동이 일어났다. 서독 민주주의 사상 처음으로 학생들(과 그 밖의 많은 사람들)이 국가와 제도권에 항거했다. 적어도 초반에는 대체로 성공적이었던 그런 저항 운동은 무정부주의 세력과 유토피아적 이상으로 충만했다. 파스빈더가 문화와 정치를 소생시킨 이 모든 혁명적 에너지로부터 깊은 영향을 받았음은 분명하다. 1967년 서독에서 학생운동이 절정에 이르렀던 바로 그해에 파스빈더가 그의 이력을 시작했다는 사실은 결코 우연이 아니다. 파스빈더는 이 시기에 품게 된 유토피아적 무정부주의의 이상에서 결코 벗어난 적이 없었으며 그 이상은 그가 자신의 남녀 주인공이 처한 현실(과 고결성)을 평가하는 지평이 되었다. 파스빈더의 영화가 모두 타협할 수 없는 이상의 좌절과 환멸을 주제로 삼았다는 점은 놀라운 일이 아니다. 그의 영화들은 억압적인 권력 관계와 의존성, 멜로드라마의 감정, 가망 없는 타협, 그리고 결국 자살로 이어지는 피할 수 없는 상황을 폭로한다.

파스빈더는 활기 넘치는 뮌헨의 언더그라운드 연극무대에서 배우이자 연출가로서 이력을 시작했다. 그는 그곳에서 많은 배우(그 가운데 한나 쉬굴라(Hanna Schygulla), 이름 헤르만(Irm Hermann), 쿠르트 랍(Kurt Raab) 등이 있다)를 만난 것은 물론이고 많은 협력자(예를 들어, 파스빈더 영화의 모든 음악을 만들었다고 해도 과언이 아닌 페어 라벤(Peer Raben)이 있다)를 만났다. 그리고 이후 10년 동안 소규모 레퍼토리 극단의 방식으로 그들과 함께 작업했다. 이런 작업 환경은 부분적으로 파스빈더가 엄청나게 빠른 속도로 영화를 만들고 그의 영화가 쉽게 판별할 수 있는 "파스빈더 식 영화"의 모습을 갖출 수 있었던 이유를 설명해준다. 1965년에 뵐의 소설 『화해불가』(*Nicht versöhnt*)를 각색해서 미니멀리즘의 영화로 만들어 뉴저먼시네마 최초로 비평가들의 찬사를 받았던 장-마리 스트라우브가 파스빈더의 실험적인 극단 안티테아르트르(antiteatre)와 함께 작업했던 것이 1967년에 파스빈더가 영화제작에 관심을 갖게 된 중요한 계기였다. 스트라우브의 실험적인 단편영화 〈신랑, 코미디언, 포주〉(*Der Bräutigam, die Komödiantin und des Zuhälter*)는 여러 달 동안의 철저한 리허설을 거쳤다. 그 시절에 파스빈더는 절제되고 자기반영적이며 브레히트인 방식으로 이미지를 활용하는 스트라우브에게서 많은 것을 배웠다. 파스빈더의 첫 영화 〈사랑은 죽음보다 차갑다〉(*Liebe ist kälter als der Tod*)와 〈카젤마허〉(*Katzelmacher*)는 영화의 양식과 극적 구조에서 모두 파스빈더가 스트라우브의 영향을 강하게 받았음을 보여준다.

파스빈더가 더글러스 서크(Douglas Sirk)의 영화를 처음 본 것은 1971년의 일이다. 함부르크 태생으로 할리우드에 진출한 영화감독 서크는 UFA 영화사에서 데틀레프 지에르크(Detlef Sierck)라는 이름으로 활동했으며 1937년 미국으로 망명하기 전까지 여러 편의 영화를 만들었다. 그 가운데 전설적 여배우 자라 레안더(Zarah Leander)를 기용했던 〈라 아바녜라〉(*La Habañera*)와 〈새로운 해변으로〉(*Zu neuen Ufern*)와 같은 유명한 멜로드라마들이 있다. 파스빈더는 파괴적이고 "유럽적인" 감수성과 독특한 개인적인 스타일을 해치지 않고도 관객에게 호소할 수 있는 영화를 만들어내는 서크의 능력에 깊은 감명을 받았다. 파스빈더는 서크를 영혼의 아버지로 "입적하고" 자신이 독일적 영화 제작 전통의 일부가 되기를 간절히 바랐다.[5] 서크의 1950년대 멜로드라마들 — 〈천국이 허락한 모든 것〉(*All that Heaven Allows*, 1955), 〈슬픔은 그대 가슴에〉(*Imitation of Life*, 1958) — 은 소시민과 그들의 비현실적인 열망에 초점을 맞추었다는 점에서 통속 소설의 고전 양식을 따른다. 서크의 멜로드라마는 적대적인 사회 환경 속에서 실패할 운명에 처한 사람들을 다각적으로 다루었다. 파스빈더가 보기에, 서크는 고삐 풀린 열정을 특이한 방식으로 다루었다. 선명하게 대비되는 조명, 꽃, 거울, 벽에 걸린 그림, 가구, 의상 등 일상의 소품들을 상징적인 방식으로 활용하고 세심한 구도와 역동적인 미장센을 이용해서 영화적 공간을 창출해냈다. 그 모든 것은 서크가 처음 연극연출가로서 자신의 이력을 시작했다는 사실을 보여준다.[6] 파스빈더의 〈사계절의 상인〉(*Der Händler der vier Jahrezeiten*, 1971)과 〈불안은 영혼을 잠식한다〉(*Angst essen Seele auf*, 1973)는 멜로드라마적인 구성, "비현실적인" 조명, 눈에 거슬리는 카메라의 움직임, 그리고 예술적이며 고도로 양식화된 장식 등에서 의식적으로 서크의 스타일을 따르고 있다. 지극히 멜로드라마적인 음악은 환상을 깨트리고, 연극적인 몸짓은 강한 감정 표현에도 불구하고 관객이 비판

적 거리를 유지하게 한다.[7]

또한 1978년 1월부터 3월 사이에 제작한 〈마리아 브라운의 결혼〉(*Die Ehe der Maria Braun*), 1979년 7월부터 1980년 4월 사이에 제작한 〈베를린 알렉산더 광장〉(*Berlin AlexanderPlatz*), 1980년 7월부터 9월 사이에 제작한 〈릴리 마를렌〉(*Lili Marleen*), 1981년 4월부터 5월 사이에 제작한 〈롤라〉(*Lola*), 1981년 11월에서 12월 사이에 제작한 〈베로니카 포스의 갈망〉(*Die Sehnsucht der Veronika Voss*)등 1977년 이후 빠른 속도로 만든 파스빈더의 역사 영화에서도 서크의 영향이 나타난다. 이 영화들이 한결같이 다루고 있는 것은 충족되지 않으며 충족될 수도 없는 등장인물들의 욕망, 그리고 이용당하거나 이용당할 가능성이 있는 그들의 감정, 그들에게 초래되는 파국이다. 현재의 독일을 배경으로 하든 과거의 독일을 배경으로 하든 파스빈더의 첫 영화에서 마지막 영화에 이르기까지 멜로드라마적인 주제는 하나의 연속성을 갖는다. 테오도르 폰타네(Theodor Fontane)의 『에피 브리스트』(*Effi Briest*)와 오스카 마리아 그라프(Oskar Maria Graf)의 『볼뷔저』(*Bolwieser*)를 각색한 작품들을 제외하면, 파스빈더는 1970년대 중반 이후까지도 사회 비판적인 주제의 역사적 측면을 탐구하지 않았다. 그러나 1977년에 파스빈더는 구스타프 프라이타크(Gustav Freytag)이 1855년에 발표한 소설 『차변과 대변』(*Soll und Haben*)을 원작으로 10부작 텔레비전 연속극 작업에 착수했고 그 작품에서 국가사회주의(National Socialist)의 흔적을 19세기 독일의 부르주아 계급으로까지 거슬러 올라가서 추적해 보려는 계획을 세웠다. 결국 방송사의 반대에 부딪쳐서 그 기획을 포기할 수밖에 없었지만,[8] 파스빈더는 방대한 분량의 텔레비전 연속극이 안 된다면 개별적인 영화에서라도 현재의 전사로서의 과거, 곧 역사로서의 과거를 탐색하려고 했다.

파스빈더를 가장 사로잡았던 시기는 전후 시기, 곧 1945년의 격변 이후 "무엇이든" 가능해보였던 시기이다. 서독연방공화국이 아직 공고하게 확립되지 않았고 유토피아적 희망도 아직 남아 있었다. 1978년에 파스빈더는 "우리의 아버지들에게는 그 어느 때보다도 인간적이고 자유로운 국가를 세울 기회가 있었다"고 말했다.[9] 서독연방공화국의 건국 초기와 대면한다는 것은 그 시대의 지배적인 가치와 환영들을 조명한다는 뜻이다. 뿐만 아니라, 잠재되어 있던 그 시대의 꿈과 소망들을 살펴본다는 의미이기도 하다. 전후 시기는 파스빈더 자신의 일생과도 일치한다. 서른 살의 나이에 그는 자신과 서독연방공화국의 초년을 비판적인 눈으로 돌아보기 시작했다. 예를 들어, 〈일요일의 영화〉(*Sonntags Kino*, 1978)에서 위르겐 테오발디(Jürgen Theobaldy)나 〈우리는 가난하고, 우리는 부유하다〉(*Wir sind arm, Wir sind reich*, 1977)에서 안젤리카 메히텔(Angelika Mechtel)에 비하면 자전적이거나 노스탤지어적인 성격이 덜하지만,[10] 1970년대 후반에 같은 세대의 여러 작가들이 그랬던 것처럼, 파스빈더는 아데나워 시절의 유년기로 돌아갔다. 파스빈더의 접근법은 비판적이었다. 그는 "실제로 어떠했었는가?"에는 그다지 관심이 없었다. 그보다 그는 동시대인들의 사고나 정서나 행동을 역사적으로 어떻게 설명할 수 있을지를 고민했다.[11] 발터 벤야민과 마찬가지로, 그는 과거와 현재의 배열(*constellation*)을, 과거와 현재가 서로를 조명하는 인지의 순간을 다루고 싶어 했다.[12]

그가 역사로 돌아서도록 자극한 또 다른 요인은 1977년 가을의 위기였다. 파스빈더의 세대에게 그 위기는 서독연방공화국의 정치 발전과 자기이해에서 하나의 분수령을 이루는 사건으로 경험되었다. 공동연출작으로 만든 영화 〈독일의 가을〉에서 파스빈더는 자신이 담당한 26분 동안 직접 출연해 연기하면서 당시의 지적 풍토에 자발적으로 반응했다. 아홉 명의 영화작가 가운데 파스빈더만 유일하게 그런 작업을 했다. 영화 속에서 그는 마치 포위된 것처럼 보인다. 말 그대로 자신의 어두운 아파트 안에 갇힌 것처럼 보인다. 경찰의 사이렌 소리와 계단을 오르는 소리가 들려온다. 그 때문에 파스빈더는 공포에 질려 있다. 블라인드를 통해 몰래 내려다본 텅 빈 거리를 누군가가 가로지르고 있다. 삶이 온통 추문으로 점철되어 물의를 빚은 감독의 사적 공간에 카메라가 파고들면서 밀실 공포증이 화면을 지배한다. 파스빈더는 우리에게 파렴치한 자기 과시의 증거, 그의 불안과 공격성에 관한 사이코그램을 제공한다. 그는 아파트 장면에서, 자신의 어머니(여러 편의 파스빈더 영화에 등장했다)와 나눈 (대본에 적혀 있는) 취조에 가까운 대화를 끼워 넣는다. 급진적이고 제멋대로인 주인공들이 등장하는 장면은 분석적인 성찰의 장면으로 대체된다. 정치적 상황 때문에 신체적으로 쇠약해져 고비를 맞은 영화작가 파스빈더, 그리고 폭력과 정치적 저항이라는 독일의 전통에 대해 어머니와 논쟁을 벌이는 아들 파스빈더 사이에 존재하는 차이는 몹시 혼란스러운 인상을 강하게 남긴다.[13]

어머니와 나눈 대화에서 파스빈더는 자신에게는 위협에 굴복하지 않고 공개적으로 정치 토론을 벌일 민주적 권리가 있다고 주장한다. 그렇지 않다면 독재로의 후퇴를 의미할 것이라고 주장한다. 어머니는 파스빈더에게 동의한다. 현재의 정치 풍토는 "사람들이 문제에 휘말리지 않기 위해 침묵을 지켰던 나치 시대의 많은 것을" 떠올리게 한다.[14] 두 사람은 위기 시대 여론의 자유에 관해, 그리고 테러리스트에 맞선 투쟁에서 법을 어겨도 되는지의 문제를 두고 논쟁을 벌인다. 파스빈더는 어머니에게 제3제국을 살았으므로 민주주의에 더욱더 확실한 경의를 표해야 마땅하다고 말한다. 그러나 그녀는 대신에 민주주의로부터 후퇴하는 것을 옹호한다. "현재를 위한 최선의 통치자는 선하고 친절하며 질서를 도모하는 권위적인 인물이다." 파스빈더는 어머니의 권위주의적인 신념과 비겁함을 비난하지만, 카메라는 파스빈더 자신의 권위주의적인 신념과 비겁함을 포착한다―이는 파스빈더의 제작 분량 뒤에 놓여 있는 변증법이다. 우리는 파스빈더가 자신의 어머니와 동성애 연인을 권위적으로 대하는 모습을 보게 된다. 파스빈더의 태도는 거의 가학적이다. 파스빈더가 자신이 요구하고 있는 권리, 곧 공적인 토론에 가담할 권리를 행사하지 않는 것은 분명하다. 대신에 파스빈더는 세계로부터, 그리고 논쟁으로부터 물러나서 당시 그의 새 영화 기획인 〈베를린 알렉산더 광장〉의 촬영에 돌입한다. 이런 혼란스러운 모순을 정리하는 일은 관객의 몫이다.

과연 〈독일의 가을〉과 같은 영화는 무엇을 달성할 수 있을까? 1977년 말에 한 대담에서 파스빈더는 다음과 같이 말했다. "그 영화는 타인에게 불안을 형상화할 수 있다. 만일 아무도 그런 일을 하지 않는다면, 우리는 곧 우리를 어리석게 만들 침묵 속으로 물러서게 될 것이다. 영화는 관객을 자극해서 그들이 계속해서 자신의 의견을 갖고 표현할 수 있게 한다."[15] 그러나 파스빈더는 〈독일의 가을〉에서 좀 더 완전한 답이 필요한 질문을 제기한다. 어머니와 나눈 대화를 바탕으로, 파스빈더는 구세대에 관한 또 다른 공동 작품을 구상했다.[16] 바로 "우리 부모님의 결혼"이었다. 8시간 분량의 영화를 만들기에 충분한 자금을 확보하지 못했지만 파스빈더는 계획을 포기하지 않았다. 그래서 파스빈더는 두 사람의 전문 시나리오 작가 페터 메르테스하이머(Peter Märtesheimer)와 피아 프뢸리히(Pea Fröhlich)에게 의뢰해 다루기 어려운 자신의 서사를 전형적인 극영화 길이로 줄였다. 그렇게 해서 〈우리 부모님의 결혼〉은 〈마리아 브라운의 결혼〉이 되었다. 이 영화로 파스빈더는 독일에서는 물론이고 해외에서도 많은 관객을 확보했다.

1979년에 이 영화의 시사회와 동시에, 시사주간지 《슈테른》(Stern)에 파스빈더의 영화를 원작으로 한 소설이 연재되기 시작했다. 제목도 동일했다. 게르하르트 츠베렌츠(Gerhard Zwernz)가 쓴 이 소설은 어느 정도 영화의 이야기를 되풀이했고 영화의 사진을 삽화로 사용했다.[17] 미국에서는 이런 다매체 판매방식이 일반적이었지만 서독에서는 전혀 새로운 것이어서 파스빈더의 영화가 상업적으로 성공을 거두는 데 기여한 것으로 보인다. 〈마리아 브라운의 결혼〉은 "BRD 삼부작"(서독 삼부작)의 첫 작품이었다. 이후 〈롤라〉와 〈베로니카 포스의 갈망〉를 만들었다. 세 편의 영화 모두 1940년대 중반부터 1950년대 중반 사이의 서독연방공화국을 다룬 작품들이며 1970년대 말의 시선으로 이를 바라본다. 파스빈더는 이 역사 영화들의 기능을 묻는 질문에 다음과 같이 대답했다.

독일에서 우리는 독일의 역사에 관해 그리 많은 것을 배우지 못했습니다. 그래서 우리는 몇 가지 기초적인 정보를 만회하지 않으면 안 됩니다. 그리고 영화작가인 나는 그 정보를 활용해서 한 편의 이야기를 들려주었을 뿐입니다. 이는 현실을 손에 잡히는 어떤 것으로 만들었다는 의미에 다름 아닙니다. 나는 요즘 내 안에서 다시 두려움을 불러일으키는 많은 것들을 보았습니다. 바로 법과 질서에 대한 호소입니다. 나는 이 영화가 오늘날 독일 사회의 역사를 보완해 줄 어떤 것을 제공해 주기를 바랄 따름입니다. 우리의 민주주의는 서방 점령지역을 위해 선포되었습니다. 그것은 우리 스스로 쟁취한 것이 아닙니다. 나치의 표식 없이도, 낡은 사고방식이 낡은 교육방식을 통해 틈새를 파고들 수 있는 기회는 많습니다. 나는 이 나라에서 그렇게 빨리 재무장이 이루어졌다는 사실에 충격을 받았습니다. 저항을 시도하는 젊은 세대는 처량했습니다. 나는 또한 1950년대가 어떻게 1960년대의 사람들을 형성했는지 보여주고 싶습니다. 기득권 세력이 어떻게 열성적인 청년

들과 충돌을 빚고, 그들을 테러리즘이라는 비정상으로 내몰고 있는지를 보여주고 싶습니다.[18]

파스빈더는 확실히 과거 못지않게 현재에도 깊은 관심을 갖는다. 그가 서독 삼부작에서 들려주는 이야기— 지버베르크와 달리, 파스빈더가 즐겼던 방식은 시작과 중간과 끝이 있는 진부한 이야기를 들려주는 것이다—는 서독연방공화국의 건국 초기에 발생한 일들이다. 그러나 언제나 우회적으로 현재를 언급하고 있다. 그 이야기들은 파스빈더가 1970년대 말에 느끼고 이해했던 서독의 참상을 단편적으로 보여준다. 재건 시기에 상업적이고 물질적인 탐욕에 감정이 종속되고(〈마리아 브라운의 결혼〉) 기회주의적인 순응이 지배하던 시절에 사람들이 받아들여야 했던 만연한 부패(〈롤라〉), 떨쳐버려야 했던 자신의 과거에 대한 노이로제와 트라우마의 기억(〈베로니카 포스의 갈망〉)을 보여준다. 이 영화들은 경제 기적과 과거의 집단적 부정의 결합이 1950년대에 형성되었지만 10년 뒤에나 폭발에 이르게 될 갈등의 잠재적 가능성을 유발했다는 사실을 보여준다.

독일을 다룬 파스빈더의 영화들은 대단위의 정치와 경제를 직접 제시하지는 않는다. 대신에 그의 영화들은 "욕망의 미시 정치"[19] 안에서 작동하면서, 구체적인 역사적 상황에 처한 사람들의 희망과 열망과 좌절을 보여준다. 파스빈더의 서독 삼부작에서 주인공은 모두 여성이다. 파스빈더는 드라마의 인물로서 여성이 남성에 비해 좀 더 흥미롭고 예측을 불허하며 덜 순응적이라고 믿었기 때문이다. "이 사회의 남성은 여성보다 훨씬 더 역할을 강요당한다. 여성에게도 역할이 있기는 하지만 훨씬 더 손쉽게 벗어날 수 있고 경로에서 한두 발짝쯤 벗어날 수도 있는 것이다."[20] 파스빈더의 여주인공들은 시대에 의해 만들어지는 것 못지않게 자신들의 시대를 만들어간다. 그들은 정치의식이 없는 자신들의 사생활에서 당시의 지배적인 심성을 비유적으로 반영한다.[21] 일상생활의 사적인 영역으로 파고든 파스빈더의 영화들은 공적인 역사서술에 정신분석학적 차원을 첨가한다. 그들은 정치가 어떻게 "아래로부터" 타협되는지를 보여준다.

한 가지 예를 들어보자. 〈마리아 브라운의 결혼〉에는 마리아가 친척집을 방문하는 장면이 있다. 그 장면에서는 라디오가 켜져 있고 아데나워의 연설이 흘러나온다. "나는 군대를 원치 않습니다." 우리는 아데나워의 육성을 듣는다. "우리는 충분한 희생을 치렀습니다. … 이는 오늘날 독일에 남성 100명당 160명의 여성이 존재한다는 사실만 떠올려 보더라도 알 수 있는 일입니다"(93-94).[22] 아데나워의 연설이 들려오는 동안 우리는 마리아와 그녀의 가족이 함께 식사하는 모습을 보게 된다. 그들은 감자샐러드의 조리법에 관해 이야기를 주고받는다. 서독연방공화국의 재무장을 격렬히 반대하는 아데나워의 라디오 연설에 귀기울이는 사람은 아무도 없다. 라디오 연설은 가족의 사적인 공간에 정치의 측면을 부여한다. 파스빈더는 이 장면을 이용해 재건 시기 대다수의 독일인이 정치에 보였던 무관심을 극적으로 보여준다. 당시에는 음식이 정치보다 더 중요했다. 영화의 끝에서 우리는 아데나워가 1954년에 한 또 다른 라디오 연설을 듣게 된다. 이제 아데나워는 이전과 똑같은 열의를 가지고 서독의 재무장을 역설한다. "우리에게는 우리가 할 수 있는 만큼, 그리고 우리가 원하는 만큼 재무장할 권리가 있습니다"(145). 식당에 홀로 앉아 음식을 먹고 있는 마리아 브라운이 완전히 일변한 태도로 서독의 재무장을 역설하는 아데나워의 연설을 듣고 있는지는 확실치 않다. 그러나 그녀는 갑자기 일어나서 비틀거리다가 구토를 한다. 그녀의 행동은 라디오 연설에 대한 논평처럼 보인다. 이 장면에서 영상과 소리 사이에 존재하는 긴장을 통해 파스빈더는 공적 영역의 질병과 개인의 질병을 연결시키고 그가 독일 정치사의 치명적 전개라고 여기는 것에 대한 개인의 극단적인 반응을 보여준다.

사적인 이야기들(Geschiten)이 일정한 간격으로 공적인 역사(Geschite)에 끼어든다. 전쟁 종반부터 이른바 경제 기적이 있었던 1950년대까지 독일 국민의 역사는 마리아 브라운의 이야기를 강조하고 확장한다. 정치의 역사는 다양한 형식의 허구적인 틀을 입는다. 예를 들어, 영화의 시작 부분에서 우리는 소식을 알게 된 실종 병사들의 이름과 군번을 들려주는 단조로운 라디오 소리를 듣게 된다. 찾고 다시 만난다는 주제가 공적인 담론에 반영되어 있다. 마리아 브라운이 그녀의 남편을 찾고 있을 때 국가는 곳곳에 흩어져 있는 국민을 찾고 있었다.

독일의 "영시(零時, Stunde Null)"로부터 겨우 5년이 지난 1950년에 독일을 방문한 한나 아렌트(Hanna Aredt)는 다음과 같이 말했다. "사람들이 현재 일어나고 있는 일들에 대해 어떤 반응도 보이지 않는다는 사실을 어디서나 확인할 수 있다. 그러나 그런 사실이 의도적으로 애도하기를 거부하는 데에서 비롯된 것인지, 아니면 정말로 무감각하다는 사실을 보여주는 것인지를 말하기는 어렵다."[23] 파스빈더의 영화는 이런 분위기를 재생산하고 있다. 실질적인 생존과 적응이 기억과 슬픔의 작용보다 우선이다(카메라는 자주 부자연스러운 클로즈업을 통해 담배나 커피 같은 촉각적인 쾌락의 탐닉을 강조한다). 동시에 파스빈더는 국가주의 정서의 시작을 보여준다. 폐허의 한복판에서, 누군가가 서툰 아코디언 솜씨로 독일의 국가를 연주할 때 카메라는 파괴된 건물들을 아우르며 움직인다. 여러 목소리가 거리의 악사를 방해한다. 누군가가 노래를 시작한다. "독일, 모든 것 가운데 으뜸인 독일." 중간에 중단되었다가 다시 시작되고 다시 중단된다. 이 맥락에서 불협화음으로 중단된 국가(國歌)는 거의 폐허가 된 불구의 국가를 상징한다. 폐허의 한복판에서 누더기처럼 불리는 국가는 "독일"이 비명횡사한 사실을 의식적으로 인정하지 않으려고 외면하는 사람들에 대한 파스빈더의 신랄한 논평으로 읽어야 할 것이다.

역사의 서술

누군가가 역사에 관해 말할 때에는 반드시 목적이 있다.
— 알프레드 되블린(Alfred Döblin)

장-프랑수아 료타르(Jean-François Lyotard)는 자신의 책, 『이교도의 교육』(Instruction païennes, 1977)에서 "역사는 서사의 다발로 이루어진다. 누군가는 들려주고, 누군가는 들어주고, 누군가는 실제로 행했던 이야기들이다. 역사 속에서 사람들은 하나의 주체로서 존재하는 것이 아니라 중대하지는 않지만 작고 진지한 수백만 가지 이야기들의 덩어리로서 존재한다. 이런 이야기들은 때로 한데 모여 커다란 이야기를 이루는가 하면 때로는 지엽적인 요소들로 분해된다"고 말한다.[24] 그렇다면 역사를 쓴다는 것은 개별적인 서사의 가닥들을 하나의 "텍스트"(라틴어의 textum의 의미로서 직조된 어떤 것을 뜻한다)로 직조하는 일이다. 서사의 가닥들이 뒤엉키는 방식이 역사적 사건에 어떤 의미를 부여한다. 그래서 카를하인츠 스티얼(Karlheinz Stierle)은 다음과 같이 쓰고 있다. "사건의 측면에서 보면 역사를 쓰는 일은 일종의 환원(축소)이다. 이런 환원 작업은 '이상적인 선의 부과(the superimposition of an ideal line)'(짐멜)라 부를 수 있는 지침을 따른다. '이상적인 선'은 사건의 요소들을 통합하는 데 기여하는 이야기의 기본적인 서술 관계들로 이루어진다."[25]

파스빈더가 서독 삼부작에서 사용한 서사 양식은 독일 전후시대의 모험가이자 악당으로서 자신의 길을 가는 한 여성의 일대기이다. 디포(Daniel Defoe)의 몰 플랜더즈만큼 종잡을 수 없는 것은 아니지만 자신의 이익을 위해서라면 몰 플랜더즈 못지않게 파렴치한 마리아 브라운은 1945년부터 1954년 사이의 시기를 살아낸다. 〈마리아 브라운의 결혼〉은 치밀하게 짜인 텍스트로서 마리아 브라운의 성공과 몰락이라는 중심 이야기에 종속되는 독립된 여러 개의 작은 이야기들로 구성된다. 영화의 페르소나인 마리아 브라운의 삶은 "한 편의 영화와 같이" 구조화되었다. 이야기와 영상은 1940년대와 1950년대 멜로드라마 영화 양식을 따르고 있다. 그 영화들은 19세기의 대중 소설에서 모티프를 가져왔다. 파스빈더는 이들의 통속적인 표현을 가져왔지만 그 표현을 다원화하고 과장하고 강조해서 낯선 것으로 만든다(자주 멜로드라마적인 선율이 동반되기도 한다). 파스빈더는 또 멜로드라마 장르의 관행들을 파괴한다. 그렇게 해서 영화는 결혼으로 끝맺는 것이 아니라 결혼으로 시작된다.

마리아는 전쟁 마지막 해에 폭격이 쏟아지는 가운데 병사 헤르만 브라운과 결혼식을 올린다. 그러나 그들의 결혼은 단 하룻밤 반나절 동안만 지속된다. 헤르만이 전선으로 돌아갔기 때문이다. 마리아는 헤르만을 기다리며 자신과 어머니의 생계를 위해 암시장에서 장사를 한다. 영화는 귀환병, 파편을 줍는 여인, 암거래상의 장면을 통해 조심스럽게 역사적 분위기를 되살려 낸다.[26] 죽었다고 여겼던 헤르만이 갑자기 현관에 나타나서 ─ 귀환병은 20세기 독일 드라마의 고전적 모티프이다[27] ─ 마리아와 그녀의 연인을 놀라게 한다. 마리아의 연인은 미 점령군 흑인 병사였고 두 사람은 마리아가 일하는 미군 전용 클럽에서 만나 알게 되었다. 미군병사 빌은 매력적이고 공격적이지 않으며 수줍음 많은 인물이다. 파스빈더는 목가적인 장면들에서 마리아가 빌을 좋아하고 있다는 사실을 보여준다. 그런 미군의 이미지는, 예를 들어, 헬마 잔더즈-브람스의 〈독일, 창백한 어머니〉나 에드가 라이츠의 〈하이마트〉에서 보이는 부정적인 점령군의 이미지와는 상반되는 예외적이고 도발적인 이미지이다. 헤르만의 귀환은 더할 수 없이 충격적인 일이었다. 그가 정사장면에 불쑥 뛰어들었기 때문이다. 두 남자는 몸싸움을 하고 전쟁에서 집으로 돌아오는 긴 여행에 지친 헤르만이 막 기절하려는 찰나에 마리아가 마치 홀린 듯이 빌의 머리를 병으로 내려쳤고 미군병사는 그 자리에서 숨을 거둔다. 마리아의 정절에 감동받은 헤르만은 법정에서 자신이 범인이라고 자백하고 마리아를 대신해 교도소에 수감된다. 마리아는 헤르만이 석방되면 두 사람의 "진정한" 삶이 시작될 것이라고 약속한다. 곧 그녀는 또 다시 그녀의 유일한 목표인 경제적 성공을 추구한다. 사랑과 감정, 그녀의 모든 사생활이 유보된다. 그녀는 노년에 접어든 이민자이자 방직공장의 사장으로서 그녀를 사랑하는 오슈발트를 만날 때조차도 영원한 사랑에 대한 꿈을 간직하고 있었다. 그녀는 오슈발트를 연인으로 맞아 회사에서 중역으로 고속 승진한다.

이 영화에서 파스빈더는 우리에게 인간적인 가치의 퇴색과 이윤의 증가가 정비례하던 서독 재건 시절의 초상을 제공한다. 마리아가 교도소에 찾아와 사업과 감정은 별개의 문제라고 이야기하자 헤르만은 "바깥 사람들 사이에서는 그래? 그렇게 냉정해?"(108)라고 묻는다. 그녀는 대답한다. "지금은 감정을 갖기 어려운 시기인 것 같아요." 그녀는 부자가 되어 호화로운 저택을 장만했다. 이제 그녀는 헤르만을 기다린다. "우리가 함께 할 때 우리의 삶이 다시 시작될 거예요"(80). 그러나 헤르만은 석방된 후 외국으로 가버린다. 마리아에게는 당혹스러운 일이었다. 헤르만은 오슈발트가 죽고 나서야 되돌아왔다. 마리아(와 관객)는 영화의 마지막 순간에 오슈발트의 유언장이 공개되기 전까지 사태의 진상을 알지 못한다. 죽음이 임박했던 오슈발트는 헤르만이 석방되면 마리아를 잃게 될 것이 두려워서 교도소에 있는 헤르만을 찾아가 마리아 모르게 그와 거래를 했다. 헤르만은 오슈발트가 죽기 전까지 마리아와 즐기는 것을 눈감아주는 대가로 오슈발트가 남긴 유산의 절반을 받기로 했다. 결국 헤르만은 오슈발트에게 마리아를 파는 데 동의한 셈이다. 이 밀거래를 알게 되었을 때 마리아는 미래의 "진정한 삶"에 대한 자신의 유토피아적 꿈이 파괴되었다는 것을 깨닫는다. 그녀는 스스로 능란하게 다루어왔다고 믿었던 자신의 운명을 자신이 좌우할 수 없었으며 그 대신에, 자신이 두 남자의 거래에서 교환 대상에 지나지 않았다는 사실을 깨닫는다. 그녀에게 삶의 의미를 주었던 환상이 완전히 깨져버렸다. 반쯤은 의식적으로 그녀가 일으킨 가스 폭발로 저택이 날아가버리고 마리아와 헤르만도 함께 날아가버린다.

   이 영화는 1940년대와 1950년대를 다루는 한 편의 영화를 통해 1940년대 말과 1950년대 할리우드 멜로드라마의 고전적인 서사에 자주 사용되는 모티프들—사랑과 살인, 정절, 배신, 만날 수 없는 연인을 향한 그리움, 상처, 죽음—을 한 치의 망설임도 없이 재생산한다. 이 영화는 마리아의 이야기 주변에 몰려 있는 다양한 하위플롯들 속에서 이런 모티프들을 정교하게 다듬어 나간다. 월터 스콧의 소설과 고전 역사 소설의 전통에서처럼, 정치적인 역사와 개인의 이야기들이 상호작용한다. 이는 개인의 사적인 이야기들이 항상 일반적인 역사에 기여하고 일반적인 역사를 예시하게 하기 위한 것이다. 마리아 브라운 자신의 이야기가 펼쳐지면서, 그 이야기는 다른 이야기들을 건드리고 그 이야기들과 결합되고 그 이야기들에 개입한다.[28] 마리아의 인생사가 주변 사람들의 인생사에 반영되어 있다. 주변적인 인물들에게조차 자신들의 인생에 관해 이야기하고 마리아의 삶을 새롭게 조명할 기회가 제공된다. 예를 들어, 기차역의 적십자사 소속 간호사는 마리아에게 전쟁 중에 자신의 남편이 계곡에서 추락해 사망했고, 그러자 군은 그녀에게 "그들은 독일을 살리기 위해 죽어갔다"(43)는 글귀가 적힌 싸구려 바다 그림 한 장을 보상으로 보내주었다고 이야기한다. 이 문장은 냉소적인 공적 역사의 왜곡과 사적인 고통의 경험 사이에 존재하는 모순을 제대로 보여준다. 그것은 또 영화 전체를 관통하는 하나의 모티프를 집약적으로 표현하고 있다. 곧 사적인 역사와 공적인 역사의 반목을 집약적으로 보여준다. 때로는 보여주기도 하고 때로는 들려주기도 하는 수많은 세세한 인생사들, 그 이야기들은 각각 그 시대에 대한 파스빈더의 초상을 풍부하게 해준다. 바로 이런 인생사들, 다발을 이룬 이 서사의 가닥들이 역사의 텍스트를 구성한다. 곧, 개인의 이야기들(Geschichten)이 역사(Geschichte)를 구성한다.

관객은 지극히 정치적인 역사가 어떻게 개인적인 이야기를 결정하는지 그리고 역사의 주체들은 그런 관계를 얼마나 이해하지 못하는지를 동시에 깨닫게 된다. 독일의 한 비평가는 이 영화를 보고 "개인적인 관점에서 본 정치사는 극복되어야 할 일련의 장애물에 불과한 것 같다"고 말했다.[29] 영화의 등장인물들은 서독연방공화국의 건국, 1949년 독일의 분단이나 1953년 동베를린 봉기와 같이 굵직굵직한 역사적 사건을 거론하지도 않고 고찰하지도 않는다. 1950년대의 서독 사람들은 정치나 최근 과거에 관해 생각하는 것이 재건에 방해가 되거나 재건을 더디게 하는 일이라고 믿었다.[30] 그들에게 중요한 것은 오로지 미래뿐이었다. 다른 것들은 모두 유보되었다.

영화는 그 시절을 담은 정교한 자료 영상을 제시한다. 우선 이른바 "음식의 물결"(그 시절 독일인은 마치 자신들의 영혼까지 먹어 치우고 있는 것처럼 보였다)을, 그런 다음 의복, 가구, 여행 등에 대한 집착을 보여준다. 파스빈더는 이런 세부사항들을 꼼꼼히 살피고 있다. 그런 것들이 플롯을 진행시키는 것은 아니지만 등장인물의 행동을 결정하는 요인들을 좀 더 깊이 이해할 수 있게 해준다. 더욱이, 영화의 궁극적 목적(telos)은 재건 시절의 역동성에 기대고 있다. 경제적 성공은 다가올 것(미래)에 시선을 고정시켜야 이룰 수 있다는 생각의 구현체가 바로 마리아 브라운이다. 어느 지점에서 그녀는 "미래 문제의 전문가"를 자처한다(101).

영화를 구성하고 있는 것은 가공된 개인들의 이야기를 촘촘히 엮은 연결망이며 이는 1950년대에 독일인이 어떻게 살아 나갔고 자신들의 삶을 어떻게 체험했는지 통찰할 수 있게 한다. 이런 식으로 서사의 가닥들이 양산(proliferation)되면서 중심 이야기를 이해하는 데 필요한 것보다도 훨씬 더 많은 정보를 산출한다. 그러나 바로 이렇게 중요치 않은 인물들이 넘쳐나면서 이 영화에 역사의 리얼리티 효과, 곧 진정한 역사라는 환상을 불어넣는다. 리얼리티 효과는 〈마리아 브라운의 결혼〉이라는 역사적 허구가 이야기의 화자가 없는 이야기로 전개되는 것처럼 보인다는 사실에서도 비롯된다. 마지막 장면까지 누가 이야기하는지 불분명하다. 서술하는 주체를 지워버리는 것은 "역사적 사실주의" 효과를 거두는 관행적인 장치 가운데 하나이다.

역사 영화에서 이런 효과는 서술의 "다원화"에 의해서도 산출되지만 주로 이미지의 선택에서 산출된다. 〈마리아 브라운의 결혼〉에서 그 시대의 시각적 세계를 상세하고 정확히 복원한 것은 역사적 허구의 정확성을 보장한다. 전후 기차역에서 1950년대의 거실 장식에 이르기까지, 연합군의 군복에서 여성의 머리모양에 이르기까지 충실한 복원은 옛 사진과 뉴스영상들 때문에 잘 알려진 시각적 모티프를 통해 1944년부터 1945년 사이의 역사적 시기를 환기한다. 예를 들어, 반백의 수척한 모습으로 귀향하는 군인, 머리 수건을 쓰고 파편을 줍는 여인, 윤기 흐르는 미군 병사와 독일인 현지처의 이미지는 모두 높은 인지 효과를 불러일으킨다. 여러 해 동안 그런 것들은 독일에서 전쟁 직후 몇 년을 재현하는 관행으로 자리 잡았고 이 시대의 "올바른" 재현으로서 집단 기억 속에 각인되었다. 관객이 한 편의 영화를 역사 영화로 받아들이도록 설득하려고 할 때 기록 영상을 상투적인 표현으로 사용하듯이, 파스빈더는 그런 것들을 거의 그렇게 활용한다. 그러므로 역사의 리얼리티 효과는 관객의 시각적 기억에 달린 것이기도 하다. 역사 영화는 당연히 경험을 통해서든 재현을 통해서든 대부분의 관객이 그 영화에 앞서 이미 알고 있는 과거의 현실을 지시하기 때문에, 인지 효과를 누리는 것이다.("저건 정말 그때 그대로야, 내가 전에 보아서 기억하고 있는 그대로야.") 역사적 지식(과 영화의 허구적인 공간 너머에 존재하는 지식)에 호소하는 이 잉여의 지시대상은 의미에 부가적인 차원을 만들며 영화에 잠재된 의미를 증폭시킨다. 역사적 자료는 허구 안에 침윤되어 역사서술의 지위와 사실의 지위를 상실하지만, 영화가 활성화시키는 관객의 역사 지식에 힘입어 여전히 식별할 수 있는 자료로 남게 된다. 이를테면 아데나워 연설의 자료는 〈마리아 브라운의 결혼〉의 허구적 공간을 장식하는 소품이자 그 일부가 된다. 동시에 영화에 사용된 아데나워의 육성 연설 녹음은 이 허구적인 공간의 밖에 존재한다는 의미에서 "사실적인 것", "역사적인 것"으로서 경험된다. 그 녹음은 증명할 수 있는 것이며 꾸며진 것도 아니고 조작된 것도 아니다. 관객은 사료이자 허구로서, 진정으로 참이면서, 동시에 자유롭게 지어진 이야기에 사용된 역사적 서사의 해소할 수 없는 이중적 지위를 감지한다.[31]

사운드와 영상을 활용한 파스빈더의 몽타주는 1978년 이후에 점차 복잡해진다. 그런 복잡성은 그의 후기 영화가 지닌 다층적인 역사적 주체의 문제에 상응하는 것이다. 그의 후기 영화는 층을 이룬 다양한 언어, 갈등하는 목소리, 다양한 재현 방식을 담고 있다. 영화를 다양한 양식적 단위들의 궤적으로 보는 파스빈더의 생각은 바흐친(Mikhail Bakhtin)의 "헤테로글로시아" 개념을 떠올리게 한다. 그 용어는 소설의 담론에서 갈등을 일으키는 여러 목소리를 설명하는 것이다. 바흐친은 다음과 같이 말한다. "소설은 그 시대의 모든 사회적 목소리와 이데올로기적 목소리를 대변해야 한다. 의미를 주장하는 그 시대의 모든 언어를 대변해야 한다. 소설은 헤테로글로시아의 소우주가 되어야 한다."[32] 파스빈더는 다양한 목소리를 집적해 자신의 역사 영화에서 이런 다양성을 획득하려고 한다. 서로를 지시하고 서로 상충하며 서로를 반영하는 동시적인 메시지의 양만으로 네 개의 서로 다른 층을 형성한 소리, 곧 음악, 대화, 라디오 소리, 음향효과의 콜라주가 만들어진다. 예를 들어 〈마리아 브라운의 결혼〉의 마지막 부분에서 오슈발트의 유언장이 발표될 때, 라디오에서는 축구 경기가 생중계된다. 그와 동시에 마리아는 젠켄베르크와 이야기를 나누고 있다. 이 같은 동시 음향의 밀집은 관객이 이야기의 대단원을 거의 따라갈 수 없게 한다. 공적인 목소리와 사적인 목소리가 서로 분리할 수 없이 뒤섞인다.

〈마리아 브라운의 결혼〉은 또한 이야기하기와 허구를 직조하는 노력에 관한 이야기이기도 하다. 마리아 브라운 자신은 영화의 가장 훌륭한 이야기꾼이다. 그녀는 편의에 따라 은폐하고, 꾸며대고, 얼버무리고, 거짓을 말하며 솜씨 좋은 자기표현을 통해 다른 사람들을 움직인다. 그녀는 가장과 위장의 전문가이며 서술의 기본적인 특질들에 정통하다. 서로 다른 사람들에게 서로 다른 이야기를 들려주는 이유가 무엇인지를 묻자 그녀는 아이러닉하게 대답한다. "속이는 일에는 내가 전문가야. 낮에는 자본주의의 도구이고 밤에는 프롤레타리아 대중의 대리인이지. 경제 기적의 마타하리야!"(110) 예측을 불허하는 마리아 브라운의 행동이 영화의 구조를 결정짓는다. 그 서사는 우연한 만남, 갑작스러운 이별, 우연, 예기치 않은 재회 등에서 피카레스크식 소설을 닮았다. 마리아 브라운은 능란함, 기회주의, 자신의 성공에 대한 굳건한 믿음으로 새로운 운명의 각 전환점에 적응해 나간다. 마리아는 죄의 대가를 치르지 않은 살인과 가난으로부터 부와 명성으로 그녀를 이끈 경력의 최고점에 이르렀을 때 "나는 기적을 기다리지 않는다. 차라리 기적을 만들어나간다"(104)고 말한다.

〈마리아 브라운의 결혼〉은 하룻밤 반나절 동안 지속된 결혼의 기억 언저리에서 구성된다. 결혼은 비밀스러운 중심이며 동시에 마리아의 이야기가 소실되는 지점이다. 결혼은 그녀의 야심과 부의 축적, 미래에 대한 강박적인 계획을 정당화한다. 과거와 미래 사이에서 점차 커지는 긴장은 현재를 평가절하하며 그녀를 일탈하게 하고 망각하게 한다. 그녀의 이야기 전체를 가로지르는 기억과 망각 사이의 긴장이 마침내 겨우 몇 초 동안만 지속되는 하나의 장면 속에 압축된다. 기억 혹은 망각이 갑자기 삶이나 죽음의 문제가 된다. 마리아 브라운이 담뱃갑에서 담배 한 가치를 꺼내고, 머뭇거리다가, 담뱃갑을 들여다보며 남편에게 성냥이 있는지를 묻는다. 그런 다음 부엌으로 간다. 그곳에서 (우리가 앞 장면을 통해 기억하고 있듯이) 그녀는 가스 잠그는 것을 잊었다. 파스빈더는 의도적으로 그녀가 그저 잊은 것인지 아니면 기억하지 않기로 작정한 것인지를 명확히 하지 않은 채 남겨둔다. 그는 망각의 대가를 높게 책정한다. 두 주인공은 폭발 속에서 죽음을 맞는다. 실현될 이상에 대한 마리아 브라운의 기대, 유토피아를 향한 그녀의 기다림은 참사로 끝을 맺는다.

트라우마로서의 역사

질문에 어떻게 답해야 하나요?

— 마르그리트 뒤라스

90-1 〈마리아 브라운의 결혼〉에 착수하기 몇 해 전 파스빈더는 망각과 억압이라는 독일의 문제를 좀 더 직접적으로 다루어 보려고 시도한 적이 있었다. 그러나 독일의 기억에서 가장 민감한 부분, 곧 반유대주의와 대학살의 체계적인 계획과 실행이라는 문제를 탐색하려는 그의 모든 시도는 실패로 돌아갔다. 그의 영화 기획 두 개는 거부되었고 희곡 〈쓰레기, 도시 그리고 죽음〉(*Der Müll, die Stadt und der Tod*)은 그 작품이 집필된 1976년에 연극으로 제작되지 못했으며 다시 연극의 제작을 계획했던 1985년에도 성공하지 못했다. 그럼에도 불구하고 실현되지 못한 기획을 둘러싼 열띤 논쟁은 서독에서 독일인과 유대인 사이의 관계가 여전히 정상적이지 않다는 사실을 여실히 보여주었다.[33]

1975부터 1976년 사이에 집필된 〈쓰레기, 도시 그리고 죽음〉은 게르하르트 츠베렌츠(Gerhard Zwerenz)의 프랑크푸르트 소설 『지구도 달만큼 척박하다』(*Die Erde ist unbewohnbar wie der Mond*, 1973)를 각색한 것이다. 희곡의 중심인물은 아브라함이라는 이름의 유대인 별장지기이며 소설 속에서 그는 동정적으로 묘사되었다. 그러나 희곡에서 그는 이름만 등장할 뿐이다. 그 대신에 파스빈더는 반유대주의의 전형적인 인물을 등장시킨다. 출판된 원고에서 그 인물의 이름은 "부유한 유대인"이다.[34] 희곡은 급하게 집필되었다. 프랑크푸르트 서부의 파괴적인 재개발로 촉발된 포주와 매춘부 측의 증오에 관한 코믹한 장광설이다. "도시는 우리를 산송장으로 만들어버렸어. 어울리는 감옥도 없는 흉악범으로 만들었고, 거리를 오염시키는 지하철의 노숙자로 만들고 있어"라고 어느 매춘부가 말한다. 파스빈더는 자신의 희곡을 "부유한 유대인"을 자신들의 목적에 따라 이용하고 착취하는 시의원들에 대한 고발로 삼으려고 했다. 사실 유대인은 부패한 정치인들에게 방패막이가 된다. 이유는 "요즘 같은 시절에 유대인에게 반대하는 말을 해서는 안 되기" 때문이다.[35] 1964년에 아도르노가 이미 지적했던 것처럼, 그 자체가 간교한 반유대주의의 진술이다.[36] 파스빈더는 자신의 등장인물들이 명백히 반유대주의적인 진술—그 말들이 극중 인물들을 규정하기 때문에 (그리고 암묵적으로 비판하기 때문에) 그렇게 의도된 진술—을 하게 한다. 그리고 이를 통해 유대계 독일인과 비유대계 독일인 사이의 문제 있는 관계를 냉소적으로 도구화하는 일을 주제로서 부각시킨다. 희곡의 허구적 인물들이 발언하는 반유대주의의 고정 관념들은 그들을 반유대주의적인 인물로 묘사하는 데 사용한 것이 분명하다. 하지만 파스빈더가 자신의 극중 인물들이 한 말에 전적으로 동의한다는 뜻은 결코 아니다. 하지만 1970년대 독일 무대에서 반유대주의 언어를 듣는 일—파스빈더의 생각이 표현된 것인지 아니면 등장인물의 생각이 표현된 것인지는 중요하지 않다—은 충격적이었고 이에 대해 반발이 일어나는 것은 당연했다. 그 희곡이 여전히 존재하는 반유대주의의 편견을 강화하거나 새로운 "오해"를 불러일으킬 위험을 배제할 수는 없었을 것이다.[37] 헨릭 M. 브로더(Henryk M. Broder)는 다음과 같이 주장했다. "파스빈더가 반유대주의자였다고 생각하지는 않는다. 그러나 그의 희곡이 다양한 반유대주의적 반작용의 촉매제로 기능한 것은 확실하다."[38] 1976년에 그 연극의 제작에 필요한 자금 지원을 거절한 프랑크푸르트 시는 파스빈더가 테아트르 암 투름(Teater am Turm)의 말 많은 감독직을 사임하자 안도했다. 파스빈더는 그곳의 감독직을 채 1년도 수행하지 못했다. 1976년 초에 주어캄프 출판사에서 그 희곡의 인쇄본이 출판되어 나오자 대중의 거센 반발이 일어났다.³⁹ 헬무트 슈미츠(Helmut Schmitz)는 《프랑크푸르트 룬트샤우》(*Frankfrut Rundschau*) 3월 12일자에 게재한 글에서 그 희곡의 반유대주의적 경향들을 지적했다. 일주일 후에 요아힘 페스트(Joachim Fest)는 《프랑크푸르트 알게마이네 자이퉁》에서 그 문제를 다루었고 파스빈더의 희곡을 거세게 비난하면서 그 희곡이 좌파 파시즘과 반유대주의의 가장 중요한 예라고 주장했다.⁴⁰ 같은 주에 출판사는 "오해"를 피하기 위해 희곡의 배급을 중지했다. 주어캄프 출판사의 사장 지그프리트 운셀트(Siegfried Unseld)는 그 결정을 다음과 같은 말로 정당화했다.

작가가 반유대주의자이며 좌파 파시스트라고 비난하는 것은 부당하다. 그런 비난은 얼토당토 않을 뿐더러 부인되어야 마땅하다. 파스빈더와 마찬가지로, 우리는 프랑크푸르트의 어떤 단체들, 유대인 집단과 개인으로 구성된 어떤 단체들이 이 도시의 시민들에게 불이익을 안겨주는지 여부와 이런 사건들에서 시정부가 어떤 역할을 하는지에 대해 논의해야 한다고 믿는다. 그러나 독자의 반응은 우리에게 이 희곡의 텍스트가 사태에 대한 통찰보다는 바람직하지 못한 정서를 유포하는 데 사용되고 있음을 보여준다. 사실 이 희곡은 독일의 역사에서 이 시기를 경험하지 못한 사람들에게는 오해를 부를 소지가 있다. 희곡은 어떤 금기를 제대로 공격하고 있다. 그러나 무차별적이고 거친 파스빈더의 스타일이 독일 역사의 짐을 짊어진 대중에게 위험스러운 상투적 표현들을 재생산할 위험은 피할 수 없다. 그런 상투적 표현들이 그 희곡과 작가가 반대하고자하는 것임에도 불구하고 말이다.⁴¹

1977년에 그와 유사한 파스빈더의 두 가지 기획이 다시 거부되면서 "독일 역사의 짐을 짊어진 대중"에 대한 고려가 다시 수면 위로 떠올랐다. 츠베렌츠의 『지구는 달만큼 척박하다』를 영화로 만들려고 했던 계획은 영화진흥원(Filmförderungsanstalt) 기획위원회의 거부로 무산되었다. 그리고 구스타프 프라이타크(Gustav Freytag)의 소설 『차변과 대변』을 각색해서 10부작으로 제작할 예정이던 텔레비전 연속극이 독일 방송인들의 반발을 사는 바람에 1년간의 예비 작업에도 불구하고 무산되었다. 이 작품은 19세기 독일 부르주아 계급에 관한 비판적 역사 기획이었다. 두 사례 모두, 파스빈더가 그의 희곡에서 그랬던 것처럼 인물과 모티프들의 사용이 반유대주의적으로 해석될 수 있다는 의구심을 불러일으켰다.[42] 파스빈더가 이 주제에 대해 보인다 그칠 줄 모르는 강박적 집착을 어떻게 설명할 수 있을까?

파스빈더는 프라이타크의 악명 높은 반유대주의 소설 『차변과 대변』에서 국가사회주의 이데올로기의 근원은 물론이고 서독의 사회 질서의 근원까지도 발견했다고 생각했다. 더욱이, 프라이타크의 스타일은 영화에서 효과를 발휘할 호소력과 멜로드라마적인 파국을 제공한다. 1977년 3월에 파스빈더는 《디 자이트》지에 게재한 기사에서 이 기획이 나치 시대의 전사를 다루려는 노력의 일환이라고 설명했다. "우리가 가능한 것 가운데 가장 중요한 방식의 하나로 우리의 이야기와 역사, 19세기의 사회적 선조들 그리고 우리 자신과 대면하게 하는 것은 바로 『차변과 대변』의 고약한 부분들—우리에게는 그릇된 것으로 보이는 작가의 정치의식으로서, 이후에 닥칠 공포를 일으키지는 않았다고 해도, 그런 공포들을 문학적으로 은폐하고 있으며 그 점에서 작은 문학적 야심을 지닌다고 말할 수 있다—이다. 영화는 텔레비전의 도움을 받아 이를 수행할 수 있다."[43]

파스빈더의 시각에서 『차변과 대변』은 1848년 혁명이 실패한 후에 19세기 중반의 부르주아 계급이 어떻게 근면이나 예의범절 같은 미덕은 물론이고 "독일적 특성"과 끊을 수 없이 연결되어 있는 가치들까지 발전시켰는지를 말해준다. 그래서 독일의 부르주아 계급은 "고국의 프롤레타리아와 귀족들과 맺고 있는 관계에서, 그리고 해외의 모든 낯선 것들과 맺고 있는 관계에서, 특히, 객관성, 관용, 인간애 등 유대인의 것으로 폄훼되던 세계관과 맺고 있는 관계에서" 끊임없이 그들 자신을 규정해야만 했다. "'독일적 특성'과 연결된 가치들은 별 어려움 없이 제3제국의 국가사회주의 이념으로 향하는 길을 찾았다. 그런데 그 가치들이 오늘날의 사회에도 여전히 살아남아 있다 ─ 그리고 그것은 우리가 이 소설과 마주할 수밖에 없는 결정적인 이유이다."[44] 그 텔레비전 연속극을 기획하면서 파스빈더가 목적했던 것은 독일의 부르주아 이데올로기에 관한 고고학이었다. 파스빈더는 제3제국의 독재는 물론이고 반유대주의를 생산한 책임이 그 이데올로기에 있다고 생각했으며 그것이 곧장 현재로 이어지고 있다고 보았다 ─ 파스빈더는 여기서 금기를 위반했다. 달리 말하자면, 그는 『차변과 대변』을 현대로 옮겨오고자 했다.

파스빈더의 기획은 의문시되지 않는 프라이타크의 반유대주의적 모티프들을 그 기원과 결과라는 차원에서 조명하고 입증했어야 했을 것이다. 그러나 영화는 사물을 **보여주어야** 하기 때문에, 게토에서의 생활을 연출한 장면이 알지 못하는 사이에 반유대주의의 고정관념을 영속시키는 데 기여할 위험이 있는 것은 분명하다. 이는 서독 방송국 WDR사의 국장인 프리드리히-빌헬름 폰 젤(Friedrich-Wilhelm von Sell)의 견해이다. 1977년에 그는 프라이타크의 소설을 사용해서 "반유대주의와 반슬라브주의라는 역사현상을 다루기에는 너무 많은 위험과 오해의 소지가 있다"고 주장했다.[45]

그의 유보적인 태도는 폴커 슐뢴도르프, 페터 릴리엔탈(Peter Lilienthal)과 볼프강 슈타우테(Wolfgang Staudte)를 포함해 서른 명이 넘는 독일 영화작가들의 반발로 이어졌다.[46] 파스빈더는 참혹했다. 그는 이 소설을 출발점으로 삼아서 "19세기 중반부터 국가사회주의의 탄생으로 이어지는 독일 부르주아의 역사 전체를 설명할 수 있을 것이라고 믿었다. 그리고 요아힘 페스트가 자신의 히틀러 영화에서 했던 것과는 정반대되는 일을 할 수 있을 것이라고 믿었다. 페스트의 영화는 지극히 반동적이며 스스로 죄를 면해보려는 부르주아의 시도에 지나지 않는다."[47] 파스빈더를 반유대주의자로 몰아세웠던 사람이 바로 요아힘 페스트였다는 사실이 특히 아이러니로 보였다.[48] 페스트의 영화 〈히틀러: 어떤 이력〉은 두 시간 반이나 되는 상영 시간 가운데 나치의 유대인 박해와 학살을 겨우 2분 30초로 압축시켜서 대중적인 비난을 받았다. 파스빈더는 다음과 같이 답변했다.

나를 반유대주의자라고 부르는 것은 하나의 구실에 불과하다. 내가 보여주려고 했던 것은 반유대주의가 어떻게 존재하게 되었는가이다. 프라이타크의 소설이 반유대주의적일 수도 있다. 그러나 바로 그런 사실 때문에 그 소설이 반유대주의를 묘사하는 데 이용될 수 있다. 그리고 게토의 생활과 유대인의 희망 없는 상황을 묘사하는 부분에서 프라이타크은 결코 반유대적이지 않았다. 거기서 유대인은 살아남기 위해 부정적인 방식으로 행동한다. 소수자에게 가해지는 억압을 묘사하는 가장 좋은 방법은 억압의 결과 소수자에게 강요되는 오류와 악행을 보여주는 것이다.[49]

파스빈더의 복잡한 논리 — "영화로 만든 『차변과 대변』은 그것이 프라이타크과 그의 등장인물들과 그의 독자들이 '옳다'고 생각했던 것들의 그

릇됨을 입증해줄 때 역사적으로 '정확할' 것이다"⁵⁰ — 에는 반드시 보여주어야 하는 악행을 이유로 유대인을 비난하기보다는 오히려 그 악행들을 진짜 죄인인 독일 고문자들의 소행으로 볼 수 있는 변증법을 훈련받은 관객이 필요하다. 프라이타크의 소설에는 수세기에 걸쳐 전해왔고 문학적 전통의 중요한 요소가 된 반유대주의의 고정관념들이 가득하다. 파스빈더는 그런 고정관념들을 역사화하고 변증법적 과정에 놓아 제거하고자 한다. 프라이타크의 반유대주의 자체가 탐구의 대상이 되어야 할 것이다. 그의 영화에서 유대인은 "달리 행동하는 것이 허락되지 않았기 때문에 그렇게 행동할 수밖에 없었던 추방된 집단으로" 등장할 것이었다.⁵¹ 예를 들어, 유대인은 부르주아의 명예의 코드에 반하는 직업인 고리대금업자가 될 "권리"를 부여받았다. 파스빈더에 따르면, 그들은 바로 그런 이유 때문에 증오의 대상이 되었다. 그는 계속해서 이야기한다.

부르주아 계급은 자신들의 태도를 경멸하지 않으면서 자신들을 자랑스럽고 중요하며 강한 존재로 느끼기 위해서 유대인이 필요했다. 제3제국에서 벌어진 유대인의 대량 학살은 그런 잠재된 자기혐오의 결과였다. 그것은 바로 사람들이 자기 안에 있다는 사실을 인정하고 싶지 않은 것을 없애려는 시도였다. 이런 관계는 어떤 면에서 독일의 역사와 유대인의 역사가 1933년부터 1945년 사이의 시기 동안만이 아니라 모든 시대를 통해 연결되어 있음을 의미한다. 새로운 원죄라고 할 수 있는 어떤 것이 독일에서 태어나서 살고 있는 사람들에게 전해질 것이다. 그 죄는 이제 살인자의 후손들이 결백으로 자신의 손을 씻는다고 해서 가벼워지는 것이 아니다.⁵²

파스빈더의 주된 관심은 "부르주아 이데올로기"와 독일의 최근 역사 사이의 관계를 조명하는 것이다. 쟁점이 되는 것은 "잠재의식 속에 남은 죄의식"과 "부르주아 이데올로기가 새로이 전도될 위험"이다. 파스빈더는 독일 이데올로기의 핵심을 꿰뚫어보고 싶어 한다. 그 이데올로기가 살인적인 반유대주의를 가능하게 하는 조건을 창출한 탓이기도 하지만 그가 보기에 반유대주의를 배양한 토양이 여전히 비옥하기 때문이기도 하다. 파스빈더는 다른 사람들이 단절을 보는 곳에서 지속성을 본다. 그는 부르주아의 가치 체계 자체를 국가사회주의에 대한 책임이 있는 것으로 만든다. 브레히트는 파시즘이 "모든 세기의 열매"라고 말한 적이 있다.[53] 마찬가지로 파스빈더에게 반유대주의의 근원은 여러 세기를 거슬러 올라간다.

파스빈더는 제3제국의 죄와 관련해서 "잠재의식 속에 남은 죄의식"과 "새로운 원죄"를 이야기하지만, 자신이 반유대주의에 대한 급진적 비판으로 의도한 것에서 반유대주의의 낡은 서사 양식과 시각적 모티프를 반복적으로 사용하고 있다. 1976년에 파스빈더의 친구 다니엘 슈미트(Daniel Schmid)가 〈천사의 그림자〉(*Schatten der Engel*)로 제목을 수정하고 파스빈더를 주인공으로 기용해서 영화로 만든 파스빈더의 희곡 〈쓰레기, 도시 그리고 죽음〉에서만 그랬던 것은 아니다.[54] 그의 후기 영화 〈베로니카 포스의 갈망〉과 〈13월의 해〉(*In einem Jahr mit 13 Monden*)에서도 역시 그랬다. 그리고 그 점은 〈릴리 마를렌〉에서 가장 뚜렷하게 나타났다. 아니 골드만(Anni Goldmann)은 《르 몽드》지에서 이 영화를 1940년대의 유명한 반유대주의 선전 영화인 바이트 할란(Veit Harlan)의 〈유대인 쥐스〉(*Jud Süss*)에 견주었다.[55] 이 영화에서 유대인은 억압받는 희생자로 보이지 않는다. 그렇다고 반유대주의적인 나치의 정기간행물 『돌격대』(*Der Stürmer*)에서처럼, 불성실하고 부도덕한 인물로 보이지도 않는다. 대신에 유대인은 독일인에 대해 우월감을 느끼는 특권적 지식인이나 부유한 사업가로 등장한다. 게르트루트 코흐(Gertrud Koch)는 자신의 글에서 파스빈더의 영화에 등장하는 유대인에 관해 다음과 같이 쓰고 있다. "금기, 법으로 접촉이 금지된 것들, 일상의 의식에서 배제된 것들, 이 모두가 파스빈더의 유대인 속에 자리할 수 있다. 파스빈더 자신의 냉정함과 거리가 유대인에게 본질적 특질로서 투사되어 있다. 그들은 손을 댈 수도 없고 닿을 수도 없으며 냉정하고 거리감이 있으며 오만한 이들로 자신들을 좀 더 나은 존재로 여기고 있다."[56] 희생자의 고통은 억압되어 있다. 대신에 코흐는 파스빈더의 유대인이 "삶과 죽음의 판관"[57]이라는 모호한 지위에 있는 것으로 본다. 파스빈더는 부모 세대가 자행한 대학살과 마주한 전후 세대가 느껴야 했고 여전히 느끼고 있는 억압, 죄의식, 어찌할 수 없는 수치심 같은 감정을 그런 감정의 원인을 제공한 사람들에게 공격적으로 되돌려준다. 파스빈더의 기괴한 논리에서 보면 그의 이런 감정들은 부모세대인 "아우슈비츠 세대"에게로만 향하는 것이 아니라 희생자, 곧 독일의 역사가 그에게 안겨준 고통에 동일한 책임이 있는 희생자도 겨냥한다. 그는 자신의 희곡에서 다음과 같이 말한다. "단지 그곳에 있었다는 이유만으로 우리를 죄인으로 만들었다는 점에서 유대인에게도 역시 죄가 있다."[58]

파스빈더는, 그의 표현을 빌리자면, "친유대주의적으로" 독일의 유대인을 고귀한 희생자로 보여주지 않는 것이 자신의 임무라고 주장한다. 왜냐하면 친유대주의란 반유대주의를 뒤집은 것에 다름 아니기 때문이다. 여기서 파스빈더는 로베르트 노이만(Robert Neumann)의 뒤를 따르고 있다.[59] 친유대주의에 대한 지극히 임의적인 반대로 논란을 불러일으킨 그는 구체적인 역사적 배경에서 그의 도발적 경향이 갖는 잠재적 결과와 효과를 완전히 외면했다. 그러나 폭넓은 인기를 얻은 파스빈더의 프랑크푸르트 희곡이 불러일으킨 반응 때문에 파스빈더가 분명하게 깨닫게 된 것은 자신이 반유대주의의 고정관념들을 무의식적으로 답습하는 사람이나 혹은 그것들을 해체하기 위해 반유대주의의 정서를 의식적으로 유도하는 사람으로 오해받을 소지가 있다는 사실이다. 그것은 의구심이 드는 전술이다. 그래서 유언장에 그 연극을 프랑크푸르트나 뉴욕에서만 공연하도록 명시했을 때, 파스빈더는 자신이 살얼음판 위를 걷고 있다는 사실을 알고 있었을 것이다.[60] 그러나 어떤 사람은 1976년 이래 지속되어온 반유대주의에 관한 논쟁에서 파스빈더에게 제기되었던 반대 입장과 더불어 이 이상한 문항을 아우슈비츠 이후 유대인과 독일인 사이의 "부정적인 공생관계"가 어떻게 금기시되었는지 보여주는 증거로 해석한다.[61] 곧 아우슈비츠의 상처가 파스빈더의 의식뿐 아니라 그와 같은 세대에 속한 사람들 전체의 의식 속에서 얼마나 깊이 곪아 있었는지를 보여주는 증거로 해석한다.[62]

1946년에 한나 아렌트는 카를 야스퍼스에게 보낸 편지에서 대량 학살에 대해서 독일인이 짊어지게 된 죄는 그에 합당한 처벌이 없기 때문에 법적 절차를 통해 경감될 수 있는 것이 아니라고 적고 있다. 그녀는 그 죄가 "어떤 법체계도 초월할 뿐 아니라 어떤 법체계도 파괴한다. … 범죄를 넘어서는 죄를 다루거나, 선이나 미덕을 초월하는 결백을 다룰 인간적인 방식이나 정치적인 방식은 존재하지 않는다"고 썼다.[63] 헤르베르트 아흐테른부쉬(Herbert Achternbusch)가 자신의 영화 〈마지막 구멍〉(*Das letzte Loch*, 1981)에서 했던 것처럼, 기괴한 우화로서 이해할 수 없는 것들을 무대에 올리고 그렇게 해서 전통적인 영화제작(과 관행적인 장식)의 모든 "규칙"을 위반하면서 진행하지 않는다면, 이런 죄를 화면으로 옮기는 일은 보여줄 수 있는 것의 한계를 넘어서게 될 것이다. 아흐테른부쉬의 주인공 닐은 유대인을 살해한 죄의 대가를 개인적으로 치르겠다고 주장한다. 의사는 그에게 처방전을 준다. 각각의 살인에 대해, 600만 명의 죽은 사람들 한 사람 한 사람을 위해 위스키 한 잔씩을 마시고 잊어야 한다고 했다. 그런 부조리한 계산법은 독일인의 죄가 결코 잊혀질 수도 없고 치유될 수도 없다는 사실을 상징적으로 표현한다. 처방전의 초현실적인 성격은 애도의 작업이 쓸모없고 가망 없는 헛된 몸짓임을 표상한다.[64] 이 수수께끼 같은 영화는 기괴함과 멜로드라마적인 것 사이를 오가며 닐의 자살로 끝을 맺는다. "대량 학살자들의 땅"인 독일에 대한 극도의 불쾌감에 휩싸인 닐은 다음과 같은 말을 남기고, 엠페도클레스가 그랬듯이, 시실리의 스트롬볼리 화산에 몸을 던진다. "나는 희생자의 납골당에 안치되기 위해서 자살을 감행한다. 나는 스스로 의로운 체하는 독일인의 납골당에 안치되고 싶지 않다."[65]

파스빈더 역시 아흐테른부쉬 못지않게 독일인이라는 이유로 상처를 받았다. 그런 그의 상처는 독일의 과거에 대한 작업을 하도록 파스빈더를 몰아세웠으며 그의 작업에 추진력을 제공했다. 1977년 중반에 파스빈더는 파리나 뉴욕, 할리우드로 이주하는 문제를 심각하게 고민했다. 타블로이드 신문과 외국 신문들은 그의 계획을 상세히 보도했다. 그러자 기독민주당의 한 하원의원은 "서독의 검열이 점점 심해지고 서독에서는 '자유가 적기 때문에' 미국으로 이주하려고 한다는 영화감독 라이너 베르너 파스빈더의 고발에 대한 서독 정부의 입장 표명"을 요구하기도 했다.[66] 그러나 파스빈더는 바로 그해에 해외로 이주하려던 계획을 포기했다. 파스빈더는 자신이 자기 나라의 잘못과 어리석음을 비춰볼 수 있는 곳은 오직 자기 나라뿐이라는 사실을 깨달았다. 그는 다른 어느 나라도 충분히 잘 알지 못했으며 그 어떤 나라도 그의 형성에 그렇게 많은 작용을 하지 않았다. 페터 슈나이더(Peter Schneider)의 렌츠가 그랬던 것처럼, 그는 "이 곳에 남기로" 결정했다. 1980년 10월에 한 기자가 파스빈더에게 그의 극중 인물인 예술가 릴리 마를렌이 그랬듯이 설사 히틀러에게서 나오는 것일지라도 자금의 출처를 개의치 않는 것이 아닌지를 물었다. 파스빈더는 다음과 같이 대답했다 "나 역시 내가 거부하는 구조를 가진 나라에서 살고 있다고 말해야겠군요. 설사 서독이 히틀러의 제국과 비교될 수 없다는 사실을 신이 알고 있다 하더라도 말입니다. 그리고 내가 다른 정부를 꿈꿀 수 있다고 하더라도 내가 일하는 곳은 이곳입니다."[67] 국가에 대한 이런 반감은 파스빈더의 모든 영화에 나타나는 하나의 특질이다. 그의 역사 영화는 특히 서독의 현존 질서에 대한 "대응—분석(counter-analyses)"[68]이다.

유토피아의 종말

재앙은 망각—기억이 있는 망각, 다루어진 적 없는 것들의 소리 없는 퇴각—과 관련이 있다.

— 모리스 블랑쇼

마리아 브라운의 이력은 경제 기적을 이루는 동안의 서독을 비유한 것으로 읽혔다. 특히 해외에서 그렇게 수용되었다. 장 드 바롱셀리(Jean de Baroncelli)가 《르 몽드》지에서 썼던 것처럼, "여주인공의 운명은 실제로 정복당하고 재건된 서독의 운명과 일대일로 대응된다. 마리아 브라운은 독일을 상징하는 것에 머물지 않는다. 파스빈더가 보기엔 마리아 자신이 바로 독일'이다'. 마리아는 어찌된 것일까? 독일은 어찌된 것일까? 파스빈더는 냉소적이고 불쾌한 이미지들로 이 질문에 답을 한다. 영혼을 상실한 채

값비싼 옷을 걸치고 있는 인간, 출세에 우쭐해져서 재앙을 자초하는 '승자'."[69] 파스빈더는 영화의 마지막에서 서독의 역사와 마리아 브라운의 이야기를 연결시켜 이런 읽기를 뒷받침한다. 영화는, 마리아 브라운의 유토피아가 배신당한 것처럼, 군국주의와 전쟁의 뼈아픈 기억에도 불구하고, 아데나워가 독일의 재무장을 두고 밀거래를 했을 때 독일 국민 역시 배반당했음을 암시한다.

마리아 브라운 개인의 이야기가 가스 폭발로 멜로드라마다운 결말을 맞았을 때, 1954년 서독과 헝가리 사이에 펼쳐졌던 월드컵 결승전의 라디오 생중계를 통해 공적인 영역이 개인의 이야기에 끼어든다. 개인의 역사로부터 벗어나는 탈출 — 본래의 시나리오에서는 의식적인 살인과 자살이지만 영화에서는 좀 더 모호하게 반(半)의식적인 사고로 그려진다 — 은 역설적으로 서독 팀의 예기치 않은 승리로 중단된다. 경기의 마지막 7분은 마리아 브라운과 헤르만 브라운의 삶의 마지막 7분과 정확히 일치한다. 7분 길이의 서사와 서술된 시간, 허구의 시간과 "실제의" 시간이 일치한다. 스포츠 중계방송의 오리지널 사운드가 영화의 대미를 장식한다. 헤르만과 마리아의 재회와 오슈발트가 남긴 유언장의 낭독. 경기를 마무리하는 결승골에 대한 환호성이 폭발음과 뒤섞인다. 경기 종료를 알리는 호각 소리가 울리자, 유명한 스포츠 아나운서 헤르베르트 짐머만(Herbert Zimmermann)은 흥분한 목소리로 소리친다. "경기 끝났습니다! 경기 끝났습니다! 독일이 월드 챔피언(벨트마스터 — 글자 그대로 해석하자면, "세계의 주인")이 되었습니다!" 한편 저택과 그곳의 거주자들은 화염에 휩싸였다. 파스빈더가 보았듯이, 개인의 이야기는 끝났지만 공적인 이야기는 끝나지 않았다. 한 사람의 유토피아는 잿더미가 되어 사라졌지만, 국가는 다시 "누군가가 된다." 완전히 새로운 시작에 대한 소망은 1945년의 부랑자에서 1954년의 긍지에 찬 승자이자 "월드 챔피언"이 된 독일의 성장과 함께 묻혀 버렸다. 유토피아의 기회들은 사라졌다.

영화의 마지막 이미지들이 축구 중계 소리와 폭발음 위에 투사된다. 그 이미지들을 구성하는 것은 화면을 가득 채운 역대 서독 수상들의 흑백 네거티브 사진들로 슬라이드의 정지 사진처럼 아무런 해설도 없이 차례차례 투사된다. 콘라트 아데나워, 루트비히 에르하르트, 쿠르트 게오르크 키싱거, 그리고 이 영화의 개봉 당시 수상으로 재임하고 있던 헬무트 슈미트의 사진이 차례로 투사된다. 초상 사진들의 이런 관람으로 우리는 허구의 공간 밖으로 인도된다. 터무니없는 시대착오 때문에 관객은 갑작스럽게 그 영화가 만들어진 구체적인 시대와 마주하게 된다. 그런 다음에 헬무트의 흑백 네거티브 사진이 인화된 사진으로 장면이 바뀐다. 그런 변화는 허구적 사건들의 시기를 알려주면서 영화의 서사가 후대의 구성물임을 확인시켜준다. 파스빈더는 헬무트 슈미트의 재임기간(1974-1982)이라는 시점에서 서독의 초기 10년을 회고한다. 회고된 시기는 서독의 급속한 경제적 군사적 재건의 시기였다. 1970년대 말에 이르러 이 "재건"으로 치른 대가가 분명해졌다.

마지막의 사진들은 관객을 영화의 맨 처음 이미지로 인도한다. 그 이미지에서는 액자에 담긴 히틀러의 초상 사진이 폭격 때문에 벽에서 떨어져 땅에 나뒹군다. 그렇게 해서 영화 자체가 독일 수상들의 사진이라는 틀 안에 담기게 되는 셈이다. 그리고 히틀러와 전후 서독 수상들 사이에 어떤 연속성이 존재한다는 점을 시사한다 — 이는 비역사적인 피상성 때문에 도발적인 것을 넘어 불편함을 유발하는 암시이다. 1969년부터 1974년까지 수상을 지냈으며 서독의 건국 이래 사민당 최초의 수상이었던 빌리 브란트의 사진이 빠져 있다는 사실이 눈에 띈다. 파스빈더에게 브란트를 빼트린 이유를 물었을 때, 그는 다음과 같이 대답했다. "내게는 빌리 브란트 시절이 일종의 공백기였던 것으로 느껴집니다. 브란트는 우리 자신에 대한 질문을 촉구했고 … 정부의 기본적인 특징들이 비판에 열려 있게 했죠. 브란트가 했던 일들이 모든 사람으로부터 동의를 얻었던 일은 아니었다고 느낍니다. 민주주의란 만화경처럼 작용하는 어떤 것이라고 생각합니다. 민주주의는 영원한 혁명을 뜻하지 않습니다. 그것은 오히려 영원히 지속되는 운동, 곧 모든 세대가 영원히 전제들을 의문시하는 것을 뜻합니다."[70]

(나치 시절에 망명해 있었던) 빌리 브란트를 이상화하는 것은 파스빈더의 주요 경험, 1960년대 중후반의 저항 운동까지 거슬러 올라간다. 당시에는 지식활동과 문화생활이 극도로 정치화되었고—예를 들어, 귄터 그라스는 사민당을 지지하는 광범위한 운동을 펼쳤다—주요 개혁들이 절박해보였다. 파스빈더와 그의 세대가 보기에 파시스트에 대항한 레지스탕스 운동의 투사였던 빌리 브란트는 독일 정치의 새로운 방향을 상징했다. 그리고 브란트는 젊은 세대의 희망을 위한 결집점이 되었다. 파스빈더가 막 21살이 되던 해에 성립된 1966년 12월의 대연정은 전후 서독 정치에서 최초의 위기였다. 대연정으로 의회 내의 견제세력이 사라졌기 때문이다. 지식인은 사라진 견제세력의 역할을 요구받고 있다고 느꼈다. 한스 마크누스 엔젠스베르거(Hans Magnus Enzensberger)는 다음과 같이 경고했다. "독일 민주주의의 두 번째 종말이 눈앞에 있다."[71] 그는 대연정이 상징하는 것이 "1945년 이래 우리의 목표는 서독의 구조적 결함을 바로잡는 일이었다"[72]는 견제와 교육의 기구로서 독일 문학의 종말을 알리는 것이 될지 모른다고 우려했다. 그러나 엔젠스베르거의 자아비판적인 시각에서 보면 이런 견제세력은 "구시대적인 자유주의자, 선한 사회민주당 당원, 도덕군자, 뚜렷한 이상이 없는 사회주의자, 미래에 대한 청사진이 없는 반파시스트"로 구

성되어 1968년에는 더 이상 쓸모가 없었다. "사실, 지금 우리에게 필요한 것은 공산주의가 아니라 혁명이다. 서독의 정치 시스템은 더 이상 손 쓸 수 없는 상태에 있다."[73] 파스빈더는 서독에 대해 이런 타협을 허락하지 않는 강경한 입장을 수용했다. 그리고, 원칙적으로, 이후 15년 동안 그는 그런 태도를 견지했다. 1968년 이후에 발생한 사건들 — (빌리 브란트의 임기 중에) 국가 비상 법안의 통과, 테러리스트에 동조하는 사람들에 대한 박해, 직장의 블랙리스트, 파스빈더에 대한 스프링거(Springer)사의 지속적인 공격 — 은 그의 이런 신념을 강화시켰을 뿐이다.

파스빈더는 1970년대 내내 자신의 급진적인 유토피아주의를 굳건히 지켜낸 극소수의 68세대 가운데 한 사람이었다. 세상을 떠나기 3개월 전인 1982년 3월에 파스빈더는 자신을 일컬어 "낭만적 무정부주의자(아나키스트)"라고 했다.[74] 파스빈더에게 아나키란 정당으로부터, 좌파와 우파의 철학으로부터, 그리고 개인적이거나 정치적인 유대로부터의 독립을 의미했다. 개인과 민족의 무제한적인 자유는 올바르게 이해된 민주주의의 산물일 것이라는 그의 신념에는 유토피아주의가 내재되어 있다. 그는 "머릿속에 구체적인 아나키의 유토피아를 간직한" 자신을 "민주주의의 극단적인 대표"로 여겼다.

오늘날에, 아나키에 관한 부분을 이야기하는 것이 거의 허락되지 않는다. 우리가 미디어를 통해 아나키와 테러리즘을 동의어로 배워온 탓이다. 그러나 한편에는 어떤 위계질서도 없고, 불안도 없고, 공격도 없는 국민이라는 유토피아적 이상이 있고, 다른 한편에는 유토피아적 이상을 억압하는 구체적인 사회상황이 있다. 충분히 이해할 만한 일이지만, 소수의 사람들은 펄쩍 뛰었다. 그리고 일부 지배계급은, 아마도 무의식의 차원에서였겠지만,

그 계급 자체를 좀 더 구체적으로 규정하기 위해서 아나키를 원했다.[75]

파스빈더는 자신의 영화 〈제3세대〉(Die dritte Generation, 1979)에서 당시 만연했던 테러리즘과의 관계를 청산한다. 파스빈더는 제3세대 테러리스트들이 보안 경비업체들과 공동전선을 펴고 있다고 느낀다. 그 영화는 좌파 테러리스트와 우파 테러리스트 사이에 이데올로기적인 차이가 거의 없다고 주장했다. 파스빈더에게 제1세대 테러리스트, 곧 마인호프와 바더와 엔슬런은 이제는 일그러져버린 정치적 내용과 이상주의적인 유토피아를 표상했다. 이제 그런 동기들은 실종되고 없었다. 영화 〈제3세대〉는 현대 테러리즘의 냉소주의와 인간의 생명에 대한 경시 풍조를 다룬다. 그 영화 자체가 공격이 된다. 귀가 먹먹할 정도의 공격적인 사운드트랙(계속되는 라디오 방송이 대사와 층을 이룬다)과 종잡을 수 없는 장면전환(테러리스트와 희생자, 쫓는 자와 쫓기는 자의 구분을 없애는 데 기여한다)이 관객을 완전히 좌절시킨다.[76] 유토피아는 더 이상 모호한 가능성으로도 보이지 않는다.

위르겐 하버마스가 1970년대의 상징으로 여겼던 유토피아적 에너지의 고갈은 파스빈더의 후기 영화에도 흔적을 남겼다. 하버마스는 다음과 같이 적고 있다. "오늘날 유토피아적 에너지는 완전히 고갈되어버린 것 같다. 마치 역사적 사유에서 그 에너지가 완전히 사라져버린 것 같다. 미래의 지평은 축소되었고, 그 결과 가운데 하나로 정치는 물론이고 시대정신이 완전히 바뀌었다. 미래는 부정적인 함축을 갖는다."[77] 영화의 마지막에서 마리아 브라운이 충격으로 직면하게 되는 그녀의 사적 유토피아의 상실은 영화가 만들어진 1970년대 말에 공적 영역에서 위대한 유토피아적 구상들이 실종된 것에 상응한다. 파스빈더는 1968년의 꿈이 해체된 것에 대해 당대의 다른 어느 영화작가보다도 더 깊이 성찰했다. 〈독일의 가을〉을 끝내고 아직 〈마리아 브라운의 결혼〉에 착수하지 않았던 1977년 12월에 파스빈더는 한 대담자로부터 일을 계속해 나갈 힘을 어디에서 얻느냐는 질문을 받았다. 그는 다음과 같이 대답했다.

> 유토피아로부터입니다. 유토피아에 대한 구체적인 갈망으로부터 힘을 얻습니다. 만약 내게서 그런 갈망이 사라진다면, 나는 아무것도 할 수 없을 것입니다. 그게 바로 창조적인 한 인간으로서 내가 독일에서 죽임을 당한다고 생각하는 이유입니다. 피해망상이라고 오해하시지는 말았으면 합니다. 나는 최근의 마녀 사냥이 빙산의 일각에 불과하며 개인의 유토피아를 파괴하기 위한 연극이라고 생각합니다. 그 말은 또 나의 두려움과 죄의식이 압도적인 힘을 얻고 있다는 뜻이기도 하죠. 나의 두려움이 어떤 아름다운 것에 대한 나의 소망보다 더 커지는 순간이 온다면, 나는 멈출 것입니다. 그리고 그것은 단순히 내 작업을 그만두는 데 그치지 않을 것입니다.[78]

"삶을 끝내겠다는 뜻인가요?"라는 질문을 받자, 파스빈더는 "물론입니다. 목적이 없다면 더 이상 살아갈 이유가 없죠"라고 대답했다.[79]

〈마리아 브라운의 결혼〉의 결말에서 "부르주아의 모든 환상"이 철저히 파괴되는 것은 〈자브리스키 포인트〉(*Zabriskie Point*, 1969)의 마지막 장면을 떠올리게 한다. 1960년대를 다룬 안토니오니(Michelangelo Antonioni)의 영화는 벼락부자의 저택이 폭파되는 몽환적인 장면으로 끝을 맺는다. 그런데 그 장면은 느린 영상으로 여러 차례 반복된다. 두 영화의 과격한 결말은 "체제" 전반에 대한 절망적인 공격을 드러낸다. 더 이상 구원될 수 없는 것은 폭파되어야 한다. 〈마리아 브라운의 결혼〉에 등장하는 부정적인 유토피아에서 서독의 재무장이 시작된 1954년에 일어나는 폭발은 1945년의 폐허가 된 풍경을 다시 만들어냈다. "영시"라는 생각은 하나의 허상이라는 것이 입증된다. 영화는 폭발로 시작해서 폭발로 끝을 맺는다. 아무것도 변하지 않았다. 파스빈더가 보기에, 1945년에 완전히 새롭게 시작할 수 있었던 독일의 유일한 기회는 영원히 사라져 버렸다. 그 대신, 번영과 탐욕에 관한 자본주의의 낡은 생각과 전통적인 부르주아적 가치들이 복원되었다. 개혁의 의지 자체가 너무 빨리 소진되어버렸다.

파스빈더는 그의 서독 삼부작 가운데 두 번째 작품인 〈롤라〉에서, 과격한 결말이 아닌 체념적 결말을 선택한다. 도덕적으로나 인격적으로나 고매함을 과시했던 도시 계획가는 한 여인에 대한 사랑 때문에 협박을 받게 된다. 그 결과 그는 이미 부패한 도시의 정치판에 점점 더 깊숙이 관여하게 된다. 그러나 부패에 대한 그의 각성은 마지막 장면의 폭발로 이어지지 않는다. 그는 순응하고 "현실적"이 된다. 그래서 결국 공범이 된다.

삼부작 가운데 세 번째 영화의 결말도 마찬가지로 냉소적이고 체념적이다. 〈베로니카 포스의 갈망〉은 옛 추억에서 헤어나지 못한 채 마약에 중독되어 지내는 UFA 영화사 시절에 활동했던 어느 영화배우에 관한 이야기이다. 그녀는 살해된다. 그리고 그 이야기를 취재하던 기자가 도시의 음지로 점점 더 깊숙이 끌려 들어간다. 경찰을 포함해서 고위 관료들이 살인범인 의사를 비호하고 있다는 사실을 알게 되었을 때, 기자는 결국 취재를 포기한다. 영화의 결말은 파스빈더가 보기에 1950년대에 흔히 있었던 사적 사건이거나 공적인 사건에서 부패상을 폭로하려는 노력이 소용없는 짓임을 암시한다. 〈롤라〉에서처럼, "체제"에 대한 증오의 폭발 같은 것은 없다. 그 대신에, 극중 인물들은 삶을 계속 이어가며 도덕적 타락을 피할 수 없다는 사실을 절감한다.

원칙적으로 〈마리아 브라운의 결혼〉에서 주인공들이 갑작스럽게 퇴장한 후에도 이야기는 계속된다. 폭발이 개인들의 삶을 끝장낸 바로 그 순간에, "월드 챔피언"으로서 독일의 부상이 시작된다. "우리는 또 다시 누군가가 된다." 독일인이 재건 시기 동안 자랑스럽게 했던 말이다. 이 유명한 슬로건은 파스빈더가 파괴하고 싶어 했던 바로 그 자기만족과 기억상실의 태도—자멸을 포함하는 테러 행위이다—를 나타내는 것이다.

4
독일을 찾아서

알렉산더 클루게의 〈애국자〉

"이 역사를 고려할 때, 애국자가 된다는 것은 무언가 모순이다"
— 〈애국자〉 중에서 한넬로어 호거

사람들에게 역사는 이야기의 모음이었으며 여전히 그렇다. 역사는 사람들이 기억할 수 있고 되풀이해서 이야기할 가치가 있는 것이다. 다시 말하기(retelling)이다. 전통이 과거의 전투와 어느 정도 관련이 있다는 점을 고려할 때, 그것은 어떤 전설이나 사소한 사실, 실수에도 위축되지 않는다. 그렇게 해서 다채로운 그림과 감각적인 이야기들 앞에서 사실은 한없이 무력하다.

— 한스 마크누스 엔젠스베르거

위기가 발생하면 사람들은 과거의 흔적을 찾아내기 위해 기억을 샅샅이 뒤진다. 그 과거는 덧없고 듬성듬성한 개인의 과거가 아니라 공동체의 과거이며 비록 뒤에 남겨지기는 했지만 영원하고 지속적인 것을 표상한다.

— 사울 프리들랜더(Saul Friedländer)

우리가 묻혀 있는 우리의 과거에 접근하기를 원한다면, 땅을 파헤치는 사람의 방식으로 묻혀 있는 과거에 접근해야 할 것이다.

— 발터 벤야민

유목의 역사

"우리는 우리 역사에 대한 작업을 시작해야 합니다. 제 말은 아주 구체적인 어떤 것을 의미합니다. 서로의 이야기를 들려주는 것으로 시작할 수도 있습니다."[1] 알렉산더 클루게는 1979년 9월 폰타네 상을 수상하는 자리에서 이렇게 말했다. 그것은 그해 12월에 개봉한 〈애국자〉(*Die Patriotin*)에서 그가 하려고 했던 어떤 프로그램을 알리는 것이었다.[2] 클루게가 처음 그 영화를 착안했던 것은 1977년 가을이지만,[3] 2년이 지난 후에도 그 영화의 타당성은 여전했다. 반면에, 1979년 초에 미국의 텔레비전 연속극 〈홀로코스트〉가 독일의 역사에 대한 관심에 다시 불을 댕겼다. 그리고 〈애국자〉라는 제목의 영화는 미국의 텔레비전 프로그램이 아니라 독일의 영화가 독일의 역사를 재현해주기를 바라고 있던 〈홀로코스트〉의 비평자들에게 응답하는 것처럼 보였다. 사실 클루게는 독일 역사에 관한 독일 영화를 만들고 싶어 했다. 그리고 모든 면에서 〈홀로코스트〉에 맞서고 싶어 했다. 이야기와 영상을 다루는 문제는 물론이고 역사를 다루는 문제에서도 〈애국자〉는 할리우드의 텔레비전 연속극과 달랐으며 고전 서사체 영화와도 전혀 달랐다. 관행적인 서사체 영화에 대한 클루게의 혐오감은 1966년에 그가 만든 첫 장편 극영화 〈어제여 안녕〉(Abschied von gastern) 이후로 뚜렷했던 것이며 〈애국자〉를 만든 바탕이었다.

사실, (극소수의 예외가 있기는 하지만) 클루게의 영화 가운데 어느 것도 지속적이고 하나의 일관된 이야기를 들려주지 않는다. 오스트리아의 소설가 로베르트 무질(Robert Musil)(과 훗날 포스트모더니스트가 될 장-프랑수아 료타르)[4]과 마찬가지로, 클루게는 모든 요소들을 논리적 질서 속에 묶어주는 "서사의 가닥"을 포기했다. 그의 영화에는 몇 가지 이야기의 파편이 흩어져 있고 그것들은 제각기 다른 퍼즐의 전혀 동떨어진 부분들인 것 같다. 다양한 부분을 결합시키는 일은 관객의 몫이다. 그 일은 창의력을 발휘해야 할 뿐만 아니라 상당한 연상능력이 요구되는 과정이며 관객이 의미를 구축하는 일에 기꺼이 참여해야 하는 과정이다. 〈홀로코스트〉와 그 밖의 많은 관습적인 역사 영화들과 달리, 클루게의 영화들은 과거를 사랑과 역경을 위한 배경으로 재구성하지 않는다. 또한 그의 영화들은 이야기와 역사적인 사건들을 과거 시제로 말하지 않는다. 대신에 그의 영화는 〈현재의 서곡으로서) 과거를 새롭게 조명할 뿐만 아니라 역사적 측면에서 현재 자체를 새롭게 조명하면서, 현재의 관점에서 역사를 다룬다.

역사적 측면을 탐색하는 일에는 탐구열뿐 아니라 기억의 힘도 필요하다. 〈애국자〉에서, 클루게는 독일의 역사를 탐구하고 연구하는 일에 종사하는 가공인물을 기용한다.[5] 독일의 역사 교사로서 공식적인 책임을 넘어 독일의 역사에 집착하는 가비 타이헤르트 역은 유명 연극배우 한넬로어 호거(Hannelore Hoger)가 맡았다.[6] 가비 타이헤르트는 아마추어 고고학자로서 독일의 과거 흔적과 자취를 찾아다닌다. 2천 년의 역사를 망라하는 탐험에서 그녀는 모순된 것들을 너무 많이 파헤쳐서 더 이상 그것들을 이해할 수 없게 되어 버린다. 교과서에서 발견되는 단선적이고 지극히 환원주의적인 역사적 설명에 대한 의심이 커질수록, 그녀는 45분이라는 짧은 시간에 독일의 역사를 가르치라고 요구하는 자신의 직업에 점점 더 회의를 느끼게 된다. 예를 들어 가비 타이헤르트가 "공적인" 역사 서술에서 배제되어온 수백 가지의 소소한 일상적 이야기에 관심을 보일 때, 그녀는 클루게의 기획이 견지하고 있는 정신에서 독일 역사를 다룬다. "한 나라의 역사가 세상에서 가장 광범위한 서사의 표면이 아니고 달리 무엇이겠는가? **하나의 이야기가 아니라 여러 이야기들이다**"[7]

알렉산더 클루게 자신이 여러 가지 일을 한다. 그는 작가이자 여러 상을 수상한 영화작가이다. 행동하는 양심이며 1962년 오버하우젠 선언에 서명한 사람 가운데 하나이다. 지칠 줄 모르는 뉴저먼시네마의 능숙한 전략가이자 보급자이며 행동가이다. 법률가이자 교사이며 학자(철학자 오스카 네크트(Oskar Negt)와 가장 자주 공동 연구를 진행했다)이고, 매체이론가이며 평론가이다. 1932년에 태어난 그는 어느 세대보다도 독일의 역사에서 비롯된 영향을 가장 강하게 느끼는 세대의 일원이다. 귄터 그라스(Günter

Grass)와 마르틴 발저(Martin Walser)(두 사람 모두 1929년생이다), 시인이자 극작가이며 평론가인 한스 마크누스 엔젠스베르거(1929년생), 소설가이자 평론가인 크리스타 볼프(1929년생), 극작가 롤프 호흐후트(Rolf Hochhuth, 1931년생), 영화작가 에드가 라이츠(1932년생), 소설가 우베 욘존(Uwe Johnson, 1934년생), 그리고 영화 작가 한스 위르겐 지버베르크(1935년생)가 클루게와 같은 세대이다. 이들 세대는 히틀러 치하에서 성장했으며 제3제국과 전쟁 중에 성장기를 보내고 사춘기를 맞았다. 그들은 집에서는 아니었을지 몰라도 학교에서는 국가사회주의를 경험하기에 충분할 만큼 성숙했지만, 공포정치에 연루되거나 죄의식을 갖기에는 아직 어렸다.[8] 그러나 그들은 모두 전쟁의 희생양이 되었다. 클루게는 1945년 4월에 열세 살의 나이로 자신의 고향에서 미군의 폭격기들을 지켜보았고 할버슈타트에서 부모님의 집이 폭격에 맞아 파괴되는 것을 목격했다.[9] 클루게는 가까스로 죽음을 면했다. 불타는 도시의 이미지가 그의 뇌리에 지울 수 없이 선명하게 각인되었음에 틀림없다. 그는 자신의 거의 모든 작품에서 강박적으로 "위에서 오는 공격"에 직면해 개인이 느끼는 무력감이라는 모티프로 돌아갔다.

클루게의 첫 번째 문학 작품인 『삶의 과정』(Lebensläufe, 1962)이라는 제목의 문집과 스탈린그라드에서 독일의 패배를 다룬 다큐멘터리적 설명인 『전투의 묘사』는 그가 이후 20년에 걸쳐 텍스트, 영상, 이론에서 지속적으로 검토했던 중심 주제를 위한 일종의 예행연습 같은 것으로 볼 수 있다. 곧 전쟁으로 상징되는 역사와 개인적인 삶의 충돌이라는 주제의 예행연습으로 볼 수 있다. 클루게의 첫 장편 극영화인 〈어제여 안녕〉은 클루게가 1962년에 출간한 문집에 수록된 이야기 한 편을 토대로 한 것이다. 유대인 부모를 둔 젊은 여성 아니타 G.에 관한 이야기인데, 아니타는 1957년에 동독을 떠나서 서독으로 향한다. 우리는 옷가방과 지갑을 손에 들고 여러 직업과 연인을 전전하며 결코 서독 사회에 정착하지 못하는 그녀를 보게 된다. 그녀는 자신의 과거 때문에 서독 사회에 적응하지 못한다. 카메라는 그녀의 정처 없는 여행을 따라가며 비판적인 시선으로 1950년대 말 서독의 현실을 탐색한다. 정치와 교육 제도의 화석화된 조건들과 인간관계의 가부장적인 조건들을 살펴본다. 아웃사이더의 역할은 아니타를 지배적인 정서의 예리한 관찰자로 만든다. 곧 그녀는 아데나워 집권 시절 서독 사회를 측정하는 지진계가 된다.[10] 15년 후에 클루게는 〈애국자〉에서도 동일한 드라마 구조를 사용했다. 독립적이고 추진력 있는 여성이자 교사로서 스스로를 애국자로 여기고 "애국적인 판본"(59)[11]의 독일 역사를 가르치며 좋아하는 가비 타이헤르트는 독립심과 완고함 덕분에 아웃사이더가 된다. 그런 위치에서 그녀는 서독 사회, 특히 교육 체계를 비판적인 관점에서 바라볼 수 있다. 그녀는 동료, 학생, 부모로부터 소외될수록 더 깊이 독일 역사의 뿌리를 찾아 파고든다. 그녀는 갈팡질팡하고 제멋대로이며 고분고분하지 않다는 비난을 받는다. 관객은 이 모든 것이 그녀가 독일의 역사에 골몰한 데 따른 필연적 결과임을 안다.

독일의 역사를 찾으려고 삽을 들고 땅을 파헤치는 가비 타이헤르트의 모습을 보여주는 몇 개의 짤막한 장면은 처음에 〈독일의 가을〉에서 등장했고 〈애국자〉에 다시 등장했다. 그리고 이 영화에서는 독일의 묻혀 있는 역사를 캐내는 것이 영화의 핵심적인 메타포가 된다. 클루게는 다시 한 번 "과거의 보물을 캐낸다"는 비유적인 문구를 글자 그대로 취해서, 실제로 얼어붙은 땅을 파헤치는 가비 타이헤르트의 구체적인 이미지를 통해서 그 문구를 묘사한다.[12] 그 결과는 루이스 부뉘엘(Luis Buñuel)이나 카를 발렌틴(Karl Valentine)의 전통에 서 있는 이미지를 이용한 말장난(image-pun)이다. 그리고 그것은 관객들이 거리를 두게 하는 효과를 발휘한다. 관객에게는 가비 타이헤르트의 기이한 행동에 감정이입 없이 비판적이고 아이러닉한 거리를 유지하는 회의주의로 반응할 것이 요구된다. 마찬가지로, 그녀가 두툼한 역사책에 담긴 지식을 감각적 경험으로 옮기려고 할 때, 영화는 톱과 드릴, 망치를 가지고 역사책을 조각내서 "작업하고" 책의 페이지들을 삼키기 위해 오렌지 주스에 녹이고 있는 그녀를 보여준다. 그렇게 해서 그녀는 "역사 속으로 파고든다", 그녀는 "역사를 자신의 일부로 만든다", 그녀는 역사를 "소화시킨다" 등등 — 하이데거식의 자구적인 의미로 옮겨진 이 모든 말의 특징이 초현실적인 꿈의 영상을 만들어낸다. 아마추어 고고학자로서 과거를 "포착하기(be-greifen)" 위해 선사 시대의 일상적인 물품들을 찾아내겠다는 희망을 품은 그녀는 도시의 성벽에서 이루어지는 불법 발굴에 가담한다. 그녀는 도시의 성벽에 손을 댈 수 있을 때에만 감각을 통해 그것을 이해한다.

가비 타이헤르트는 독일의 과거가 남긴 편린들을 주워 모은다. 한때 발터 벤야민이 표현했던 대로 하자면, "실용적인 기억하기의 형식"이다.[13] 고고학자들이 수집한 사금파리 더미와 마찬가지로, 그녀의 앞에 그녀가 발견한 것들이 쌓여 있다. 나폴레옹부터 스탈린그라드에 이르는 정치사의 이미지들(삽화와 다큐멘터리 필름의 클립들), 12세기 농민들의 희망백서부터 1914년 슐레지엔의 거위 가격에 이르기까지 일상생활의 역사에서 비롯된 진기한 물품들, 그림 형제의 동화부터 연재만화에 이르는 상상력의 역사에 대한 언급, 음악, 회화, 영화의 역사에서 인용한 것들이 가비 타이헤르트 앞에 쌓여 있다. 이런 이질적인 파편들의 축적은 포스트모더니즘적인 역사 이해에 전형적으로 나타나는 것으로서 모든 체계화의 시도를 거부한다.[14] 클루게의 영화는 추상화에 반대 입장을 취한다. 클루게에 따르면, 가비 타이헤르트가 봉착한 "가장 큰 어려움은 그녀가 두꺼운 책의 작은 인쇄본을 통해서는 역사를 배울 수" 없을 것 같다는 점이다.[15] 가비 타이헤르트의 역사 개념은 감각적 경험, 발견의 기쁨, 능동적인 개인적 참여에 기반을 둔 것으로서 영화 전반에 내재해 있다. 한 편의 영화로서 〈애국자〉는 그 자체로 역사에 대한 실천적이고 확고한 태도를 그린 묘사이다.

역사를 다루는 클루게의 기법은 유목민과 같으면서 동시에 분석적이다. 독일사의 2천 년 세월을 체계적이지 않은 방식으로 탐색하려는 그의 계획은 역사적 서사를 특징짓는 기존의 단선적이고 연대기적인 접근법에 상반된다. 브레히트가 그의 역사 소설 『율리우스 카이사르 씨의 사업』에서 그랬던 것처럼, 클루게는 과거와 현재 사이에 분명한 선을 긋는다. 과거의 재구성 자체가 연구 대상이 될 때에만, 과거를 비판적인 관점에서 볼 수 있다.[16] 과거를 낯선 어떤 것으로 인정함으로써, 곧 적극적으로 추구해야 하고 현재에 선택적으로 재구성해야 할 어떤 것으로 인정함으로써, 클루게는 사건, 사람, 텍스트, 영상을 본래의 역사적 콘텍스트에서 떼어내어 인용으로 사용할 수 있었다. "역사를 쓴다는 것은 역사를 인용한다는 뜻이다"[17]라고 한 벤야민의 경구는 클루게의 접근법을 정확히 설명하고 있다.

〈애국자〉의 허구적 공간의 바탕이 되는 수많은 삶의 비화들은 현재를 위해 인용될 수 있는 사례 연구로 보인다. "역사와 사랑 이야기의 관계"라는 제목으로 소개된 시퀀스에서만큼 실험적인 배열이 그렇게 뚜렷이 강조되는 일은 드물다. 1930년대에 파시즘 치하의 이탈리아에서 찍은 다큐멘터리 이미지의 짧은 몽타주가 나간 후에 우리는 갓 결혼한 부부가 조용히 거울 앞에 서서 서로를 바라보고 있는 모습이 담긴 정적인 롱쇼트를 보게 된다. 화면 밖 음성이 우리에게 세부적인 것들을 들려준다. 그 장면에 등장하는 부부는 프레트 타케라는 독일군 병사와 그의 아내 힐데가르트 가르트만이다. 두 사람은 제2차 세계대전 발발 직전인 1939년 8월에 로마에서 신혼여행 중이었다. 갑자기 장면이 전환되어 두 사람이 정신없이 옷가방을 꾸려서 방을 나서는 모습이 보인다. 이런 갑작스러운 장면전환에 대해 화면 밖 음성은 다음과 같이 설명한다. "9월 1일에 그는 부대에 복귀해야 한다"(111). 이 일련의 장면 다음에는 타케가 전선에서 활약하는 모습과 집에서 그를 기다리고 있는 아내 힐데가르트를 담은 장면이 이어진다. 그런 다음 화면 밖 음성이 노부부의 모습을 담은 사진 한 장을 언급한다. "1953년에 타케는 러시아 전선에서 돌아왔다. 그는 그곳에 전쟁 포로로 붙잡혀 있었다. 이제 두 사람은 1939년 8월의 사랑 이야기를 이어갈 것이다"(112). 주요 플롯의 반전으로 급격하게 환원된 이야기는 관객에게 개인의 역사와 공적인 역사, 주관적인 행복과 국가의 요구 사이에 존재하는 화해할 수 없는 반목을 입증해준다. 정치로 인한 사생활의 파괴 — 사적인 역사와 공적인 역사 사이의 고전적 갈등 — 는 영화 안에서 10분 분량의 축소판 극으로 압축된다. 그런 갈등은 이 시기에 제작된 다른 여러 영화들에서 중심 서사로 자주 등장했다. 파스빈더의 〈마리아 브라운의 결혼〉에서는 물론이고 헬마 잔더즈-브람스의 〈독일, 창백한 어머니〉에서도 그랬다.

〈애국자〉는 살아 있는 사람들의 관점에서는 물론이고 죽은 사람들의 관점에서 독일의 역사를 보여준다. 애국자로서 가비 타이헤르트는 "제국의 모든 죽은 자들"에게 관심을 갖는다. 화면 밖에서 들리는 어떤 음성이 독일을 위해 죽어간 이들의 이름으로 말을 한다. 클루게의 기발한 발상을 보여주는 또 다른 장면에서, 그 음성은 1943년 1월 29일 스탈린그라드에서 스러져간 코포랄 비란트라는 사람의 무릎이라고 자신을 소개한다. 그 이미지는 크리스티안 모르겐슈테른(Christian Morgenstern)의 기괴한 시 「무릎」에서 나온 것이다.

전쟁에서 어느 순간 한 남자가 총에 맞았다.

그들은 그를 쏘고 또 쏘았다.

멀쩡한 것은 그의 무릎뿐이었다.

그것은 마치 성물(聖物)과도 같았다.

그 후로, 무릎은 외로이 온 세상을 걸어 다녔다.

그것은 그저 하나의 무릎일 뿐이다. 그뿐이다.

이 이미지를 사용해서 클루게는 살아 있는 자들의 역사를 비판할 수 있는 하나의 관점을 찾아냈다. 스탈린그라드의 영상과 함께 화면 밖의 음성은 다음과 같이 말한다. "딱 잘라서 분명하게 말해야 한다. 우리 죽은 자들은 어쨌든 죽었다고 말하는 것은 근본적으로 잘못이다. 우리는 저항과 에너지로 충만하다. 죽기를 원하는 사람이 누가 있겠는가? 우리는 역사를 관통해 나아가고 역사를 검토한다. 우리가 어떻게 우리 모두를 죽음에 이르게 할 역사를 피할 수 있겠는가?" 클루게는 살아 있는 사람들에 대한 죽은 자의 비판적 시각에 초점을 맞추고 있다. 벤야민이 말했듯이, 역사는 언제나 생존자, 승자가 쓰는 것이기 때문이다. "적이 승리했을 때에는 **죽은 자들조차** 적으로부터 안전할 수 없을 것이다. 그리고 적은 승자이기를 멈추지 않는다."[18]

관습적인 서사 구조의 견지에서 보면, 무릎이 죽은 자를 대변하게 한다는 생각은 우화에나 해당되는 것이다. 그것은 기이하고 조야하고 우스꽝스럽다. 해부학적으로 움직임을 가능하게 하는 관절에 불과한 무릎은 이런 맥락에서 말 그대로 "사이(between)"를 위한 구체적인 이미지로 읽을 수 있다. 여기서 무릎은 몽타주와 **결합**(*Zusammenhang*) — 클루게에게 이것은 "상호관계에 놓인 사물들을 보는 것"[19]으로서 근사치로만 설명될 수 있는 중요한 범주이다—를 위한 알레고리로 읽힐 수 있다. 무릎은 다리의 윗부분과 아랫부분을 연결하지만 그 자체는 둘 사이의 "관절"일 뿐이듯이, 무릎은 논평자로서 과거와 현재, 죽은 자와 산 자, 기억과 기대, 꿈인 역사의 세계와 깨어있는 현재의 세계를 매개한다.

가비 타이헤르트와 스탈린그라드에서 숨진 병사의 무릎—양자 모두 내포된 저자의 서사적 역할을 한다—은 역사를 향한 탐구적인 태도를 전제하면서 관객이 역사에 대한 관계에서 채택해야 할 지속적인 조사와 질문의 태도를 예시한다. 〈애국자〉는 매개되는 것뿐만 아니라 매개의 과정에도 동일한 비중을 두고 있기 때문에, 관객이 영화가 제공하는 것들에 비추어 자신의 경험을 검토할 수 있게 하는 개방적이고 대화적이며 담론적인 형식을 갖는다. 이 영화에서 무수한 단절과 "간격"은 기꺼이 공백을 메우고 자신들의 이야기/역사와 화면 위에 보여주는 역사 사이에서 관계를 도출해내는 관객을 함축한다. 아니 사실상 그런 관객을 요구한다.

구성주의의 방법

이 작품의 방법: 문학적 몽타주. 내겐 말할 것이 없다. 단지 보여줄 것이 있을 뿐이다. 어떤 독창적인 공식화된 설명도 전유하지 않을 것이다. 가치 있는 어떤 것을 도용할 생각도 없다. 넝마와 쓰레기에 불과하다. 나는 그것들을 기술하지 않을 것이다. 그저 보여줄 것이다.

— 발터 벤야민

클루게의 영화들은 이미지의 범람을 막기 위해 둑을 쌓는다. 그의 초기 논문 가운데 「유토피아 영화」("Die Utopie Film", 1964)라는 제목의 논문에서, 클루게는 영상의 흐름이 갖는 자연스러운 경향은 관객의 비판 능력을 자극하기보다는 방해한다고 한 아도르노의 주장에 동조했다.

> 영화는 성숙한 사람과 미성숙한 사람을 겨냥한다. 성숙한 사람조차 영화의 충격 효과에 직면해서 자신의 생각과 비판적 태도를 유지하지 못한다. 영화는 그 자체의 일련의 연상을 관객의 연상들 위에 덧입힌다. 발터 벤야민은 말한다. 우리는 하나의 집중된 마음의 틀로 영화를 보지 않는다. … 관객은 보통 영화에 대해 비판적인 태도를 전제하지 않을 것이다. 그리고 비판적인 태도는 영화 매체에 적절하지도 않은 것이다. 영화는 차라리 관객의 비판적인 태도와 계몽된 한 사람으로서 대접받을 관객의 권리를 예비해야 한다.[20]

클루게는 국가사회주의 영화에서부터 너무 잘 알려져 있던 이미지의 조작 능력과 마술적 주문을 깨닫고 있었고 관객이 아무런 저항도 없이 시각적 즐거움의 유혹에 굴복할지도 모른다는 점을 염려해 극단적인 예방 조치들을 취한다. 할리우드의 서사체 영화들과 비교하면 클루게의 영화는 의식적으로 영화답지 않으려는 것처럼 보인다. 강요할 수 있는 것은 아니지만 관객이 클루게가 요구한 비판적 거리를 유지할 수 있게 하려고, 그의 영화는 전통적인 장편 극영화들이 확립한 재현의 관행들을 체계적으로 위반한다. 클루게는 영화 매체를 활용하지만 그 암시적인 힘을 거부한다. "나는 영화 관람을 즐긴다. 나를 지겹게 만드는 유일한 것은 화면 위의 그림이다." 다소 과장이 있을 수도 있겠지만, 이는 테오도르 W. 아도르노가 자신의 제자 알렉산더 클루게에게 했던 것으로 추정되는 말이다.[21] 클루게 자신은 "인류를 움직이는 데" 반드시 필요한 "이미지의 제거"에 관해

이야기한다.[22]

고다르와 마찬가지로, 클루게는 브레히트의 서사극(Episches Theater)에 의지해서 영화가 "문학적"인 것이 되어야 한다고 주장한다. 언어적 요소들(글과 해설의 형태로)은 시각적인 것과 동일한 비중을 갖는 것으로 간주된다. 고전 서사체 영화와 달리, 클루게의 영화에서 말은 영상 시퀀스에 의해 창조된 리얼리티의 인상을 고조시키지 않는다. 언어는 이야기에서 "사실주의적으로" 등장하지 않는다. 대신에, 화면 밖 음성에 의한 설명, 화면 위에 투사된 텍스트, (무성영화에서 사용되는) 장면 사이사이에 등장하는 자막이 공공연히 "비사실주의적인" 방식으로 영화의 이미지와 병치된다. 이런 기법은 1920년대 연극을 "문학적인 것으로" 만들려 했던 브레히트의 실험을 떠올리게 한다. 무성영화와 영상과 글로 쓴 텍스트의 혼합에서 인용한 시도이다. 브레히트는 자신의 「〈서푼짜리 오페라〉에 관한 단상들」 ("Notes to the *Threepenny Opera*")에서 다음과 같이 쓰고 있다.

각 장면에서 지문이 투사된 화면은 극을 문학적인 것으로 만들려는 원초적인 시도이다. 이렇게 극을 문학적인 것으로 만드는 일은 최대한 발전시킬 필요가 있다. 일반적으로 공적인 모든 일을 문서화할 필요가 있는 것과 마찬가지이다.

극을 문학적인 것으로 만드는 일에는 "설명"으로 "재현"을 끊는 일이 수반된다. 또한 그 일로 연극은 지적 활동을 위한 다른 제도들과 접촉할 가능성을 얻게 된다. 그러나 관객이 거기에 참여하지 않고 연극을 "더 고차적인 어떤 것"을 얻기 위한 수단으로만 사용하는 한 그것은 일방적인 것으로 남을 수밖에 없다.

극작가는 자신이 이야기하려는 모든 것을 연기로 말해야 하며 텍스트는 그 자체의 테두리 안에서 모든 것을 표현해야 한다는 이유를 들어서, 정통파 극작가들은 지문을 사용하는 것에 반대한다. 그리고 그에 상응하는 관객의 태도는 어떤 주제에 관해서 생각해서는 안 되고 그 주제의 경계 안에서 생각해야 하는 것이다. 그러나 모든 것을 하나의 단일한 개념에 종속시키는 이런 방식, 관객이 좌우도 위아래도 보지 못한 채 하나의 단일한 경로를 따르게 하려는 열정은 극작의 새로운 유파라면 반드시 거부해야 할 어떤 것이다. 또한 각주와, 하나의 주장을 검토하기 위해서 돌아보는 습관이 극작에도 도입될 필요가 있다.[23]

〈애국자〉에서 재현은 투사된 텍스트와 장면 사이에 삽입된 지문에 의해, 그리고 정지 사진과 삽화에 의해 거듭 "끊긴다." 영상의 흐름 한복판에 놓인 이 섬들은 우리가 한동안 멈춰 서서 숙고할 수 있게 한다. 그것들은 지속적인 서사의 흐름에 휩쓸려가고픈 유혹을 좌절시킨다. 서로 다른 종류의 상징체계들 — 동영상들, 삽입된 글들(경구, 단편 시), 정지 사진들 — 의 병치는 영화가 "저 밖에 있는" 어떤 자기완결적인 역사 세계를 반영한다는 환상을 파괴한다. 영화에 대한 클루게의 브레히트적 접근법은 재현이 하나의 구성물이라는 사실을 줄곧 강조한다.

화면 밖의 음성으로 들려오는 논평은 영상에 대한 하나의 대응점을 제공한다. 그리고 관객을 끌어들이는 동시에 그들로 하여금 거리를 갖게 하는 두 가지 기능을 모두 한다. 그것은 관객에게 어떤 권위자가 존재하며 그가 한계가 분명하고 때로는 아이러닉한 방식으로 이미지와 이야기를 정리했다는 느낌을 전달한다. 그 화면 밖 음성의 주인공은 바로 클루게이다. 여기서 클루게는 자신의 영화 대부분에서 그랬던 것처럼 허구적인 공간 밖에서 가져온 이미지들을 논평한다. 비록 그가 다른 역할들로 미끄러져 들어가기는 하지만 말이다. 바로 이 목소리가 그림 자료를 소개하고 그 자료들을 격언조로 요약하고, 때로는 보이는 것들을 가지고 관객들과 직접 대화를 하기도 한다. 그리고 심지어는 자신의 전지함을 무너뜨리는 극단으로 나아가기도 한다. "이 지점에서 나는 군대의 붕괴에 관해 좀 더 이야기하고 싶었다. 하지만 나는 내가 말하고 싶었던 것을 잊었다"(176).

해설자와 관객 사이에 성립되는 이런 대화적 관계는 아이러니를 낳는다. 또한 가비 타이헤르트와 관객의 관계에도 영향을 준다. 화면 밖의 음성은 간략하고 때로는 건조하고 재치 있는 문장으로 주인공이 하고 있는 일과 그렇게 하는 이유를 설명한다. 영화 내내 모습을 드러내지 않는 남성의 목소리가 여성 주인공을 대변하다. 그 결과 그녀의 적절치 않은 대응과 모든 것을 글자 그대로 받아들이는 몰이해 때문에 그녀는 순진하고 때로는 익살스러우며 유치한 사람으로 보인다(이상한 나라의 엘리스와 다를 바 없다).[24] 화면 밖의 분석적인 음성은 등장인물들의 관점을 뛰어넘는 관점 — 등장인물들은 인식할 수 없는 관점 — 을 제공하기 때문에, 관객은 쉽게 자신들이 영화의 인물들보다 우월하다고 느낄 수 있다. 심지어 그 음성이 클루게의 목소리라는 것을 알지 못하는 관객조차도 이미지를 선별하고 보이는 것을 통제하고 실험적인 배치를 시도해보고 새로운 조합을 시험하는 작가의 의식과 화면 밖 음성을 논리적으로 연결시킬 수 있다. 이 지속되는 해설, 곧 이따금씩 과장되게 패러디되는 가르침의 몸짓은 관객이 영화의 허구적 공간과 거리를 두게 하고 동일시하지 못하게 한다.

클루게는 빠른 장면전환을 통해 얼핏 보아서는 서로 관계가 없어 보이는 두 개의 이미지나 시퀀스를 연결하는 기법으로 몽타주를 활용한다. 그리고 그렇게 해서 "사실주의적인" 새로운 상호관계를 만들어낸다. 클루게는 자신의 『울름의 극작법: 허구의 실종』(*Ulmer Dramaturgien:*

Reibungsverluste)에서 다음과 같이 쓰고 있다.

만약 사실주의를 관계에 관한 지식으로 받아들인다면, 나는 영화로 보여줄 수 없는 것, 곧 카메라가 담을 수 없는 것을 위한 수사법을 제공해야 한다. 그 수사법은 두 장면의 대비에 있다. 그것은 몽타주를 일컫는 또 다른 방식이다. 여기서 문제가 되는 것은 두 이미지 사이의 구체적인 관계이다. 두 장면 사이에서 발전되는 관계들 때문에, 그리고 그런 장면들에서 (이른바 영화적) 움직임이 유발되는 정도에 따라, 쇼트 자체에는 담길 수 없는 정보가 장면전환 속에 감춰져 있다. 이것이 의미하는 바는 몽타주가 원료와는 질적으로 전혀 다른 어떤 것을 대상으로 삼는다는 것이다.[25]

아도르노에 따르면, 몽타주는 모든 현대 예술의 초석이며[26] 무성영화 막바지까지 초창기 영화 이론의 핵심이었다. 에이젠슈테인의 전통과 1920년대 러시아 영화의 전통에 서 있는 "변증법적" 몽타주는 바이마르공화국에서 영화제작의 정치적 개념에 각별한 영향을 끼쳤다. 클루게는 자신을 그런 전통 속에 위치시켰다. "1920년대, 곧 무성영화 시절의 영화가 없었다면, 나는 영화를 만들지 않았을 것이다. 내가 처음 영화를 만든 이후로, 내 영화는 이 고전 전통을 참고해왔다."[27] 그것은 1920년대 말 "사실적인" 사운드의 도래와 함께 잊혀진 전통이다. D. W. 그리피스의 초기 시절 이후로, 고전 할리우드 영화는 언제나 몽타주 효과의 가시적인 활용을 거부해왔다. 몽타주 효과는 영화의 구성과 짜임에 관심을 집중시키기 때문이다.[28] 자의식적인 편집은 지속적으로 억제되어왔다. 관객에게 편집판 위에서 첨삭된 액션이 아니라 완전하고 연속적인 액션을 보고 있다는 환상을 불어넣기 위해서다. 리얼리티와 유사해지기 위해 편집은 점점 더 눈에 띄지 않는 것이 되어야 했다. 반면, 클루게는 이렇게 자신을 지워버리는 "리얼리티의 외형"을 믿지 않는다. 그것은 거의 저절로 전개되는 자명해 보이는 이야기를 위해 (화자의 존재를 일깨우는) 목소리의 흔적을 은폐한다.[29]

클루게에게 몽타주는 우리를 둘러싼 세계를 쟁점으로 만드는 하나의 수단이 된다. 곧, 재현만으로는 결코 드러낼 수 없는 진실에 접근할 수 있는 수단이 된다. 에른스트 블로흐는 자신의 책 『이 시대의 유산』(*Erbschaft dieser Zeit*)에서 다음과 같이 말했다. "몽타주에서는 옛 표층의 맥락이 파괴되고 새로운 맥락이 구축된다. 이런 일이 가능한 이유는 옛 맥락이 스스로를 점점 더 외형으로서, 그저 허약한 표층으로서 드러내기 때문이다."[30] 이런 의미에서 몽타주 원리는 의미의 옛 좌표들을 파괴하고 새로운 의미를 확립하는 저항의 한 형식이다. "(옛 의미의) 주관적인 파편들을 인지하고, 수집하고, 활용해서 그것들이 인간의 가치에 집중된 하나의 세계를 닮도록 만들어야 할 것이다."[31] 인지하고 수집하고 정리하는 것을 통해, 구성주의 원칙은 하나의 비판적인 대응-역사를 제공한다. 리얼리티와 그 경험의 대안적인 조직("조립")의 가능성을 입증한다.

클루게에 따르면, 현실은 다른 식으로 해석되고 변화될 수 있다. 그의 견해는 환경이 하나의 내재적 필연성을 갖는다는 관념에 모순된다. 그는 몽타주, 연상, 다중적인 상호 연관관계의 원칙에 기반을 둔 자신의 "결합의 극작법(dramaturgy of *Zusammenhang*)"과 19세기 오페라의 특징을 이루는 "필연적인 비극의 극작법"을 대비시킨다. 그의 시각에서 보면, 사건의 전개가 비극적 결과로 치닫는 플롯에는 몽타주가 만들어낼 수 있는 것과 같은 갑작스러운 관점의 변화가 개입되어야 한다. 클루게는 19세기 비극 문학이 이런 식으로 다시 쓰여야 한다고 믿는다. 예를 들어, 클루게는 비제의 〈카르멘〉에서 돈 호세가 카르멘을 찌르기 몇 초 전에 프롬프터가 끼어들어 다음과 같이 말해야 한다고 주장한다. "이 상황에 대해서는 즉각적인 토론이 필요하다."[32] 예기치 못한 관점의 변화는 거리를 허용할 것이며 가능한 대안을 허용할 것이다. 클루게에 따르면, 몽타주의 구성주의 원칙들은 독일의 사실주의 작가 테오도르 폰타네의 작품에서 이미 등장했다. "폰타네는 절대로 필연적인 비극을 선호하지 않는다. … 그는 결코 실제 상황의 공포에 열중하지 않는다. 대신에 그는 언제나 출구를 찾는다. 그리고 몽타주 기법을 위한, '다중화자 소설'을 위한 하나의 명분은 이런 대안의 추구에 있다. … 사물을 맥락 안에서 보는 일[결합]은 언제나 하나의 대안, 비상구를 제공한다."[33] 〈애국자〉에서 가비 타이헤르트는 끊임없이 맥락을 찾으려고 한다. 곧 독일의 역사에서 상관관계들을 찾아내려고 한다. 역사적 사건과 상황의 불변성이라고 주장되는 것 때문에 혼란에 빠진 그녀는 마음속에서 대안의 맥락을 구성한다. 그렇게 해서, 예를 들어, 1944년에 폭탄 아래에 묻힌 게르다 바에테의 사례에서 가비 타이헤르트는 "16년 동안 일한 7만 명 가까운 교사들"의 결집된 노력이 게르다 바에테의 운명을 막을 수 있었을 것이라고 상상한다.

역사의 과정을 장난스럽게 조작하는 것은 영화가 신뢰할 수 있게 충실히 기록된 어떤 사건의 전개도 편집과 몽타주를 통해 바꿀(늘리고, 줄이고, 파편화할) 수 있는 "타임머신"이 될 수 있다는 생각에 부합한다. "촬영하고(1), 편집하고(2), 상영하는(3) 각 단계에서 영화는 사회에서 이런 형태로 존재하지 않는 시간의 시퀀스를 생산하기 위한 하나의 기계적 구성물이다. 그것은 시간을 생산하기 위한 기계이다."[34] 이 "기계"는 역사적인 시간을 영화적인 시간으로 변환하고 모든 우연성으로부터 시간을 해방시킨다. 마치 우리에게 영화적 시간과 실제 시간 사이의 차이를 일깨우기라도 하려는 듯이, 클루게는 저속 촬영으로 프랑크푸르트 상공을 떠다니는 구름의 언덕을 보여준다. (1983년 고드프리 레지오와 필립 글라스의 영화 〈코야니스카시: 균형 잃은 삶〉에서도 사용된) 이런 효과는 영화에서 시간의 시퀀스들이 어떻게 조작될 수 있는지를 보여준다.

〈애국자〉에서 서사의 연속성을 파괴하고 흩트려 놓은 것은 2천 년에 이르는 독일의 역사가 심리적이고 인과적인 이야기의 단일한 관점에서 파악될 수 없다는 클루게의 확신에서 비롯되었다. 예를 들어, 스탈린그라드와 같이 단일한 역사적 사건조차도 무수한 관점들로만 존재한다. 그런 견해는 1964년에 출간된 스탈린그라드에 관한 클루게의 책 『전투의 묘사』에서 이미 예시되었다.[35] 이런 관점에서 역사는 더 이상 말끔하고 자기완결적인 서사로 전개되지 않는다. 대신에 우리는 이질적인 텍스트, 이미지, 일대기, 노래, 통계치, 일화, 그리고 핵심도 없고 내적 일관성도 없는 무수한 파편과 부스러기들의 거대한 집합을 발견한다. 작가는 일종의 "브리콜라주 작가(bricoleur)"[36]로서 파편들을 취해서 선별하고 취합한다. 여기서 예술은 더 이상 창조자의 표현이나 고백이 아니라 반추와 조합에 근거한 하나의 기교이다. 일찍이 1917년에 빅토르 쉬클로프스키(Viktor Shklovsky)는 그의 선구적인 논문 「기교로서의 예술」("Art as Technique")에서 다음과 같이 썼다. "시인은 이미지를 창조하는 일보다 이미지를 배열하는 일에 훨씬 더 관심이 많다. 시인에게 이미지는 주어진 것이다. 그들에게는 이미지를 창조하는 능력보다 이미지를 기억하는 능력이 훨씬 더 중요하다."[37]

클루게의 영화 역시 다큐멘터리와 허구 영화의 고전적인 제도적 구분을 허문다. 그의 시각에서 보면 둘 사이의 엄격한 구분은 사실주의를 위해서 파기될 필요가 있다. 다큐멘터리 영화가 시각적 표면을 기록하는 것에만 그치고 허구적인 영화가 역사적 리얼리티로부터 추상화되는 한, 어느 쪽도 "사실적이지" 못하다.

그저 전거를 명시하기만 하는 일은 **결합**(Zusammenhang)을 배제한다. 감정과 행동과 욕구가 없이는 객관성이 존재할 수 없다. 곧 사람들의 눈과 감각이 개입하지 않고서는 객관성이 존재할 수 없다. 나는 그런 행위의 묘사가(대부분 연출되어야 한다) 허구라고, 곧 허구의 영화라고 불려야 하는 이유를 정말 모르겠다. 그러나 개인이 역사와 자신의 이야기를 결정할 수 있다고 믿는 것 역시 이데올로기적이다. 그러므로 일정한 정도의 진본 자료(authentic materials), 즉 전거라는 확실한 수단이 없이는 어떤 이야기도 성공할 수 없다. 전거의 활용은 눈과 감각을 위한 하나의 준거점을 확립한다. 실제의 조건은 이야기를 더 잘 볼 수 있게 한다(41).

몽타주는 허구적인 부분과 다큐멘터리적인 부분이 역동적이고 모순적인 관계에 놓이게 한다. 편집판 위에서 새로운 **결합**이 구축될 수 있고 새로운 관계가 생성될 수 있다. 예를 들어, 〈애국자〉에서 선명하지 않은 뉴스 영상으로 공습부대를 보여준 다음 방공호에 숨어 있는 한 여인과 두 아이에게로 장면이 전환된다. 해설은 "이 장면은 연출된 것이다. 폭격기는 진짜가 아니다. 곧, 그 방공호를 폭격한 것이 이 폭격기인지 아닌지를 나는 알 수 없다. 내가 아는 것은 그 위에 폭격기가 있었다는 것이다"(69). 클루게는 역사적 사료가 스스로 말하도록 허용하지 않았으며 대신에 그 사료를 가지고 작업했다. 즉 편집과 해설을 통해 사료에 형태를 부여하고 사료를 조작했다. 클루게는 이런 분석적인 활동을 일컬어 "건설 작업(construction work)이다. 직선을 다루지 않는다는 점을 제외하면, 철도나 교량을 건설하고 도시를 건립한 사람들의 작업과 다를 바 없다"고 했다.[38]

클루게의 영화는 관객의 마음속에서 사실과 욕구가 뒤섞이는 것에 상응하는 다큐멘터리와 허구의 혼성물이다.[39] 이렇게 사실과 허구를 의도적으로 혼동시켜 클루게는 허구의 인물을 실제 사건의 다큐멘터리 촬영에 가담시킬 수 있었다. 우리가 영화 속에서 가비 타이헤르트라는 이름의 가공인물로 알고 있는 여배우 한넬로어 호거가 1977년 가을에 함부르크에서 개최된 사민당 전당대회를 찾는다. 그리고 그녀는 헤세 주(州)의 역사 교사 노릇을 하며 몇 사람의 대의원과 당원들을 만나 "생방송" 인터뷰를 갖는다. 그 가운데는 잘 알려진 당원들도 포함되어 있었는데, 아마도 그들은 자신들이 극영화에 출연하고 있다는 사실을 알지 못했을 것이다. 그녀는 불쾌감을 줄 정도의 순진함으로 그녀가 가르쳐야 하는 역사 수업에 활용할 "원사료"를 어떻게 개선할 수 있을지를 그들에게 묻는다. 가공인물의 존재는 의문의 여지없는 전당대회의 공적인 광경을 와해시키고 그것이 연출된 것으로 보이게 한다. 클루게는 (일반적인 경우처럼 병치나 해설을 통해서가 아니라) 이 인물을 통해 장면 안에서 비판적인 시각을 창출한다. 역사 연구자—자신의 말대로 하면 현재의 현실을 조사하는 사람임을 의미한다(108)—가비 타이헤르트는 그녀 스스로 역사를 "개선하는 일"에 가담하고 싶어 한다. 그녀는 바바리아 남부의 대의원에게 다음과 같이 제안한다. "나는 역사 교사입니다. 당신과 함께 역사를 변화시키려고 이곳에 왔습니다. 그 점에 대해 어떻게 생각하십니까?"(75) 조금은 부드럽고 조금은 공손한 듯 보이는 그 "역사적인" 대의원의 반응은 가공인물의 예리한 시선에 속속들이 파헤쳐진다. 가비 타이헤르트를 연기하는 호거는 또한 표결이 있다는 이야기를 듣고 다음과 같이 말한다. "3천 년 동안 발전시켜온 통치술 아래에서 나는 내가 원치 않는 것에도 투표해야만 비로소 내가 원하는 것에 투표할 수 있다"(83). 민주적 과정과 개인적인 소망에는 공통분모가 없어 보인다.

시네마 베리떼(cinéma vérité)로 촬영된 영화의 다른 다큐멘터리 시퀀스에는 교무 회의 장면이 연출되어 포함되어 있는데 그 장면에서 교장은 다음과 같이 말한다. "내게는 '공무원임용제외(Berufsverbot)' — 1970년대 후반 장차 국가에 채용될 것으로 기대되는 사람들이 테러리스트에게 동조적이었을 때 정부가 이들에 대해 취한 대응조치를 가리킨다 — 와 같은 단어는 존재하지 않는다는 공문이 있습니다. 그런 일이 실제로 존재했을지도 모르는데 말입니다"(119). 그리고 크리스마스 기간 동안 백화점에 배치된 경찰 특파대는 역설적이게도 그들 스스로를 드러내는 설명으로 간추려 말했다. "경찰 특파대가 겨냥한 것은 백화점에서 크리스마스의 평화를 깨트리는 젊은이들의 행위입니다"(142). 이 시퀀스는 쉴 새 없이 움직이는 핸드헬드 카메라를 사용해 민주주의에 대한 부적절한 이해를 드러내는 진술이나, 몸짓, 태도를 기록한다. 영화의 맥락에서 부분적으로는 허구이고 부분적으로는 다큐멘터리인 이런 단락들은 권위주의적인 몸짓과 말들의 순간적인 인식이 장난스럽게 검토되고 입증되는 기호학의 훈련장으로 기능한다.

다큐멘트와 허구, 역사와 현재, 현실과 상상, 재현과 명료화(articulation) 같은 표준적인 대립쌍들을 해체하는 클루게의 작업은 끊임없이 파헤치고 짓고 부수고 재조합하는 광범위한 발굴과 건설의 현장을 닮아 있다. 그러므로 〈애국자〉에서 취한 많은 "구성 블록들"이 클루게의 이론서 『역사와 난치병』(Geschite und Eigensinn)에서는 물론이고 그의 문학작품 『전투의 묘사』(Schlachtbeschreibung)와 『새로운 역사들』(Neue Geschichten)에서 발견된다. 클루게의 영화, 그의 문학 텍스트, 그의 무수한 연설, 그의 이론적 성찰, 그리고 그의 인터뷰들은 모두 대화적이고 완결되지 않은 열린 특성을 지닌다. 그 모두에 보충(supplementation)이 필요하다. 영화 몽타주에서 도출한 (탈)구성주의((de)constructivist) 원칙은 일반적으로 클루게의 작품에 서명과 같은 것이 되었다.

고고학과 상상력

적극적이고 다원적인 것을 선호하라. 획일성보다는 차이를 선호하고, 불변성보다는 흐름을 선호하며, 체계보다는 동적인 배열을 선호하라. 생산적인 것은 정착하지 않으며 유목민과 같다는 사실을 믿으라.

— 미셸 푸코

옛날 옛적이라는 말은, 동화에서처럼, 지나간 어떤 것일 뿐만 아니라 좀 더 밝고 행복한 다른 어딘가를 의미한다.

— 에른스트 블로흐

"그 수집가는 실제로 꿈속에서처럼 살고 있다. 왜냐하면 꿈 속에서는 인식과 경험의 리듬 역시 모든 것—가장 중립적이어 보이는 것조차—이 우리를 추동하고 우리의 관심을 끄는 방식으로 변하기 때문이다."[40] 초현실주의의 영향을 받고 꿈에 관한 프로이트의 연구에 관심을 둔 발터 벤야민의 인지이론은 클루게의 영화제작에도 적용될 수 있다. 〈애국자〉에서 가비 타이헤르트는 독일의 과거가 남긴 파편과 유실물들(objets trouvés)을 수집한다. 그리고 서사의 논리가 아니라 꿈과 더 공통점이 있는 원리에 따라 그것들을 정리한다. 독일사의 모든 것이, 심지어는 우연적인 것, 심오한 것, 모호한 것조차 가비 타이헤르트와 개인적으로 연관된 것처럼 보인다. 벤야민에 따르면, 꿈은 "특별하고 은밀한 친화력을 갖는" 어떤 세계를 열어준다. 그 속에서 사물은 "가장 모순적인 관계" 속으로 진입한다. 그리고 "확정되지 않는 관계들"을 드러낼 수 있다.[41] 고정되고 응결된 것은 꿈속에서 용해된다. 그리고 사람과 사건과 사물은 그들의 일상적인 맥락 밖에서 등장하며 관행적인 논리와 위계질서에 얽매이지 않고 자유롭게 새로운 관계 속으로 진입한다.

클루게는 영화를 "꿈과 소망, 그리고 무의식적인 이미지로 이루어진 암흑의 의사소통 공간"이라고 부른다.[42] 꿈 속에서처럼, 영화는 압축과 전이, 비약, 연상, 치환을 활용해서 응고되어 단단한 외피로 둘러싸인 것을 파괴할 수 있다. 클루게는 이런 유사성으로부터 영화 특유의 움직임에 관한 극작법을 도출해낸다. 예컨대, 〈애국자〉에는 사민당 전당대회에서 흑백으로 촬영한 거친 입자의 시끄러운 다큐멘터리 영상이 등장하는데 그 영상은 갑작스럽게 고요한 천연색 정지 화면으로 바뀐다. 이보다 더 뚜렷한 대비는 없을 것이다. 산만한 핸드헬드 카메라로 촬영되어 때로는 왜곡되기도 하면서 큰 소리의 현장음이 고스란히 담긴 전당대회 총회 장면의 언어는 지극히 추상적이며 법안, 다수결의 표결 행위, 원자력 발전소의 부분적 건축 허가와 같은 것들을 다룬다. 느닷없는 빠른 장면전환 때문에 우리는 정치토론에서 튕겨져 나와 힌두의 우주론에서 유래한 화려하고 이국적인 그림과 마주하게 된다. 그 그림에서는 일곱 마리의 코끼리가 거대한 거북이 위에 서 있고 눈 덮인 산이 코끼리들 위에 얹혀 있으며 황금빛 별들이 보랏빛 하늘 위에서 빛난다. 그리고 화면 밖 음성은 다음과 같이 설명한다. "인간의 소망은 여러 형태를 띤다." 클루게는 여전히 그런 편집의 효과를 상당히 의식하고 있다.

관객은 이제 다음과 같은 문장 — 인간의 소망은 여러 형태를 띤다 — 을 듣게 된다. 그리고 이 단순한 이미지 이상의 것을 보게 된다. 그 이미지는 현실적이지 않고 쉽게 콘텍스트에 짜 맞추어질 수 없기 때문에, 관객과 함께 머무는 하나의 이미지가 된다. 그 이미지는 하나의 잔상을 갖는다. 이 영화에서 잔상은 중요하다. 그 이미지 이전에, 어떤 것이 비워졌고, 거기 속하지 않는 하나의 이미지가 존재한다. 나는 그것을 가리켜 영화의 전복 작업이라고 부른다. 영화는 그 일을 할 수 있다. 그에 비하면 글로 적힌 말은 효과가 떨어진다.[43]

불안정한 시네마 베리떼의 영상으로부터 움직임이 없는 밝은 색채의 삽화로 장면을 전환한 것은 일상적인 정치생활의 현실과 인간의 소망이라는 영역 사이에 하나의 관계를 구축한다. 보통 두 개의 전혀 다른 영역에 속한 사물은 꿈 속에서처럼 대담한 병치에 의해 관계를 얻게 된다. 갑작스러운 장면전환을 통해 보통은 서로 별개인 것으로 구별되며 공통분모가 없는 것들을 연결시키는 영화의 이런 능력은 상상력을 자극하고 관객의 인식의 경계를 확장한다.

"있을 법 하지 않은 것으로부터 클루게가 느끼는 즐거움"과,[44] 공상과 동화의 세계에 대한 클루게의 열광이 겨냥하는 것은 이데올로기적으로 확립된 "경험의 주요 경로"이고, 억압되고 메마른 인식이며, 일상생활로부터 그 소망들을 박탈하는 "의미의 논리"이다.

일상생활에 카메라를 겨누고 "활용할 수 있는" 조명으로 일상생활을 촬영할 때, 나는 한 가지 필수적인 요소 — 일상생활의 소망 — 를 생략해 일상생활을 축소시킨다. 일상의 세계에서 실현되지 못하는 소망들이 마음속에 존재한다. 그리고 그런 사실 때문에 우리의 눈은 일상의 현실을 있는 그대로 볼 수 없다. 우리의 눈은 우리의 소망을 통해 우리의 현실을 왜곡한다. 우리의 눈은 한 편의 영화 속에서 다른 어떤 것을 요구한다. 그래서 다음에 이어지는 시퀀스에서 나는 이 일상의 장면들을 다시 묘사한다. 그런데 이번에는

우리의 소망의 눈을 통해 다시 묘사한다. 소망은 일상을 전혀 다르게 조명한다.[45]

〈애국자〉에서 "우리의 소망의 눈"은 여러 세기에 걸쳐 목격되는 가상의 독일로 향한다. 12세기의 그림들("12세기의 소망들 — 지극히 단순한 어떤 것"이란 제목이 붙은 중세의 그림들로 이루어진 시퀀스)에 이어 구스타프 우치키(Gustav Ucicky)의 작품인 1941년 나치의 선전 영화 〈귀향〉(*Heimkehr*)의 포스터가 등장한다. 제2차 세계대전이 발발하기 직전 폴란드인이 소수자인 독일인에게 저지른 살상행위를 다룬 이 영화는 또한 독일인이 공상을 만들어내는 것에 관한 하나의 이미지이다. 다음으로 알프스를 가로지르는 운하를 건설하기 위해 나치 산하 토트 조직(Organisation Todt)이 제안한 터무니없는 설계도면의 사진이 등장한다. 그런 다음, 카스파르 다비드 프리드리히의 그림들이 보이고 손에 삽을 들고 있는 그림 형제의 사진으로 이어진다. 화면 밖 음성은 다음과 같이 말한다. "이 황제(나폴레옹 1세의 초상화) 시절에 야콥 그림과 빌헬름 그림은 집중적으로 독일의 역사를 파헤치고 있었다. 그들은 많은 동화를 캐내고 또 캐내어 발굴해냈다. 그 동화에 담긴 내용은 하나의 민족이 8백년 동안 그들의 소망을 어떻게 다루었는가에 관한 것이다"(123).

역사와 동화. 가상의 소망을 생산해내는 일과 고통을 실제로 경험하는 일이 서로를 보완하고 서로에 대해 논평한다. 클루게의 영화는 집단적인 희망과 꿈과 불안과 재난이 여러 세기에 걸쳐 동화 속에 흔적을 남겼다고 상정한다. 그리고 동화는 독일의 민중신화로서 특별한 방식으로 역사와 교류한다. 타이헤르트는 동화 애호가인 어느 법률가에게 일곱 마리 까마귀의 이야기에 관해 묻는다. 그 이야기에서 아버지는 자신의 고명딸에게 왕국을 물려주기 위해서 일곱 명의 아들을 죽이려고 한다. 그 법률가는 "법률적 관점에서는 이 이야기에 관해 말할 것이 없습니다"라고 말한다. 그런데 그는 취미삼아 법률적 관점에서 동화를 분석한다. "아버지에게는 **부권**(*Patria Potestas*)이 있고 이 이야기에서 아버지는 왕입니다. 절대적 지배자죠. 그는 자기 아이들의 살해를 지시하고도 처벌받지 않고 무사할 수 있는 사람입니다"(126). 그런 다음 갑작스럽게 장면이 전환된다. 카메라는 베르됭과 세인트 미셸 항구의 이름이 나타난 지도를 훑어 내려간다. 화면 밖 음성은 다음과 같이 말한다. "동화에는 역사의 핵심이 있다. 그리고 그것은 엄청난 재난에 관해 이야기한다"(126). 관객은 이 시퀀스에서 내키는 대로 자신의 아들을 죽일 수 있는 동화 속의 왕과, 제1차 세계대전 중에 자신의 백성을 베르됭의 사지로 보낸 카이저를 연결시켜야 한다. 그 몽타주는 하나의 배열(constellation)을 확립하고 그 배열의 비판적 잠재력은 역사에서는 물론이고 동화 속에서 지배의 조건과 생사에 대한 권한을 새롭게 조명한다.

동화는 밑에서 쓴 역사이다—익명이며 어디에나 존재하고 과도하지만 감춰진 전복의 에너지가 넘쳐나는 경우가 많다. 그 서사의 단순성은 상상력을 자극한다. 게다가, 동화는 언제나 독일인의 은밀한 꿈을 투사하기 위한 스크린이 되어왔으며 그들이 자기 민족의 역사적 참상과 균형을 이루기 위해서 필요한 보상적인 공상의 작용 범위를 측정할 수 있게 한다. 동화를 비웃는 사람은 결코 고통을 겪어본 적 없는 사람이다(129).

"상상력에 힘을!(*L'imagination au pouvoir!*)", 1968년 5월에 프랑스 학생들이 현실의 원리에 입각한 정치가 아니라 자유롭게 부유하는 상상력에 인도되며 쾌락의 원리에 입각한 정치를 요구하면서 소르본의 담벼락에 써 놓은 말이다. 클루게에게도 "영화에서 이 힘이 쟁점이 되는데, 사람들 스스로 자신들의 역사에 대한 그들의 관계, 자신들의 삶에 대한 그들의 관계, 자신들이 생산한 것과의 관계, 그들 서로간의 관계를 결정하는" 문제에 관한 한, 공상이 "가장 중요한 생산력"이다.[46] 〈애국자〉는 상상력의 작용을 역사서술의 형태 가운데 하나로서 보여준다. 허구와 역사서술의 구분, 상상력과 사실 추구 사이의 구분이 클루게에게는 존재하지 않는다. 〈애국자〉에서 상상력은 과거와 현재, 먼 이국땅과 상상의 세계 사이를 유랑하듯 배회한다. 상상력은 관객에게 연상과 기억의 힘을 요구하고, 가라앉아 있는 맥락들을 일깨우고 경험의 새로운 영역을 펼쳐놓는다. 1980년에 클루게는 이렇게 썼다. "관점의 지속적인 변동은 공상에서 전형적인 것이다. 공상 속에서 나는 어렵지 않게 아프리카로 날아갈 수 있다. 또는 사막 한가운데서 정사를 벌이는 내 자신을 상상할 수도 있다. ― 이 모든 것은 꿈 속에서처럼 일어난다. 현실의 장애물은 더 이상 존재하지 않는다."[47]

꿈으로서의 영화. 그렇다면 이 꿈 속에서 역사는? 역사는 연관성들을 조명하고 인식에 도전하고 각기 다른 시간대에 다른 문화에서 유래한 이미지와 텍스트를 연결시키는 공상의 산물이 된다. 역사에 대한 클루게의 연상적 접근은 자유 연상, 상호텍스트적 지시대상, 그리고 암시로 이루어진 느슨한 연결망 속에서 객관적으로 존재하는 조건(이를테면 경제 영역에서의)과 실제 결과(이를테면 정치에서의)는 상대화하고 "탈-현실화"해서 궁극적으로 그 영향을 부인하는 것이 될 것이다. 클루게의 (레비스트로스의 "야만의 정신"이라는 의미의) "야만적" 몽타주는 이미지를 탈역사화한다. 본래의 역사적 맥락에서 잘려 나온 이미지는 자유롭게 해석될 수 있는 파편이며, 꿈이라는 면허를 가지고 연상적으로 그리고 비역사적으로 전개될 수 있는 역사적 구성물에 쉽게 사용될 수 있다. 클루게는 확실히 그의 "역사의 축소모형"― 클루게는 삽화, 스틸, 영화 클립, 짧은 논평으로 이루어진

간헐적인 몽타주 시퀀스를 일컬어 이렇게 부른다 — 에서 역사에 대한 논리적이고 합리적인 설명에는 별 관심이 없다. 그는 "역사라는 들판"을 파헤치고 싶어 한다. 그런 다음에 감각적이고 무질서한 방식으로 역사적 현실을 파악하도록 관객을 유도하기 위해 사료를 뒤집어버린다.[48] 개방적이고, 사고를 자극하며, 다성적으로 공명하는 클루게의 영화만큼 수용자의 재량에 맡겨진 영화도 없을 것이다.

"인식의 지평을 넓히는 일"[49]과 관련된 그의 작업은 관객에게 연상과 기억의 원숙한 능력을 요구한다. 곧 관객은 영화와 자신의 생애 경험 사이에 관계를 구축할 준비가 되어 있어야 한다. 그는 관객이 "완벽하고" 미학적으로 완결된 영화보다는 산만하고 균열과 오류가 있는 영화와 그들 자신의 경험을 더 쉽게 연결시킬 수 있다고 믿는다.[50] 이런 이유 때문에 클루게의 영화에는 이해할 수 없는 단락들까지 포함되어 있다. 화면 밖 음성이 어떤 점을 설명하는 빠른 라틴어로 바뀌는 장면이 있는데, 클루게는 그 장면을 언급하며 다음과 같이 말한다. "나는 그 장면에 나오는 말을 이해할 사람이 있다고 전혀 생각하지 않는다. 적어도 한 사람의 관객으로서 내가 관심을 기울이는 사람들 가운데는 그 장면의 말을 이해할 사람이 없다."[51] 여기에서 클루게가 아이러닉하게 과장해서 제시하고 있는 것은 의미의 포기로서, 이는 역사를 향한 사실주의적이고 "활기 넘치는" 태도의 최종적인 결과이다. 그런데 우리에게는 그런 태도가 여전히 낯설고 동떨어진 것이며, 그래서 쉽게 동화될 수 없는 어떤 것으로 보인다. 라틴어에 의존하는 것은 또한 인문학자의 학식 있는 언어를 암시한다. 그들은 오랫동안 역사의 지식을 소수에 한정 시켜왔다. 반대의 극단에서 오늘날 역사는 사진, 영화, 텔레비전이라는 기술매체들을 통해 완전히 "민주화되고" 사회화되었다. 오늘날의 역사에서 외래적인 것은 모두 축출되었다. 특히 텔레비전은 역사를 쉽게 접근할 수 있는 정보 조각이나 천박한 오락거리로 바꾸고 하찮은 것으로 만들어버렸다. 역사는 더 이상 경험을 유발하지 않는다.

반대로, 〈애국자〉와 같은 영화는 관객에게 노력, 집중, 그리고 능동적인 지적 참여를 요구한다. 1984년에 클루게가 자신의 영화 〈감정의 힘〉(*Die Macht der Gefühle*)에 관해 말했던 것은 〈애국자〉에 더 잘 적용된다. "그 영화가 가진 문제 가운데 하나는 개별적인 이미지와 그 이미지들의 배열 구조를 기억하려면 여러 차례 반복해서 보아야 한다는 점이다. 그 영화가 옹호하는 실험적인 태도에는 발전을 위한 시간이 필요하다. 그리고 그것은 너무 큰 부담을 짊어질 가능성이 크다. 그 영화가 조악한 오리엔테이션 수단의 사용을 자제하기 때문에 더욱더 그렇게 되기 쉽다."[52] 클루게의 영화는 이질적인 기호와 모순적인 메시지, 그리고 모든 연상의 가능성을 열어두기 위해서 그저 암시될 뿐인 서사의 모티프들로 관객의 상상력을 압도하는 경향이 있다. 그런 것들은 분명히 상상력이 풍부하고 창의적인 관객을 요구한다.

한 가지 예를 들자면, 〈애국자〉의 첫 번째 몽타주 시퀀스 가운데 하나에서 우리는 천문대의 망원경 앞에 있는 가비 타이헤르트를 보게 된다. 우리는 또한 빠르게 이어지는 이미지를 보게 된다. 초승달, 굴뚝으로 연기를 뿜어 올리는 공장, 낮 시간의 고층 건물, 밤에 촬영된 고층 건물의 화재(해설: "이 고층 건물은 기업가 살미의 것이다. 어느 날 밤 그 건물이 불길에 휩싸였다. 소방차의 호스가 건물의 꼭대기까지 닿지 않는다"), 아이의 출생(해설: "프랑크푸르트 북부, 밤 10시"), 떨어지는 빗방울을 맞고 서 있는 푸들의 사진(해설: "어떤 푸들에게는 3일의 역사가 있다"). 시퀀스의 각 부분은 겨우 몇 초 동안만 지속된다. 그런 몽타주를 다루는 방법 가운데 하나는 이미지의 연상적 흐름 아래 감추어진 관계들을 드러내는 것이다. 그렇게 해서 우주 공간에서 인류의 탄생으로, 그리고 다시 한 마리의 푸들로 관점이 갑작스럽게 바뀌는 것은 우리의 시간과 역사에 대한 개념의 상대성을 가시화하고 이 추상적인 사고가 우리의 감각에 접근할 수 있게 하려는 시도라고 볼 수 있을 것이다. 그러나 중심에서 멀어지려는 이미지의 모티프들이 하나의 단일한 의미로 축소될 리 없다. 우리에게는 또한 작가의 의도에 기대는 것이 금지된다. 클루게는 자신의 책『새로운 이야기들』(Neue Geschichten)의 서문에서 다음과 같이 적고 있다. "내 자신이 그것들의 관계를 언제나 이해한다고 주장하는 것은 아니다."[53] 이상적으로 말하자면, 우리는 꿈과 같이 빠르게 스쳐가는 이미지들을 우리 자신의 깨어 있는 세계와 연결시키고 싶은 충동을 느끼고 그렇게 하도록 자극받는다. 클루게가 우리에게 제공하는 영상은 우리의 상상 속에서 지속적으로 상영되고 있는 우리 자신의 영화를 조립할 수 있도록 우리를 돕는다.

새로운 애국주의

내 평생 독일이라고는 알지 못했다.
단지 두 개의 낯선 나라가 나를 가로막았다.
그들은 내가 한 민족의 이름으로 독일인이 되는 것을 가로막았다.
그 많은 역사가 이런 식으로 끝을 맺는 것일까?

— 보토 슈트라우스

정부의 자금지원없이 만든 몇 안 되는 뉴저먼시네마 영화 가운데 하나인 〈독일의 가을〉에서 독일의 국가(國歌)를 하나의 중심 모티프로서 듣게 된다는 것은 참 묘한 일이다. 마치 독일에 대한 사랑이 정부가 없다고 느낄 때에만 비로소 발화될 수 있는 것처럼 느껴진다. 1977년 가을에 독일의 좌파는 정부가 대규모 경찰력을 동원하고, 이른바 좌파 동조자들을 추적하고 이들을 공무원임용에서 제외시킨 탓에, 그리고 경비가 삼엄한 슈탐하임 교도소에서 벌어진 테러리스트들의 납득할 수 없는 죽음 때문에 완전히 신뢰를 잃었다고 믿었다.[54] 정부에 대한 불신은 최고조에 다다랐고 과연 독일인에게 민주주의를 위한 역량이 있기는 한 것인지에 대한 오래된 물음들이 (특히 해외에서) 다시 수면 위로 떠올랐다. 서독에서는 국가의 근간에 대해 고찰해야 할 필요성이 점점 더 크게 느껴졌다. 서독이라는 국가가 쉽게 공격받고 불안해질 수 있는 것이라면 과연 그런 국가를 구해낼 가치가 있었을까? 독일의 정체성 같은 것이 있었던 것일까? 만약 그런 것이 있었다면, 그것을 구성하고 있던 것은 무엇일까? 1977년에 진행된 위기 기간 동안 많은 사람이 이런 질문을 제기하면서 일상적인 정치의 변덕스러움 너머에서 역사적 연속성과 안정성을 약속하는 지향점을 찾아내려고 했다.

　독일 자체가 하나의 해답을 제공하는 것 같았다. 정치적 실체인 독일 — 좌파는 그것을 경멸한다 — 이 아니라 개인적 정체성을 유효한 것으로 만드는 장소이자, 출생과 유년 시절에 의해, 그리고 언어와 초기의 경험을 통해 사람들이 거부할 수 없이 묶여 있는 장소인 독일이다. 하이마트에 대한 좌파의 사랑, 평화적으로 재통일된 독일에 대한 열망은 애국적인 것일망정 내셔널리즘의 것은 아니었다. 하이마트에 대한 좌파의 애착은 또한, 예를 들어, 재통일의 문제와 관련해서 아주 신중하게 "현실주의적"이었던 주류 정치에도 반기를 들었다.[55] 로타 바이어(Lothar Baier)는 최근에 고국으로서의 독일에 대한 이런 새로운 관심의 기원을 설명하려고 시도했다. 그는 그런 관심의 기원을 1977년 독일의 국내 위기로까지 거슬러 올라가서 설명하려고 했다.

극악한 독일 경찰국가의 그늘 아래에서 낯선 작은 식물이 꽃을 피우기 시작했다. 땅 위에서 이 나라의 삶은 여전히 스스로에게서 도주하고 있었다. 반면에 땅 밑에서는 이미 따뜻하고 축축한 음지에 뿌리를 내렸다. 고국에 대한 낯설고 수줍은 얼굴의 당혹스러운 사랑이 자라나기 시작했다. 그 사랑은 보존할 가치가 있어 보이는 전원(田園)이 도처에서 파괴된 것에 대한 슬픔으로 위장되었다. 이런 정체된 시기에 그 사랑은 어디 비옥한 토양을 찾을 수 있었을까? 나는 국가와 사회 사이의 갈라진 틈에 그런 토양이 있었다고 믿는다. … "시민 사회"와 같은 어떤 것이 독일의 국가로부터 스스로를 분리시켰다. 그것은 계속해서 입을 막고 진압하는 정부라는 기계의 명령에 복종하기를 거부하는 사회이다. … 아직 국가 전체가 된 것은 아니지만 새로운 현실이 출현했다 — 바로 "민중"이다. 이미 우리는 어느 정도 그 안에 속해 있다. 그러나 누구도 그것을 소리 높여 말하지는 않는다. 모든 은밀한 열정이 그렇듯이 고국에 대한 새로운 사랑이 비밀스럽게 꽃을 피웠다.[56]

"독일의 가을"에 대한 바이어의 회고적인 시각은 1984년에 새로운 애국심의 이중성을 주제로 한 논문집 『독일에서 고하는 작별의 편지』(*Abschiedsbriefe aus Deutschland*)에 등장했다. 자신들의 땅에 대한 서독 좌파의 변화하는 관계는 1970년대 초에 이미 두드러졌다. 1973년에 페터 슈나이더(Peter Schneider)가 쓴 이야기의 제목과 이름이 같은 주인공 렌츠는 학생 운동가들에게 환멸을 느낀 이후, 그리고 그의 정신을 일깨운 일부 이탈리아 사회주의자들의 방문을 받은 후, 무엇을 할 계획인지에 대해 질문을 받는다. 그는 단호하게 대답한다. "여기에 남을 것입니다."[57] 1970년대 초에 좌파적 유토피아를 포기한 것은, 반쯤은 체념적이고 반쯤은 낙관적인 일로서, 경제적 번영이 끝나고 진보와 성장에 대한 회의가 커지면서 일어난 일이다. 유토피아의 포기로 좌파는 미래에 대한 집착에서 자유로울 수 있었고 기원과 정체성의 문제를 고려할 수 있게 되었다.

1970년대의 또 다른 요인은 의심할 나위 없이 좀 더 젊은 세대가 미국의 초자아로부터 해방될 것을 강도 높게 요구한 일이었다. 젊은 세대의 눈에 미국이라는 초자아, 곧 그들의 대부(the ersatz father)는 베트남전에서 저지른 그 자신의 죄를 짊어지고 있었을 뿐만 아니라 서독을 공산주의에 대항한 투쟁의 군사적 전초기지로 여기고 있다는 의심이 일기 시작했다. 독일이 두 초강대국 사이의 "제한적인" 핵전쟁의 장소 노릇을 하게 될지도 모른다는 생각이 널리 퍼져나가면서 1970년대 후반에 독일인은 서독의 건국 이래 그럴듯한 이유를 들어가며 줄곧 외면해왔던 물음을 재고하게 되었다. 독일의 "진정한" 정치적 주권, 국민 정체성, 그리고 독일의 역사에 관한 물음이었다.

독일과 그 정체성, 역사에 관한 책과 논문, 영화, 텔레비전 프로그램, 연설, 공개 토론의 물결이 1970년대 후반 나라를 휩쓸었다. 그리고 그런 물결은 지금도 여전히 계속되고 있다.[58] 작가, 영화작가, 예술가, 언론인, 사회과학자, 정치가들은 하나의 공통된 관심사를 찾아냈다. 바로 그들 자신의 나라였다. 독일에 관해 생각하는 것이 유행이 되었다. 책 제목에서 그들의 나라는 "어려움에 빠진 조국", "두 개의 머리를 가진 아이"로 일컬어졌다. 학자들은 "독일의 신경증"에 관해 공공연히 이야기했다. 주간지에서 언론인들은 독일인이 된다는 것이 왜 부담스러운 일인지, 독일인은 왜 그런지, 독일은 왜 다른 국가들보다 더 사랑받기를 원하는지에 관해 고찰했다.[59] 〈양철북〉을 촬영하는 동안 폴커 슐뢴도르프는 프랑스에 대한 애착에도 불구하고 자신은 독일인으로서 독일 영화를 만들 수 있을 뿐이라고 주장했다.[60] 마찬가지로, 할리우드에서 빔 벤더스의 실패—그는 자신의 영화 〈사물의 상태〉(*Der Stand der Dinge*, 1982)에서 이를 극화했다—는 "여기에 남을 것입니다"라는 어구를 반향하고 있는 듯했다. 문인들 역시 그들 자신의 나라라는 주제에 집착했다.[61] 결국 독일은 언제나 현존하는 독일에 낙담한 지식인들이 먼 과거에 위치하거나 미래에 투사된 가상의 독일의 이미지에 천착하는 장소가 되어왔다. 클루게의 〈애국자〉와 이 책에 거론된 그 밖의 다른 영화들은 독일과 그 정체성에 관한 이 새로운 (그리고 기본적으로 낡은) 논쟁의 일부이자 그 편린이다. 이 영화들은 독일의 정체성에 관한 해결되지 않은 문제들에 대해 미학적으로 복잡하고 정치적으로 모호한 답을 제공한다.

〈애국자〉가 막바지로 향하면서 카를 크라우스(Karl Kraus)를 인용한 비밀스러운 문장 하나가 흰색의 인쇄체로 자막 처리되어 장면 사이에 등장한다. "당신이 어떤 단어를 가까이 들여다보면 볼수록 그 단어는 더 멀리서 당신을 돌아본다." 그리고 하단에 대문자로 "**독일**(GERMANY)"이라는 단어가 덧붙여진다(165). 클루게가 독일을 너무 가까이 보는 탓에 관객의 시선은 혼란을 겪고 익숙했던 것이 갑작스럽게 멀고 낯설고 이국적인 것으로 보인다. 독일이라는 크고 추상적인 개념을 해소하고 그 대신 구체적인 경험을 강조하는 것이 클루게의 기획이다. 〈하이마트〉에서 에드가 라이츠가 그랬던 것처럼, 클루게는 무엇보다도 현실적이고 지리적인 차원에서 "독일"을 바라본다. 〈애국자〉는 전통적인 우편엽서의 모티프들로 시작된다. 시골 풍경, 풀을 베어낸 들판, 푸른 초원, 흐드러지게 핀 벚꽃, 무너진 성채, 숲과 목초지의 광경 등이다. 무릎이 화면 밖 음성으로 다음과 같이 말한다. "사람들은 흔히 내가 역사에 관심이 있다고들 말한다. 물론 그것은 사실이다. 나는 내가 아직 하나의 전체에 속한 한 부분이었을 때, 그리고 나의 전 주인인 코포랄 비란트가 전체의 한 부분이던 때, 곧 그가 우리 아름다운 독일의 일부였던 때를 잊을 수 없다. 그리고 그의 벙커에 있지 않았던 때를 … 나는 독일의 무릎으로서 당연히 무엇보다도 독일사에 관심이 있다. 나는 황제, 농민, 꽃, 나무, 농장, 초원, 식물들에 관심이 있다"(60).

마치 클루게가 그것을 부각시키고 싶기라도 한 것처럼, 영화 대본에 "우리의 아름다운 독일"이라는 표현이 이탤릭체로 되어 있다. 함께 등장한 이미지들로 미루어 판단하건대, "우리의 아름다운 독일"은 오직 자연만을, 그리고 이례적으로 긴 클로즈업을 통해 보여주는 만발한 벚꽃만을, 그리고 잡초가 무성하게 자라 다시 자연의 일부가 되어버린 역사적 폐허들만을 포함한다. 1928년에 당대의 유명한 사회풍자가였던 쿠르트 투홀스키(Kurt Tucholsky)는 바이마르 공화국 시절의 독일에 대한 통렬한 비난을 담은 『독일, 모든 것 가운데 으뜸인 독일』(*Deutschland, Deutschland über alles*)에서 클루게와 유사하게 독일의 전원 풍경을 담은 이미지로 책을 마무리했다. 말과 이미지로 (주로 존 하트필드(John Heartfield)의 사진 몽타주들을 통해) 독일의 군국주의와 복종, 속물근성과 권위에 대한 집착을 비판한 뒤에 투홀스키의 책은 풍경을 담은 마지막 시퀀스로 독일에 대한 그의 기본적인 사랑을 강조한다. 그 시퀀스는 결국 독일의 저급한 정치문화에 대한 투홀스키의 경멸을 초월해버린다.[62] 사람이 보이지 않는 독일의 여러 지역을 담은 클루게의 풍경 쇼트에 담긴 것은 노스탤지어에 다름 아니다. 그러나 클루게는 독일의 봄 풍경을 담은 고요한 천연색 사진에서 스탈린그라드의 겨울에 확실한 죽음을 눈 앞에 둔 수척한 모습의 독일 병사들을 담은 다큐멘터리 영상으로 갑작스럽게 장면을 전환한다. 지버베르크의 영화에서처럼 독일과 스탈린그라드 사이에, 고향과 머나먼 타향 사이에, 평화로운 자연과 "우리 모두를 죽음에 이르게 할"(58) 불리한 역사 사이에 불일치가 생겨난다.

클루게는 독일의 역사를 얼음과 겨울, 냉기, 결빙, 죽음과 연결시키는 영상과 텍스트의 무수한 메타포를 찾아낸다. "독일의 가을" 이후, 겨울을 맞은 독일이다. 영화의 시작에서 우리는 얼어붙은 땅을 파헤치고 있는 가비 타이헤르트의 모습을 보게 된다. 그리고 그 모습은 유리같이 얼어붙은 경사면을 힘겹게 기어올라 성에 이르려는 어떤 사람의 사진으로, 곧 악몽의 이미지로 연결된다. 그리고 이는 다시 스탈린그라드에서 동사하는 독일 병사들의 사진으로 이어진다. 영화가 끝을 향해 가면서 한 과학자가 등장해서 물질은 영하 273도에서 마침내 가장 완벽한 질서에 이르게 되지만 거기서는 어떤 생명체도 더 이상 존재하지 않는다고 보고한다. 그런 다음 장면은 1942년 겨울의 러시아 공세를 담은 다큐멘터리 쇼트로 전환되고 이어 독일의 역사에 관한 클루게의 생각을 요약하고 있는 한 어린아이의 시가 등장한다.[63]

작고 어리석은 어떤 사람이
얼음 위에 집을 지었다.
그가 말하기를: 주여, 얼음이 계속 되게 해 주십시오
그렇지 않으면 저는 제 작은 집을 잃게 됩니다.
그러나 그 작은 집은 가라앉고 말았다.
그리고 작은 사내는 물에 빠져 죽었다(160).

그리고 곧이어 우리가 보게 되는 것은 "차를 타고 도시를 가로질러 운전하고 있는 가비 타이헤르트이다. 그녀는 울고 있다"(160). 영화의 애도작업

(Trauerarbeit)은 애국자의 눈물 속에서 조용히 표출된다. 수많은 전몰자와 잃어버린 조국에 대한 애도이다. 또한 사회를 하나로 유지시키는 냉정한 엄격함에 대한 애도이다. "이런 역사를 지닌 채 애국자가 된다는 것은 어딘지 모순이다."[64]

앞서 〈독일의 가을〉에서조차 클루게는 음악을 사용해서 독일에 대한 자신의 사랑을 표현하는 일을 주저하지 않았다. 두 영화 모두에서 우리는 독일의 국가(國歌)가 된 하이든의 멜로디가 연주되는 것을 여러 번 듣게 된다. 〈독일의 가을〉에서 우리는 또 〈겨울 나그네〉에 나오는 슈베르트의 가곡 가운데 한 곡에 대한 해설을 듣게 된다. 가장 동떨어진 이미지들의 병치는 음악에 의해 합쳐진다. 음악은 대부분 독일의 고전 음악이다. 음악은 〈애국자〉와 〈독일의 가을〉 두 영화 모두 독일 낭만주의에 얼마나 깊이 의존하고 있는지를 나타낸다. 우리는 두 영화 모두에서 비가와 아이러니 사이를 넘나드는 선율과 동화 속의 즐거움, 현재에 대한 불만, 파편들과 형식적 자기반영을 추구하는 경향을 발견한다. 두 영화는 먼 과거로 향하거나 다른 가상 세계로 들어가 현재에서 벗어나는 그 나름의 방식을 꿈꾸면서 현재의 불만에 맞선다. 이 모든 특질은 확실히 브렌타노(Clemens Brentano)에서 하인리히 하이네의 『독일: 겨울이야기』(*Deutschland: Ein Wintermärchen*, 1844)에 이르는 독일 낭만주의의 경향을 가리킨다. 심지어 "애국자"라는 말조차도 낭만주의 시절에서 도출한 것이다. 프로이센의 개혁자들은 약탈자인 나폴레옹 보나파르트에 맞선 전투에서 프랑스어의 애국자라는 말을 받아들였다. 그러나 클루게는 "과거 150년 동안 애국자라는 말이 정치적 우익의 사유 재산이 되어왔다"(342)는 점 역시 잘 알고 있다.

클루게는 독일의 어떤 이미지를 보여주고 있을까? 풍경 사진들과 함께, 스탈린그라드에서 최후를 맞은 독일 병사들을 담은 반복되는 다큐멘터리 쇼트, 전장, 방공호와 폭격의 이미지, 초원을 가로질러 이동하는 탱크, 전투함, 폭격기의 사진이 있다. 클루게는 또한 1945년 봄에 점령군이 독일의 나이 어린 나치들을 처형하는 모습을 담은 연합국 뉴스 영상과 독일의 어느 도시를 폭격하는 미 공군기를 담은 다큐멘터리 쇼트도 사용한다. 우리는 자신들의 비행기 옆에 어색하게 서서 히죽거리며 농담을 주고받는 폭격기 조종사들을 보게 된다. 클루게는 화면 밖 음성으로 다음과 같이 비꼬아 말한다. "이 폭격기 조종사들은 임무를 마치고 돌아왔다. 그들은 독일에 관해 분명하게 아는 것이 아무것도 없다. 그들은 18시간 동안 노련한 솜씨로 그저 그 나라를 폭격했을 뿐이다. 이제 그들은 막사로 돌아가 잠을 청할 것이다"(172). 영화의 또 다른 시퀀스에서 우리는 비행기에서 떨어지는 폭탄, 불타는 가옥, 자욱한 연기를 담은 다큐멘터리 영상을 보게 된다. 이 영상에 대해 화면 밖 음성은 다음과 같이 말한다. "6만 명의 사람들이 함부르크에서 죽음을 맞았다는 사실을 잊지 말라"(149).

그런 언급은 영화에서 은밀히 작동하고 있는 지극히 양면적인 정치적 의제를 드러낸다. 클루게의 언급 가운데 일부는 1970년대 말 독일의 최근 역사가 홀로코스트(좀 더 정확히 말하자면, 미국의 텔레비전 연속극 〈홀로코스트〉)와 동일시되던 시절에 관객에게 고통받던 **독일인**을 상기시키려는 의도였을 것이다. 오늘날의 시각에서 보면, 그런 언급은 도발적이며 위험스러울 만큼 일방적으로 보인다. 과거의 범죄를 상대화하기 위해서 독일의 역사를 다시 쓰고 싶어 하는 이해 집단들이 가해오는 현재의 위험을 감안한다면, 클루게의 영화가 오히려 문제성이 있는 것으로 보인다.[65] 그의 영화 내내 독일인은 그들에게 자행된 범죄의 희생자인 것처럼 보인다. 우리는 독일인이 전쟁과 폭격과 투옥과 처형을 견뎌내는 모습을 보게 된다. 클루게에게 독일에서 애국자가 된다는 것은 독일의 수많은 희생자 모두를 마음에 담는다는 뜻으로 귀결된다. 그렇게 해서 영화의 첫 장면에서 이어지는 화면 밖 음성 해설은 클루게의 주인공 가비 타이헤르트를 다음과 같이 소개한다. "헤세 주의 역사 교사이자 애국자인 가비 타이헤르트는, 말인즉슨, 그녀는 제국의 모든 죽은 자들에게 관심을 갖는다"(50; 강조는 필자). 이런 소개에 뒤따르는 것은 장소를 식별하기 어려운 희미한 조명의 잿빛 전쟁 이미지들이다. 대본은 "그것은 7년 전쟁 때이거나 아니면 해방 전쟁 때이다. 그러나 이제 우리는 1943년의 지대공 포를 보게 된다"고 적고 있으며 모든 전쟁의 기본적인 동일성을 장난스럽게 암시한다(51).[66] 병사들이 쓰러져 있는 장면에 흐르는 음악은 한스 아이슬러(Hanns Eisler)가 작곡한 것이다. 그는 1958년에 알랭 레네의 영화 〈밤과 안개〉를 위해 그 곡을 작곡했다. 〈밤과 안개〉는 20년이 지난 1978년 1월까지도 서독의 텔레비전에서 방영되지 않았다.

〈밤과 안개〉는 아우슈비츠의 희생자들을 기린 작품으로 강제수용소의 공포를 담은 역사적인 사진들과, 사라진 숙소시설과 가스실의 흔적을 찾아 풍경을 뒤지는 길고 조용한 트래킹 쇼트를 섞어놓은 다큐멘터리이다. 클루게는 레네의 영화를 위한 라이트 모티프였던 주제곡을 자신의 영화에 서곡으로 사용한다(하지만 출판된 대본에서도, 크레디트에서도 음악의 출처를 언급하지는 않는다). 이런 음악적 인용은 애국적 애도에서 아우슈비츠를 배제하지 않으려는 클루게의 의식을 암시할 수도 있다. 그러나 〈밤과 안개〉의 라이트 모티프에 대한 미묘한 암시를 감지할 수 있는 이들조차도 독일의 전쟁 희생자들 편으로 물러서게 되는데 이유는 그 음악이 스탈린그라드의 독일 병사들과 결합되기 때문이다. 아우슈비츠와 부헨발트, 그리고 그 밖의 수많은 강제수용소에서 독일인에게 희생된 이들은 결코 사진의 일부가 아니다.[67] 이미 〈애국자〉의 도입에 등장하는 이미지들은 그 영화가 전쟁의 기억에 사로잡혀 있고 죽은 시체들이 널브러진 독일에 관한 것이라는 점을 보여준다. 독일 제국은, 클루게의 영화 자체가 그렇듯이, 무수한 편린으로 산산조각났으며 독일이라는 개념은 오늘날에는 단지 기억, 신화, 간절히 바라는 공상, 하나의 꿈 ─ 그리고 한 편의 영화 ─ 으로만 살아남았다.

뮌헨에 소재한 캄머스필 극장에서 1983년부터 시작되어 매주 일요일 아침마다 있었던 "우리 나라: 독일을 말한다"라는 제목의 연속 강연에서 클루게는 첫 강연진 가운데 한 사람이었다. 그는 강연에서 독일에 대한 자신의 생각을 분명하게 정의하려고 했다. 그는 독일이 1945년에 사라진 국가적 실체인 독일 제국과 동일한 것일 수 없다고 말하면서 강연을 시작했다. "만약 독일이라고 불리는 것이 1945년에 소멸될 수 있었다면 … 이 독일은 그 시절 이전에도 존재하지 않았던 것이다. 만약 독일을 단지 국가적 실체로만 생각한다면, 1870-1871년에 건국된 제국 시절부터 독일은 가상의 무엇이었다."[68] 클루게에게 독일은 가상의 것이다. 국민 정체성이란 사회적 상상력의 요소를 표상한다고 여기는 코넬리우스 카스토리아디스(Cornelius Castoriadis)가 의미하는 것에서는 물론이고,[69] 독일은 공간적 차원에서 쉽게 정의될 수는 없다는 말 그대로의 의미에서도 독일은 가상의 것이다. 호프만 폰 팔러슬레벤(August Heinrich Hoffmann von Fallersleben)이 "마스에서 메멜까지, 에취에서 벨트까지"라고 독일 국가(國歌)의 가사에 열거된 국경들조차 결코 독일의 국경이 아니었다. "독일의 지리적 국경은 고정된 적이 없었다. 독일은 국경의 **결여**라는 견지에서 이해되어야 한다. 독일은 언제나 부재했으며 결코 존재한 적이 없다고 이해하는 편이 더 쉽다. 그리고 바로 그렇기 때문에 통일에 대한 굽힐 줄 모르는 염원, 공동체에 대한 지칠 줄 모르는 염원이 이 말(독일)을 둘러싸고 결정체로 응결되었다고 이해하는 편이 쉽다. 그런 소망과 기대와 염원은 시간적인 차원을 가리킨다. 그것은 2천 년 묵은 하나의 살아 있는 존재이다."[70]

독일은 여든일곱 세대 — 클루게의 계산법에 따르자면 — 가 뼈가 빠지도록 일하고 심지어 목숨까지 바쳐가며 지켜낸 하나의 "역사적 산물"이다. 독일은 또한 "집단 경험의 공장"으로 여길 수 있고, "우리의 기억을 담는 특정한 용기(容器)"로 여길 수 있다.[71] 클루게와 오스카 네크트는 그들의 이론적 논문인 『역사와 아집』(Geschichte und Eigensinn, 1981)에서 독일에 대한 두 가지 모순된 개념을 견지한다. 한편으로, 그들은 독일을 하나의 "거대한 부엌"[72]으로 여긴다. 그곳에서 집단 작업으로 역사적 변화가 쉼없이 산출된다. 다른 한편으로, 그들은 독일을 하나의 "환영"이라고 말한다.[73] "언제나 붕괴지점에 있는 독일은 오직 상상된 어떤 것으로서만 존재한다. 바꾸어 말하자면, 독일은 부속된 제도적 구조를 지닌 하나의 집단적 편견으로서만 존재한다."[74] 클루게와 네크트는 "역사의 결과로서 지금 존재하는 그대로의 이 독일과, 사람들이 얻지도 못하면서 그것을 위해 참을성 있게 애써 일하는 저 독일" 사이의 "가장 지독한 반목"을 상정한다.[75]

여러 세기에 걸쳐 독일이라고 불린 이 "실험실"에서 생산된 모든 희망과 염원은 현존하는 국가의 실제 리얼리티에 결박되지 않았다. 그것들은 언제나 그 너머를 겨냥했고 "낭만적"이었다. 어떤 "다른" 독일에 대한 독일의 시인과 사상가들의 집단적 바람은 아직도 이루어지지 않은 채 오늘날에는 특별히 분명해진 어떤 것으로 남아 있다. 이런 이유로, 클루게는 독일에 대한 자신의 개념을 "독일의 부재"라는 역설적인 용어로 규정한다. 정확히 그것은 현존하는 독일에 대한 우리의 이해를 결정하는 상상 속 "다른" 독일의 부재를 의미한다. 그럼에도 불구하고, 아니 어쩌면 바로 그런 이유 때문에, 클루게는 그 자체가 바람과 희망에 기초한 신애국주의적 호소(neo-patriatic appeal)로 자신의 강연을 끝맺는다.

우리에게 필요한 것은 하나의 구조이며, 하나의 공동체이며, 하나의 용기(容器)이며, 하나의 실험실이며, 하나의 사회적 공장이다. 무엇이라고 부르든, 그것은 충분한 열의, 시간 범위, 선의의 형식, 그리고 필요하다면 악의까지도 통합한다. 이는 위기의 순간에 평화를 이룰 수 있는 방식이며, 내 인생에 가치 있는 것들을 수호할 수 있는 방식이며, 우리의 생각과 우리의 감정과 우리의 노력을 투자할 수 있는 방식이다. 다음의 속담이 보여주는 것과 같다. "당신의 생명을 내어주지 않는다면, 당신은 결코 생명을 얻지 못할 것입니다." 이 유사-부정적 개념, 독일의 부재, 그런 공동체의 부재는 내가 독일의 개념으로 이해한 것 — 하나의 도전, 재건하거나 구축할 가치가 있는 어떤 것 — 이다.[76]

영화 〈애국자〉가 "희망에 차서 겨울의 폭풍우를 들여다보고 있는" 가비 타이헤르트의 얼굴을 클로즈업하며 그 해의 마지막 날에 끝을 맺은 것은 꽤 적절했다. 클루게는 화면 밖 음성으로 다음과 같이 말한다. "매년 섣달 그믐에 가비 타이헤르트는 그녀 앞에 놓인 365일을 본다. 그렇게 해서, 그녀에게는 올 한 해 고등학교에서 하는 역사 수업의 원사료들을 개선할 수 있을 것이라는 희망이 솟는다"(178). 영화의 열린 구조는 극적인 종결을 허락하지 않는다. 새해는 독일과 그 역사를 바꾸어줄 새로운 이야기, 새로운 경험, 새로운 기억을 가져다 줄 것이다. 시간의 진행 자체가 치명적인 과거로부터의 탈출과 좀 더 나은 현재로의 진입을 약속한다.

5
우리의 어린 시절, 우리 자신

헬마 잔더즈-브람스의 〈독일, 창백한 어머니〉

"가정이 파괴되자 우리는 신이 났다"
— 〈독일, 창백한 어머니〉 중에서 에바 마테스

과거 — 무엇이 되었든 그것은 쌓여있는 기억의 더미일 뿐이다 — 는 객관적
으로 묘사될 수 없다. "매개한다"는 말의 이중적인 의미. 과거와 현재 사이
의 매개자 — 둘 사이의 의사소통 매체 — 가 된다는 것. 화해의 의미일까?
조정의 의미일까? 윤활유라는 의미일까? 아니면 둘 사이의 화해일까? 글쓰
기라는 매체를 통해 오늘날의 사람들이 과거의 사람들과 만나는 것을 허용
한다는 뜻일까?

— 크리스타 볼프

나는 기억이라는 것이 그저 아무렇게나 돌이켜 생각하는 것 이상의 것을 의
미한다고 생각한다. … 경험을 생생하게 하는 시퀀스 속에 경험을 위치시키
는 것이 기억의 작용이다. 곧 자유로운 이야기하기, 좀 더 위대한 삶, 창작
으로 펼쳐질 수 있는 한 편의 이야기 속에 경험을 위치시키는 것이 기억의
작용이다.

— 페터 한트케

자서전과 기억

1970년대에 학생운동이 급격히 소멸하고 그에 따른 정치적 각성으로
문학이 사적인 영역으로 후퇴했다는 것은 독일 문학사에서 하나의 자명한
이야기가 되었다.[1] 이런 시대구분에 따르면, 교육하고 선동한다는 정치적
결의는 1960년대 후반 작가들을 자극해서 그들이 제도 문학을 엘리트주
의적인 것이라고 공격하게 하고 바이마르공화국에서 유래한 실용주의 문
학 형식, 특히 다큐멘터리 문학과 아지프로 연극(agitprop theater)에 의지
하게 했다. 글을 쓰는 일 자체가 의심을 받게 되었다. 중요한 것은 즉각적

인 정치적 영향이지 개인적 표현이 아니었다. 1970년대 초반에 이르러서야 비로소 개인적인 경험과 작가의 고유한 주체성이 다시 합법적 지위를 되찾게 되었다. 그러나 1970년대의 이른바 새로운 주체성은 1960년대의 정치색 짙은 문학과 그렇게 쉽게 분리될 수 없다. 예를 들어, 1960년대 문학에서 중심이 되었던 진정성과 직접성에 대한 요구는 1970년대 자서전의 물결 속에서도 지속되었다. 더욱이, 독일의 최근 역사에 대한 관심은 롤프 호흐후트(Rolf Hochhuth)의 〈대리인〉(*Der Stellvertreter*, 1963)과 페터 바이스(Peter Weiss)의 〈수사(搜査)〉(*Die Ermittlung*, 1966) 같은 다큐드라마를 등장시켰고 이런 경향은 1970년대 역사 소설과 전기의 범람 속에서도 지속되었다.

 그러나 과거를 다루는 과정은 더 이상 아돌프 아이히만(Adolf Eichmann)이나 교황 비오 12세(Pius XII) 같은 인물들에 편중되지 않았다. 정치적 야심과 도덕적 야심이 1970년대에 좀 더 온건해졌고 질문의 범위 역시 같은 변화를 겪었다. 작가들은 자신들의 부모에게 초점을 맞추기 시작했다. 그들의 어머니 아버지는 히틀러 시절을 살아냈고 그로 인해 신체적 상처는 입지 않았을지 몰라도 감정적으로는 상처를 입은 사람들이다. 국가사회주의 때문에 입은 정신적 상처는 전쟁 말기에나 그 이후에 태어난 세대에게는 낯설고 모호한 호기심의 원천이 되었다. 1970년대 중반 중년에 접어들어 그들 자신이 자녀를 갖게 된 전후 세대는, 크리스타 볼프가 『유년의 양상』(*Kindheitsmuster*, 1976)에서 했던 것처럼, 자신들의 어린 시절을 돌아보며 "우리는 어떻게 지금의 우리가 되었을까?"를 물었다.[2] 이렇게 유년기를 회고적으로 돌아보는 일은 모순적인 충동을 수반했다. 한편으로, 현재의 전사를 앎으로써 어떻게 현재의 상태에 이르게 되었는지, 현재의 상태는 어떻게 시간과 환경의 필연적이고 피할 수 없는 결과인지를 이해하는 데 도움이 되었다. 그러나 동시에 한 사람의 기원을 돌아보는 일에는 유토피아적인 차원이 포함되었다. 왜냐하면 현재에는 폐쇄적이고 융통성 없고 변하지 않는 것으로 보이는 것이 갑자기 활짝 열리고 불확정적이며 잠재력으로 가득해 보이기 때문이다. 미래에 대한 사람들의 믿음이 줄어드는 것에 비례해서 과거를 향한 곧, 천진한 상태의 새로운 출발을 향한 노스탤지어가 커졌다. 이 시기의 영화들에서, 곧 잔더즈-브람스의 영화에서는 물론이고 지버베르크의 〈히틀러〉와 에드가 라이츠의 〈하이마트〉에서 어린아이들이 동일시의 대상으로서 주인공의 역할을 하는 것은 놀라운 일이 아니다. 아이들은 실현되지 않은 유토피아, 순수한 기원의 기쁨, 자연의 순수한 상태를 구현한다.[3]

1940년대 초에 태어난 사람들에게 (잔더즈-브람스는 1941년에 태어났다) 부모 세대는 전쟁을 겪은 세대였다. 그들에게 묻는다는 것은 독일의 과거를 탐문한다는 의미였다. 1950년대와 1960년대 초의 여러 해 동안 누구도 감히 부모에게 그들이 전쟁 중에 무엇을 했는지, 히틀러 치하에서 어떻게 살았는지, 또 마지못해서든 아니든 그 정권에 얼마나 협조했는지를 물을 수 없었다. 1970년대 말에 이르러서야 작가와 영화작가들은 기꺼이 프로이트가 "기억하기, 되풀이하기, 극복하기"의 과정으로 묘사했던 것에 참여했다.[4] 그들은 더 이상 (1960년대에 그랬던 것처럼) 부모를 향해 손가락질만 하지는 않았으며 부모를 이해하고 동정했다. 특히 독일의 아버지들과 대면하는 일은 도덕적 이중성에 대한 불안한 인식을 분명하게 보여주었다.[5] 아버지 문학(Väterliteratur)이라 불리는 자서전의 하위장르가 1970년대 말에 등장했고 아버지들을 독일의 과거를 대표하는 이들로 다루었다.[6] 이제 대부분의 아버지들이 죽거나 연로했기 때문에, 결코 물었던 적이 없는 질문들이 제기되었다. 누군가의 어린 시절 기억들이 깨어났다. 이들 아버지 문학의 작가들은 그들 자신의 과거 속으로, 폐허 더미 속에 놓인 그들의 삶의 근원으로 향하는 여행을 시도했다. 범죄자인 동시에 희생자이기도 했던 부모가 지배한 어린 시절로 되돌아가는 여행이었다. 그들은 동정과 혐오가 뒤섞인 애증의 감정으로 그들의 아버지를 기억한다. 그들은 부모를 애도하지만 여전히 그들을 "나치"로 비난한다.

　나치 아버지와 아들의 이중적인 관계에 관한 가장 불편한 영화적 설명 가운데 하나는 나치의 선전 영화 〈유대인 쥐스〉(*Jud Süss*)와 〈콜베르크〉의 감독으로 유명한 바이트 할란의 아들 토마스 할란(Thomas Harlan)이 제작한 세미다큐멘터리 영화 〈총상〉(*WundKanal*, 1985)[7]이다. 토마스 할란은 학살자라는 선고를 받은 어떤 사람을 기용해서 자신의 아버지 역을 맡겼다. 그리고 그에게 가학적인 심문을 견디도록 강요하며 그 노년의 배우를 기진할 때까지 몰아세운다. 1949년의 충격적인 선고로 전쟁 범죄를 사면받은 바이트 할란은 36년의 세월이 흐른 뒤에 영화 속 모의재판에서 유죄판결을 받고 아들의 손에 상징적인 사형선고를 받았다. 토마스 할란의 영화는 급진적인 형식과 타협을 허락하지 않는 기조로 다큐멘터리와 허구의 형식을 섞어놓았다. 그 영화는 또한 희생자와 가해자 사이의 명확한 경계를 흐린다. 이는 그 영화의 변증법이다. 아들의 증오와 복수심을 알게 될수록, 우리는 그의 아버지를 더 동정하게 된다. 아버지의 유약함이 아들의 도덕적 엄격함보다 더 우리의 관심을 끈다. 아들의 잔인한 복수의 시나리오는 결국 자멸적인 것이 될 것이다. 『아버지들 앞에서 아들들이 죽는다』(*Vor den Vätern Sterben die Söhne*)[8]라는 토마스 브라쉬(Thomas Brasch)의 책 제목은 나치 아버지와 아들 사이에 뒤늦게 찾아온 대립의 심리적 상흔을 날카롭게 지적한다.

　우리가 어린 시절에 대한 기억의 중심에서 어머니를 발견하는 일은 더 드물다. 예를 들어, 카린 스트루크(Karin Struck)의 소설『어머니』(*Die Mutter*, 1975), 헬가 노박(Helga Novak)의『얼음 성인』(*Die Eisheiligen*, 1979), 엘프리데 옐리네크(Elfriede Jelinek)의『피아노 연주자』(*Die Klaverspielerin*, 1983)와 발터라우트 안나 미트거취(Waltraud Anna Mitgutsch)의『응징』(*Die Züchtigung*, 1985)[9]은 서사와 문체의 차이에도 불구하고 모두 어머니와 딸 사이의 갈등을 다룬다. 그 작품들은 유사한 주제를 공유하고 있다. 이별, 흔들리는 의존관계와 해방, 최종적으로 — 양측 모두 — 패배하고 감정적으로 단단해지는 것이다. 잉마르 베리만(Ingmar Bergman)의 영화 〈가을 소나타〉(*Autumn Sonata*, 1976)는 이 자전적 소설들 속에 묘사된 어머니와 딸 사이의 감정을 표현하는 하나의 모범이 될 수 있었을 것이다. 〈가을 소나타〉에서처럼 순식간에 사랑은 미움으로, 애정은 경멸로 변할 수 있다. 그런 구속적인 어머니와 딸의 관계에서는 자주 냉담, 좌절감, 자살에 대한 충동이 잇따른다. 하지만 딸은 자아를 알기 위해, 곧 정체감을 얻기 위해 어머니에게 물어야 한다고 느낀다. 어린 시절을 돌아보는 일은 현재 자체의 정서적 상처와 감수성을 설명하고 그에 맞서는 데 도움이 된다.

1976년부터 준비 작업에 들어간 영화 〈독일, 창백한 어머니〉(*Deutschland, bleiche Mutter*)는 1980년 2월 베를린 영화제에서 처음 세계에 소개되었다. 그 영화는 어린 시절과 부모, 여성의 정체성과 독일 역사에 관한 1970년대 후반 문학 담론의 일환이다. 물론 차이는 있다. 옐리넥이나 노박에게서 보이는 어머니에 대한 신랄한 비난은 공감을 환기하는 것으로 유화되었다. 잔더즈-브람스의 영화에서 어머니 레네는 정신적으로나 신체적으로나 독일의 최근 과거의 희생자로 등장한다. 영화의 마지막에서 히스테리로 인한 레네의 안면 마비는 독일의 역사가 그녀에게 가한 정신적 파괴가 외면화된 것이다. 페터 한트케(Peter Handke)의『꿈 저편의 슬픔』(*Wunschloses Unglück*, 1972)에 등장하는 어머니와 마찬가지로, 레네는 동정과 애도의 대상이지만, 오늘날의 관점에서 보면, 비판적인 자문의 대상이기도 하다. "내 삶은 내 부모의 삶과 조금도 다를 바 없다. 나는 단지 다른 시대를 살고 있을 뿐이다"(11)[10]라고 잔더즈-브람스는 영화 대본의 머리말에 적고 있다.

그녀의 부모가 살았던 시대가 영화의 첫 쇼트에 등장한다. 고요한 호수의 수면 위로 거대한 나치 문장이 그려진 깃발이 비치며 그 시대를 표상한다. 우리는 깃발 자체는 볼 수 없고 물에 비친 이미지만 볼 수 있을 뿐이다. 그 이미지가 화면을 가득 메운다. 붉은 색 바탕에 새겨진 검은 색 나치 문장은 히틀러 정권의 상징으로서 사건의 장소와 시간을 알려줄 뿐만 아니라, 국민 위에 군림하는 나치의 국가 권력을 상징한다. 곧 하나의 이미지로서 간접적으로만 존재할 뿐이며 손에 만져지지 않지만 모든 것을 포괄하는 권력을 상징한다. 화면 왼편에 나타난 조각배가 물에 비친 나치의 문장을 가르고 지날 때 한 여인이 화면 밖 음성으로 말한다. "나는 내 삶이 시작되기 전에 있었던 일은 아무것도 기억하지 못한다. 내가 태어나기 전에 있었던 일에 대해서 나는 죄가 없다. 그때 나는 아직 없었다. 내 아버지가 내 어머니를 처음 보았을 때 나는 시작되었다"(112). 그것은 화면 밖에서 현재의 관점으로 이야기하는 딸의 목소리로서, 화면 위에 연출된 과거와 말을 하고 있는 순간 사이의 시간적 간격을 만들어낸다.

그 목소리는 잔더즈-브람스의 것이다. 그녀는 정기적으로 등장해서 영상을 설명하고 연극 무대에서 잘 알려진 두 배우 에바 마테스(Eva Mattes)와 한스 야코비(Hans Jacobi)가 각각 연기하는 그녀의 어머니와 아버지의 동기와 자질과 기질을 언급한다. 그녀는 사건을 윤색하고 시각적으로 포착할 수 없는 것들을 설명한다. 그녀 자신의 기억, 내면의 생각, 뒤이은 견해를 설명한다. 그 영화의 서사 구조는 연기자들의 도움으로 연출되었지만 진정한 "내"가 수반되고 진정한 "나"에 의해 효력을 얻은 자서전의 구조이다.

문학에서 자전적인 서술은 서술하는 "나"와 서술되는 "나"의 동일성을 전제 한다. 영화로 된 자서전은 서술되는 상상된 "나"뿐만 아니라 연출된 "나", 곧 연기와 드라마로 표현되는 "나"를 포함한다.[11] 그래서 자서전에서는 반드시 필요한 서술되는 나와 서술하는 나 사이의 동일성이 영화에서는 파기된다. 딸(서술하는 "나")이 어린아이(서술되는 "나")로서 그녀 자신을 연기할 수 없기 때문에, 영화는 연기자에 의지하게 된다. 연기자와 그들의 대사는 전통적인 영화의 이야기 양식으로 폐쇄된 허구적 공간을 만들어낸다. 영화가 들려주는 이야기는 그 나름의 역동성과 실재를 지니며 화면 밖의 음성이 들려주는 해설이 없었더라도 같은 식으로 진행되었을 것이다. 영화 〈애국자〉에서 알렉산더 클루게의 화면 밖 음성이 독일 역사의 파편과 부분들 사이의 관계를 언급함으로써 서로 다른 영상과 음성 사이의 혼란 속에서 의미를 확립했던 것과 대조적이다. 잔더즈-브람스의 화면 밖 음성은 찾아내고 결합시키는 이런 유희적인 역할을 하지 않는다. 대신에 딸의 목소리는 직접적인 설명("어머니, 이 이야기는 당신의 사랑 이야기입니다. 그리고 아버지, 당신의 사랑 이야기입니다")(112)을 통해, 그리고 사적인 기억의 작용("레네, 우리 그랬었지요. 당신과 나 둘 모두 젊은 아가씨였어요")(113)을 통해 연출된 역사적 사건들을 개인적인 것으로 만든다. 그리고 이런 종류의 대사들은 역사에서 두 가지 시점을 포함한다. 하나는 영화를 위해 재구성된 어린 시절의 과거 세계이고 다른 하나는 공감과 비판적 거리가 뒤섞여 자신의 과거를 판단하고 기억하는 어른의 현재이다. 영화는 1939년과 1955년 사이 독일의 정치사는 물론이고 동시에 40여 년을 돌아보며 해설하고 있는 "나"의 전사를 제공한다.

　이야기는 관습적으로 주요 인물을 소개하며 시작된다. "그는 나치가 아니었다. 다른 사람, 그의 친구가 나치였다"(112). 전지적 작가로서 딸의 목소리는 그녀의 아버지가 친구와 함께 화면에 등장할 때 우리에게 확신을 준다. 배를 타고 있던 두 남자는 강둑을 따라 걷고 있는 짙은 머리칼의 한 여인을 바라본다. 그녀는 화자의 아버지에게는 장차 아내가 될 사람이자 화자에게는 어머니가 될 사람이다. 카메라는 그저 뭇남성의 시선을 사로잡는 멀리 있는 하나의 대상에 불과한 그녀를 보여준다. 남성들은 소리친다. "이봐, 아가씨" 그녀는 대꾸하지 않는다. 미디엄쇼트로 우리는 나치 제복을 입고 그녀를 뒤따르는 네 남자를 보게 된다. 그들은 갑작스럽게 이유도 없이 데리고 있던 그들의 독일산 셰퍼드가 그녀에게 덤벼들게 한다. 그녀는 말없이 자신을 방어한다. 카메라는 갑자기 클로즈업으로 전환되면서 "사건"을 만들 기회를 이용하지 않는다. 대신에 영화는 계속해서 거리를 유지하며 사건을 관망할 뿐이다. 이야기 전개에서 발전되는 몇 가지 모티프가 이 시작 장면에서 이미 예고되었다. 남성의 시선을 받는 수동적인 대상이자 남성의 공격을 받는 희생자로서 여성의 역할, 그리고 남성들의 눈에는 값진 것으로 보이는 말없는 자기방어의 형식이 예고되었다. "그녀는 소리 지르지 않았어. 독일 여자야, 진정한 독일 여자야"(28). 거의 카메라가 정지된 것 같은 롱 쇼트, 어두운 색채, 그리고 가을빛이 그럴듯하게 우울한 분위기를 연출한다. 그리고 무거운 화음으로 미래의 불운을 예고하는 불길한 음악이 그런 분위기를 한층 더 강화한다.

　〈독일, 창백한 어머니〉는 1939년에 만난 화자의 부모, 레네와 한스의 이야기를 들려준다. "행복하고 지극히 평범한" 어떤 사랑 이야기, 어떤 결혼 이야기. 성인이 된 딸의 목소리가 그때를 회상하며 이야기한다. "요즘 이

나라에서 벌어지고 있는 일들이나 크게 다를 바 없다. 내가 시작된 이야기이다"(112). 그들의 결혼 직후, 히틀러가 폴란드를 침공한다. 나치 당원이 아니었던 한스는 징집되어 전선으로 보내졌고 그곳에서 조국을 위해 싸운다. 일련의 일들이 전개되며 전쟁, 아버지, 조국을 연결시킨다.[12] 6년간의 전쟁 기간 동안 레네와 한스 두 사람은 한스가 받은 몇 차례의 짧은 휴가 기간에만 만났다. 두 사람 사이에는 낯선 감정이 커져간다. 더욱이 레네는 한스를 대신할 아이를 갖고 싶어 한다. 피폭 중에 두 사람의 딸 안나가 태어난다. "레네, 사람들이 나를 당신의 몸에서 떼어냈을 때, 나는 전장에 던져졌어요. 게다가 내가 보지도 못한 것들이 이미 파괴되어 있었어요"(113). 딸이 화면 밖 음성으로 말한다. 레네는 아이를 기르며 무수한 고난에도 불구하고 전쟁과 전쟁 이후의 시기를 끈기 있게 살아낸다. 그러나 한스가 포로수용소에서 절망과 괴로움에 싸여 소외된 채 돌아왔을 때 "가정 안에서 전쟁"이 시작된다.

　아버지들이 전장에 나가고 없는 동안, 가정을 책임진 것은 어머니들이었다. 그들은 먹을거리를 찾아 쓰레기더미를 뒤졌고 폐허의 파편 더미를 치웠으며 아이들을 길렀다. 그러나 아버지들이 돌아오자 새롭게 발견된 어머니들의 힘은 더 이상 필요하지 않게 되었다. 다시 가정이라는 감옥에 갇힌 레네는 술을 마시기 시작했고 안면 마비라는 질병 속으로 도피했다. 그녀는 말이 없어졌고 위축되어 딸의 사랑조차 거부했다. 마지막 장면에서 레네는 목욕탕으로 들어가 문을 잠그고 온수기의 가스를 틀어 자살을 기도한다. 아홉 살 난 딸이 문을 두드리며 제발 나오라고 애걸하는 장면을 지루할 정도로 긴 클로즈업으로 보여준다. 어머니는 문 뒤에 말없이 서 있었고 그녀의 얼굴은 일그러져 있었다. 그녀는 카를 테오도르 드레이어가 1928년 영화 〈잔 다르크의 수난〉에서 괴로움에 찬 순교자를 묘사하는 데 사용했던 것과 동일한 포즈와 조명으로 등장한다. 화면 밖의 음성은 우리에게 이 순간이 딸과 어머니의 분명한 작별의 순간임을 들려준다. "레네가 문을 연 것은 한 참 뒤였다. 가끔 나는 어머니가 여전히 문 뒤에 있을 것이라고 생각한다. 그리고 나는 그 앞에 서 있다. 그러면 어머니가 결코 다시 나오지 않을 것이라고 생각한다. 그래서 나는 자라야 하고 혼자가 되어야 한다. 하지만 어머니, 레네는 여전히 이곳에 있다"(113).

자전적 요소, 허구적 요소, 그리고 역사적 요소가 개인의 경험과 자유로운 창작, 역사 연구에 기반을 둔 한 편의 멜로드라마 속에 녹아 있다. 잔더즈-브람스의 두 살 난 딸이 영화 속 아이의 역할을 한다. 아이가 어머니의 어린 시절을 연기한다. "나는 내 어머니의 딸이다. 그리고 내 딸의 어머니이다"(115).[13] 잔더즈-브람스는 자신의 영화에 대해 언급하면서 이렇게 말했다. 그렇게 해서 삼대의 어머니와 딸이 영화 안에서 만난다. 영화의 가제는 〈레네를 위해〉였다. 최종판은 감독의 딸에게 헌정되었다. 잔더즈-브람스가 어머니와 함께 했던 어린 시절에 관해 이야기할 수 있게 된 것은 자신의 딸이 태어난 덕분이다. 잔더즈-브람스는 프랑스에서 가진 인터뷰에서 이 영화를 만든 것은 자신의 딸에게 단지 히틀러, 강제수용소, 전쟁만이 아니라 그 이상의 것들로 이루어진 자기 나라의 역사를 보여주기 위해서였다고 말했다.[14]

자서전의 필수적인 속성은 진실과 진정성에 대한 주장이다. 그러나 이 점이 잔더즈-브람스가 자신의 삶과 부모의 삶을 허구적으로 다듬고, 그들의 삶을 압축하고 그것들에 좀 더 높은 수준의 일반성을 부여하는 데 방해가 되지는 않았다. 잔더즈-브람스는 영화에 대한 후기에서 "레네와 함께 한 나의 역사는 정확히 지금 영화가 보여주는 그대로는 아니었다"고 적고 있다. "내가 아는 한, 레네는 강간을 당하지 않았다. 하지만 그녀는 그럴지도 모른다는 사실을 몹시 두려워했다. 어렸을 때 나는 강간 장면을 목격한 적이 있었고 그 일이 레네에게 일어났을 수도 있다고 생각했다" (115). 잔더즈-브람스는 또한 때때로 다음과 같은 말로 자전적 진실을 다루는 관행을 조롱하고 있는 것처럼 보인다. "안면 마비는 실제로 일어났다. 그러나 레네는 그것이 다른 쪽이었다고 생각했다. 그래서 그 점을 밝혀둔다. 한 가지 더 얘기하자면, 다른 등장인물들도 영화에서 보이는 그대로 존재하지는 않는다. 그들은 보통 몇 사람을 조합해서 만들어낸 사람들이다"(117).

〈독일, 창백한 어머니〉는 잔더즈-브람스가 구술사의 방법으로 모은 자료들 덕분에 내용이 풍부해졌다. 그것은 "개인적인 경험과 내가 인터뷰했거나 메모해두었던 수많은 여성의 경험으로 구성된" 한 편의 이야기이다 (25). 이 시절의 여성들과 어머니들의 인터뷰는 한스, 레네, 안나의 가족사와 뒤섞였고 "실제의" 역사적 환경에 관한 환영을 창출하는 데 도움이 된다. 그러나 기억의 과정과 역사의 전유 자체는 여전히 의문에 부쳐지지 않은 채로 남아 있다. 예를 들어, 크리스타 볼프의 『어린 시절의 모범적 체험들』(Kindheitsmuster)에 등장하는 화자와 달리, 잔더즈-브람스의 영화에서 어린 시절을 돌아보는 주인공은 스스로 의심을 해보지 않는다. 볼프의 해설자는 기억을 망각, 부인, 날조, 억압과 동일한 것으로 본다. 그리고 신뢰할 수 없고 이기적인 것으로서의 기억을 폭로한다.[15] "자신이 모든 장소와 시대 가운데 최상의 지점에 있다는 것을 알기 위해서는 많은 것을 잊어야 한다. 그리고 많은 것을 다시 생각하고 재해석해야 한다."[16] 잔더즈-브람스의 영화에서, 역사적 재구성의 실제 과정은 문제를 일으키지 않는 것 같다. 기억과 이야기가 평행선을 달린다. 여기에 "기억의 맹점"[17] 같은 것은 존재하지 않는다.

아버지의 나라, 어머니의 언어

> 바브라 아주머니가 하는 말을 들었어요. 과연 "조국"이라는 말을 서슴없이 입에 올릴 수 있을지 모르겠다고 말했어요.
>
> — 안젤리카 메첼(Angelika Mechtel)

"내가 내 부모의 이야기를 하려는 것은 그것이 내게 친숙하기 때문이며, 내게 깊은 영향을 주었기 때문이다. … 그리고 내 부모의 이야기는 개인적인 이야기이면서 동시에 집단적 이야기이기 때문이다"(11). 잔더즈—브람스의 개인적인 이야기가 독일의 집단적인 역사를 대변한다. 이는 자신의 자전적 관심과 추상화를 향한 알레고리적 충동을 결합시키려고 했던 잔더즈—브람스의 고군분투를 설명해준다. 어쩌면 1970년대에 봇물을 이루었던 여성들의 고백 문학에 대한 반응으로 그녀는 "순전히" 사적인 자서전을 넘어서서, 그 대신 좀 더 큰 무언가를 상징하는 인물들을 보여주려고 한다.[18] 크리스타 볼프 같은 작가는 자신이 만든 가공인물 크리스타 T.를 가리켜 "본보기가 아닌 삶, 모범으로 사용될 수 없는 삶"을 산다고 말하면서 자신의 주장을 분명히 한 반면,[19] 잔더즈—브람스는 자신의 등장인물들이 지닌 보편적이고 알레고리적인 측면들을 강조한다. 또한 파스빈더의 〈마리아 브라운의 결혼〉과 대조적으로, 잔더즈—브람스의 영화에서는 알레고리적인 의도가 감추어지지 않는다. 마리아 브라운의 이야기는 서독의 초창기에 대한 알레고리를 상징하지만 이는 여전히 암묵적인 것으로 남아 있다. 반면, 잔더즈—브람스는 자신의 영화 제목을 〈레네를 위하여〉에서 〈독일, 창백한 어머니〉로 바꾸었다. 그 제목은 알레고리적 의도를 분명하게 강조하는 것으로서 베르톨트 브레히트가 1933년에 쓴 시 「독일」(Germany)[20]에서 차용했다. 브레히트의 그 시는 초인적인 예지력이 엿보이는 작품이며 잔더스-브람스가 그 시의 제목을 자신의 자전적인 영화의 제목으로 취한 사실에서 그녀의 문학적 야심을 엿볼 수 있다.

영화는 브레히트의 딸 한네 히옵(Hanne Hiob)이 브레히트의 5연시를 읽는 것으로 시작된다. 화면에는 다른 이미지 없이 시의 텍스트가 등장해서 영화의 표현을 문자 텍스트와 목소리로 환원한다. 그 시는 하나의 허구적인 공간을 열어놓는다. 그 공간에서 독일은 어머니로 표현되는데, 이는 작고한 낭만파 시인 하인리히 하이네까지 거슬러 올라가는 전통에 따른 것이다.[21]

오, 독일, 창백한 어머니여
어찌 그리 더럽혀진 모습으로 앉아 있습니까
그 족족들 속에!
더러운 사람들 속에서
당신이 눈에 띕니다.[22]

시의 첫 부분은 국가사회주의의 공포를 아들이 어머니 독일을 모욕하고 부끄럽게 여기는 가족 간의 갈등으로 상상하고 알레고리화한다. 그렇게 해서 그 시는 두려움과 동정심을 동시에 불러일으키는 독일의 이미지를 제시한다. 해설자는 자신과 독일 사이에 거리를 유지한다.("당신의 집에서 울려 나오는 연설을 들을 때, 사람들은 웃습니다./ 그러나 칼을 쥔 당신을 본 사람은 누구든/ 마치 살인자를 본 것처럼 행동합니다.) 그러나 동시에 독일을 희생자로 제시한다.

오, 독일, 창백한 어머니여!
당신의 아들들이 당신에게 대체 무슨 짓을 했단 말입니까,
당신이 그 족족들 속에 앉아 있다니
조롱이거나 협박입니다![23]

아들들이 지은 죄는 독일, "창백한 어머니"를 살인행위를 은폐하는 희생자로 만들었다("그러나 동시에 모두가 당신을 봅니다/ 피로 얼룩진 당신의 치맛자락에 숨은/ 그 피는 당신의/ 가장 착한 아들이 흘린 피입니다."). 그 시의 언어는 또한 성서의 색채를 강하게 띠고 있으며 구약의 예레미야서를 연상시킨다. 예레미야서에서는 예루살렘의 파괴가 시적으로 환기되고 애도된다.[24] 미국 망명의 마지막 단계에서도 브레히트는 1933년의 독일에 대해 거부와 동정, 두려움과 애정, 분노와 애도 사이를 오가는 이중적인 태도를 버리지 않는다. 1945년에 독일인 전체에 대한 가혹한 처벌을 요구했던 토마스 만과 달리, 브레히트는 독일의 미래에 대해 이야기하면서 독일 국민과 국가사회주의를 분리시켰다.[25] 잔더즈-브람스는 성별을 나타내는 용어를 활용해서 1933년 브레히트의 시에 이미 나타난 이런 구별을 적용한다. 브레히트의 시에 등장하는 살인자 아들들은 잔더즈-브람스의 영화에 등장하는 국가사회주의자 전쟁에 출전한 아버지들이다. 곧 아버지의 나라로서의 독일이다. 반면, 독일 국민, 게르마니아, "창백한 어머니"는 아들이 벌인 유혈 행위의 희생자로 등장한다.

이런 알레고리적 구성에는 논란의 소지가 있다. 왜냐하면 제3제국에서 여성은 희생자일 뿐만 아니라 가해자이며 순응자였기 때문이다.[26] 그 알레고리는 또한 등장인물들을 특별한 방식, 사실주의의 방식 — 곧, 모순적인 방식 — 으로 보여주려는 자서전의 시도에 반하여 작동한다. 그렇게 해

서 아버지 또한 희생자로 보이며 어떤 장면에서 어머니는 무감하고 비겁해 보인다. 예를 들어, 젊은 시절에 길 건너편에 사는 옛 학교 친구 라헬 베른슈타인이 게슈타포에게 연행되는 모습을 여동생과 함께 목격했을 때, 레네는 창문의 블라인드를 내리라고 고집한다. 레네는 자신의 사적 영역 밖에서 벌어지는 일을 보지 않으려고 한다. 그녀의 여동생은 "언니는 참 냉정해"(32)라고 말한다. 영화의 후반부에서 화면 밖 음성은 동정어린 말로 아버지를 설명한다. "그러니까 그들은 당신을 보내 사람들을 죽이게 한 거예요. 당신은 그렇게 할 수 없었어요. 누구인들 그런 일을 할 수 있겠어요. 나의 아버지, 아버지의 나라여"(112).

추상적인 알레고리와 구체적인 자서전을 이런 식으로 합성한 것이 영화에 균열을 만들었고, 서독 비평가들은 그 점을 신랄하게 공격했다.[27] 사실, 그 자서전의 기획은 개인적인 것과 사적인 것이 부자연스러운 알레고리적 차원을 전제할 때마다 타격을 입는다. 그렇게 해서 1945년에 술에 취한 두 명의 미군 병사에게 겁탈당한 후, 레네는 조용히 지켜보는 딸에게 이렇게 말한다. "그런 것이 승자의 권리란다. 그들은 물건들을 차지하고 여자들을 차지한단다." 영화의 알레고리적 논리가 제시하는 것은 그 어머니가 독일을 구현하는 것이라면, 전후 독일은 미국에 겁탈당한 순진한 희생양이라는 것이며 이는—알레고리로서 본—영화가 함축하는 수정주의적 암시 가운데 하나이다.

레네가 자신의 딸에게 그림 형제의 『동화』(*Fairy Tales*)에서 전체 내용을 가져온 도둑 신랑의 이야기를 들려주는 시퀀스가 거의 20분 가까이 지속된다. 그런데 이 시퀀스의 바탕에도 그런 알레고리적 충동이 자리하고 있다. 동화는 아버지에 의해 도둑 신랑에게 팔려간 어린 소녀를 다루고 있다. 소녀는 신랑이 식인종이라는 사실을 알게 된다. "돌아가요, 돌아가요,

어린 신부여, 당신은 살인자의 집에 있답니다." 새들이 노래하지만 소녀는 돌아가지 않는다. 그 대신 소녀는 숨어서 식인종들이 한 처녀를 난도질하는 모습을 지켜본다. 곧이어, 결혼 피로연에서 소녀는 자신이 본 것을 이야기한다. 그리고 그 이야기가 꿈이라고 말한다. 그렇게 해서 우리는 소녀의 해설로 그 이야기를 두 번째로 다시 듣게 된다. 그리고 이야기 사이사이에 "여보, 그건 꿈일 뿐이에요"라는 말이 되풀이된다. 식인종과 무고한 희생자에 관한 그 이야기는 너무 끔찍해서 사실일 수 없다. 그것은 단지 꿈이었을 뿐이다. 그러나 이야기의 마지막 순간에 신부는 갑자기 살해된 처녀의 몸에서 잘려 나온 손가락을 들어올린다. 손가락은 그녀가 살인을 지켜보는 동안 신부의 무릎에 떨어진 것으로 그녀의 이야기가 진실임을 입증해준다. "이야기를 듣는 동안에 하얗게 질린 도둑 신랑은 벌떡 일어나서 달아나려고 했지만 손님들이 그를 붙잡아 법정으로 데려갔단다. 그리고 그와 그의 무리들은 악한 행동에 대한 벌을 받았지"(96).

그 동화, 잔더즈-브람스의 말대로라면 "영화의 중간에 등장하는 미치광이 괴물"(116)은 레네 자신의 이야기에서 중심이 되는 모티프를 다시 언급한다. 곧 여성에게 가해지는 남성의 폭력과 그 폭력에 대해 레네가 느끼는 두려움을 언급한다. 그 동화는 "여성이 남성에게 품고 있는 원시적 공포"[28]를 명확히 해줄 뿐만 아니라, 결혼을 죽음과 자기파멸에 결부시킨다. 이야기가 전개되는 동안 새들이 소녀에게 "돌아가요, 돌아가요, 젊은 신부여, 당신은 살인자의 집에 있답니다"라고 세 번 외칠 때, 그 동화는 독일의 역사를 언급한다. 그녀의 해설에 수반된 이미지들은 동화가 시사하는 연상들을 뒷받침해준다. 나치 독일은 도둑떼가 사람을 죽이는 집이다. 레네는 안나를 등에 업고 숲 속으로 도망친다. 그녀는 버려진 공장에 도착한다. 그곳의 높은 굴뚝과 거대한 화로는 강제수용소의 이미지를 떠올리게 한다. 그들은 수풀 속에서 피투성이가 된 병사의 시신을 발견한다. 이 소름끼치는 발견에 뒤따르는 것은 뼈대만 앙상히 남은 베를린의 가옥들을 공중에서 포착한 무성(無聲)의 롱 쇼트와 히틀러의 불타는 벙커를 찍은 다큐멘터리 사진들이다. 이 이미지들은 동화에서 손가락이 그랬던 것처럼 반박할 수 없는 증거를 제공한다. 만약 이런 증거자료들이 존재하지 않는다면, 모든 사람이 "천년 제국" 독일의 이야기가 그저 하나의 악몽이었을 뿐이라고 생각할지 모른다.

역사의 밖에 있다는 바로 그 사실 때문에, 동화는 우리를 무의식적인 충동과 직접 대면시키고 우리가 우리의 소망과 충동을 동화에 투사하게 한다. 알렉산더 클루게는 〈애국자〉에서 "동화를 비웃는 사람은 상처를 입은 적이 없는 사람일 것이다"라고 말한다. 그 영화에서 동화가 중심적인 역할을 한다. 잔더즈-브람스는 때때로 동화의 모티프를 암시한다(예컨대, 레네가 자신의 손가락— 어두운 징조 —을 찔러잠자는 숲속의 공주에서처럼 핏방울이 떨어지게 했다는 것이나, 혹은 7명의 자매가 모두 금발인 집안에서 레네만이 유일하게 검은 머리칼을 지녔다고 얘기되는 것들이 그렇다). 그리고 이런 암시들이 한데 어우러져 영화 전체가 하나의 비현실적이고 인위적인 분위기를 자아낸다. 그런 분위기는 어둡고 우울한 음악 때문에 더욱 더 강조된다. 영화의 허구적인 시퀀스들에 대해 분명한 대응점을 제공하는 다큐멘터리 영상들이 간간이 사용되어 공습을 극화하고 1945년 베를린의 황량한 폐허를 묘사하며 폭격 후에 남은 어마어마한 파편더미를 치웠던 여성들, 파편 줍는 여성(Trümmerfrau)들의 존재를 우리에게 보여준다. 폐허의 한복판에 버려진 채 부모를 찾아 헤매는 어린 소년의 강렬한 이미지(레네와 안나의 행복한 공생과 대비시키기 위해 마련된 장면이다)가 재구성된 역사적 허구 속에 통합된다. 잔더즈-브람스는 1945년의 다큐멘터리에서 취했으며 진본임이 분명한 시퀀스를 마치 1945년의 그 소년이 허구의 인물인 레네와 가상의 대화를 나누는 것처럼 보이는 방식으로(쇼트/역쇼트, 대사의 추가) 편집했다. 관객은 다큐멘터리 영상의 조작을 눈치 채게 되고 역사적 사료를 허구의 세계에 아무런 의문 없이 전용하는 것에 불편함을 느낀다.

잔더즈-브람스는 가족이 파괴되고 아이들이 부모를 찾아 혼자서 이리저리 뛰어다니는 한 나라의 그림을 보여주고 싶어 했다. 〈독일, 창백한 어머니〉를 준비하면서 잔더즈-브람스는 전쟁 동안 찍은 다큐멘터리 기록영상들을 다시 보았고 "그것이 바로 전쟁의 모습이었다. 그것들은 아직도 때때로 내 꿈 속에 나타나는 이미지들이며 내가 이 영화를 만들어 제어하려고 했던 이미지였다"는 사실을 깨달았다. 경험과 동화, 영화 다큐멘터리와 꿈. 영화가 과거를 되풀이하고 허구의 거리두기 효과를 통해 과거를 극복하는 한, 영화는 치유효과까지도 가질 수 있다.

구조적으로, 동화의 시퀀스는 영화의 1부(결혼과 전선에서 아버지의 전투)와 2부(전후 시절과 결혼의 쇠락)를 잇는 가교 역할을 한다. 잔더즈-브람스는 우리에게 아데나워 치하의 독일에 대해 지극히 부정적인 이미지를 제공한다. 꾀병으로 전쟁에서 살아남은 아버지의 나치 친구는 1945년 이후에 한스보다 나은 일자리를 얻었고 한스는 이런 "불공평"에 대한 투정과 질투심에 불탔다. 그리고 히틀러 치하에서 항공 수송부 장관을 지냈고 지금은 교회의 집사로 베를린에 살고 있는 베르트랑 아저씨는 종교와 형이상학에 관해 유창한 언변으로 이야기하는 위선적인 기회주의자의 전형이다. 영화에서 가장 논란이 되는 장면에서 우리는 한스와 레네가 파티를 하는 동안 라디오로 중계되는 아데나워의 연설이 배경음으로 깔리는 것을 듣게 된다. 술에 취한 사람들이 이리저리 뛰어다니며 재잘거리고 유치한 놀이를 하고 있을 때 아데나워는 서구의 이상을 이야기한다. 인도주의적인 유럽의 가치를 선전하는 그의 연설과 술에 취한 퇴역군인들이 연출하는 눈살 찌푸려지는 광경의 대비는 무엇보다도 충격적이다. 레네는 말없이, 있는 듯 없는 듯 앉아 무언의 항의를 하며 이 사람들 속에 섞이기를 거부한다. 그녀는 술로 도피하고 마침내 우울증에 빠져 자살을 시도한다. 레네의 운명은 하나의 패러다임을 제공한다. 아버지/나라에 의해 파괴된 한 여인이라는 패러다임이다.

영화 전편을 통해 카메라는 레네의 고립을 강조하기 위해 꽉 찬 클로즈업이나 폐쇄적인 미디엄 쇼트로 그녀를 따라 움직인다. 영화의 도입부에서 레네를 처음으로 클로즈업한 장면은 그녀의 심각하고 고뇌에 찬 얼굴을 순교자의 상징적 이미지로 양식화한다. 딸이 "나의 어머니, 당신이 말했듯이, 나는 조용히 하라고 배웠어요. 당신은 내게 말하는 법을 가르쳐 주었어요. 모국어를 가르쳐 주었죠"(112)라고 말할 때 카메라는 그녀의 특징들을 담는다. 영화는 침묵의 화신인 어느 여인으로부터 시작해서 그녀로 끝이 난다. 남편이 떠났을 때, 레네는 자신을 위해 말하는 법을 배웠고 딸이 말을 잘하도록 가르쳤다. 그런 다음에 딸은 아버지가 돌아온 후에는 다시 침묵 속으로 돌아가 오직 육신의 질환을 통해서만 "말하는" 어머니를 대변하는 소임이 자신에게 맡겨졌다고 느낀다.[29] 한 사람의 침묵은 다른 사람의 말을 유도한다. 줄리아 크리스테바(Julia Kristeva)는 남성들이 역사의 무대 중심에 서 있는 데에 반해 언제나 무대의 배경에 서 있는 여성의 침묵에 관해 적고 있다.[30] 이런 감추어진 침묵의 역사를 말로 바꾸어 놓는 것이 바로 잔더즈-브람스의 영화가 기획하는 바이다. "우리의 부모가 찾고 있는 것은 도덕적 심판의 방식이 아니고, 당위를 실은 어조가 아니며, 주인공들의 이야기기가 점점 더 정교하게 다듬어짐에 따라 점점 더 깊이 억압되는 것이 아니라, 그저 그들이 그것을 인식하고 다시 한 번 생각해 볼 수 있도록, 자신들의 역사를 이야기해줄 사람이다"(10–11).

이 "주인공들"의 회고록과 전기는 여러 해 동안 대중의 엄청난 관심을 받았다. 요아힘 페스트가 쓴 히틀러의 전기와 알베르트 슈페어의 회고록은 순식간에 베스트셀러가 되었다. 범죄자들이 청중을 얻게 된 것이다. 그들은 역사를 썼다. 반면 거부도 저항도 하지 않은 채 가담하고 "따라갔던" 부역자(Mitläufer)의 절대 다수가 독일의 최근 과거를 금기시하고 그에 대한 자신들의 기억을 억압했다. 그들이 나이 어린 세대의 도덕적 판단을 두려워한 점에서는 틀리지 않았다. 잔더즈-브람스조차도 자신의 부모에 대해 이야기할 때 도덕적 심판을 하려는 것이 아니라는 점을 밝혀두지 않으면 안 된다고 느끼고 있다(10). 또한 에드가 라이츠는 1933년과 1945년 사이에 평범한 사람들의 묻혀버린 이야기를 캐내는 일을 했다. 도덕적 검열 대신에 그의 지배적인 어조는 매료, 동정, 심지어는 노스탤지어이다.

독일의 역사(German Geschichte)는 아니라고 해도 최소한 독일인의 이야기들(German Geschichten)을 복원하려는 기획은 엄청난 문제를 야기한다. 최종분석에서 히틀러 정권에서 자행된 범죄의 책임을 누가 질 것인가? "벌어진 일이 모두 그들이 바랬던 바는 아니라는 것은 사실이다. 그리고 나는 그들을 믿는다. 하지만 그들은 그 일들을 막지도 않았다. 우리는 그 점에 대해 그들을 비난하지만 과연 정당한 일일까? 후대에 태어난 이점을 누린다는 사실을 제외하면 우리가 그들보다 얼마나 더 나은 것일까?"(11) 어린 세대는 일정한 나이가 되어 그들 자신의 도덕적 부족함을 경험하고 나서야 나치의 테러에 적극적으로 반기를 들지 않았던 그들의 부모를 이해하고 심지어 그들을 변호하고 용서하는 듯했다. 돌이켜보면, 어머니들의 생존 기술, 그들의 독립, 결단, 열정은 칭찬의 대상이 되었다. "이는 파시즘 치하의 독일, 제2차 세계대전 동안과 그 이후 독일의 긍정적인 역사이다. 남성들이 죽음의 전선으로 보내지는 동안 삶을 지속해 온 여성의 역사, 그것은 이미 오래전에 이야기되었어야 했다. 이제 이 세대의 여성들, 우리의 어머니들은 65세가량 되었고 앞으로 그리 오래 살 수는 없다. 지금이야말로 우리가 아직 베를린에서 찾을 수 있는 이미지들을 가지고 그들의 역사, 그들의 이야기를 써야 할 시기이다"(25).

1945년의 독일. 전쟁으로 350만 명의 남성이 사망했고 수십만 명이 불구가 되었다. 1천2백만 명의 병사가 포로수용소에 있었다. 인구의 65%가 여성이었다. 이런 통계는 이 시기를 살았던 사람들의 이야기와 보고를 통해서만 생명을 얻는다. 1970년대 말에 제3제국의 생존자들이 죽어가기 시작했고 이 시기의 살아 있는 흔적들은 점차 사라지기 시작했다. 전쟁을 겪은 세대와 그들의 경험에 대한 새로운 관심이 일기 시작했고, 관심은 때로 향수어린 것이 되기도 했다. 그리고 제3제국과 전후 시기 여성들의 일상생활에 관한 무수한 역사 연구가 쏟아져 나왔다.[31]

1970년대 들어서 구술사가 대중화되고 지방사, 일상생활사에 관한 연구가 서독 전역으로 확산되면서 여성의 경험 역시 면밀히 검토되었다. 최근 여성들의 구술사에 대한 관심의 초점이 히틀러 시기가 아니라 그 이후 재건 시기에 맞춰지는 것은 그리 놀라운 일이 아니다. 1984년에 나온 한 인터뷰 모음집의 제목은 "긍정적인 독일의 역사"를 쓰려는 이런 시도에서 볼 수 있는 낙관적인 분위기를 나타낸다.『우리는 이 모든 것들을 어떻게 꾸려왔나: 1945년 이후 자신들의 삶에 관한 미혼 여성들의 보고서』(*How We Managed All That: Unmarried Women Report on Their Lives after 1945*).[32]

잔더즈-브람스는 전쟁이 끝난 첫 해에 파편더미를 치우던 잊혀진 세대의 여인들에게 목소리를 주고 싶어 했다. 베를린에서만 그런 여성들의 수가 50만 명에 이르렀다. 잔더즈-브람스는 관객들에게 오랫동안 묻혀 있던 기억을 일깨웠다. 페스트의 〈히틀러: 어떤 이력〉과 같은 영화에서 나타나는 남성 영웅주의에 대한 후일의 찬사를 거부하면서 잔더즈-브람스는 사람들의 사적이고 감추어진 이야기에 집중한다.

그들은 주인공이 존재할 수 있게 한 사람들이다. 그들이 바로 히틀러를 선출했던 사람들이다. 혹은 설사 히틀러를 뽑지 않았다고 해도 히틀러에게 반기를 들지도 않았던 사람들이며 지하의 저항운동에 가담하지도 않았던 사람들이다. 강제수용소로 후송되지 않았던 사람들이고, 이민을 떠나지 않았던 사람들이며 그 대신 신들의 황혼, 승리나 섬멸의 남성적 꿈이 눈앞에 펼쳐지는 와중에 소박한 삶과 사랑과 결혼과 아이를 원했던 사람들이다. 위대한 오페라에서 마지막으로 무대 장치의 파괴, 피날레, 결말을 묘사하는 것은 물론이고 주인공과 코러스의 웅장한 자기희생을 묘사하는 수백만 명의 합창단원들이다.[33]

평범한 사람들의 소박하고 정치적이지 않은 삶에 대한 재평가는 에드가 라이츠의 〈하이마트〉에서 계속된다. 이 영화 〈독일, 창백한 어머니〉에서 그런 재평가는 젠더에 따른 역사적 경험의 결정으로서 작용한다. 영화의 논리대로 하자면, 역사가 남성들에 의해 만들어지는 한, 여성들은 자신들을 이 역사의 희생자로 여겨야 한다.

페미니즘의 역사서술

완수해야 할 임무는 과거를 보존하는 일이 아니라 과거의 희망을 부활시키는 일이다.

— 막스 호르크하이머/테오도르 아도르노

153-2 페미니즘의 관점을 지닌 역사서술이 있을 수 있을까? 주디스 메인(Judith Mayne)은 그녀의 논문 「가시성과 페미니즘 영화 비평」("Visibility and Feminist Film Criticism") 에서 다음과 같이 주장한다.

페미니스트 역사가들에게, 우리 자신이 눈에 보일 수 있게 설명하는 일은 역사의 개념을 다시 읽는 과정을 수반했다. 곧 공적인 영역에서 일어난 일련의 대사건이 아니라, 사적인 삶의 영역과 공적인 삶의 영역 사이에서 이루어지는 지속적인 상호작용으로서 역사의 개념을 다시 읽는 과정이 수반되는 일이었다. 여성들은, 비록 대부분이 가정생활이라는 매개를 통해서이기는 하지만, 언제나 공적인 삶에 참여해왔다. 이제 페미니스트들에게 개인적인 것이 정치적인 것이라는 말은 하나의 공리가 되었다. 그럼에도 불구하고 우리는 이른바 존재의 "개인적" 영역들이 형성되고 이어 그 영역들이 사회적 관계의 성격을 형성하는 정도를 이제 겨우 깨닫기 시작했다.[34]

잔더즈-브람스는 자신의 영화에서 공적인 영역과 사적인 영역 사이의 이런 변증법적 관계를 드라마로 만든다. 그러나 그녀에게 변증법적 관계가 뜻하는 것은 대비시킨다는 것이다. 그래서 그녀는 레네가 출산하는 모습을 담은 아주 사실적으로 연출된 시퀀스를 공습에 관한 다큐멘터리 영상 안에 끼워 넣는다. 그 이미지들은 생명을 낳는 것과 생명을 파괴하는 것 사이의 첨예한 대비를 통해 사적인 영역과 공적인 영역 사이에 존재하는 간극을 보여준다. 더욱이, 그 장면은 가정과 전선에서 전쟁을 경험하는 서로 다른 방식을 가리킨다. 여성들은 전쟁을 영웅의 시대로 경험하지 않았다. 그들은 전쟁을 "다르게, 좀 더 객관적으로" 경험했다. 잔더즈-브람스는 영화 대본의 서문에 다음과 같이 적고 있다. "그들에게 영웅주의 따위는 관심 밖의 문제였다. 그들의 남편이 집에 있는 것을 더 바랐을 것이다"(26). 영화에서 레네와 안나는 파편더미에 둘러싸인 채 비바람을 피할 거처조차 없었지만 전쟁 중에 자신들에게 가장 행복한 시간을 보냈다는 사실을 보여주었을 때, 사적인 영역은 특히 도발적인 방식으로 정치적인 영역에 반하는 것으로 작용했다. "가정의 보금자리가 파괴되자 당신은 명랑해졌어요. 모든 것이 파괴된 후에 우리는 행복한 시간을 보내기 시작했어요"(113). 가부장적인 부르주아 가정의 물리적인 파괴는 어머니가 독립적인 개인으로 발달하는 데 필수적인 자유를 창출했다. 남편이 전쟁에서 돌아오자 — 그리고 그의 낡은 가부장적 질서가 돌아오자 — 사적인 영역과 공적인 영역 사이의 전통적인 구분이 다시 확립되고 어머니는 다시 가정에 감금되었다. "우리가 부순 돌들이 전보다 더 나빠진 집을 짓는 데 사용되었습니다. 레네, 우리가 알았더라면 좋았을 텐데, 레네, 우리가 알기만 했어도 좋았을 텐데 … 거실이 돌아왔다는 사실을 말이죠. 외부에 평화가 오자, 안에서 전쟁이 시작되었습니다"(113). 움직일 수 없는 벽이 세워져서 개인적이고 사적인 영역과 정치적이고 공적인 영역을 갈라놓았다.

독일의 역사에서 특별히 여성적인 경험들은 잔더즈-브람스가 과거를 보여주는 일에 출발 지점과 수렴 지점을 제공한다. 그녀는 여성들이 그들 나름의 역사를 갖는다는 사실에 확신을 갖는다. 여성들의 역사는 남성들의 역사와 구별된다. 그런 이유 때문에 공적인 역사는 여성들의 관점에서 다시 쓰여야 한다. 곧, "승리나 섬멸에 관한 남성적인 꿈을 멋지게 무대에 올린" 후에도 삶을 지속했던 사람들의 관점에서 공적인 역사가 다시 쓰여야 한다. "그들은 파편을 치우고 스스로를 일으켜 세운 뒤 잊었다. 그리고 다시 한 번, 이미 무대에서 공연된 드라마의 잔해들 속에서, 처음부터 그들이 살아가기를 원했던 소박한 삶을 시작했다. 프랑스, 이탈리아, 영국의 여성들이 그랬던 것과 마찬가지로. … 히틀러 단 한 명의 남자를 위한 영화는 여러 편이지만 나의 어머니, 수천 명의 여성을 위한 영화는 단 한 편 뿐이다"(9-10).

젠더의 여러 차이가 존재하는 한, 하나의 집단 기억, 하나의 단일한 역사로 동질화될 수 없는 젠더 특유의 경험들이 존재할 것이다.[35] 크리스타 볼프의 표현을 빌리자면, "역사적인 이유와 생물학적인 이유들 때문에 여성이 남성과 다른 현실을 경험하는" 한 "여성들의 글쓰기"가 존재한다. "남성과 다른 현실을 경험하고 그것을 표현하라."[36] 이런 생각을 유지하면서 잔더즈-브람스는 젠더에 따른 것으로서 남성 위주의 역사에서는 일어나지 않는 현실의 경험을 자신의 영화에서 의도적으로 강조한다. 출산의 의미, 어머니의 자녀 양육, 강간에 대한 두려움, 폭력과 정신적 위해에 대한 여성의 신체적 반응, 그리고 마지막으로 어머니와 딸의 관계를 강조한다. 어머니와 딸의 관계는 여성의 정체성을 확립하는 데 특히 중요하다.[37]

영화는 시작되는 순간부터 아버지 한스를 배제한다. 그는 레네보다 훨씬 늙어 보인다. 화면 밖 음성이 설명을 제공한다. "아버지, 당신도 그녀만큼 젊었어요. 그러나 제 기억 속에서 아버지의 모습은 언제나 그들이 내보냈던 전쟁에서 당신이 집으로 돌아왔을 때처럼 노쇠한 모습이었습니다"

(112). 아이의 관점에서 아버지의 그런 모습 자체가 "전쟁"과 결부되었다. 딸의 기억 속에서 아버지는 가족의 외부에 있었다. 아버지는 사람들이 "조국"을 위해 싸우는 저 밖 어딘가에 있었다. 아버지의 짧은 방문 동안에 카메라는 레네와 안나의 관점에서, 가끔은 꽉 찬 미디엄쇼트와 클로즈업으로 그를 관찰한다. 관객이 그의 존재를 파괴적인 것으로 인식하게 하기 위해서다.

자신이 어머니와 딸의 목가적인 공생을 방해하고 있다는 사실을 깨닫게 될수록, 한스는 점점 더 아내와 아이에게 공격적이 된다. "내가 아버지에게 어떻게 했어야 했던 것일까?" 화면 밖 음성은 다음과 같은 것을 떠올리며 이렇게 물었다. "나는 폐허 더미 속에서 레네와 함께 마녀가 되는 일을 즐겼다"(113). 전쟁과 감금에서 풀려나 돌아온 후 한스는 만신창이가 되어 갈피를 잡지 못했으며 적개심에 차 있었다. 딸이 1970년대 후반에 아버지들에 관한 문학에서 자주 상술되었던 경험과 관련된 뼈 있는 질문을 던지자 그는 딸에게 손찌검을 한다. 크리스토퍼 메켈(Christopher Meckel)은 자신의 아버지에 관해 다음과 같이 적고 있다. "전후에 아버지의 자신감은 무너져 내렸고 그래서 그것은 매일 매일 폭력으로 가족을 희생시켜가며 되살려 내야 하는 것이었다. … 아버지의 망가진 모습은 아이들을 괴롭혔다(그들은 자신들의 아버지상 — 환상에서 깨어난 가망 없는 폭군 — 이 한 세대 전체의 특징이라는 사실을 알지 못했다)."[38]

아버지들은, 자신들의 군사적 패배 때문에, 그리고 그들의 개인적인 고통과 상실의 기괴함과 무의미함을 알게 된 탓에 몹시 불안해진 상태에서, 군인으로서는 패배했고 독일인으로서는 경멸당했으며 "재교육" 프로그램으로 모욕을 당했다. 그들은 또한 그들이 사수해왔다고 여겼던 모든 가치와 이상의 파괴에 직면했다. 아버지들은 아내와 아이들에 대한 거친 행동을 통해서 자신들의 상실된 권위를 보상받았다. "반듯하게 써야지" 아버지는 안나에게 소리친다. 최소한 집안에서 만이라도 인정받으려는 그의 절절한 노력은 아내와 딸의 무언의 적대감에 직면하게 된다.

전쟁에서 돌아온 아버지들은 지나치게 예민했고 성급했다. 잔더즈-브람스는 이를 무감각한 잔인함의 지점까지 강화한다. 레네에게 안면 마비가 발병했을 때, 오진을 한 의사는 그녀의 이를 모두 뽑아야 한다고 말했다. 한스는 의사에게 그렇게 하도록 허락했다. 카메라는 여자들에 대한 남자들의 취급이 갖는 가학적인 측면을 강조하면서 이 과정을 고통스러운 클로즈업으로 보여준다. 불쾌하고 지울 수 없는 이미지들은 전쟁의 비인간성이 남성과 여성의 관계에 어떻게 작용하는지 보여준다. 헬케 잔더(Helke Sander)는 『여성과 영화』(frauen und film)에서 이 영화에 관해 쓰면서, 자신은 "남성의 사적인 폭력과 정치적으로 공인된 폭력의 관계"를 그보다 더 명확히 본 적이 없었다고 말했다. [39]

프로이트에 따르면, 남성의 공격은 그 자체로는 아버지를 겨냥하는 것이지만 아버지의 보복에 대한 두려움 때문에, 특히 거세에 대한 두려움 때문에 표면으로 드러나지 않는다. 대신에 이 공격은 가정 밖에서 배출구를 찾는다. 그리고 주로 희생양에게 가해진다. 마르가레트 미첼리히-닐젠(Margarete Mitcerlich-Nielsen)이 「그녀 자신의 땅: 독일에 관한 연설」("Speech about her Own Land: Germany")에서 지적했듯이, 여성들은 공격적인 충동을 다른 식으로 다스린다.

여성들 역시 거세의 공상 때문에 고통을 겪지만 남성보다는 훨씬 덜 하다. 신체적 파괴라는 의미의 보복에 대한 두려움은, 곧 너무 쉽게 폭력으로 변질되는 그 두려움은 훨씬 적은 역할밖에 하지 않는다. 여성들에게 중요한 것은 사랑을 잃는 것에 대한 두려움이다. 그런 두려움을 간직한 여성들은 자신들의 공격성을 피학적인 자기희생, 죄의식, 혹은 비난의 태도로 변환한다. 그들은 경쟁을 통해 만들어진 폭력적인 공격성을 아무 두려움 없이 배출할 희생양을 찾지 않는다. 여성들의 양육과 젠더 특유의 발달은 그들이 폭력과 결부된 편집증의 기본 구조를 발전시키도록 예정하지 않는다. 비록 그들이 사랑을 잃게 될 것에 대한 두려움 때문에 남성 지배적인 사회의 역할 모델, 편견, 가치를 받아들일지라도 말이다. 남성과 여성 모두의 양육되는 방식은 자연스럽게 이런 "가치들"에 달려 있다. 달리 말하자면, 마녀사냥, 반공사상, 반유대주의, 군비경쟁심리, 편집증과 폭력의 모든 파괴적 결합은 여성보다 남성에게 속하는 것들이다.[40]

잔더즈–브람스는 독일의 최근 과거를 묘사하면서 공격과 마주할 때 나타나는 이런 성별의 차이를 보여준다. 한스는 아내와 아이를 학대해서 자신의 억눌린 분노를 표출한 반면, 레네는 피학적으로 희생자의 역할을 수행하고 질병과 술, 자살 시도 속으로 도피한다. 1970년대에 페미니스트인 딸의 관점에서 보면, 자기파괴를 향한 이런 치명적인 경로의 단계들은 반드시 보여야 하는 것이지만 또한 비판되어야 하는 것이기도 하다. 결과적으로 잔더즈–브람스는 레네를 점점 더 부정적인 측면에서 보여주어 우리가 그녀의 어머니에게 느끼는 동정심을 감소시킨다. 그녀는 활동적인 삶으로부터 후퇴하기만 한 것이 아니다. 우리는 딸의 얼굴에 뜨거운 스프를 끼얹으며 발작적으로 억제할 수 없는 공격성을 드러내는 레네의 모습도 보게 된다. 이 장면은 어머니와 딸 사이의 단절을 보여줄 뿐만 아니라 이런 자기파괴적인 증상들을 낳은 나이든 세대의 자기희생적 태도와의 단절도 보여준다. "나는 결혼하지 않았어요. 당신으로부터 그런 것을 배우지 않았어요"(112)와 같은 문구에서 우리는 어머니의 이야기를 되풀이하지 않으려는 딸의 저항을 듣게 된다.

여성 정체성의 추구, 어머니로부터의 분리, 아버지에 대한 앙갚음, 젠더에 따른 역사서술, 기억의 관점, 이들은 1970년대 후반에 이르러 비로소 등장하는 페미니즘 영화의 모티프들이다. 그런 것들은 유타 브뤼크너(Jutta Brückner)의 영화 〈굶주림의 시절〉(*Hungerjahre*, 1980)과 예닌 미어라펠(Jeanine Meerapfel)의 〈말로우〉(*Malou*, 1981)에서도 등장한다. 브뤼크너의 자전적 영화 〈굶주림의 시절〉은 경제 기적과 냉전 시기 독일의 억압적이고 경직된 가정의 분위기를 〈독일, 창백한 어머니〉보다 더 개방적이고 에세이적인 형식으로 다루고 있다. 영화의 시점은 13살 소녀의 시점이다. 부모, 주변 환경, 심지어 그녀 자신의 신체로부터의 점진적인 소외가 설명된다. 화면 밖 음성으로 들려주는 작가의 독백은 반추와 문학적 인용, 그리고 개인적인 기억의 단편으로 구성되어 절제된 흑백 영상을 배경으로 진행된다. 소녀의 자살 시도로 끝을 맺는 그 이야기는 노스탤지어와 회한에 젖어 기억하는 주체의 회고적 관점에서 이야기된다. 브뤼크너의 영화는 아데나워 시절의 위선적이고 억압적인 가족 구조를 반영한다. 하지만 〈독일, 창백한 어머니〉와 대조적으로 독일을 하나의 운명적인 전체로 보는 알레고리적인 언급은 없다. 영화의 제목은 삶, 사랑, 경험, 의미에 굶주렸던 시절을 암시한다. 이미지, 소리, 시적인 텍스트, 회고적인 자전적 언급이 빚어내는 다성악(polyphony)을 통해 〈굶주림의 시절〉은 1950년대 억압적인 소시민의 의식에 대한 복합적인 통찰을 제공하고 그 시절의 정서적 황폐함을 감지할 수 있게 해준다.

브뤼크너의 영화가 지니는 구조와 분석적이고 냉정한 카메라는 자전적임을 감추지 않는 예닌 미어라펠의 영화 〈말로우〉보다 이 영화에 대해 더 큰 거리를 유지하게 관객을 인도한다. 미어라펠의 멜로드라마적인 영화는 플래시백을 사용해 딸이 겪고 있는 정체성의 위기, 그리고 정치적 망명상태에서 일생을 보내 정신이 이상해진 어머니와 딸 사이에 벌어지는 고통스러운 몸부림을 보여준다. 〈말로우〉는 또한 1980년대 초 독일의 페미니즘 영화를 반영한다. 자신의 어머니에게로 돌아가는 방법의 하나로 정체성의 추구, 기억의 몸짓, 그리고 개인의 전기에 반영되고 각인된 국가의 과거와의 대면을 반영한다.

1960년대 말 정치색 짙은 페미니즘 영화의 시작에는 상당히 다른 목적이 있었다.[41] 페미니즘 영화는 학생운동의 맥락에서 독자적인 여성 집단들로부터 부상했다. 여성 영화작가 공동체가 결성되어 관객에게 여성 특유의 주제들(낙태, 동일 임금, 동등한 권리)을 교육하고 여성들의 연대를 창출하고자 했다. 잔더즈-브람스의 첫 번째 극영화 〈보도 아래에 해변이 있다〉(*Unterm Pflaster ist der Strand*, 1974)뿐만 아니라 1969년에 시네마 베리떼 장르로 만들어져 백화점 점원의 하루를 다룬 단편 다큐멘터리 〈24세의 판매사원 안젤리카 우르반〉(*Angelika Urban, Veräuferin, 24 Jahre*) 같은 그녀의 첫 영화들은 이런 주제에 초점을 맞추고 있다. 이 정치색 짙은 초기 페미니즘 영화들은 이른바 여성 영화로 불리는 영화들로부터 의식적으로 스스로를 분리시키려고 노력했다.

여성에 관해, 여성을 위해 만들어지지만, 여성에 의해 만들어진 경우가 드물고, 긍정적이고 멜로드라마적인 개념을 따르는 여성 영화와 달리, 페미니즘 영화는 언제나 여성들이 만들었고 여성의 정치적 해방운동에서 힘을 얻었다. 1960년대에 부상한 여성 운동이 추구하는 자기 이해에 따라 페미니즘 영화는 자기 분석과 의식의 고양을 촉진하고 차별과 억압을 없애기 위한 행동을 촉구했다. 그러므로 그들이 선호한 주제는 여성의 사회화 효과, 역할 수행, 정체성 문제, 그리고 성격구조에서 능력과 강박, 강박적 역할 수행이 남긴 치명적인 정신적 결과, 남성의 억압 전략에 대한 분석 등이다.[42]

그러나 페미니즘 영화는 곧 새로운 쟁점들을 찾아내기 시작했다.[43] 약간의 시차를 두고 자크 라캉, 줄리아 크리스테바, 뤼스 이리가레(Luce Irigaray)의 뒤를 좇아 독일의 페미니스트들은 일반적인 여성 주체를 영화적으로 구축하는 일에 집중하는 좀 더 급진적인 이론들을 논의하기 시작했다. 페미니즘 영화는 더 이상 그 내용과 공개적인 이데올로기(여성적 쟁점들이나 가부장적 구조에 대한 비판)를 통해 규정되지 않았고 그 서사 형식과 남성 관객과 여성 관객의 자리매김을 통해 규정되었다. 새로운 방식의 이야기하기와 표현을 추구했다. 클레어 존스톤("대안 영화로서 여성 영화", Claire Johnstone, "Women's Cinema as Counter")과 로라 멀비("시각적 쾌락과 서사체 영화", Laura Mulvey, "Visual Pleasure and Narrative Cinema")의 영향력 있는 논문은 1970년대 중반부터 할리우드의 고전 서사체 영화를 공격했다. 할리우드의 고전 서사체 영화에서 남성은 능동적이며 시선을 가진 자로 그려지는 반면, 여성은 하나같이 수동적이며 남성의 시선의 대상으로 보인다.[44] 할리우드 영화에서 카메라는 전통적으로 남성의 관점을 전제한다. 그래서 사회에 대해 비판적인 영화조차 여성에 대한 고정관념을 영속화한다. 먼저 의문에 부쳐지고 와해되어야 할 것은 무엇보다도 카메라의 남성적 시선이다. 존슨과 멀비에 따르면, 페미니즘 영화는 "대안 영화"가 되어야 한다. 낡은 표현 형식을 통해 새로운 내용을 무효로 만들려는 것이 아니라면, 그 영화들은 영화적 의미생산의 기존 관행을 파괴해야 한다. 헬케 잔더가 1978년에 비슷한 맥락에서 썼던 것처럼, "오늘날 여성들이 모든 영역에서, 심지어는 예술에서조차 표현할 수 있는 가장 진정성 있는 것은 수단을 통일하거나 조화롭게 하는 데 있는 것이 아니라 그것들을 파괴하는 데 있다. 그들이 진실한 곳에서, 여성들은 사물을 파괴한다."[45]

이런 정의를 수용한 페미니즘 영화들이 그들의 의무로 여기는 것은 관습화된 관람 양상을 파괴하는 것이고, 이데올로기의 전달매체로서 영화적 기호들을 폭로하는 것이며, 고전적인 사실주의 영화의 구조와 일관성을 파괴하는 것이다. 지배적 코드의 "해체(deconstruction)"라는 이런 기획은 페미니즘 영화와 실험적이고 전위적인 영화 사이에 친화력을 창출한다.[46]

잔더즈-브람스의 〈독일, 창백한 어머니〉는 새로운 페미니즘 영화의 몇 가지 형식적인 요소들(작가의 말하고 듣는 목소리의 존재, 동화적인 시퀀스로 이루어진 비정통적인 서사 체계, 남성적 시선의 기피)을 받아들이고 있지만 독일과 독일의 문제에 초점을 맞추고 있다는 점에서 정치색 짙은 페미니즘 영화의 특징인 젠더 특유의 관심사들을 넘어서고 있다. 잔더즈-브람스는 전통적인 페미니즘의 주제(남성과 여성 사이의 관계, 딸-어머니의 관계, 가부장제에 대한 비판)를 독일 역사의 맥락 속에 위치시켜서 역사화한다. 이런 관점은 독일의 역사에서 상실된 기회와 좌절된 발전은 물론이고 묻혀버린 모호한 전통과 연속성을 폭로한다. 남성들이 징집되었던 전쟁 기간 동안 여성들은 여러 해를 그들 스스로의 힘으로 살았고 "자신들의 힘을 자각"하게 되었다(26). "전후에 그 힘은 많은 경우 갑자기 무의미한 것이 되어 버렸다. 그러나 그 세대의 자녀로서 전쟁 중에 태어난 우리는 그것을 유산으로 물려받았다"(26)고 잔더즈-브람스는 주장한다. "폐허의 자녀들"에게 해방은 그들의 유년 시절에 있었던 최초의 경험이었다. 그것은 생존을 위한 전투의 한복판에서 경험한 해방이었다. 파편 줍는 여성이었던 어머니에 대한 잔더즈-브람스의 기억은 그녀에게 전후 초기에는 어리석은 것으로 보였던 여성의 자각을 활성화할 용기를 주었다. 자신의 기원을 찾는 과정에서, 그녀는 미래에 대한 희망을 찾았다.

6
기억으로서의 독일

에드가 라이츠의 〈하이마트〉

"우리는 더 이상 우리가 우리 자신의 사생활을 진지하게 받아들이는 것을 막을 수 없다."(에드가 라이츠)

— 〈하이마트〉 중에서 마리타 브로이어

우리의 기억은 객관적인 개념도 아니고 영화의 이미지도 아니다. 우리의 의식은 수천 개의 거울로 작용한다. 그리고 그 거울은 다시 수천 개로 굴절된다. … 우리의 기억은 개인적인 것이다. 이 말이 뜻하는 바는 우리의 기억이 우리에게 주는 것이 세계에 대한 하나의 이미지가 아니며, 그 이미지의 퍼즐로서 정신의 방에서 우리의 개인적인 반추와 첨삭으로 만들어졌다는 것이다. 우리의 기억은 세계에 대한 하나의 이미지로 보일 수 있고 우리에게는 그렇게 작용한다. 그러나 우리가 그것을 뇌의 굴절 거울이라고 부르는 것처럼 우리의 기억은 단지 우리의 의식을 재현한 것일 뿐이다.

— 크리스토프 하인(Christoph Hein)

시골 풍경

어느 미국인 대담자가 가정과 고향으로는 번역될 수 없는 독일어 단어, "하이마트"의 의미를 묻자, 에드가 라이츠는 다음과 같이 대답했다.

그 말은 항상 강한 느낌을 줍니다. 회상과 그리움의 느낌이죠. "하이마트"는 나에게 언제나 잃어버린 어떤 것, 혹은 아주 멀리 있어서 아무리 찾으려고 해도 쉽게 찾아낼 수 없는 어떤 것에 대한 감정을 불러일으킵니다. 이런 점에서, "하이마트"라는 말은 낭만적인 독일어 단어이며 낭만적인 변증법을 지닌 낭만적인 느낌이기도 합니다. "하이마트"는 다가가려고 할수록 멀어져서 그것에 이르는 순간 사라져버리고 무위가 되어버린다는 것을 발견하게 되는 그런 것입니다. 내가 보기에 누군가가 "하이마트"에 대해 가지고 있는 개념이 명확할수록 그는 그것으로부터 더 멀어지는 것 같습니다. 내게는 이

것이 바로 "하이마트"입니다. 그것은 허구이며 오직 시 속에서만 도달할 수 있는 곳입니다. 그리고 나는 영화를 시에 포함시킵니다.[1]

라이츠는 하이마트라고 불리는 이 낭만적인 허구에 관해 16시간 길이의 영화를 만들었다. 그리고 적어도 2천5백만 명에 이르는 서독의 텔레비전 시청자들이 1984년 가을에 11회에 걸쳐 방영된 라이츠의 영화를 한 회 이상 시청했다.[2] 매회 평균 9백만 명의 시청자가 그의 영화를 시청했다. 〈하이마트〉는 또한 유럽과 미국의 주요 도시에서 35mm 영화로 이틀에 걸쳐 2부작으로 상영되었으며 여러 영화제에서 많은 상을 수상했다. 미국 텔레비전에서는 자막 처리되어 방영되기도 했다. 1985년에 브라보 케이블 채널에서 처음 방영되었고 이어 1987년에 PBS 방송사에서 방영되었다.

서독에서, 〈하이마트〉는 (1979년 〈홀로코스트〉를 제외하고) 최근의 다른 어느 영화보다도 많은 논쟁을 촉발했다. 그 영화가 라인란트 남부 농촌 지역인 훈스뤽(Hunsrück) 지방에 관해 지어낸 이야기와 이미지는 1984년 이후 서독의 대중적인 기억에서 핵심적인 요소가 되었다. 이제 서독에서 영화 〈하이마트〉를 생각하지 않고는 하이마트에 관해 생각하기 어렵다. 동시에 서독의 역사에서 "하이마트"라는 용어가 획득한 다양한 언외적 의미, 뉘앙스, 함축을 고려하지 않고서 그 영화를 논하기는 어려운 일이다. 〈하이마트〉의 수용은 쟁점이 되는 것이 한 편의 영화에 대한 반응 그 이상의 것이라는 점을 분명하게 보여주었다.

라이츠는 젊은 독일 영화의 첫 감독들 가운데 한 사람이었다. 그는 1962년에 알렉산더 클루게와 함께 오베르하우젠 선언에 서명했다. 당시 두 사람은 모두 30세였다. 라이츠는 또한 "작가의 실제 경험"[3]에 바탕을 두고 작품을 만들던 작가주의 영화감독의 마지막 사람들 가운데 하나이기도 하다. 핵심에서 보면 〈하이마트〉는 자전적 영화이다. 히틀러가 집권하기 한 해 전에 훈스뤽의 한 촌락에서 태어난 라이츠는 그의 주인공 폴처럼 스무 살에 그곳을 떠나 쉰살이 다 되어서야 돌아왔다. 1979년에 시작해서 이후 5년에 걸쳐 라이츠는 자신의 고향에 관한 영화 한 편을 제작했다. 그 영화는 "여기 남는 일", 떠나가는 일, 돌아오는 일 사이의 긴장관계를 극화하고 있다.

귀향, 곧 태어나서 자란 곳으로 돌아간다는 것은 기억과 자서전에 관심을 가졌던 1970년대 후반과 1980년대 초반 문학에서 나타나는 유사한 경향과도 일치하는 것이다. 잔더즈-브람스의 〈독일, 창백한 어머니〉와 클루게의 〈애국자〉 — 비록 스타일은 전혀 다르지만 — 는 같은 사조에 속하는 영화들이다. 그럼에도 불구하고, 급진적인 지역주의, 농민 등장인물, 사투리 사용, 농촌의 일상생활에 대해 노스탤지어를 실어 상세히 그리고 있는 라이츠의 묘사는 동시대의 독일 문학이나 영화에서는 유례를 찾을 수 없는 것들이다. 그의 영화는 나치 시절 "하이마트"와 "혈통과 토양" 문학이 함축했던 것들 — 그런 함축은 위험스러운 것임에 틀림없다 — 을 떠올리게 한다. 향토색과 하이마트를 결합시키는 것은 특별히 독일적인 현상으로서 그 역사적 측면은 계속해서 억압되고 부정되어왔다. 독일에서 향촌 생활의 장면들은 결코 순박한 것이 될 수 없다.

"사람들이 땅으로 되돌아가고 있다(Man trägt wieder Erde)"는 1931년 《문학 세계》(*Literarische Welt*)에 수록된 논문 가운데 한 편의 제목이었다.[4] 그 글은 도시의 근대적이고 전위적인 문학에 논쟁적으로 맞서는 촌락적인 주제와 지역적인 글쓰기라는 새로운 문학적 경향을 비판했다. 이 새로운 농촌 지역주의의 반동적 경향을 우려의 시선으로 바라보는 데는 그럴 만한 이유가 있었다. 불과 몇 년 후에, 그 주요 모티프들 — 진정한 사랑과 가정,

외래적인 것이나 도시적인 것에 대한 혐오 — 이 국가사회주의자들의 파시즘적인 "혈통과 토양" 문학에 쉽게 동화되어버렸기 때문이다.

"법과 질서에 대한 믿음을 간직하고"[5] 살아가는 순박한 향촌 생활에 큰 가치를 부여하는 것의 기원은 1890년대의 하이마트 운동까지 거슬러 올라간다. 그 운동은 급속한 산업화와 그에 따라 급속히 이루어진 농촌에서 도시로의 이동에 반발해서 생겨난 것이다. 이런 반근대적이고 반도시적인 운동의 이데올로기에서 하이마트는 도시로 향하는 길에서 포기한 것, 바로 그것이었다. 그때부터 "하이마트"란 말은 "지역," "향촌," "시골"의 의미를 내포하게 되었다. 산업화 시절 이래로 독일 문학은 하이마트에 거의 단절점이라는 감정적 뉘앙스를 실었다. 하이마트는 잃어버린 어린 시절, 가족, 정체성의 자리를 의미한다. 그것은 또한 안전한 인간관계, 자본주의 이전의 소외되지 않은 노동의 가능성, 촌락 거주자와 자연 사이의 낭만적인 조화를 상징한다. 에른스트 블로흐는 3권으로 된 『희망의 원리』(*Prinzip Hoffnung*)의 결론에서 하이마트를 소외 자체에 대한 유토피아적 반명제라고 묘사한다. "모든 사람의 어린 시절에 빛을 비추고 누구도 있어본 적 없는 어떤 곳이 세상에 떠오른다. 바로 고향이다."[6]

하이마트 문학은 19세기 말 처음 시작된 순간부터 폭넓은 대중을 끌어들였다. 이는 하이마트 문학이 뒤이어 등장한 모더니즘 문학에 불편해 했던 모든 독자들의 요구에 부합한 때문이기도 하지만 또한 그것이 비역사적이고 신화적인 시대에 뿌리를 둔 독일 제국과 독일 공동체의 농촌적인 면 옛날의 이미지를 불러낸 때문이기도 하다. 하이마트 문학은 질서, 영원, 국민적 긍지를 약속했다. 이런 관점에서, 도시는 항상 "타자" — 정처 없고 소모적인 활동과 과도적이며 피상적인 가치들의 장소, 영혼 없는 익명성의 콘크리트 사막, 국제적 사업, 부도덕성, 그리고 퇴폐의 장소 — 로 남아 있었다. 이 모든 공포의 이미지가 하이마트 운동에 채택되었다. 그리고 그 이미지들은 이상화된 하이마트 개념의 대응점으로서 국가사회주의 아래에서 다시 등장했다. 1920년대에 그 개념은 농촌적-낭만적인 변형들, 반동적이고 반유대주의적인 변형들을 흡수했다. 그것들은 이어 국가사회주의의 "혈통과 토양" 운동에 일조했다. 1933년 이후에 하이마트는 인종(혈통)과 영토(토양)의 동의어가 되었다. 그 끔찍한 조합은 "소속되지" 않은 사람들의 추방이나 제거로 이어졌다. 국가사회주의 아래에서 하이마트는 살의를 품고 "독일답지 않은" 모든 것을 배제한다는 뜻이 되었다.

제2차 세계대전이 끝난 후에 수백만 명의 독일인이 가정을 잃고 고향을 등졌을 때, 하이마트의 개념은 새로운 의미의 층을 얻었다. 동유럽의 과거 독일 영토였던 곳에서 온 난민들이 마주한 것은 자신들의 고향을 파괴당한 독일인이었다. 어린 시절을 보냈던 곳이 파괴되었고, 가족 구성원이 전쟁에서 죽어갔으며, 국가는 승전국에 의해 분할되었다. 독일 제국은 잿더미 속에 있었다. 그렇게 해서, 전후 처음 몇 년 동안 하이마트는 무엇보다도 상실의 경험, 곧 독일인의 향수어린 기억들로 채워진 하나의 진공을 표상했다. 1950년대에 만들어진 수많은 하이마트 영화들은 독일을 모든 독일인이 동일시할 수 있는 어느 시골의 고향, 지방의 고향으로 묘사했다. 이 영화들은 전쟁에도 파괴된 적이 없는 검은 숲과 뤼네부르크 초원(Lüneburg Heath) 같은 독일다운 풍경에 초점을 맞추었다. 때 묻지 않고 정치적으로 순진무구한 독일인과 지역 의상, 풍습, 말씨, 음악 등에 초점을 맞추었다. 1950년대에 인기를 얻었던 프레디 퀸(Freddy Quinn)의 히트곡 "떠돌이(Heimatlos)"는 하이마트의 추구를 어쩔 수 없는 숙명으로 양식화했다. 항해자로서 독일인은 멀리 있는 고향을 절절히 그린다. 다른 어떤 말과도 달리, 하이마트는 키치적인 정서, 허위의식, 그리고 진정한 감정의 요구를 동시에 포괄한다.

1970년대 중반에 하이마트에 대한 비슷한 감정이 다시 고개를 들고 번져 나가기 시작했다. 여기에는 복잡한 이유가 있었다. 한편으로는, 무엇보다도 베트남, 쿠바, 중국을 겨냥했던 1960년대의 정치적 에너지가 소진되었다. 다른 한편으로, 독일인은 자신들의 국가가 직면한 위험이 급속히 증대되고 있음을 깨달았다. 유독성 산업 폐기물이 물과 토양, 공기를 오염시켰다. 산성비는 숲을 파괴했고 원자력 발전소가 건설되었으며 나토의 미사일이 그들의 생존을 위협했다. 삶의 질과 미래에 대한 두려움은 1960년대에 밖으로 향하던 정치적 행동주의를 안으로 향하게 만들었다. 곧 독일 자체로 향하게 했다. 1967년에 마르틴 발저(Martin Walser)는 다소 냉소적으로 다음과 같이 썼다. "'하이마트'는 낙오자에게 가장 친절한 표현이다."[7] 10년이 채 안되어 진보 자체가 의심을 받게 되자, 그런 걱정은 잊혀졌다. 문학과 정치에 관한 정기간행물로 최신 경향들을 가장 잘 표현하는 (때론 형성하기도 하는) 《쿠르부흐》(Kurbuch)는 1975년에 발행된 호 하나를 "지방"에 할애했다.[8] 그 잡지는 좌파가 지극히 악의적인 하이마트 개념을 도용한다고 주장했다. 그런데 그 악의적인 개념은 주로 전후시기에 독일인 망명가 집단과 우익 정당들이 활용했던 것이다. 1970년대 후반에, 환경에 대한 정치적 관심과 개인적이고 주관적인 영역에 대해 되살아난 관심이 결합되었다. 미래에 대한 공포 역시 과거를 새롭게 조명했다. 근원을 돌아본다는 것은 현재에 어떤 방향을 찾으려는 희망을 함축했다. 1970년대 말에 이르러서 서로 별개이지만 비밀스럽게 연결된 희망, 공포, 관심이 다시 한데 어우러져 작용하면서 "'하이마트'를 향한 감정의 부활(르네상스)"을 가져왔다.[9]

영화 〈하이마트〉는 정서적으로나 의미론적으로나 중층결정된(overdetermined) 하이마트와 지방주의에 관한 담론에 속한다. 그것은 1920년대 이래 하이마트와 결부되어온 긍정적이거나 부정적인 모든 함축들을 집약한 것으로 보였다. 영화는 시골에서 보낸 안전한 어린 시절의 아늑함, 깊은 결속감을 만들어내는 시골 생활의 힘, 힘이 들지만 소외되지 않는 육체노동, 지방의 괴짜들을 보여준다. 또한 단편적인 생각을 지닌 지역민들의 독선적인 편협함과 토속적(heimisch)이지 않거나 "지역적"이지 않은 것은 모두 배제해버리는 그들의 비인간적인 면모를 보여준다. 네덜란드의 낡은 장르 회화를 연상시키는 빛깔의 노스탤지어가 서린 풍경들은 1970년대 초반의 비판적인 하이마트 영화를 떠올리게 하는 불협화음의 장면들로 바뀐다. 비판적 하이마트 영화는 시골 생활을 거짓된 목가적 풍경으로, 개인적인 노이로제와 집단적인 노이로제가 배양되는 토양으로 표현한다.[10] 그 구조 자체에서 양면적인 〈하이마트〉는 상투적인 서사 양식을 채택하고 지방 생활에 대한 감상적인 그림을 환기한다는 점에서는 고전적인 하이마트 영화이다. 그러나 동시에 그 영화는 전통적인 하이마트 영화에 반하는 것이다. 그 영화가 결말에 이르러서 결국 그럴듯한 전원 풍경의 허울을 무너뜨리기 때문이다. 그러나 논쟁적인 장면에서조차 라이츠는 하이마트에 대한 자신의 양면적인 애정, 곧 정체성과 안전에 대한 향수어린 그리움을 분명히 한다. 그것은 좌파적인 비판적 하이마트 영화에 속하지 않는 부분이다. 라이츠는 1980년대에 〈하이마트〉라는 제목을 사용했을 때, 자신이 무슨 일을 하고 있는지 잘 알고 있었다. "나는 추상적인 어떤 것으로서의 '하이마트' 개념을 영화로 만들려 했던 것이 아니다. 나는 사람들의 경험과 열정과 공포의 이 구렁텅이에서 긍정적이든 부정적이든 하이마트가 사람들의 감정에 불러일으키는 모든 것과의 실질적인 대면을 표현하려고 노력했다. 나는 하이마트라는 말이 편치 않다. 그 말에는 우리의 역사와 현재의 상황들이 실려 있기 때문이다. 오늘날 '하이마트'는 단지 위험한 어떤 것을 의미할 뿐, 따뜻하고 편안한 어떤 것을 의미하지 않는다."[11]

라이츠의 "실질적인 대면"이 추구하는 것은 하이마트의 개념을 둘러싼 의미의 모순적인 다원성을 설명하는 것이다. 그 결과 영화 자체가 관객 자신의 성향에 따라 달라지는 모순적이고 이중적인 것이 된다. 예컨대『슈피겔』(Der Spiegel)지의 표지를 장식한 특집기사는 그 영화를 국가사회주의자들이 악용해온 "'하이마트' 개념에 대한 그리움"을 되살리려는 지속적이고 지칠 줄 모르는 시도의 성공적 결과라고 평가했지만,[12] 라이츠 자신은 인터뷰에서 이런 해석을 적극적으로 부인했다.

그와 정반대입니다. 나는 그런 시각에 불편함을 느낍니다. 나는 그 영화 전체가 그런 경향을 조장한다고 믿지 않습니다. 만약 그런 일이 벌어진다면 나는 절망할 것입니다. 그 영화는 소외감으로 끝을 맺습니다. "하이마트", 친밀성, 어린 시절, 안전, 따뜻함, 할머니 같은 푸근함, 이 모든 것이 파괴되어 추억이 되어버렸습니다. 그 이야기 속에서 우리가 현재에 가까울수록 그런 일은 점점 더 많이 일어납니다. … 만약 그 영화가 결코 존재할 수 없는 "하이마트"의 영원한 내면세계를 시사하는 것이라면, 나는 그것이 끔찍하고 감상적인 거짓말이라고 생각합니다. 하이마트는 그저 추억으로서만, 그리움으로서만 존재할 수 있습니다.[13]

그 영화는 목가적인 전원과 그것의 파괴, 그리고 "안전", "따뜻함" 등의 속성을 지닌 것으로서 재건된 하이마트와 하이마트에 관한 감상적인 추억을 모두 보여준다. 대부분의 신문기자들이 그 영화의 비판적인 측면보다 노스탤지어의 측면에 훨씬 더 치중했던 것은 1980년대의 집단적 분위기가 지닌 특징이다.

그 영화의 서사 차원에서, 독일적인 개념의 하이마트에 담긴 경험적이고 감정적인 내용은 태생적으로 모순적인 것으로서, 머무는 것과 떠나는 것, 먼 곳을 그리는 것과 향수병 사이의 긴장에 상응한다. 그 영화적 연대기가 주로 초점을 맞추는 것은 그들 스스로 원했든 원하지 않았든 남은 사람들의 이야기이다. 마리아와 그녀의 올케 폴린, 마리아의 아들 에른스트(비행사가 되겠다던 그의 소망은 전쟁 중에 잠깐 실현되었다), 그리고 마을의 경계에서 벗어나기를 꿈꾸는 에두아르트와 루시. 향촌 문학의 관행들을 유지하면서, 가정에 남아 집과 아이들을 돌보고 이따금 자라 레안더(Zarah Leander)의 영화를 보러가기도 하면서 탈출을 꿈꾸는 것은 여성들이다. 〈하이마트〉는 1900년에 태어나 샤프바흐라는 한 마을에서 일생을 보낸 마리아라는 인물을 둘러싸고 이야기를 전개한다. 영화는 마리아가 열아홉 살에 폴 시몬과 사랑에 빠지는 데서 시작해 그녀가 여든두 살에 외롭고 지친 모습으로 죽어가는 데서 막을 내린다.

잔더즈-브람스의 〈독일, 창백한 어머니〉에 등장하는 어머니 레네와 마찬가지로, 마리아는 안전, 안정, 영원을 구현하고 있다. 영화가 전하는 비밀스러운 메시지는 그녀가 어디에 있든 그곳이 바로 하이마트라는 것이다. 이는 수많은 하이마트 소설과 향촌 문학에서 이미 다루어졌던 또 다른 모티프이다. 아들들, 이웃들, 그리고 친구들이 언제나 그녀에게로 돌아온다. 그리고 그녀의 나무식탁에서 늘 같은 자리에 앉는다. 카메라는 제각기 다른 장면을 같은 각도에서 촬영해서 이런 영원성을 강조한다. 〈하이마트〉는 마리아의 이야기를 들려주면서 그녀 주변에 모여 있는 세 집안의 대가족이 4대에 걸쳐 겪은 여러 이야기를 곁들인다. 그녀가 폴 시몬과 결혼한 것은 "그가 남달랐기 때문"이다. 그리고 마리아는 폴과 두 아들을 두었다. 1928년 어느 날 폴은 말 한마디 남기지 않고 마을을 떠났고 실종된 것으로 여겨진다. 마리아는 홀로 아이들을 키우면서 어느 기술공과 사랑에 빠진다. 그리고 다시 그 사람과 아들 하나를 낳았다. 폴이 떠난 지 12년 만에 갑자기 그녀는 발신지가 디트로이트이고 봉투에는 "시몬 전자 회사"라고 적힌 한 통의 편지를 받는다. 1947년에 폴 시몬은 이제 "부유한 미국인"이 되어 자신의 하이마트로 돌아온다. 그러나 그는 여전히 이방인으로 남아 있다. 마리아가 그에게 왜 떠났는지를 묻자 그는 아무 대답도 하지 않는다. 그 영화의 절제된 서사 체계에서, 미국은 하이마트의 반명제를 의미한다. "위대한 세계"라는 상투어가 시골 생활의 장면들과 대비를 이룬다.[14]

영화에는 향촌 생활의 이미지들이 가득하다. 풍경, 일하는 사람들의 모습, 사물들과 진부한 하루하루의 일상을 담은 조용한 쇼트들 — 카메라가 발견의 항해를 지속해가는 무언의 긴 과정 혹은 거의 즉흥적인 방식으로 사람들이 떠들어대는 모습을 담은 시퀀스들 — 이 가득하다. 여성들은 회화의 구도처럼 모여 앉아 물레를 돌리며 노래를 부른다. 마을의 대장장이는 불꽃이 튀는 모루 앞에서 바퀴를 다듬는다. 마리아는 빵을 반죽하고 있다. 영화는 그런 장면을 길게 이어간다.

이 영화의 오랜 제작 기간은 이런 장면들이 라이츠에게 큰 의미를 지닌다는 것을 보여준다. 그는 자신이 태어나서 자란 독일의 지방을 배경으로 삼았을 뿐만 아니라 그의 공동 작업자 페터 슈타인바흐(Peter Steinbach)와 함께 현지에서 1년 동안 구술사 연구를 진행하고 대본을 집필했다. 그런 다음 다시 1년 반에 걸쳐 훈스뤽 현지에서 지역 주민들과 가깝게 지내면서 영화를 촬영했다. 150명 이상의 아마추어 배우와 4천 명에 이르는 보조출연자들 모두 그 지역 출신이었다. 마을 전체가 나름의 역할을 했던 것으로 보인다. 비록 대부분의 이야기가 전개되는 샤프바흐는 가공의 장소로서 훈스뤽의 서로 다른 네 마을을 합성해서 만들어낸 것이지만, 너무 강한 현실감을 유발해서 후에 많은 관광객들이 샤프바흐를 찾아 훈스뤽을 방문했다.

오랜 현지촬영의 결과로 라이츠는 지역주민들의 지지를 얻었다. 수많은 이야기와 에피소드가 마을 주민들의 실제 체험이었고 숙소에서 전해들은 것들이 영화에 인용되었다. 농부들은 라이츠에게 영화의 진실성을 더해주는 수많은 일상 용품들을 빌려주었다. 또한 언어 역시 실제와 같게 하려고 노력했다. 아마추어 배우들의 훈스뤽 사투리는 영화에 놓칠 수 없는 지방색을 주었다. 시골의 생활과 일을 정교하게 복원하면서 영화의 서사 속도가 늦추어지는 한편, 노스탤지어가 깃든 영화의 분위기에 도움을 주는 장면들이 만들어졌다. 라이츠는 관객들에게 이렇게 말한다. "시간을 내십시오. 이 영화를 보는 동안 다른 계획은 세우지 마십시오. 당신에게 평안을 줄 것이라고 확신하십시오. 숨 가쁘게 진행되는 여러분의 일상을 멈추고 영화의 아름다움을 만끽하십시오. 이제는 찾아보기 어려운 순박하고 따뜻한 아름다움을 만끽하십시오."[15] 라이츠는 텔레비전 시청자들도 영화 관객들만큼 집중해서 보기를 바랐다. 영화에서 이런 명상적인 태도는 긴 길이의 미디엄 쇼트, 느린 회전, 극적 효과를 피하는 카메라의 절제된 사용에서 드러난다. 이런 묘사적인 연대기 양식은 그 연속극의 마지막 부분에서 하이마트의 파괴가 점점 더 가시화될 때에야 비로소 변화한다. 장면의 전환이 점점 더 빨라지고 점점 더 격렬해지면서 조명은 거칠어지고 구도는 점점 더 난삽해진다.

20세기 초의 하이마트 소설에서처럼, 라이츠는 독일의 정체성을 지역의 정체성들로 분할한다. 그는 진정한 독일의 정체성, 그리고 하이마트는 오직 주변에서만, 권력의 공적인 중심에서 멀리 있을 때에만 — 지방에서만 — 가능하다고 느낀다. 하나의 민족, 혹은 국가로서 독일은 하이마트일 수 없다. 오직 친숙한 풍경, 어린 시절의 경계가 뚜렷하고 내밀한 장면만이 이런 기능을 할 수 있다.

이 영화에서 "하이마트"는 무엇보다도 역사의 밖에 위치하는 어떤 장소를 의미한다. 진보에서 벗어나 순환적인 시간 속에 있고, 오직 자연과 계절의 지배만 받을 것 같은[16] 장소로서 제국과 그 수도에서 멀리 떨어진 장소를 의미한다. 샤프바흐는 그런 세계의 중심에 있다. "우리는 정확히 파리와 베를린 사이에 앉아 있다." 샤프바흐의 시장은 1930년 어느 여름날 이웃 사람들에게 다음과 같이 말한다. "그리고 만약 여러분이 북극과 남극을 잇는 하나의 선을 긋는다면, 그 선은 샤프바흐를 곧장 통과할 것입니다"(129).[17] 그러나 자급자족적인 사회로서 그 지방은 그리 오래가지 못했다. 왜냐하면 독일 제국이 곧 그곳까지 뻗어왔기 때문이다. 들녘은 히틀러의 군대를 이동시키기 위해 건설한 아우토반으로 파괴되었다. 제국은 전쟁을 마을 안으로 끌어들였고 지역의 독자성을 빼앗아갔다. 그리고 중앙집권적인 관료지배를 통해 그곳을 획일화했다. 전화와 라디오는 마을을 제국의 통신망 속에 통합시켜버렸고 마을을 중심에, 베를린의 대도시에 연결시켰다. 베를린의 대도시는 "독일 전체"에 라디오 전파를 내보냈고 제국 자체가 하이마트의 파괴자로서 이곳에 나타났다.

라이츠는 하나의 전체로서 독일에 관심을 가진 것이 아니라 훈스뤽 지역의 하이마트에 관심을 가졌다. 그에게 "하이마트"와 "국가"는 모순되기까지 한 용어들이다.[18] 그런 이유 때문에 자신의 이미지들이 독일 특정 지역의 지방색을 갖게 하는 점에서 라이츠는 독일의 다른 영화작가들보다도 훨씬 더 세심하다. 파스빈더나 클루게의 영화들에서보다도, 라이츠는 우리가 어디에 있는지를 잘 알게 해준다.

일상의 역사

> 엘리트에게는 역사인 것이 대중에게는 언제나 실제 상황이었다.
>
> — 하이너 뮐러

영화 매체는 시작부터 일상생활의 물리적 세계에 대해 자연적인 친화력을 가졌다. 초창기 영화의 선구자였던 프랑스의 오귀스트 뤼미에르(August Lumière)와 루이 뤼미에르(Louis Lumière) 형제가 만든 최초의 영화는 공장을 나서는 노동자들과 역을 출발하는 기차를 담은 다큐멘터리 쇼트를 보여주었다. 1895년에 독일 최초의 영화 상영을 알리는 공고문에서 읽을 수 있듯이, 영화 카메라는 "전기를 수단으로 삶을, 그리고 삶의 자연스러움을 완전하게 재생산하는 도구로서 채용되었다."[19] 영화는 기술의 정신에서 태어나 놀이공원과 장터에서 성장기를 보낸 탓에 지배적인 고전-부르주아 문화에서는 오랫동안(독일에서는 식자층 부르주아의 전통이 강했던 탓에 다른 곳에서보다 더 오랫동안) 배제되어왔다. 탄생의 순간부터 영화는 일상생활의 문화를 위한 매체였다.[20]

어느 누구도 지크프리트 크라카우어만큼 영화와 눈에 보이는 일상의 현실 사이에 존재하는 이런 자연스러운 연결을 명확히 보지 못했다. 『영화 이론: 물리적 리얼리티의 구원』(Theory of Film: The redemption of Physical Reality)에서 크라카우어는 다음과 같이 적고 있다.

> 여러분과 내게, 그리고 나머지 인류에게 공통된 것과 관련된 소소한 일상의 순간들이 그야말로 일상생활의 차원, 곧 다른 모든 방식의 리얼리티를 위한 매트릭스를 형성한다고 말할 수 있다. 그것은 아주 현실적인 차원이다. 여러

분이 한 순간 분명한 신념, 이데올로기적 목표, 특별한 책무 등등의 것들을 무시한다 하더라도, 슬픔과 만족, 불일치와 향연, 소망과 추구는 여전히 남아 있을 것이다. 그리고 그런 것들은 삶의 일상적인 일들을 특징짓고 습관과 미시적인 반응의 산물로서 서서히 변화하며 전쟁, 전염병, 지진, 혁명에서 살아남은 탄력적인 결을 형성한다. 영화는 장소, 인종, 시간에 따라 다양하게 조성되는 이런 일상생활의 결을 탐색하고자 한다.[21]

이 "일상생활의 결"은 〈하이마트〉의 기초가 되는 것이기도 하다. 일하고, 먹고, 마시고, 축하하고, 사랑에 빠지고, 결혼하고, 자녀를 기르고, 근심하고, 기뻐하는 일, 이데올로기와 정치적 사건들의 표층 아래에 있는 이 모든 일상적인 경험들은 〈하이마트〉에서 다큐멘터리적인 세부묘사로 재구성되었다. 영화는 다른 어느 매체보다도 정확하고 효과적으로 일상의 물리적 리얼리티를 담아낸다. 크라카우어는 다음과 같이 말한다. "영화는 물질주의적 태도를 지닌다. 그것은 '밑으로부터' '위로' 진행된다."[22]

〈하이마트〉에서, 가시적인 세계는 이야기되고 기억되는 세계보다 결코 덜 중요하지 않다. 마을을 관통하는 거리와 부모님의 집 같은 장소는 단순한 영화의 배경 그 이상의 것들이다. 그것들은 기억을 촉발하고 응결시키며 그 자체가 이야기의 대상이 된다. 클로즈업이나 특수조명 효과, 혹은 정물화 구도를 통해 일상적인 물건들에 감정적인 내용이 주입된다. 이 영화에서 장소와 사물은 그 나름의 생애를 가지며 주인공들의 이야기와 무관한 이야기들을 들려준다. 1979년에 라이츠가 말했듯이, "사물의 수명이 사람들의 수명보다 더 길다. 우리는 그것들과 함께 살지만, 그것들은 그 나름의 분위기를 갖는다. 사물의 리듬은 사람들의 리듬과 다르다. … 나는 그 물건들을 소비하고 버리는 사회에서 그것들을 보호하는 것이 당연히 해야 할 일이라고 생각한다."[23]

라이츠는 또한 역사의 바탕을 이루는 이야기되지 않은 수많은 개인적인 이야기들을 보존하고 싶어 했다. 본래 일련의 연속된 삶의 이야기를 『천일야화』 풍으로 들려줄 계획이었던[24] 〈하이마트〉는 이 개인적인 이야기들을 추적하는 데 시간을 할애한다. 미국의 텔레비전 연속극 〈홀로코스트〉에 대한 반응에서 라이츠는 다음과 같이 썼다. "사람들 사이에는 영화로 만들 만한 수천 가지의 이야기가 있다. 그 이야기들은 수없이 많은 사소한 경험에 바탕을 두고 있다. 이 각각의 이야기가 개별적으로 역사의 평가나 설명에 도움을 주는 것으로 보이지는 않는다. 그러나 그 이야기들이 한데 모이면 이런 부족함이 메워진다. 우리는 더 이상 우리 자신이 우리의 개인적인 삶을 중요하게 여기지 못하도록 가로막아서는 안 된다."[25]

역사에 대한 이런 비화적 접근에서 라이츠가 바랐던 것은 하나의 조각그림 맞추기처럼 연결되어 독일사의 더 큰 이미지를 형성하는 이야기들이었다. 그러므로 그의 접근법은 일상생활의 역사(Alltagsgeschichite), 곧 일상생활의 역사서술이 목적하는 바에 부합한다. 일상생활의 역사는 역사에 대한 사회학적이고 구조적인 접근법에 맞설 뿐만 아니라 전통적인 정치사에 맞서는 것이라고 주장해서 논란이 되고 있는 최근의 움직임이다.[26] 이 "밑으로부터의 역사서술"은 노동자와 농민들의 생활에 관심을 가지며 공문서에 기록되지 않는 구어 문화와 토착 전통들에 관심을 갖는다. 일상생활의 역사는 "이름 없는 대중에게 목소리를 주는 일"[27]을 포함할 뿐만 아니라 이전에는 부정되었던 새로운 정보의 출처들을 찾아낸다는 것을 의미한다. 사진첩, 홈무비, 일기, 그리고 "민중"의 기억을 찾아낸다는 의미이다. 일상생활의 역사는 경험의 역사이다. 그러므로 일상생활의 역사는 역사적 사건이 사적 영역에 영향을 미치는 경우에만 역사적 사건을 고려한다. 그러므로 일상생활의 역사는 비록 눈에 띄지는 않더라도 개인의 사적인 이야기를 관통하며 그것을 결정하는 부인할 수 없는 정치적 경제적 가닥들을 거의 인정하지 않는다.

영화 〈하이마트〉에는 인플레이션, 바이마르 공화국의 정치적 혼란, 1924년과 1948년의 화폐개혁, 1949년 두 독일의 성립 같이 규모가 큰 역사적 사건이 담기지 않았는데, 이는 라이츠의 접근법에 따른 논리적 귀결 가운데 하나이다. 그 사건들이 눈에 보이는 직접적인 방식으로 영향을 마을 주민의 주기적인 삶에 끼치지 않았기 때문이다. 어떤 의미에서 〈하이마트〉는 독일에 관해 단 하나의 역사를 쓰고 그렇게 해서 현실의 경험이 지니는 다양하고 모순적인 측면을 단선적이고 인과적인 이야기로 축소시키려는 시도에 대항한다. (클루게, 파스빈더, 잔더즈-브람스에게 그랬던 것처럼) 라이츠에게 독일의 유일한 역사(the history of Germany) 같은 것은 존재하지 않는다 — 단지 무수한 일상적인 이야기의 연결망이 있을 뿐이다.

〈하이마트〉의 이야기들은 기본적으로 세 집안의 4대에 걸친 관계를 통해 연결된다. 주인공들은 친구들뿐만 아니라 가족 — 아버지, 어머니, 형제자매, 자녀들 — 에 둘러싸여 있기 때문에, 이야기를 만들어낼 수 있는 다양한 조합이 가능하다. 새로운 인물들, 통상적으로 약혼자들이 다른 곳(루시는 베를린 출신이고, 마르타는 함부르크, 클레르헨은 슐레지엔 출신이다)에서 와서 서로 친척관계와 혼인관계로 연결된 마을 공동체에 편입되거나, 클레르헨의 경우처럼, 공동체에서 축출될 때 새로운 집합이 생겨난다. 80년이 넘는 시간(그리고 영화의 16시간)을 통해 삶의 이야기가 전개된다. 그 이야기들은 서로 너무 긴밀히 연결되어 있어서 영화의 조직을 파괴하기 전에는 그로부터 분리될 수 없다. 전문 배우와 아마추어 배우들이 그들 자신을 연기하는 것처럼 보인다(라이츠는 "유형들"을 찾아내느라 여러 해의 시간을 보냈다). 예를 들어, 그 유형들은 〈마리아 브라운의 결혼〉에서처럼 모든 것을 포괄하는 양식화에 지배되지 않는다. 또는 〈독일, 창백한 어머니〉에서처럼 알레고리적으로 중층결정된 것도 아니다. 라이츠의 영화에서 새로운 점은 때때로 줄거리 속에서 역할을 정하기 어려운 등장인물들이 지나치게 많아 경제적이지 않다는 점이다. 이런 스타일로 라이츠는 영화의 마지막에서조차 설명되지 않은 채로 남은 이야기의 수수께끼들을 활용할 수 있게 된다. 예를 들어, 첫 번째 시퀀스에서, 신원이 밝혀지지 않은 벌거벗은 한 여성의 시신이 숲 속에 급히 매장되어 있는 것이 발견된다. 그녀는 피살되었음이 분명했다. 그러나 지문도, 살해 동기도 드러나지 않았고 사람들은 이를 적극적으로 알아내려고 하지도 않는다. 이 고립된 시골의 목가적 풍경 속에 파고든 외부세계의 갑작스러운 침입과 그 표면 아래 잠복되어 있는 폭력을 보여준다는 점에서 그 장면은 상징적인 기능을 한다. 그런 분위기 효과—미스터리와 불안의 느낌—는 영화에 사건이 전개되는 시퀀스들보다 더 중요한 역할을 한다. 고전적 이야기 속에서 사건이 전개되는 시퀀스들은 필연적으로 살인자의 발각으로 이어진다. 그런데 라이츠는 살인 사건을 해결되지 않은 채로 남겨둔다. 그렇게 해서 일상의 리얼리티에 불안의 측면을 부여한다.

영화는 드넓게 펼쳐진 들판에 고딕체로 "독일제"라고 새겨진 바위 한 덩이가 놓인 시퀀스를 보여주며 시작한다. 자연풍경 속에 잔해처럼 놓인 풍화된 돌덩이들과 옛 문자체를 결합시킨 것은 영원하고 자연적인 존재에 관한 허구를 강조하려는 것이다. 바위에 새겨진 명문은 바위만큼이나 오래 지속될 것이며 나아가 독일 역시 그만큼 오래 지속될 것이다. 그런 다음 대문자와 현대적인 문자체로 적힌 영화 제목 〈하이마트〉가 갑자기 관객들에게 던져진다. 동시에 저속 촬영된 먹구름이 부자연스러운 속도로 관객을 향해 위협적으로 달려든다. 휘파람 소리와 귀에 거슬리는 악센트의 음악 콜라주가 배경음악으로 깔리는 이 장면은 전원의 분위기나 노스탤지어의 분위기를 주지 않는다. 오히려 긴장과 위기와 갈등과 위험을 알린다.

영화의 첫 장면이 초원을 담은 롱쇼트로 시작된 것은 적절했다. 그리고 "1919년 5월 9일, 금요일"이라는 날짜가 찍힌다. 그렇게 해서 처음부터 역사적 연대기의 서사 방식이 확립된다. 동시에 잃어버린 아들이 집으로 돌아온 요일을 밝혀 놓은 것은 구전 서사의 전통을 보여준다. 화면에 찍힌 텍스트의 나머지 부분―"폴 시몬이 제2차 세계 대전에서 돌아왔다. 그는 프랑스에서 훈스뤽까지 엿새 동안 걸어서 돌아왔다"―은 이어질 이야기의 배경을 제공한다. 그 텍스트는 관객에게 영화가 의식적으로 특정 시점에서 시작한다는 것을 알려줄 뿐만 아니라 더 큰 공간적 시간적 리얼리티에서 따온 제한된 부분일 뿐임을 보여준다. 그것은 또한 사건을 선택하고 배열하고 시기를 정하는 일을 맡은 익명의 작가인 화자를 암시한다. 그렇게 해서 영화의 시작 자체가 영화의 전체 과정을 특징짓는 서사시적이고 연대기적인 서사 구조를 알려준다. 연대기 작가는 여전히 배경에 남아 서술하고―즉, 기억하고―역사에서 이야기들을 선택한다. 그 이야기들은 완결된 각 장에서 독립적인 단위로 이야기되고 각 이야기에는 그 나름의 날짜와 제목이 주어진다(이 경우에는 제목이 "머나먼 땅을 그리며"이다).

첫 장면에서는 탁 트인 벌판에 놓인 카메라가 마치 포로수용소에서 돌아오는 폴을 기다리는 것처럼 보인다. 지평선에 그가 나타났을 때, 카메라는 비스듬한 트래킹 쇼트로 서둘러 그에게로 향한다. 그런 다음 미디엄 클로즈업으로 그를 잡았을 때 비로소 멈춘다. 폴은 한동안 멈춰 선다. 그리고 언덕에 서서 낯익은 교회의 첨탑을 내려다보며 머뭇거린다(이 지점에서도 카메라가 멈춰 선다). 그런 다음 폴은 힘찬 발걸음으로 마을로 걸어 들어간다. 카메라가 그를 따라간다. 카메라와 주인공이 급격히 가까워지면서 관객이 카메라의 존재를 깨닫게 되고 처음부터 관객의 인식은 카메라가 포착하는 것에 달려 있음을 암시한다.

미디엄 클로즈업으로 전환된 후 마을을 행진하는 폴이 보인다. 그가 교회의 탑을 올려다볼 때, 카메라는 시점 쇼트(point of view shot)로 그를 따라간다. 카메라는 위로 회전하고 우리는 그가 보는 것을 보게 된다. 그렇게 해서 카메라는 객관적인 (관찰하는) 시점에서 주관적인 (해석하는) 시점으로 변화된다. 여기서 카메라는 일차적으로 해설자의 기능을 한다. 처음에는 마을과 변함없는 주변의 시골풍경을 담고 그런 다음에는 폴에게 중요한 모든 인물들을 간략하게 소개한다. 폴은 마을을 지나는 길에 맨 처음 마리아의 눈에 띈다. 그녀는 장차 그의 아내가 될 사람이다. 우리는 창틀 유리에서 흐려지는 그녀의 영상을 본다. 그런 다음 카메라는 마리아의 반응에 주목한다. 카메라의 움직임은 서사시적인 서사 태도에 상응하는 것으로 등장인물을 그들의 서사적 기능에 따라 부각시킨다.

폴이 아버지의 대장간에 도착했을 때, 그는 창을 통해 들여다보다가 모루에서 자신의 일에 골몰하고 있는 아버지를 본다. 거세지는 불길과 쇠를 두드리는 위협적인 소리가 울려 나오는 탁 트인 대장간에는 니벨룽에 관한 독일의 오래된 전설을 떠올리게 하는 신화적인 함축이 담겨 있다. 그 함축은 "머나먼 과거의 울림"을 제공하고 "어린 시절의 이미지들"을 떠올리게 한다.[28] 이는 아도르노가 한 말로, 그가 오랫동안 잊고 있던 오덴발트의 대장간을 우연히 지나게 되었을 때 자신이 보였던 반응을 묘사한 것이다. 폴의 아버지와 어머니의 얼굴을 클로즈업한 데서는 오래된 농부들의 초상화 양식에 담긴 향수어린 행복감이 엿보인다. 라이츠는 폴이 부모님의 집에 들어설 때 이 클로즈업을 삽입한다.

한마디 말도 없이, 오랫동안 잃어버렸던 아들이 아버지의 망치질을 돕는다. 카메라는 지극히 긴 롱테이크로 이런 움직임들을 담아낸다. 마치 해설자가 전쟁은 "했어야만 하는" 일상적인 일들에 아무런 영향도 끼치지 않았다는 생각을 표현하고 싶었던 것처럼 보인다. 라이츠가 육체노동을 상세하게 묘사하는 일에서 느끼고 있는 매혹이 이 장면에서 몇 가지 기능을 수행한다. 한편으로, 사실상 아무 일도 일어나지 않는 대장간 장면은 이야기의 흐름을 늦춘다. 다른 한편으로 그것은 아들의 귀향에 대한 감정의 강도를 더 강화시키고 이야기가 진행되어가면서 관객의 참여와 호기심을 더욱 강화한다. 이야기의 흐름을 담아내고 분산시키는 데 따르는 이런 즐거움은 〈하이마트〉의 구조를 결정짓고 영화에 강한 다큐멘터리의 색채와 함께 서사시적인 흐름을 부여한다.

다음 장면에서 조용히 식탁에 앉아 있는 폴의 모습은 제1차 세계대전에서 돌아온 사람들은 아무도 그 전쟁에 관해 이야기할 수 없었다는 발터 벤야민의 말을 연상시킨다.[29] 그들의 경험은 결코 공유될 수 없는 것들이었다. 부모와 일가친척, 이웃 사람들이 폴에게 인사하려고 주방에 들어섰을 때 그들은 모두 전쟁에 관해 이야기한다("난 아직도 기억하고 있네, 그들이 동원될 때 우리는 추수를 하고 있었지"[29]). 그러나 폴은 아무 말도 하지 않는다. 영화는 각 등장인물이 전형적인 몸짓이나 표현을 통해 자신들을 보여주도록 허용한다. 이 장면에서 카메라의 움직임은 상대적으로 불안정하다. (특히 폴을 둘러싼) 회전과 짧은 트래킹 쇼트가 쇼트/역쇼트로 교체된다. 그러나 영상 속에는 언제나 줄거리에 필요한 것 이상의 것들이 담겨 있다. 마을 사람들이 모여서 나누는 진부한 대화, 에두아르트가 신문에서 읽어주는 조금은 부조리하고 조금은 무서운 마을 밖 소식들,[30] 그리고 마을의 삶에 관한 시각적 정보가 쌓여서, 어느 것 하나도 빠트리지 않는 극도의 세부 묘사를 통해 — 〈마리아 브라운의 결혼〉에서 파스빈더가 보여주는 전후의 이미지들보다 훨씬 더 — 강렬한 "사실주의" 효과를 거두는 밀도 높고 다성적인 텍스트를 등장시킨다.

그러나 이런 사실주의는 어울리지 않는 "비현실적인" 장면들에 의해 빈번히 와해된다. 예를 들어, 첫 번째 에피소드가 시작되는 데서 우리는 천장에 매달린 끈끈이가 극도로 클로즈업되는 것을 보게 된다. 끈끈이에는 누런색의 끈적거리는 표면에 파리들이 붙어 죽어가고 있다. 그 장면의 뒤에서 이 쇼트가 받게 되는 강력한 시각적 강세와 강조 — 우리는 폴이 갑자기 벌떡 일어나 끈끈이에 붙은 파리를 뚫어져라 바라보는 모습을 보게 된다 — 에 더불어, 이 쇼트는 폴이 마을 사람들을 보고 있는 상황, 특히 그가 그 자신을 보고 있는 상황을 상징적으로 표현한다. 나중에 나오는 한 장면에서, 마을 사람들이 이야기하는 죽은 동료 병사들의 유령이 그들이 이야기를 나누는 바로 그 순간에 폴에게 환영으로 나타난다. 다른 사람들의 눈에는 보이지 않는 죽은 병사들이 폴에게 말을 걸어오는 장면은 관객에게 마을의 일상생활이라는 강력한 물리적 존재만을 유일한 리얼리티로 받아들이는 일에 회의를 품게 한다. 이 장면에서 카메라는 끊임없이 객관적 서사의 기능(등장인물들을 좇거나 폴 주위를 맴돌 때)과 주관적 해석의 기능(예를 들어, 환각 장면에서 폴의 관점으로 촬영될 때) 사이를 오간다.

양식적으로 이 시퀀스에서 나타나는 가장 두드러진 특징은 흑백 필름에 간간이 색을 사용한 것이다. 영화의 대부분을 흑백으로 촬영하기로 한 라이츠의 결정은 연대기 장르와 그 영화의 친밀성을 강조하기 위한 것이다. 흑백은 다큐멘터리의 진정성과 역사적 진실을 함축하는 것이기도 하다. 흑백 영상은 일상에서 넘쳐나는 천연색의 텔레비전 이미지들과 극단적으로 대비되는 고전적인 위엄을 영화에 부여한다. 대량의 흑백 영상 속에 등장하는 짤막한 천연색 시퀀스— 때로는 겨우 몇 초에 불과하기도 하다— 는 〈하이마트〉의 각 에피소드에 앞서 텔레비전 아나운서가 들려주는 상세하고 거의 사과에 가까운 경고에도 불구하고 텔레비전 시청자들을 혼란스럽고 불편하게 만든다.[31] 분명하게 보이는 단순한 패턴이 없기 때문에 라이츠는 관객에게 주의 깊게 보도록 촉구한다. 흑백 화면에서 천연색 화면으로 바뀌는 갑작스러운 장면전환은 영화적 담론이 한순간 순수한 재현의 기능을 저버리고 자기반영적인 것이 되게 한다. 그 자신의 물질성과 인위성을 강조하면서 라이츠의 영화는 "시의 영화(Il Cinema di Poesia)"라는 파졸리니(Pasolini)의 개념에 가까워진다. "시의 영화"에서 재현과정은 묘사되고 있는 것 속으로 충분히 흡수되지 않은 채 그 자체가 전면에 부각된다.[32]

  흑백에서 천연색으로 바뀌는 첫 번째 장면전환은 돌아온 병사(폴)의 관점을 강조한다. 폴이 아버지의 대장간에 도착한 사실은 너무 강한 감정을 유발해서 그가 보고 있는 것이 그야말로 "천연색이 되어" 보인다. 폴의 주관적이고 리얼리티를 대체하는(reality-altering) 시선이 흑백으로 촬영되어 거리를 유지하는 다큐멘터리적 연대기를 일시적으로 압도한다. 영화가 보여주는 서사시적이고 담론적인 일상의 단조로운 산문은 시의 짧은 등장이 반복되면서 방해를 받는다. 영화로 만들어진 일상은 그것이 일으키는 리얼리티의 환영에도 불구하고, 좀 더 자세히 들여다보면, 지극히 인위적인 것으로 장르의 양식과 관행들을 아무렇게나 뒤섞어 놓는다. 다큐멘터리적인 것을 환각적이고 꿈같은 것들과 섞어 놓고, 흑백으로 된 연대기 작가의 관찰과 시인의 천연색 백일몽을 섞어 놓는다.

  라이츠는 공간을 시간화해서 지역적인 해설의 특징인 시간과 공간 사이의 긴장을 설명한다. 이런 식으로 하이마트는 경험의 장소로서 닿을 수 있는 것이 된다. 영화는 시간이 어떻게 하이마트의 공간에 개입해서 그 공간을 변화시키는지 보여준다. "이는 여전히 멈추어 있어야 하는 순간이다. 우리가 성취한 모든 것이 그대로 있어야 할 때이다. 저 밖의 새로운 시가지와 우리의 새로운 삶이 전부 그대로 있어야 한다. 그리고 우리는 그 이상의 어떤 것을 바라서는 안 된다." 에두아르트는 1938년에 이렇게 말한다. 그러나 에두아르트가 찬사를 보냈던 고속도로는 히틀러가 군대의 이동을 위해 제2차 세계대전이 발발하기 바로 전 해에 건설한 것이다. 그리고 그가 말하는 "새로운 삶"은 찰나의 덧없는 행복임이 드러난다. 더욱이 그 행복은 이웃의 사회주의자와 유대인에 대한 공공연한 박해를 보지 못하게 했다. 1939년을 시작으로 세계의 역사가 순박한 샤프바흐 사람들의 개인적인 운명에 개입하기 시작했다. 헤겔은 『역사 철학』(*Philosophy of History*)에서 말한다. "세계의 역사는 행복이 자라나는 토양이 아니다. 행복한 시절은 세계 역사의 빈 페이지들이다."[33]

기억과 기술력

사진술의 뮤즈는 기억의 딸이 아니라 기억 그 자체이다. 사진과 기억되는 것들 모두 시간의 흐름에 의지하면서 동시에 시간의 흐름을 거스른다.
— 존 버거(John Berger)

"카메라는 포착하는 모든 것을 과거의 어떤 것으로 바꾸어 놓는다. 영화를 찍는 사람은 모두 자신의 카메라 렌즈 앞에 놓인 것들과 작별을 고한다. 허구적으로 연출된 사건이든, 영화를 찍는 중에 우연히 마주쳤던 공적인 사건이든, 개인의 실제 사건이든, 관계없이. 그것들과 작별을 고한다. 카메라가 우리의 기억이다. 우리가 촬영된 것들을 편집하고 그것들을 새로운 이미지의 시퀀스로 배열하고 소리를 포함시킬 때, 우리는 기억의 과정을 진행한다."[34] 우리는 오직 기억으로서만 과거를 다시 포착할 수 있다. 〈하이마트〉의 (첫 번째 에피소드를 제외하고) 각 에피소드의 도입부 시퀀스는 이런 통찰을 극화한다. 마을의 기인 글라지쉬-카를은 가공인물로서 영화의 시작부터 끝까지 줄곧 어디에나 존재하는 인물이며 이전 에피스드(편)들에 대한 기억을 일깨우며 각 에피소드를 소개한다. 관찰자가 될 운명을 타고난 이방인 글라지쉬-카를이 이야기꾼 노릇을 한다. 그는 식탁에 앉아 있고 그의 앞에는 사진 더미가 쌓여 있다. 그 사진들은 영화의 정지화면들이다. 각 에피소드와 함께 사진의 수는 늘어날 것이다. 글라지쉬-카를이 기억을 일깨우는 사진들을 집어 든다. 그는 사진을 집어 들어 불빛 아래에서 자세히 들여다보며, 마치 가족 앨범을 훑어보듯이 회상에 잠긴다. 사진은 그가 연대기작가이자 해설자로서 질서를 부여하고 조합하고 명확히 설명하는 이야기의 원료로 기능한다.

이런 도입부 시퀀스는 에피소드들 사이의 서사적 연속성 — 텔레비전 연속극의 전통적인 기법 — 을 유지하면서 어떤 차원에서는 과거의 에피소드를 효과적이고 실용적으로 요약하는 데 기여한다. 그러나 이런 시퀀스들은 또한 변증법적이고 자기반영적인 게임을 하면서 사실적 진정성에 대한 사진의 주장과 "마치 … 인 듯이"의 방식을 취하는 역사적 허구 사이의 긴장을 중재하면서 동시에 그 긴장을 부각시킨다. 사진은 전형적으로 한 사람 혹은 한 사물의 실존을 진실로서 입증해준다. 여기서 사진은 〈하이마트〉가 실제의 사람들을 다루고 있는 것처럼, 허구적인 인물들을 진실로서 인증한다. 사진은 대체로 열정적인 아마추어 사진작가 에두아르트의 작품이다. 그러나 에두아르트 역시 허구의 일부이다. 창작된 인물들을 이미지의 이미지로서 사진에 기록한 것은 그 영화의 다큐멘터리적인 허구에 아이러니한 색채를 드리운다.

글라지쉬-카를은 그 사진들을 재조합한다. 곧 과거의 한 순간을 고정시켜서 이제는 그 자체가 과거에 속했다는 데 이론의 여지가 없는 기억의 이미지들을 재조합한다. 영화는 그런 움직임을 통해 직접적인 현재(영화에 과거시제는 없다)를 모사하지만, 사진은, 그 본성상, 역사에 속한다. 수잔 손탁은 사진을 다룬 자신의 책에서 다음과 같이 말한다. "모든 사진은 메멘토 모리(memento mori, 죽음을 떠올리게 하는 것)이다. 사진을 찍는다는 것은 다른 사람 (혹은 사물의) 사멸성, 취약성, 무상(無常)함에 가담하는 일이다. 정확히 이 순간을 잘라내어 고정시키면서 모든 사진은 시간의 가차없는 소멸(relentless melt)을 증언한다."35 사진에서 보인 것 가운데 어떤 것도 그 형태 그대로 존재하지 않는다. 사진은 시간을 응결시킨다. 우리에게는 사진에 생명을 불어넣을 기억이 필요하다.

글라지쉬-카를이 자기 앞에 놓인 사진들을 보며 과거를 회상하는 것은 영화의 허구 속에 자리잡은 그의 현재 순간(곧, 관찰자의 현재 순간)과 사진에 담긴 과거 사이의 긴장을 시사한다. 그의 회상은 영화의 이미지들에 대한 관객의 활동에 상응한다. 그 도입부 시퀀스는 영화의 기억 작업을 주제로 부각시킬 뿐만 아니라, 관객에게 이미지들을 주의 깊게 살펴보고 그로부터 의미를 짜내고, 그들 자신의 개인적인 역사라는 맥락에서 그 이미지들을 읽어내도록 촉구한다.

"코닥 — 미국의 이야기꾼". 몇 해 전에 나왔던 이 광고 문구는 서사를 만드는 데서 시각 매체가 차지하는 위치를 표현한 것이다. 사진과 영화는 기억을 환기하고 과거의 이야기를 들려준다. 기술력으로서 그것들은 거대한 기록과 저장 체계로 기능한다. 비록 가상이기는 하지만 끝없이 팽창하는 사진기록보존소에 과거의 이미지들을 축적한다. 〈하이마트〉에서 글라지쉬-카를 앞에 놓인 사진의 수는 이야기가 회를 거듭할 때마다 늘어난다. 관객은 말 그대로 늘어가는 이 사진들이 그들의 기억에 대해 요구하는 바가 점점 더 커지는 것을 보게 된다. 글라지쉬-카를과 관객 모두 점점 더 선택을 해야 하는 상황에 놓인다.

"과거를 역사적으로 명확히 한다는 것이 '있었던 그대로의'(랑케) 과거를 인정한다는 뜻은 아니다. 그 말이 의미하는 바는 위험한 순간에 떠오르는 기억을 붙잡는다는 것이다."[36] 발터 벤야민(Walter Benjamin)은 역사철학에 대한 여섯 번째 테제에 이렇게 적고 있다. 라이츠는 기억에 바탕을 둔 이런 역사 개념을 자신의 연속극에 채택했다. 그의 연속극은 독일의 역사에서 60년 이상의 시간을 포괄한다. 과거는 순차적으로 완전하게 복원되지 않고 선택적으로 회상된다. 〈하이마트〉는 등장인물들의 삶에 결정적 영향을 끼친 몇 해를 강조하고 그 언저리를 맴돌며 생략된 기억, 우리 앞에서 전개되는 과정을 우리가 실제로 지켜보고 있는 기억의 역할을 한다. 영화의 중반에 이르면, 등장인물들은 점점 더 자주 자신들의 청춘기를 회상하면서 좋았던 옛 시절을 기억한다. 관객으로서 우리 역시 그들의 경험과 모험을 기억한다. 앞선 에피소드들에서 그들의 경험을 지켜보았기 때문이다. 그렇게 해서 그 연속극은 그 나름의 전통을 창조한다. 그것은 그 자체에 대한 역사가 된다. 옛 사진들은 이 과정에서 가장 믿을 만한 목격자의 역할을 한다.

"영화를 촬영하지 않는 사람들, 사진을 찍지 않는 사람들, 테이프에 담아 기록하지 않는 사람들은 어떻게 기억을 하는지 궁금하다."[37] 라이츠는 프랑스의 다큐멘터리 작가 크리스 마르케(Chris Marker)에 관해 쓴 글에서 그의 실험적인 영화 〈태양 없이〉(*Sans Soleil*)에 나오는 이 문장을 인용했다. 라이츠 자신의 영화가 기억과 기술 매체의 관계를 고찰한다. 끝없이 늘어가는 영상 기록은 집단 기억을 무수한 개인들의 시각으로 쪼개어 놓는다. 그러나 아무것도 잊지 않는다. 경험이 구두로 전달될 때 압축과 확장, 그리고 망각은 흔히 있는 일이지만, 기술 매체에 기록된 경험은 한 번 저장되면 영구적인 것이 된다. 그렇게 기록된 경험은 증거가 되어 영원히 사용되고 언제라도 재생될 수 있다. 사진술의 발전으로 "과거는 현재만큼 확실한 것이 되었다. 우리가 종이 위에서 보는 것은 우리가 만지는 것만큼 확실한 것이 되었다"고 바르트는 말한다.[38]

〈하이마트〉의 복잡한 서사 망 속에서 하나의 가닥이 독일에서 기술 매체의 역사를 다루고 있다. 곧 1920년대부터 1980년대 사이의 산업화 과정에서 점차 커지는 기술 매체의 사회적 기능과 영향력을 다루고 있다. 1920년대 초에 폴이 자신의 손으로 직접 만든 라디오는 이미 시골의 좁은 경계를 초월할 수 있었다. 그것은 마을과 바깥 세계를 연결시켜주었다. 초기에 폴이 보인 이런 열정들은 뒤따르는 그의 갑작스러운 가출을 예고하는 것이다. 그의 아들 안톤은 일찍부터 영화에 관심을 보인다. 우리는 그가 다른 아이들을 위해 8mm 영화를 영사하고 있는 모습을 보게 된다. 전쟁 중에 그는 선전 영화 회사에 들어가서 영사기사로, 그리고 다큐멘터리 영화의 보조 촬영기사로 일한다. 이런 위치에서 그는 러시아의 어느 눈 덮인 숲에서 한 무리의 파르티잔이 처형되는 모습을 보게 된다. 라이츠의 편집은 하나의 거대한 폭력을 구성하는 중요한 요소로서 회전하는 카메라와 발사되는 기관총을 보여준다. 두 가지 모두 동시에 "숏"을 한다.[39] 회사 상사가 카메라의 각도와 미장센을 검토한다—상사는 처형 장면의 촬영에서 사소한 예술적 사항들에 주의를 기울인다 — 그러면서 그는 자신의 부하직원 두 사람에게 다음과 같이 가르친다. "20세기의 진정한 예술은 극영화가 아니라 전쟁에 관한 주간 뉴스영상일세. 선전 영화사는 이미 2백8십만 미터 길이의 전투 장면을 촬영했네. 스튜디오에서 10년 동안 제작한 것보다 많은 분량이지. 장편 극영화 1천 편이 넘는 분량이라네. 우리는 관객들의 영혼에 전쟁의 사건들을 각인시킬 수 있네. 그들이 직접 눈으로 본 것보다 더 강한 인상을 심어주는 것일세"(279).

라이츠는 이런 이미지의 생산과 그에 따른 결과를 강조하면서 우리에게 베를린의 어느 현상소에서 진행되는 처형장면이 담긴 필름의 현상 과정을 보여준다. 젊은 기술자가 잔혹행위를 담은 이미지에서 물러서며 다음과 같이 말한다. "역겨워." 동시에, 또 다른 모니터는 나치의 상업영화인 에리히 엥겔스(Erich Engels)의 〈배 위의 크리펜 박사〉(*Dr. Crippen an Bord, 1942*)를 보여준다. 두 영화의 나란한 배치는 냉혹하고 타산적인 가공인물 크리펜 박사와 다큐멘터리 속 처형부대의 무자비한 범죄 사이에 존재하는 유사성을 시사한다.

카를 프뢸리히(Carl Froelich)가 1938년에 자라 레안더를 기용해서 연출한 감상적인 〈하이마트〉의 긴 시퀀스 하나가, 자기반영적이고 아이러닉한 기조로, 라이츠의 영화 〈하이마트〉의 일부가 된다. 마리아와 그녀의 올케 폴린은 시골 극장에 앉아 있다. 두 사람은 영화 속에서 아버지에게 쫓겨났던 고집스러운 딸이 몇 해 뒤에 회한에 차서 집으로 돌아오는 모습에 공감한다. 자라 레안더가 연기하는 인물의 삶이 영화관에 앉아 있는 버려진 두 여인에게 일깨워준 소망, 그리움, 두려움, 실망, 희망, 기억은 그들의 삶과 직접 연결되어 있다. 나중에 영화는 그들이 거울 앞에 앉아 자라 레안더의 머리모양을 흉내 내려고 애쓰는 모습을 길게 보여준다. 그 장면은 그들의

일상생활에서 영화가 지니는 중요성을 입증해준다.[40]

　기억의 저장고이자 하이마트의 대체물로서의 예술. 라이츠는 자전적 인물인 헤르만을 통해 이런 생각들을 살펴본다. 헤르만은 젊은 시절에 샤프바흐를 떠나 유명 음악가가 되어 돌아온다. 그는 여전히 자신을 기억하고 있는 마을의 노인 몇 사람과 이야기를 나누면서 그 지역 나이팅게일의 노래 소리를 녹음한다. 그는 전자 장치의 도움을 받아서 녹음한 것을 손질해 실제 음악으로 만들어낸다. 전자 장치는 그의 새아버지 폴의 것으로 폴은 그 사이에 디트로이트에 있는 자신의 회사를 처분했다. 이제는 꽤 노쇠한 후원자로서 폴은 헤르만의 예술적 야심을 후원한다. 한 사람의 예술가가 아직 파괴되지 않은 자연의 소리를 채록해서 야심찬 전위 예술작품으로 다시 만들어낸다는 진부하고 틀에 박힌 모티프는 마을 사람들이 이 기획을 완전히 거부했다는 사실에 의해서 부분적으로만 상대화된다. 글라지쉬-카를을 제외하고는 샤프바흐 사람 가운데 어느 누구도 헤르만을 이해하지 못한다. 헤르만의 이야기는 라이츠의 〈하이마트〉 기획에 견줄 수 있다. 여기서 라이츠 역시 자신이 태어난 곳으로 돌아가서 이제 사라지게 될 것들을 필름에 담고 있다. 영화 마지막의 시퀀스가 우리에게 들려주는 이야기는 하이마트는 예술 속에, 필름 위에 보존될 수 있는 것이라는 것이다. "정처 없이 살아가는 우리 같은 떠돌이들에게는 우리의 이야기를 위한 새롭고 간편한 증거들이 필요하다. 예를 들어, 우리에게는 몸에 지니고 다닐 수 있는 촬영된 이미지나 다른 사진들이 필요하다. 영화는 우리의 이런 필요에 특정한 방식으로 부합한다. 증거로서 영화는 좀 더 포괄적인 것이며 우리의 인지 기관 전반을 일시에 움직일 수 있으며 이미지, 소리, 시간으로 이야기를 입증한다. 영화는 우리를 따라 세계 곳곳으로 갈 수 있다. 그리고 우리의 잃어버린 마을을 대체할 수 있다."[41] 영화는 지니고 다닐 수 있는 고향(home)의 대체물이다. 라이츠의 메타포적인 양식에서 이 소리들만큼이나 과장된 영화와 사진은 그야말로 집단적인 기억의 형식으로 기능해왔고 지난 60년에 걸쳐 동일시의 원천을 제공해왔다. 영화는 이미지를 비축하고 "그 마을에서 사라진 인간애"를 위해 그것들을 활용할 수 있게 한다.[42]

역사 — 독일제

역사는 리얼리티로부터 원료를 제공받은 창작물이다. 그러나 역사는 결코 임의적인 창작물이 아니다. 역사가 일깨우는 관심은 역사를 들려주는 사람들의 이해관계에 바탕을 두고 있다.

— 한스 마크누스 엔젠스베르거

1984년 가을에 서독에서 〈하이마트〉는 한 편의 텔레비전 연속극 이상이었다. 그 영화가 거둔 어마어마한 대중적 성공 — 한 편당 9백만 명의 관객이 시청했다 — 은 그 연속극을 하나의 미디어적 사건으로 만들었고, 하이마트, 정체성, 독일에 대해 수많은 고찰이 이루어지게 하는 결과를 낳았다. 예를 들어, 볼프람 쉬이테(Wolfram Schütte)는 《프랑크푸르터 룬트샤우》(Frankfurter Rundschau)에서 (연예 부문이 아닌 사설에서) 라이츠가 "독일에만 존재하는 어휘이자 개념에 이미지, 역사, 이야기, 영적 외형을 부여했다"고 썼다.[43] 《차이트마가진》(Zeitmagazine)에 게재된 한 기사는 다음과 같은 주장을 펼친다. "이번 가을 독일인들의 화두는 단연 '하이마트'이다. 에드가 라이츠의 텔레비전 연속극은 전국적으로 논란을 불러일으켰다. 영화의 도입부에서 바위에 새겨진 '독일제'라는 품질인증은 새로운 의미를 지니게 되었다."⁴⁴ 지난 몇 해 동안 하이마트와 국민적 물음을 주제로 열린 각종 학술대회에서, 라이츠의 영화(그리고 그 수용)는 정체성에 대한 집단적 열망의 소산—그리고 대행자—으로 해석되었다.⁴⁵ 이 영화가 역사의식을 왜곡하고 옛 하이마트영화 장르로 되돌아갔다고 비난했던 게르트루트 코흐 같은 이들의 비판적인 목소리가 대다수 독일 비평가들이 보여준 흔치않은 일치를 파괴하지는 못했다.⁴⁶ 무엇보다도, 영국과 프랑스의 유력 일간지들이 이 영화를 호의적으로 평가했다. 앙리 카르티에-브레송(Henry Cartier-Bresson)은 《르 몽드》지에서 다음과 같이 쓰고 있다. "독일은 갑자기 영혼과 고향을 되찾았다. 에드가 라이츠는 독일인의 마음속에 자리하고 있으면서 공개되기를 바라던 그리움을 해방시켰다. … '하이마트'의 엄청난 성공은 서독에서 독일녹색당이 거둔 성공과 함께 고려되어야 한다. 원자력에 반대하는 이들, 곧 새로운 환경 친화적 사회의 주창자들이 영혼을 보강하려한 것이 아니었다면, 이들이 '하이마트'에 대한 사랑, 고향에 있고 싶어 하는 절절한 감정을 고백하면서 정말로 바랐던 것은 무엇일까?"⁴⁷

그러나 서독에서 훈훈한 환대를 받았던 그 영화와 배우들과 감독은 뉴욕발 기사에서는 혹평을 받았다. 뉴욕의 비평가들은 그 영화를 최근 독일의 역사를 표백하려는 위험한 영화로 간주했다. 《프랑크푸르터 알게마이네 차이퉁》은 "안달"⁴⁸이라는 제목으로 이 비평가들의 목소리를 다룬 기사를 게재했다. 어떤 일이 벌어졌던 것일까?

미국의 주요 일간지 세 곳, 《뉴욕 타임즈》, 《뉴욕 서평》, 《빌리지 보이스》(Village Voice)는 〈하이마트〉가 국가사회주의의 과거라는 중요한 부분을 배제한 사실에 분개했다. 곧 국가사회주의를 그저 지나치듯 언급하고 말았다는 사실에 분개했다. 《뉴욕 타임즈》의 독일 주재 특파원 제임스 마컴(James Markham)에게 〈하이마트〉는 다른 인기 영화, 〈특전 U 보트〉와 마찬가지로, 독일인을 "선량하고 평범한 민간인으로, 그리고 때로는 희생자로" 묘사해서 나치 과거와 타협하려는 시도 — 그런 시도의 수정주의적 경향이 마컴을 불쾌하게 한 것이 분명하다 — 를 상징했다.[49] 『빌리지 보이스』의 비평가, 짐 호버만(Jim Hobermann)에 따르면, 독일 역사의 야만적인 잔혹행위들은 평범하고 일상적인 것들의 분위기 속에 묘사되어서는 안 된다. 그의 결론은 다음과 같다. "독일인은 〈하이마트〉로 다시 태어났다."[50] 그리고 티모시 가튼 애쉬(Timothy Garton Ash)는 《뉴욕 서평》에 장문의 평론을 썼다.

당신에게 독일 농촌의 1930년대가 독일의 번영과 흥분의 황금시절로 보인다면, 독일인이 당신에게 전쟁의 희생자로 보인다면, 그렇다면 당신은 다음과 같은 질문을 피할 수 없을 것이다. 그런데 다른 면은? 아우슈비츠는? 감독의 도덕관은? 천연색 필터는 이런 질문들에 대해 집요하게 대답한다. "기억하십시오, 기억하십시오, 이 영화는 독일인이 기억하고 있는 것에 관한 영화입니다. 그들이 총 천연색으로 기억하고 있는 어떤 것입니다. 어떤 것은 세피아 톤이고 또 다른 것들은 그들이 잊고자 하는 것들입니다. 기억이란 선택적인 것입니다. 기억은 부분적인 것입니다. 기억은 도덕과 무관한 것입니다."

이 단순한 트릭으로, 라이츠는 20세기 독일의 역사를 다룬 대부분의 독일 예술을 짓누르는 사슬에서 벗어난다. 그는 다음과 같이 쓰고 있다. "우리는 판단하는 일을 피하려고 합니다." 그는 연출의 형평성과 씨름하는 일에 신경 쓰지 않는다. 죄의식, 책임, 혹은 수치에 관한 진지한 설명에도 괘

념치 않는다. 과거와 "마주하고" 과거에 "능통하는 것"에도 괘념치 않는다. "과거의 극복(Vergangenheitsbewältigung)"도, 비트부르크도 신경 쓰지 않는다. 그는 오로지 기억과 망각에만 관심을 갖는다.[51]

애쉬의 비판적 관점은 〈하이마트〉의 가장 취약한 부분을 표적으로 삼고 있다. 라이츠가 〈홀로코스트〉에 맞서기 위해 그의 텔레비전 연속극을 만들었다는 사실, 그리고 공식 석상에서도 여러 차례 자신의 연속극은 미국의 텔레비전 연속극에 대한 독일인의 답변이라고 말했던 사실은 결코 비밀이 아니기 때문이다. 1979년에 서독 전체를 충격으로 몰아넣었던 〈홀로코스트〉는 라이츠에게 "상업주의의 국제적 미학"을 보여주는 "눈부신 예"였다. 그래서 그 드라마는 "본래 나치가 만들어놓은 비극"을 "감상적인 가족 이야기를 위한 환영할 만한 배경의 볼거리"[52]에 불과한 것으로 만들어버렸다. 〈홀로코스트〉식의 영화는 우리, 독일인이 "과거에 관한 이야기를 손에 넣는 일"을 가로막고, "판단의 세계에서 자유로워져서 예술을 통해 과거를 다루는 일"[53]을 가로막는다. 독일의 영화작가들이 "자신들의 역사를 손에 넣어야 하고 그리하여 그들이 소속된 집단의 역사를 소유해야 한다. 그러나 그들은 자주 자신들의 역사가 자신들의 수중에 있지 않다는 사실을 깨닫는다. 가장 근본적인 몰수절차가 있다면 그것은 바로 누군가로부터 그 자신의 역사를 몰수하는 것이 될 것이다. 미국인이 〈홀로코스트〉를 통해 우리의 역사를 앗아갔다"[54]고 주장하면서 라이츠는 독일 역사에 대한 독일인의 권리를 주장한다. 미국인에게 독일의 가장 최근 과거를 "훔쳐낸" 책임을 묻는 이런 논쟁은 영화의 주제로나 독일 정체성의 일부로나 무모해 보인다. 다른 민족을 종속시키거나 말살시키기 위해 세계대전을 도발한 역사가 한 국가에 속한 것이 될 수 없다. 1980년대에 독일인은 자신들이 1950년대와 1960년대에 그토록 쉽게 포기했던 독일 역사에 대한 독일인의 "소유권"을 열렬히 주장하는 듯이 보였다.

라이츠에게, 진정한 스캔들은 "독일 역사 — 할리우드제"였다. 이에 대해 라이츠는 "독일제"[55]라는 빈정대는 투의 제목을 붙인 영화로 응수했다. 미국에서 들여온 수입품은 독일에서 만든 제품과 대립하게 될 것이었다. 라이츠의 영화는 그가 텔레비전 연속극 〈홀로코스트〉에 결여되었다고 인식한 것, 이른바 "각 이미지의 진정성의 분위기"[56]를 제공했다. 1979년 라이츠의 기획은 서독에서 폭넓게 일어났던 지역주의와 시골생활에 대한 관심, 그리고 일상의 경험에 대한 새로운 관심과 함께 시작되었다. 대규모의 정치는 마치 프리즘에서처럼 "보잘것없는 사람들"의 제한된 의식 속에서 굴절되게 되어 있었다. 라이츠의 "밑으로부터의 역사" 개념은 공적인 역사서술이 다양한 이야기들을 하나의 역사로 축소시켜 만들어낸 총체성을 공격한다. 뿐만 아니라, 라이츠의 "밑으로부터의 역사"는 "순박한 사람들"이 아무것도 모르거나 알려 하지 않는 모든 경험들의 배제를 정당화한다.

예를 들어, 라이츠의 〈하이마트〉에서 우리는 헨쉘 베츠를 본다. 그 아이는 마을에 사는 소년으로 자전거를 타고 새로 설치된 전신줄을 따라 간다. 그리고 마을 밖의 강제수용소에 이르게 된다. 아이는 그곳에서 수용자들과 무장을 갖춘 정복 차림의 경비병들을 본다. 하지만 아이는 마을로 돌아와 자신이 본 것을 이야기하지 않는다. 그리고 마을의 어느 누구도 강제수용소에 관해 알려고 하지 않는다. 강제수용소는 결코 언급된 적이 없다. 나중에 한 장면에서 우리는 시몬 가의 친척인 공산주의 노동운동 지도자가 새벽에 게슈타포에게 체포된 사실을 알게 된다. 그리고 인근 강제수용소로 끌려간 사실을 짐작할 수 있다. 그러나 아무도 그의 운명에 대해 묻지 않는다. 그의 딸 로티와 가장 가까운 친척들조차 그의 운명을 묻지 않는다. 영화의 줄거리에서 유대인 말살을 거의 완전히 배제한 것은 〈홀로코스트〉에 맞선다는 이 영화의 본래 취지에 따른 궁극적 결과일지도 모른다.

라이츠는 독일의 "보잘것없는 사람들"을 "나치 범죄자들"이 저지른 부정의 희생자로 만들며 역사를 다시 쓰는 일에 따를 위험을 잘 알고 있었다. 하이케 허스트(Heike Hurst)가 《백야》(Nuit Blanche)에서 라이츠에게 〈하이마트〉에서 홀로코스트를 배제한 이유를 묻자, 라이츠는 다음과 같이 대답했다. "유대인과 국가사회주의의 문제는 거듭 설명되어온 주제입니다. 내가 그 영역에 발을 들이자마자 이야기는 전혀 다른 방향으로 전개될 것입니다."[57] 그러므로 라이츠의 말에는 자신의 영화가 하이마트에 대해 전하는 긍정적인 태도를 홀로코스트가 해치게 될 것이라는 의미가 함축되어 있다. 사실 게르트루트 코흐가 주장했듯이, 라이츠는 다음의 문제를 인정하고 있었다. "'하이마트'의 신화를 이야기하기 위해서는 그 이야기에서 아우슈비츠의 트라우마를 배제해야만 했다."[58] 아우슈비츠는 라이츠가 펼쳐놓는 독일 역사의 연속성 안에 통합될 수 없는 것이다.

그러나 코흐의 정당한 비평이 설명하지 않은 것은 하나의 핵심적인 딜레마이다. 곧, 아우슈비츠가 과연 하나의 서사 양식으로 재현될 수 있을까? 수백만 명을 산업적으로 살해한 범죄를 사소한 것으로 만들지 않고도 한 편의 이야기 속에 포함시킬 수 있을까? 어떤 종류의 의미와 논리를 부과하지 않고도 아우슈비츠의 극악무도함을 미학적 수단으로 포착할 수 있을까? 1978년 11월에, 프랑스의 영화 평론가 크리스티앙 짐머는 다음과 같이 썼다. "다시 이야기될 수 없는 사건이란 없다. 그러나 스스로 '입에 담을 수 없는' 것이라고 부르는 일을 겪은 사람들의 현실과 기억을 서술이 배반하는 경우가 있다. 그런 경우, 합법적이고 믿을만한 유일한 진실은 비명뿐이다. … 서사는 생각할 수도 없는 것들에 대한 설명이나 합리화가 아닐까? 그것은 광기를 표준화하는 것이 아닐까? 서사는 언제나 변명을 하는 것이 아닐까?"[59]

서사의 틀을 취하면 공포도 무디어진다. 이해할 수 없는 것을 보여주는 데는 〈쇼아〉(Shoah)에서 클로드 란츠만(Claude Lanzman)이 사용했던 것과 같은 다큐멘터리와 허구를 섞은 비서사적 혼합이 필요할 수도 있다. 여기서 강제수용소의 공포는 친숙한 영상들을 통해서 일깨워지는 것이 아니다. 현재에 있는 과거의 흔적들을 찾고 생존자들의 기억을 추적하는 일을 통해서 일깨워진다.[60] 목격자들과의 대화와 얼굴과 풍경의 이미지들이 울림을 얻는 것은 영화가 과거를 현재 경험의 측면으로서 제시하기 때문이다. 란츠만의 〈쇼아〉가 그랬던 것처럼, 에버하르트 페흐너(Eberhad Fechner)의 4시간 반 길이의 텔레비전 다큐멘터리 영화 〈재판〉(Der Prozess) 역시 전적으로 인터뷰에 바탕을 두었다. 이 영화는 마즈다넥의 강제수용소를 운영했던 전범들을 상대로 뒤셀도르프에서 열렸던 재판을 담고 있다. 페흐너는 재판에 연루된 모든 사람들 — 피고, 생존자, 희생자들의 가족, 판사, 변호사들, 재판을 취재하는 언론인들 — 과 70차례의 인터뷰를 진행하고 그 진술들을 편집해서 6년이나 지속된 재판의 법적 감정적 복잡성을 영화로 완전히 재창조해냈다. 그는 자주 인터뷰 하나에서 고작 한두 문장만을 인용하고 그와 모순되는 문장이나 혹은 그 문장을 입증하는 다른 문장과 나란히 배치했다. 이런 정교한 편집 작업을 통해 그는 재판 전체를 영화로 다시 연출했다. 그렇게 해서 생존자와 가해자, 법조인이 법정에서는 생각할 수도 없었던 방식으로 첨예하게 대립하도록 만들었다.[61] 1984년 11월 〈하이마트〉가 방영된 지 한 달 만에 서독 텔레비전으로 방영된 〈재판〉은 (〈쇼아〉가 그랬던 것처럼) 과거의 현존을 강조하고 사라지려는 것들을 기록하려고 했다. 그리고 고통을 겪었던 이들의 얼굴과 육성을 기록하려고 했다. 언론매체들의 한결같은 찬사에도 불구하고 〈쇼아〉나 〈재판〉은 서독의 대중에게 뚜렷한 인상을 남기지 못했다.

라이츠의 〈하이마트〉에서 홀로코스트를 거의 완전히 배제한 것 — 두려움 때문이었을까? 억압 때문이었을까? 아니면 수정주의 때문이었을까? — 은 〈하이마트〉가 나치 시절을 다루기 위해 길게 할애한 부분에서 분명해진다. 11편의 에피소드 가운데 5편(3-7)이 제3제국 중에 발생한 것이고 제2편은 1933년을 포함한다. 세 편은 전쟁 이전의 시기(1935년, 1938년, 1938-39년)를 다룬 한편, 두 편은 가정과 전선에서의 전쟁(〈가정 내의 전선〉 1943년, 〈병사의 사랑〉 1944년)에 초점을 맞추었다. 1919년에서 1982년 사이 독일의 역사에서 63년의 기간을 포괄하는 연대기인 영화의 거의 절반이 히틀러가 집권한 12년 동안 일어난 일을 담고 있다. 그렇게 해서 〈하이마트〉는 국가사회주의에 관한 장편 극영화나 다큐멘터리의 전체 길이보다 더 많은 이야기 시간을 독일 파시즘의 원인, 경과, 결과를 검토하고 시각화하는 데 할애했다. 라이츠는 어떤 이미지들을 발견했을까? 그는 파시즘 치하의 독일에 관해 어떤 이야기를 들려주는 것일까?

우리가 기대한 대로, 라이츠는 언제나 이 역사와 그 결과에 대한 관객의 기억을 일깨우는 것이라고 전제되는 일상의 이미지들을 활용해서 평범한 삶의 이야기들을 보여주었다. 히틀러의 집권처럼 어떤 사건은 너무 잘 알려진 것이기 때문에, 라이츠는 "밑으로부터의" 관점에서 그 사건을 다룬다. 예를 들어, 우리는 우연히 1933년 1월에 베를린에 있게 되었던 에두아르트의 전혀 정치적이지 않은 시선으로 히틀러의 집권 사실을 알게 된다. 에두아르트가 장차 그의 아내가 될 창녀 루시와 함께 들어서는 싸구려 방 안에는 "총통"을 외치는 군중과 횃불행진의 열기가 가득하다. 루시에게 푹 빠진 에두아르트는 거리에서 벌어지고 있는 역사적 사건을 미처 깨닫지 못한다. 관객은 다양한 결론을 내릴 수 있다. 에두아르트처럼 정치에 무관심한(영화는 이런 태도를 비난하지 않는다) 사람들은 정치사의 가장 중요한 순간마저도 놓친다거나, 히틀러가 집권한 1월 30일의 사건은 기본적으로 도시의 일이었지 시골 사람들에게는 중요하지 않은 일이었다거나(이는 문제성이 많은 해석이다. 지방이라고 해서 결코 히틀러의 집권과 무관하지 않았다) 혹은 일상사의 관점에서 정치사는 말 그대로 "배경에 있는" 것일 뿐이라는 결론을 내릴 수 있다. 에두아르트가 자신의 거만하고 야심 찬 아내에게 떠밀려 나치 제복을 입고 내키지도 않는 우스꽝스러운 시장이 되었다는 사실은 국가사회주의 아래에서 이루어진 권력의 행사에 대해 이 영화가 보이는 비정치적인 태도, 그리고 의심할 나위 없이 모든 것을 하찮은 것으로 만들어버리는 태도를 보여주고 있다. 권력에의 순응—나치의 경우에, 그것은 또한 복장의 변화와 연관되어 있다—은 이 영화에서 익살스럽게 묘사되고 있다. 샤프바흐에서 "총통은 콜럼버스다"라고 적힌 깃발과 갓 구운 히틀러 롤 케이크를 동원한 총통의 생일 축하 준비 역시 유머로, 그리고 아이러닉하고 동정어린 가벼움으로 제시된다.

라이츠는 또한 히틀러의 집권 초기를 특징짓던 근본적인 변화의 낙관적인 분위기를 보여준다. 세바스티안 하프너(Sebastian Haffner)는 1978년에 히틀러에 관한 자신의 책에서 이런 분위기를 강조했다. 그리고 한스-디에터 쉐퍼(Hans-Dietter Schäfer)는 1933년부터 1945년 사이 독일인들의 일상생활에 나타난 그들의 "분열된 의식"을 다룬 연구에서 그런 분위기를 폭넓게 기록했다.[62] 폴린은 남편인 시계공 크뢰버에게 이렇게 말한다. "모두가 그걸 느끼고 있어요. 모든 것이 하루가 다르게 나아지고 있어요, 로베르트… 정말이에요, 로베르트, 무언가 벌어지고 있어요, 무언가 다가오고 있어요! 가게에 오는 손님들이 모두 웃으면서 바삐 움직이잖아요." 라이츠는 다른 측면, 희생자들에 대해서는 지나가는 정도의 관심을 보인다. 크뢰버는 자신이 살 집을 소유하게 된다. 그 집이 유대인의 소유였기 때문이다. 그는 장모에게 이렇게 말한다. "장모님, 우리보다 잘 살던 그 유대인 아시죠? 이 집은 그 사람이 살던 집이예요. 그런데 그가 팔고 싶다더군요. … 이젠 유대인이 집을 갖기가 쉽지 않아요." 강매에 대한 이런 언급은 더 이상 없다. "이젠 그들이 집을 갖기가 쉽지 않아요"라는 완곡한 문장이 훈스뤽의 사람들조차 유대인 박해에 관해 알고 있었지만 아무 일도 하지 않았다는 사실을 나타내고 있다. 대신에 그들은, 도시 주민들과 마찬가지로, 그것을 경제적 이익을 얻을 기회로 삼았다.[63] 역시 1934년인 나중의 몇 장면에서, 할머니 카트가 보훔에 있는 가족을 방문한다. 그리고 먼 친척 프리츠 쉬르머가 "재교육을 위해" 근처 강제수용소로 끌려가는 모습을 본다. 나치에 복무중인 가족의 지인 가운데 한 사람이 모두에게 "강제수용소에서 사람들은 그에게서 마르크스주의 정신을 없애버릴 것이고, 그래서 그가 그곳을 나온 뒤에는 여러분이 그를 알아볼 수 없을 것입니다. 그는 새로워지고 머리가 깨끗해질 것이며 그 역시 우리나라의 재건에 참여하게 된 사실을 기뻐하게 될 것입니다"(171). 왜곡된 카메라 각도에서 표현주의적인 명암법으로 촬영된 이 장면은 나치친위대 제복을 입은 마리아의 막내 동생 빌프리에트를 포함해서 온 가족이 모여 앉은 가톨릭 집안의 크리스마스 모임을 1930년대 UFA 영화사 스타일로 담아낸 부드러운 조명의 장면과 대비된다. 이 에피소드의 제목은 "전에 없던 크리스마스, 1934-1935년"이고 그것은 결코 역설적인 의미가 아니다.

    영화가 대부분 주인공들이 알고 있는 것과 의식하고 있는 것에 일치하기 때문에, 자주 그들의 행동을 비판적으로 묘사하는 데 필요한 거리를 잃게 된다. 등장인물들 — 그들 대부분은 기본적으로 기회주의적인 순응주의자들이다 — 은 그들이 스스로에게 드러내는 모습 그대로 우리에게 보인다. ⟨하이마트⟩의 단선적이고, 연대기적인 방식은 우리의 관점을 등장인물들의 관점에 한정시킨다. 그렇게 해서 우리는 그들의 시선을 통해 역사를 경험한다. 관객에게는 등장인물들의 관점을 비판할 자유가 있다. 그러나 리얼리즘적 서사가 등장인물들에게 너무 밀착될 때에는 동화되는 것에서 비판적 거리로 넘어가기가 어렵다. 히틀러 시절을 다룬 에피소드들에서는 리얼리즘적 서사에서 종종 대안적이고 비판적인 관점의 원천이 되는 외부인들이 눈에 띄게 빠져 있다. 마을 사람들이 집시라고 부르는 젊은 여인 아폴로니아와 폴, 두 사람은 모두 1편에서 외부인으로 제시되는데, 1933년 이전에 샤프바흐를 떠난다(그리고 서사에서도 사라진다).

마을에서, 국가사회주의는 근대화의 대행자로 등장한다. 전화나 라디오 같은 새로운 의사소통 수단이 제3제국의 외딴 지역들까지 보급된다. 자동화 과정은 급속도로 진전된다. 고속도로가 풍경을 가르고 지나갔고 군사력은 모든 자원을 조직하고 동원한다. 언제나 비행사가 되기를 바라던 마리아의 아들 에른스트에게 전쟁은 그의 열정을 추구할 수 있는 기회를 제공한다. 곧 그가 꿈도 꿀 수 없던 기회를 제공한다. 전쟁 후에 에른스트는 갈 길을 잃은 듯하다. 베를린의 대중 집회에서는 반동적인 "혈통과 토양"의 이데올로기가 지지를 받았다. 그러나 반면에 시골에서 "히틀러 운동"은 주로 혁신의 역동적인 과정의 모습을 취했다. (재무장에 기초한) 전쟁 전의 풍요에 대한 대가는 전쟁 막바지에 치러졌다. 영화에서 보여주듯이 훈스뤽에서조차도 그랬다. 이 전에는 영화의 요소가 아니었던 서스펜스에 기초한 전통적인 이미지와 극적인 구조를 활용해서, ⟨하이마트⟩는 전쟁이 끼친 피해의 결과를 묘사한다. 마리아의 연인이자 그녀의 아들 헤르만의 아버지인 오토 볼레벤은 폭탄을 해체하던 중 목숨을 잃는다. 그리고 루시의 친구는 도주하던 중에 총에 맞는다. 영화는 오랫동안 마을에 영향을 끼치지 않았던 정치사가 결국 개인의 운명을 어떻게 장악하는지를 분명히 보여준다.

1945년 미 해방군이 문간에 등장한다. 에두아르트는 안도의 숨을 내쉬며 군복을 벗는다. 그리고 캐리커처에 가까운 장면들에서 그의 아내 루시는 어떻게 하면 점령군과 거래할 수 있을지를 고민한다. 그것은 영시(Stunde Null), "zero hour", 곧 새로운 시작이다. 카트는 자신의 남편과 이야기를 나누면서 자신들이 겪었던 두 차례의 전쟁을 떠올린다. "그래도 우린 살아 남았어요. … 마티아스, 우리가 아직 살아 있다는 것이 이상하지 않아요? … 아이들이 영리하기만 하다면, 우린 완전히 다시 시작할 수 있어요. 그리고 나아질 거예요. 지금까지 보다 더 나아질 거예요, 마티아스"(351).

여기서도 우리는 파스빈더와 잔더즈-브람스에서 그랬던 것처럼, 역시 영시의 신화가 "모든 것이 달라질 것"이라는 신기루, 곧 독일은 백지상태(tabla rasa)처럼 새롭게 시작할 수 있다는 신기루와 결합되는 것을 본다. 일찍이 1976년에 라이츠는 같은 제목의 영화에서 영시에 대한 이런 개념을 비판적으로 다루었다.[64] 〈영시〉는 그 조용한 서사의 흐름, 일상의 삶에 관한 시각적 모티프, 그리고 단순한 흑백 영상에서 〈하이마트〉를 위한 예비 연구처럼 보인다. 그 영화는 독일인이 미국에 매료되는 것을 비판적으로 묘사한다. 자신을 포기하는 지경에 이를 때까지 "양키"에 열광하는 젊은이들은 결국 용서할 수 없이 배신당한다. 미국을 "전기의자의 나라"로 언급한 것을 시작으로 "부유한 미국인"이 되어 돌아온 폴을 카우보이모자 차림에 검은 자가용을 타고 나타나는 것으로 보여주는 익살스러운 상투적 표현에 이르기까지 널리 확산되었던 반미주의가 〈하이마트〉에서 거듭해서 나타난다.

(1950년대부터 현재에 이르는 마지막 네 편의 에피소드에서 보여준) 서독의 이미지 역시 대체로 극히 비판적이다. 황폐해진 마을의 마지막 모습에는 머리 위로 굉음을 내는 제트기가 등장한다. 그렇게 높은 곳에서 내려다 본 하이마트는 레이더망 위의 작은 점이 되어 버린다. 노스탤지어가 깃든 감상의 잠재적 가능성조차 근본적으로 허물어버리는 지점이다. 같은 맥락에서 라이츠는 마지막에 마리아가 죽은 직후 저속하고 떠들썩한 장터 장면에서 끝까지 추적해간다. 과거의 유령 같은 꿈의 시퀀스에서 다시 만난 구세대는 그들의 후손에게 나라를 떠넘겼다. 그 영화가 그들에게 품은 것은 경멸뿐이다. 그것은 페터 한트케가 동시대의 드라마 같은 시 「마을 너머」에서 보여준 경멸과 비슷한 것이다. "나는 이 마을과 그 주민들을 저주하고 싶다. 그들은 자동 볼링 레인의 종소리만 듣는다. 나는 돼지 저금통의 구멍 같은 그들의 입을 저주하고 싶다. 그곳으로는 들어가기만 할 뿐 아무것도 나오지 않는다. … 나는 또 어린아이이면서 이미 도살자처럼 그곳에 서서 도살되는 사람들의 눈을 들여다보는 후손들을 저주하고 싶다."[65]

결말에 해당하는 에피소드들에서, 라이츠는 하이마트를 향한 노스탤지어적인 태도를 다시 추적한다. 그것은 부분적으로 히틀러 시절로 확장되었다. 그리고 나서 1945년 이후 하이마트의 급격한 쇠퇴를 가차 없이 기록하고 있다. 의도적으로 대비시킨 두 개의 이미지가 이런 일을 특징짓는다. 영화의 첫 번째 시퀀스에서, 글라이더에서 내려다 본 훈스뤽은 시간과 공간이 동일해지는 광활한 푸른 들판으로 등장한다. 마지막 시퀀스에서 이번에는 초음속 제트기에서 내려다 본 동일한 풍경이 몇 초 동안의 비행시간으로 압축된다. 그리고 그 풍경의 명상과 같은 고요가 귀가 멀 정도의 굉음으로 바뀐다. 지리적 장소이자 감각의 자리로서 하이마트가 근대의 기술력에 의해 완전히 파괴된 것이다.

영화의 내적 논리를 따르자면, 서독의 재건 시기에 있었던 하이마트의 체계적인 해체를 이런 식으로 강조하는 것은 1945년 이전의 시기를 좀 더 조화로운 시기로, 심지어 향수어린 시기로 보이게 한다. 비판의 무게는 온통 서독에 실린다. 영화는 서독이 미국화의 과정에서 그 모든 정체성의 흔적들을 상실했음을 암시하고 있다. 또한 서독은 훈스뤽을 군사 기지로 만들었다. 서독의 다른 어느 곳에도 없는 퍼싱 미사일과 크루즈 미사일이 그곳에 배치되었다. 영화의 마지막 에피소드들에서 보수적인 노스탤지어의 충동들이 결합되어 오늘날 서독에서 하이마트의 개념이 감상적으로 활용되는 것을 공격한다.

그럼에도 불구하고 1980년대 서독 사람들의 일반적인 경향을 유지하면서, 그 영화는 어떤 정체감(sense of identity), 곧 하이마트의 느낌에 대한 서독의 열망을 확인시켜주는 것으로 받아들여졌다. 이는 잠시 멈춰 설 수 있는 명분을 준다. 만약 허구가 흔히 한 사회에 결여되어 있는 것을 환기하고 그렇게 해서 집단적인 소망을 성취하고 국민의 정서적 삶에 결핍된 것을 보상하는 것이 사실이라면, 그렇다면 서독 사회에서 〈하이마트〉가 거둔 대중적인 성공은 40년의 시간이 흐른 후에 서독 사람들이 자신들이 짊어진 과거의 짐에서 벗어나기를 얼마나 강렬히 원하고 있는지를 알려주는 지표일 수도 있다. "〈하이마트〉— 영화"는 독일의 역사를 독일인에게 반환하라고 요구한다. 영화는 "민중"의 관점에서 독일의 역사를 다시 쓰고 있다. 그리하여 독일 역사의 "정상화(normalization)"에 대한 강한 열망을 집약적으로 보여준다.[66]

〈하이마트〉가 허구의 차원에서 상술하고 있는 것은 그 사이 미학의 영역을 벗어나 정치적 담론 속으로 들어갔다. 1988년 11월 9일에 수정의 밤 50주기를 추모하는 의회의 기념행사 연설에서 하원의 대변인이던 필립 예닝거(Phililp Jenninger)는 히틀러 집권 초기의 열렬하고 역동적인 정신을 강조했던 제3제국의 이미지를 환기해서 반유대주의와 파시즘이라는 현상을 이해하려 했다.[67] 이 시기에 대한 그의 눈부신 묘사는 마치 에드가 라이츠의 〈하이마트〉에서, 특히, "전에 없던 크리스마스, 1934-1935년"이라는 제목의 제2편에서 가져온 것처럼 들렸다. 그 결과 히틀러 시절을 찬양한 것처럼 보이는 것에 대한 분노는 예닝거의 사임을 피할 수 없게 했다. 예닝거의 연설에 대한 대중의 반응은 그에게 일격을 가했다. 예닝거는 거리낄 것도 없고 "해로울 것도 없는" 허구 세계의 경계를 넘어 정치의 영역으로 모티프들을 옮겨감으로써 자신이 수많은 사람들에게 (여전히) 도발적인 것으로 보이는 "타협"[68]에 가담하고 있다는 사실을 미처 깨닫지 못했다. 영화작가들이 ― 독일 영화 평론가들 눈에 ― 금기에 도전하고 역사를 다시 쓸 수 있게 했던 시적 특권을 정치가들이 주장하자 그것은 무효한 것이 되어버렸다. 그들이 열망하는 독일 역사의 정상화는 결코 저항 없이 이루어지지는 않을 것으로 보인다.

7
에필로그

역사, 기억 그리고 영화

"가장 근본적인 몰수절차가 있다면, 그것은 누군가로부터 그 자신의 역사를 몰수하는 것이다."(에드가 라이츠)

― 〈하이마트〉 중에서 디에터 샤아트

언젠가 홀로코스트가 부분적으로는 NBC 텔레비전이 제작한 같은 제목의
프로그램에 의해 측정되고 판단될 것이라고 생각하니 섬뜩하다.

— 엘리 위젤

"물론, 그 와중에는 모든 것이 히틀러였습니다."
"어젯밤에 그가 다시 나타났습니다."
"그는 언제나 나타납니다. 우리가 텔레비전을 볼 때마다 그를 보게 됩니다."

— 돈 드릴로(Don Delillo)

"실제로 전쟁에 참전해서 싸운 사람보다 전쟁을 간접적으로 체험하는 사람들이 더 많다." 1983년 2월에 18시간 길이의 미니시리즈 〈전쟁의 소용돌이〉(The Winds of War)가 1979년에 텔레비전 역사상 최고의 시청률을 기록했던 흥행대작 〈뿌리〉에 버금가는 시청률을 기록하자 ABC 방송사는 신문 광고에서 이렇게 떠들어댔다.[1] 4천만 달러(미니시리즈의 홍보를 위해 2천 5백만 달러가 추가되었다)의 엄청난 비용을 들여 텔레비전 방송용으로 제2차 세계대전을 다시 무대에 올렸을 때 1억 4천만 명의 미국인들이 제2차 세계대전을 "간접적으로 체험했다." ABC 방송사의 추산에 따르면, 〈전쟁의 소용돌이〉는 사실상 12세 이상의 모든 미국인이 시청했다. 제2차 세계대전의 사건들에 친숙하지 않은 관객을 사로잡기 위해, 24페이지에 달하는 천연색 화보 50만 부가 학교, 도서관, 특정 이익집단에 배포되어 방영 예정인 텔레비전 드라마와 그 방영 시기를 소개했다. 헤르만 보우크(Hermann Wouk)의 소설 『전쟁의 소용돌이』를 각색한 이 드라마는 모험영화와 전쟁영화, 사랑이야기, 역사적 서사극에서 따온 할리우드의 상투적 표현들을 가득 담고 로버트 미첨(Robert Mitchum)과 앨리 맥그로우(Ali McGraw) 같은

스타에 의지해서 흥행의 성공을 기대했지만, 그럼에도 불구하고 과거의 사건들에 대한 사실주의적이고 진정성 있는 묘사를 제공한다는 환상을 유지하고 있다. 이 영화판 제2차 세계대전의 이미지들이 1억 4천만 명의 사람들에게 방영되었다. 그 가운데 많은 사람이 독일의 역사와 제2차 세계대전에 대한 첫 인상을 그 미니시리즈에서 얻었다.

수백만 명의 유럽인도 같은 방식으로 프란시스 포드 코폴라의 1979년 영화 〈지옥의 묵시록〉(*Apocalypse Now*)을 통해서 혹은 마이클 치미노(Michael Cimino)의 〈디어 헌터〉(*The Deer Hunter*)를 통해서 베트남전쟁을 "경험했다". 이 영화들은 우발적이고 우연한 사건의 고립된 이미지들을 보여주기보다는 역사의 임의적인 사료를 선택하고 서사화하고, 그렇게 해서 그것들에 형태를 부여했다. 그들은 "무의미한 것들에 의미를 부여함"으로써 역사를 쓴다.² 문학 작품이나 신화에서 자주 취하는 다양한 서사 양식 — 예를 들어 〈지옥의 묵시록〉은 조셉 콘래드의 『어둠의 심연』(*Heart of Darkness*, 1899)을 따르고 있다 — 은 사건을 구조화해서 시작과 중간과 끝이 있는 한 편의 이야기로 바꾸어 놓는다. 이 영화들은 폭넓은 대중을 위해 국가의 역사를 해석하고, 그렇게 해서 대중의 기억을 만들어내고 조직화하고 동질화한다. 전문 역사가와 학교와 나란히, 대중 매체는 역사의식을 만들어내는 가장 효과적인 (잘 인정되지는 않지만) 제도적 장치가 되었다.² 한 편의 영화는 역사를 살려낼 수 있고, 기념 연설, 전시회, 박물관보다도 더 생생하게 재현할 수 있다. 그런데 누구의 역사일까?

〈전쟁의 소용돌이〉는 제2차 세계대전의 특정 이미지를 수백만 명의 미국 관객에게 전달했다. 영웅적이고 호감을 주는 미군 병사들과 그들의 적수인 군국주의자 나치 병사들의 이미지, 전투 장면과 개인적인 희생자들의 이미지, 당연한 승리와 당연한 패배의 이미지를 전했다. 이 영화가 이전의 재현들에서 가져온 수많은 이미지를 사용한 것과 마찬가지로, 제2차 세계대전에 관한 미래의 재현은 이 텔레비전 영화에서 가져온 이미지와 비교될 것이다. 그렇게 해서 이미지의 이미지가 영원히 끝없는 고리를 만들며 회자될 것이다. 그들은 서로의 정당성을 인정하고 재확인하며 "지구상에 신속히 동일한 기억을 확산시킨다."[4]

우리는 과거를 다시 찾아갈 수 없고 제2차 세계대전이나 히틀러 시절 같은 역사적 사건을 다시 체험할 수 없기 때문에, 다큐멘터리이든 재구성된 것이든 과거의 재현에 의지한다. 20세기에, 대중 매체의 하나로서 출현한 영화는 역사적 인물과 사건에 대한 충실한 기록의 도구가 되기에 이르렀다. 영화는 또한 제3제국의 기억을 지켜나가는 일도 떠맡았다. 그러나 이미지의 기억은 이제 너무 관습적인 것이 되어서 무엇이 그 시기에 대한 "올바른" 재현이고 무엇이 그렇지 않은지를 결정한다. 히틀러의 이미지나 전쟁의 이미지가 대중의 의식 속에 지울 수 없이 각인되어서 새로운 이미지를 상상하기도 어렵다. 그렇게 해서 역사 영화는 점차 역사적 경험을 대신할 뿐만 아니라 역사적 상상력을 대신한다.[5] "우리의 자유 연상 능력이 계속해서 압도당한다면, 어떻게 상상력이 살아남을 수 있겠습니까?" 페터 W. 얀젠(Peter W. Jansen)은 자신의 글 「영화 그 두 번째 바로크 시대」("The Cinema in its Second Baroque")에서 이렇게 묻고 있다.[6] 그 글에서 그는 베르톨루치(Bernardo Bertolucci)의 〈1900년〉이나 〈지옥의 묵시록〉 같은 역사 서사 영화들을 19세기의 백과사전적 정치 소설들과 비교한다. 그는 이 "영화 정치 소설들"이 관객의 역사적 상상력을 자극하고 해방시키기는커녕 그것을 정복하고 장악하기 위해서 안간힘을 쓴다는 사실을 염려하고 있으며 그의 염려는 정당하다.

막스 피카르트(Max Picard)는 1946년에 이미 자신의 책 『우리 안의 히틀러』(Hitler in uns)에서 라디오가 어떤 식으로 독립적인 개인적 경험을 앗아가는지를 감지하고 있었다. 그는 또한 기계적인 매체가 역사 현실에 대한 우리의 인식을 어떻게 형성하는지를 최초로 고찰한 사람 가운데 하나였다.

라디오는 역사를 기록하기만 하는 것이 아니다. 라디오는 역사를 만들어가는 것처럼 보인다. 세계가 라디오에서 비롯되는 것 같다. 사람들은 여전히 사물과 사건을 보고 있지만, 그들이 보고 있는 것은 라디오가 그 사건을 보도하고 신문이 사건의 사진들을 보여준 다음에야 비로소 실제가 된다. 라디오는 사람들을 위해 지각하고 기록하고 판단한다. 우리의 영혼은 곧장 라디오와 연결되어 있으며 더 이상 우리 자신의 감각기관들과 연결되어 있지 않다. 사람들은 더 이상 내적인 역사, 내적인 연속성을 지니고 있지 않다. 오늘날 라디오가 우리 자신의 역사이다. 그것이 우리의 실존을 정당화한다.[7]

대중 매체와 역사의 상실 등 귄터 안더스(Günther Anders), 마셜 매클루언(Marshal McLuhan), 장 보드리야르(Jean Baudrillard) 등이 10년도 더 지난 뒤에야 고찰하게 될 것들을 예고한,[8] 피카르트의 라디오에 대한 염려는 영화와 텔레비전에는 훨씬 더 급진적으로 적용된다. 우리 주위에서 양산된 이미지들은 모든 곳에서 우리와 우리의 인식 세계 사이에 스스로를 위치시키는 이차적이고 인위적인 세계를 형성한다. 크리스 마르케는 자신의 영화 〈태양 없이〉에서 다음과 같이 이야기한다. "나는 기억한다. 도쿄의 1월을. 혹은 1월에 도쿄에서 내가 촬영한 이미지들을 나는 기억한다. 이미지는 내 기억을 대체했고 이미지가 나의 기억이다."[9] 기술력의 기억으로서, 영화가 과거를 너무나 완벽히 비축하고 저장해서 인간의 기억은 피상적인 것이 되어버린다.

빔 벤더스의 영화 〈파리, 텍사스〉(Paris, Texas)에서 기억상실증에 걸린 아버지와 아들의 기억을 되살려주는 것은 슈퍼 8mm로 촬영된 홈무비이다. 아들은 너무 어려서 기록된 사건들을 완전하게 기억하지 못했다. 기억의 물리적 이미지로서 홈무비는 벤더스의 영화에서 전환점이 된다. 여기서 영화는 기억의 부활로 기능한다. 영화는 두 사람이 망각했던 것을 기억했다. 마찬가지로, 뉴저먼시네마의 역사 영화들은 과거를 보존하려는 의도이며 살아 있는 사람들의 기억을 소환하려는 것이다. 자기반영적인 서사와 시각적인 양식, 자전적인 경향과 실험적인 형식을 가지고, 그리고 무엇보다도 끝없이 되풀이되며 상투적인 것이 되어버린 제3제국의 이미지가 재생되는 것을 대체로 거부함으로써 뉴저먼시네마의 역사영화들은 보는 방식의 대안을 제시했다. 지버베르크, 파스빈더, 클루게, 잔더즈-브람스, 그리고 라이츠는 수정주의로 보일 위험을 무릅쓰고, 아니 사실상 수정주의자가 되는 위험을 무릅쓰고 자신들의 영화에서 할리우드적 개념의 독일 역사에 반하는 역사적 기억을 제공하려고 했다.

뉴저먼시네마는 시작부터 과거의 억압은 물론이고 현재의 기억상실증에 격렬히 저항하는 이미지를 제공하려는 비판적 기획에 가담하고 있었다. 영화작가들은 책임, 죄, 현재에 남은 과거의 유산에 관한 문제들을 주장했다. 1970년대 중반에 그 영화작가들 대부분이 독일의 정체성을 추구하는 일—그런 추구에는 어린 시절의 개인적 기억으로의 회귀나 독일의 신화에 대한 탐구가 수반될 수 있었다—에 착수하면서, 그 기획은 수정되었다. 클루게의 영화 〈애국자〉에서 역사 교사인 가비 타이헤르트는 "애국적인 방식으로 독일의 역사를 가르치기가 어렵다"고 말한다. 그녀는 긍정적이고 애국적인 독일의 역사를 간절히 찾아 헤맨다. 개인의 생애에 관한 이야기와 (정치사를 넘어서는) 일상생활의 역사에 대한 새로운 관심, 주관적인 기억의 강조, 희생자로서의 독일인이라는 뉘앙스가 다른 관심과 공감, 그리고 이와 연결된 것으로서, 공격적인 남성 주인공에서 조용히 감내하는 여성 주인공(강간당한 그들의 육신은 폐허가 된 독일을 상징한다)으로 향하는 특징적인 변화—이 모든 것이 독일 역사를 재평가하고 재전유하려는 뉴 저먼시네마의 최근 시도에서 가장 두드러지는 경향이다.

 촬영된 이미지들 속에 보존된 기억은 사라지지 않는다. 그러나 오늘날 미디어로 전파되는 역사적 이미지의 엄청난 양은 대중의 기억과 개인적인 경험 사이의 고리를 약화시킨다. 과거는 급속히 팽창하는 이미지 더미가 될 위험에 처했다. 리모콘 버튼을 누르면 영원한 현재로 활용할 수 있는 그 이미지들은 쉽게 복원될 수 있지만 시간과 공간으로부터 분리된 것들이다. 그렇게 해서 역사는—영화로서—영원히 회귀한다. 무수히 많은 서부영화가 거친 서부를 하나의 영화적 신화로 만들어버렸다. 히틀러 시절이 서서히 경험과 개인적 기억의 영역에서 이미지의 영역으로 넘어가면서, 그 시절 또한 그저 하나의 영화적 신화가 되고 말까?

| 참고문헌 |

전후 독일 영화

거트루드 코흐, 「우리는 얼마나 더 순진할 수 있을까? 새로운 하이마트 정서」, 《신 독일 비평》 36호 Koch, Gertrud, "How Much Naivité Can We Afford? The New *Heimat* Feeling," *New German Critique* 36 (Fall 1985), pp. 13-16.

_____. 「육체의 고통, 영혼의 냉정함: 라이너 베르너 파스빈더의 영화에 등장하는 유대인 인물들」, 《신 독일 비평》 38호 "Torments of the Flesh, Coldness of the Spirit: Jewish Figures in the Films of Rainer Werner Fassbinder," *New German Critique* 38 (Spring/Summer 1986), pp. 28-38.

게르하르트 베흐톨트, 『사회적 현실의 감각적 인지: 알렉산더 클루게의 멀티미디어 몽타주-텍스트』 Bechtold, Gerhard, *Sinnliche Wahrnehmung von sozialer Wirklichkeit: Die multimedialen Montage-Texte Alexander Kluges*. (Tübingen: Narr, 1984).

게르하르트 블리어바흐, 『초원은 너무나 푸르렀다: 새로운 풍경 속의 독일 전후 영화』 Bliersbach, Gerhard, *So grün war die Heide: Der deutsche Nachkriegsfilm in neuer Sicht*. (Weinheim/Basel: Beltz, 1985).

다니엘 소바제, 「지버베르크: 반 자연주의 드라마작법과 게르마니튀드」, 《영화/이미지와 사운드》 335호 Sauvaget, Daniel, "Syberberg: dramaturge antinaturaliste et Germanitude," *La Revue du cinéma/Image et son* 335 (January 1979), pp. 94-102.

다이앤 제이콥스, 「히틀러의 배은망덕한 손자들: 오늘날의 독일 영화작가들」, 《미국 영화》 Jacobs, Diane, "Hitler's Ungrateful Grandchildren: Today's German Filmmakers," *American Film* (May 1980), pp. 34–40.

데이빗 바트릭, 미리엄 핸슨, 「뉴저먼시네마 특별호」, 《신 독일 비평》, 24–25호 Bathrick, David, and Miriam Hansen, eds., "Special Issue on New German Cinema," *New German Critique*, 24–25 (Fall/Winter 1981–82).

라이너 레반도프스키, 「알렉산더 클루게의 영화」 Lewandowski, Rainer, *Die Filme von Alexander Kluge* (Hildesheim/New York: Olms Presse, 1980).

_____. 「폴커 슐뢴도르프의 영화」 *Die Filme von Volker Schlöndorff* (Hildesheim/New York: Olms Presse, 1981).

_____. 「오베르하우젠의 사람들: 그룹의 재구성 1962–1982」 *Die Oberhausener: Rekonstruktion einer Gruppe 1962-1982* (Diekholzen: Regie-Verlag für Bühne und Film, 1982).

라이너 베르너 파스빈더, 「영화가 머리를 해방시키다: 글과 작업의 단상들」 Fassbinder, Rainer Werner, *Filme befreien den Kopf: Essays und Arbeitsnotizen*, ed. Michael Töteberg (Frankfurt am Main: Fisher, 1984).

_____. 「상상력의 아나키: 연설과 대담」 *Die Anarchie der Phantasie: Gespräche und Interviews*, ed. Michael Töteberg (Frankfurt am Main: Fisher, 1986).

_____. 「마리아 브라운의 결혼」 *The Marriage of Maria Braun*, ed. Joyce Rheuban (New Brunswick, N. J.: Rutgers University Press, 1986).

레나테 뫼르만, 「카메라를 든 여인. 서독의 여류 영화작가 상황, 시각. 열 가지 사례」 Möhrmann, Renate, *Die Frau mit der Kamera. Filmenmacherinnen in der Bundesrepublik Deutschland, Situation, Perspektiven, Zehn exemplarische Lebensläufe* (Munich/Vienna: Hanser, 1980).

레이먼드 더그넛, 「칼리가리에서 '히틀러' 까지」, 《필름 코멘트》 Durgnat, Raymond, "From Caligari to 'Hitler'" *Film Comment* (July/August 1980), pp. 59–70.

로널드 헤이먼, 「영화작가 파스빈더」 Hayman, Ronald, *Fassbinder Filmmaker* (London: Weidenfeld and Nicolson, 1984).

로버트 라이머, 캐롤 라이머, 「나치-회귀 영화들」, 《대중적 영화와 텔레비전 저널》 14호

Reimer, Robert, and Carol Reimer, "Nazi-retro Filmography," *Journal of Popular Film and Television* 14 (Summer 1986), pp. 81-92.

로베르트 피셔, 조 헴부스, 『뉴저먼시네마 1960-1980』 Fisher, Robert, and Joe Hembus, *Der Neue Deutsche Film 1960-1980* (Munich: Goldmann, 1981).

루스 멕코믹 편, 『파스빈더』 McCormick, Ruth, ed., *Fassbinder* (New York: Tanam, 1981).

리처드 루드, 『스트라우브』 Roud, Richard, *Straub* (London: Secker and Warburg, 1971)

리처드 헬트, 마리 헬트 『1945년 이후 서독 영화: 참고용 지침서』 Helt, Richard C. and Marie E. Helt, *West German Cinema since 1945: A Reference Handbook* (Metuchen, N. J.: Scarecrow Press, 1987).

마이클 가이슬러, 「'하이마트'와 독일 좌파」, 《신 독일 비평》 36호 Geisler, Michael E., "'Heimat' and the German Left," *New German Critique* 36 (Fall 1985), pp. 25-66.

미리엄 핸슨, 「알렉산더 클루게, 영화, 공론장: 반(反)-역사의 건설 현장」, 《디스코스》 6호 Hansen, Miriam, "Alexander Kluge, Cinema, and the Public Sphere: The Construction Site of Counter-History," *Discourse* 6 (Fall 1983), pp. 53-74.

_____, 「〈하이마트〉에 관한 서류」, 《신 독일 비평》 36호 "Dossier on *Heimat*," *New German Critique* 36 (Fall 1985), pp. 3-24.

미카엘 쾨츠, 페트라 회네, 『결합의 감각: 알렉산더 클루게이 영화작업에 관하여』 Kötz, Michael, and Petra Höhne, *Die Sinnlichkeit des Zusammenhangs: Zur Filmarbeit von Alexander Kluge* (Cologne: Prometh, 1981).

바바라 브로넨, 코리나 브로허, 『영화 제작자: 오베르하우젠 이후 뉴저먼시네마』 Bronnen, Barbara, and Corinna Brocher, *Die Filmemacher: Der Neue deutshce Film nach Oberhausen*, (Munich: Bertelsmann, 1973).

바튼 비그, 「서독 영화의 반(反)파시즘 전통」, 제5회 퍼듀 대학 영화 학술대회 Byg, Barton, "The Antifascist Tradition in GDR Film," In *Purdue University Fifth Annual Conference on Film*. West Lafayette, (Ind.: Purdue University Press, 1980), pp. 81-87.

볼프강 림머, 『라이너 베르너 파스빈더, 영화작가』 Limmer, Wolfgang, *Rainer Werner*

Fassbinder, Filmemacher (Reinbek: Rowohlt, 1981)

브루노 피쉴리, 「재구성, 복고풍 시나리오, 애도—아니면 무엇인가? 독일의 파시즘에 관한 새로운 영화」, 《영화 연감》 Fischli, Bruno, "Rekonstruktion, Retro-Scenario, Trauerarbeit, Aufarbeitung — oder was? Neue Filme über den deutschen Faschismus," *Jahrbuch Film* (1979–80), pp. 63–75.

빌리 회피히, 「독일의 하이마트 영화 1947–1960」 Höfig, Willi, *Der deutsche Heimatfilm 1947-1960* (Stuttgart: Ehnke, 1973).

빌헬름 로스, 「1960년 이후 다큐멘터리」 Roth, Wilhelm, *Der Dokumentarfilm seit 1960* (Munich/Lucerne: Bucher, 1982).

빔 벤더스, 「감정의 영화들: 에세이와 영화비평」 Wanders, Wim, *Emotion Pictures: Essays und Filmkritiken* (Frankfurt am Main: Verlag der Autoren, 1986).

사울 프리들랜더, 「나치즘의 고찰: 키치와 죽음에 관한 논고」 Friedländer, Saul, *Reflections of Nazism: An Essay on Kitch and Death* (New York: Harper and Row, 1984).

세르쥬 다네 편, 「지버베르크」 Daney, Serge, ed., *Syberberg* (Paris: Editions de L' Etoile/ Cahiers du Cinéma 1980 (Hors-série 6)).

아네트 인스도르프, 「지울 수 없는 그림자들: 영화와 홀로코스트」 Insdorf, Annette, *Indelible Shadows: Film and the Holocaust* (New York: Random House, 1983).

안톤 캐스, 「관망하는 관찰자들: 뉴저먼 시네마에 관한 전망들」, 《계간 영화 연구》 10호 Kaes, Anton, "Distanced Observers: Perspectives on the New German Cinema," *Quarterly Review of Film Studies* 10 (Summer 1985), pp. 238–245.

_____. 「역사의 노마드적 취급에 관해: 알렉산더 클루게의 영화 〈애국자〉의 관점」, 《텍스트 + 비평》 85호 "Über den nomadischen Umgang mit der Geschichte: Aspekte zu Alexander Kluges Film 'Die Patriotin'" *Text + Kritik* 85 (January 1985), pp. 132–144.

_____. 「역사, 허구, 기억: 파스빈더의 〈마리아 브라운의 결혼〉」, 「독일 영화와 문학」 "History, Fiction, Memory: Fassbinder's *The Marriage of Maria Braun*," In *German Film and Literature* ed. Eric Rentschler (New York: Methuen, 1986), pp. 276–288.

알렉산더 클루게, 「〈애국자〉: 텍스트/이미지 1-6」 Kluge, Alexander, *Die Patriotin: Texte/Bilder 1-6* (Frankfurt am Main: Zweitausendeins, 1979).

_____ ed., 「현황: 유토피아 영화」 *Bestandsaufnahme: Utopie Film* (Frankfurt am Main: Zweitausendeins, 1984)

_____, 「감정의 힘」 *Die Macht der Gefüble* (Frankfurt am Main: Zweitausendeins, 1983).

_____, 「나머지 시대에 대한 현대의 공격」 *Die Angriff der Gegenwart auf die übrige Zeit* (Frankfurt am Main: Syndikat, 1984).

_____, 「일상적인 감정의 강화로서의 정치」, 《문화 비평》 4호 "The Political as Intensity of Everyday Feelings." *Cultural Critique* 4 (Fall 1986), pp. 119–128.

_____, 「이론적인 글, 이야기, 인터뷰」, 《옥토버》 46호 "Theoretical Writings, Stories, and an Interview, ed. Stuart Liebman," *October* 46 (Special issue, Fall 1986).

알렉산더 클루게, 오스카 네크트, 「역사와 아집」 _____ and Oskar Negt, *Geschichte und Eigensinn* (Frankfurt am Main: Zweithausendeins, 1981).

알렉산더 클루게, 클라우스 에더, 「울름의 극작법: 허구의 실종」 _____ and Klaus Eder *Ulmer Dramaturgien: Reibungsverluste* (Munich: Hanser, 1980).

앨빈 로젠펠트, 「히틀러의 이미지화」 Rosenfeld, Alvin, *Imagining Hitler* (Bloomington: Indiana University Press, 1985).

에드가 라이츠, 「홀로코스트의 탐구」, 《프레임워크》 14호 Reitz, Edgar, "Inquiry on Holocaust," *Framework* 12 (1980), pp. 10–11.

_____, 「영화 속 삶: 작가주의 영화의 유토피아와 고찰 1962-1983」 *Liebe zum Kino: Utopien und Gedanken zum Autorenfilm 1962-1983* (Cologne: Verlag KÖLN 78, 1984)

에드가 라이츠, 페터 슈타인바흐 「하이마트: 독일 연대기」 _____ and Peter Steinbach, *Heimat: Eine deutsche Chronik* (Nördlingen: Greno, 1985)

에릭 렌트슐러 편, 「1970년대 서독 영화」, 《계간 영화 연구》 5호 Rentschler, Eric, ed., "West German Film in the 1970s," *Quarterly Review of Film Studies* 5 (Special issue, Spring 1980).

_____, 「세월 속의 서독 영화」 *West German Film in the Course of Time* (Bedford Hills, N. Y.: Redgrave, 1984).

_____, 「얼마나 미국적인가: 독일 영화의 이미지와 상상으로서의 미국」, 《계간 독일》 57호 "How American Is It: The U. S. as Image and Imaginary in German Film," *German Quarterly* 57 (Fall 1984), pp. 603–620.

_____, 「기억의 활용과 오용: 뉴 저먼 영화와 비트부르크 담론」, 《신 독일 비평》 36호 "The Use and Abuse of Memory: New German Film and the Discourse of Bitburg," *New German Critique* 36 (Fall 1985), pp. 67–90.

_____, ed., 「독일 영화와 문학: 각색과 변형」 *German Film and Literature: Adaptations and Transformations* (New York/London: Methuen, 1986).

_____, 「독일: 사라지지 않을 과거」, 「1945년 이래 세계 영화」 "Germany: The Past That would Not Go Away," In *World Cinema since 1945*, ed., William Luhr (New York: Ungar, 1987), pp. 213–219.

_____, ed., 「영화 속의 서독 영화작가: 전망과 목소리」 *West German Filmmakers on Film: Visions and Voices* (New York/London: Holmes amd Meier, 1988).

엘리자베스 키덜렌, 「독일계–유대인의 정상성」 Kiderlen, Elisabeth, ed., *Deutsch-jüdische Normalität ... Fassbinders Sprengsätze* (Frankfurt am Main: Pflasterstrand, 1985).

울리히 쿠로프스키, 「독일 영화란 무엇일까?」 《영화통신》 11호 Kurowski, Ulich, "Was ist ein deutscher Film?," *Film-Korrespondenz* 11 (November 1973), pp. 8–12.

장–루이 크로, 다니엘르 파라, 「헬마 잔더즈–브람스, 길들여지지 않는 자」, 《영화/ 이미지 그리고 소리》 373호 Cros, Jean–Louis, and Danielle Parra, "Helma Sanders–Brahms, l'indomptable," *Revue du Cinema/Image et son* 373 (June 1982), pp. 65–80.

제임스 프랭클린, 「뉴저먼시네마: 오베르하우젠에서 함부르크까지」 Franklin, James, *New German Cinema: From Oberhausen to Hamburg* (Boston: Twayne, 1983).

조 헴부스, 「독일 영화는 결코 더 나아질 수 없다」 Hembus, Joe, *Der deutsche Film kann gar nicht besser sein* (Munich: Rogner & Bernhard, 1981).

조나선 로젠바움 편, 「장–마리 스트라우브와 다니엘 위예의 영화」 Rosenbaum, Jonathan,

ed., *The Cinema of Jean-Marie Straub and Danièle Huillet* (New York: Film at the Public, 1982).

존 샌드포드, 「뉴저먼시네마」 Sandford, John, *The New German Cinema* (New York: Da Capo Press, 1980).

지크리트 바우쉥거 외, 「영화와 문학: 문학 텍스트와 뉴저먼시네마」 Bauschinger, Sigrid et al., eds., *Film und Literatur: Literarische Texte und der neue deutsch Film* (Berne/Munich: Francke, 1984).

지크프리트 지엘린스키, 「초기 독일 전후 영화에서 파시즘의 수행」, 《잠룽》 2호 Zielinski, Siegfried, "Faschismusbewältigung im frühen deutschen Nachkriegsfilm," *Sammlung* 2 (1979), pp. 124-133.

_____, 「계몽과 자극으로서의 역사: 연속극 〈홀로코스트〉」, 《신 독일 비평》 19호 "History as Entertainment and Provocation: The TV Series 'Holocaust,'" *New German Critique* 19 (winter 1980), pp. 81-96.

_____, 「영화와 텔레비전의 주제로서 파시즘의 관점: 1980년대 초의 경향」, 《잠룽》 4호 "Aspekte des Faschismus als Kino- und Fernseh-Sujet: Tendenzen zu Beginn der achtziger Jahre," *Sammlung* 4 (1981), pp. 47-56.

지크프리트 크라카우어, 「칼리가리에서 히틀러까지: 독일 영화의 심리학적 역사」 Kracauer, Siegfried, *From Caligari to Hitler: A Psychological History of the German Film* (Princeton, N. J.: Princeton University Press, 1974).

캐런 옌, 「새로운 영화의 오래된 나치: 독일 최근 영화」, 《시네아스트》 9호 Jaehne, Karen "Old Nazis in New Films: The German Cinema Today," *Cineaste* 9 (Fall 1978), pp. 32-35.

크라프트 베첼, 「뉴저먼시네마: 기적 없는 경제」, 《세미오텍스트》 (독일 편) 4호 Wetzel, Kraft, "New German Cinema: Economics without Miracle," *Semiotext(e)* ("The German Issue") 4 (1982), pp. 220-229.

_____, 「뉴저먼시네마의 위기」, 《미디어 시각》 "Die Krise des Neuen deutschen Films," *Media Perspektiven* 2 (1987), pp. 90-99.

크리샨 코흐, 「서독의 영화제작에서 "오베르하우젠 선언"이 지니는 중요성」 Koch, Krischan, *Die Bedeutung des "Oberhausener Manifestes," für die Filmentwicklung* in der BRD (Frankfurt am Main: Lang, 1985).

클라우디우스 자이들, 『1950년대 독일 영화』 Seidl, Claudius, *Der deutsche Film der fünfziger Jahre* (Munich: Heyne, 1987).

클라우스 에더 편, 『지버베르크 히틀러-영화』 Eder Klaus, ed., *Syberbergs Hitler-Film.* Munich/Vienna: Hanser, 1980.

클라우스 예거, 헬무트 레겔 편 『폐허의 독일: 1945-1949의 영화 다큐멘터리』 Jaeger, Klaus, and Helmut Regel, eds. *Deutschland in Trümmern: Filmdokumente der Jahre 1945-1949* (Oberhausen: K. M. Laufen, 1976).

클라우스 크라이마이어, 『서독 삼부작의 영화와 영화산업: 1945년 이후 이데올로기 생산과 계급투쟁』 Kreimeier, Klaus, *Kino und Filmindustrie in der BRD: Ideologieproduktion und Klassenwirklichkeit nach 1945* (Kronberg: Scriptor, 1973).

_____, 「1950년대 서독 영화」, 『1950년대: 정치와 문화에 관한 논고』 "Der westdeutsche Film in den fünfziger Jahren," In *Die fünfziger Jahre: Beiträge zu Politik und Kultur,* ed. Dieter Bänsch (Tübingen: Narr, 1985) pp. 283-305.

클라우스 필립 편, 1970년대 오베르하우젠 출신의 독일 영화작가들』 Phillips, Klaus, ed., *New German Filmmakers from Oberhausen through the 1970s* (New York: Ungar, 1984).

토니 레인스 편, 『파스빈더』 2판 Rayns, Tony, ed. *Fassbinder,* 2nd ed., (London: British Film Institute, 1976).

토마스 봄-크리슬 편, 『알렉산더 클루게』 Böhm-Christl, Thomas, ed., *Alexander Kluge* (Frankfurt am Main: Suhrkamp, 1983).

토마스 엘세서, 「원초적 동일시와 역사적 주체: 파스빈더와 독일」, 《씨네-트랙츠》 3호 Elsaesser, Thomas, "Primary Identification and the Historical Subject: Fassbinder and Germany." *Ciné-tracts* 3 (Fall 1980): 43-52.

_____, 「역사의 환영으로서의 신화: 지버베르크, 영화 그리고 재현」, 《신 독일 비평》 24/25 "Myth as the Phantasmagoria of History: H. J. Syberberg, Cinema and Representation." *New German Critique* 24/25 (Fall/Winter 1981-82), pp. 108-154.

_____, 「릴리 마를렌: 파시즘과 영화 산업」, 《옥토버》 21호 "Lili Marleen: Fascism and the Film Industry." *October* 21 (Summer 1982), pp.115–140.

티모시 코리건 『뉴저먼시네마: 대체된 이미지』 Corrigan, Timothy, *New German Film: The Displaced Image* (Austin: University of Texas Press, 1983).

페터 얀젠, 「20년 후: 오베르하우젠과 과제」, 《영화 연감》 Jansen, Peter W., "Zwanzig Jahre danach: Oberhausen und die Folgen." *Jahrbuch Film* (1982–83), pp. 26–36.

_____. 볼프람 쉬트 편, 『헤어조크/클루게/스트라우브』, _____ and Wolfram Schütte, eds., *Herzog/Kluge/Straub* (Munich: Hanser, 1976 (Reihe Film 9)).

_____, 『라이너 베르너 파스빈더』 *Rainer Werner Fassbinder* (5th ed. Munich : Hanser, 1985 (Reihe Film 2)).

페터 플라이어, 『독일의 전후 영화, 1946–1948』 Pleyer, Peter, *Deutscher Nachkriegsfilm 1946-1948* (Münster: Fahle, 1965).

폴 모나코, 『시대의 리본들: 1945년 이후 영화와 사회』 Monaco, Paul, *Ribbons in Time: Movies and Society since 1945* (Bloomington: Indiana University Press, 1987).

프레드릭 제임슨, 「파괴적 요소 속에 빠지다: 한스 위르겐 지버베르크와 문화 혁명」, 《옥토버》 17호 Jameson, Fredric, "In the Destructive Element Immerse': Hans Jürgen Syberberg and Cultural Revolution." *October* 17 (Summer 1981), pp. 99–118.

프리드리히 크닐리, 「독일 미디어에서 유대인의 묘사」, 『홀로코스트 이후의 반유대주의』 Knilli, Friedrich, "Die Judendarstellung in den deutschen Meiden," in *Antisemitismus nach dem Holocaust*, ed. Alphons Silbermann and Julius H. Schoeps (Cologne: Verlag Wissenschaft und Politik, 1986), pp. 115–132.

프리드리히 크닐리, 지크프리트 지엘린스키 편, 『홀로코스트: 국제적 베스트셀러들의 해부』 _____ and Siegfried Zielinski, eds., *Holocaust zur Unterhaltung: Anatomie eines internationalen Bestsellers* (Berlin: Elefanten Press, 1982).

하워드 파인스틴, 「서독 삼부작 1–2–3: 파스빈더의 전후 삼부작과 스펙터클」, 《시네마 저널》 23호 Feinstein, Howard, "BRD 1–2–3: Fassbinder's Postwar Trilogy and the Spectacle," *Cinema Journal* 23 (Fall 1983): pp. 44–56.

하이너 리히텐슈타인 편, 『파스빈더 논쟁 혹은 금지된 시기의 종말』 Lichtenstein, Heiner, ed., *Die Fassbinder-Kontroverse oder das Ende der Schonzeit* (Königstein:

Athenäum, 1985).

한스 귄터 플라움, 『영화 속의 독일. 서독 극영화의 주요 주제. 지역연구의 자료』 Pflaum, Hans Günther, *Deutschland im Film. Themenschwerpunkte des Spielfilms in der Bundesrepublik Deutschland, Materialien zur Landeskunde* (Munich: Hueber, 1985).

한스 귄터 플라움, 한스 헬무트 프린즐러, 『서독의 영화. 뉴저먼 시네마. 기원과 현황』 _____, and Hans Helmut Prinzler, *Cinema in the Federal Republic of Germany, The New German Film. Origins and Present Situation. A Handbook* (Bonn: Inter Nationes, 1983).

한스 미카엘 복 편, 『시네마토그래프: 독일어 영화 개요』 Bock, Hans-Michael, ed., *Cinegraph: Lexikon zum deutschsprachigen Film.* (Munich: Edition text + kritik, 1984-)

한스 위르겐 지버베르크, 「형식은 도덕성이다」, 《프레임워크》 12호 Syberberg, Hans Jürgen, "Form is Morality," *Framework* 12 (1980), pp. 11-15.

_____, 『즐거움 없는 사회』 *Die Freudlose Gesellschaft* (Munich/Voenna: Hanser, 1981)

_____, 『히틀러, 한 편의 독일 영화』 *Hitler, A Film from Germany,* trans. Joachim Neurgoschel (New York: Farrar, Straus and Giroux, 1982).

_____, 『숲은 검고 고요하다』 *Der Wald steht schwarz und schweiget* (Zurich: Diogenes, 1984).

_____, 「신들의 거처」, 《사이트 앤 사운드》 54호 "The Abode of the Gods," *Sight and Sound* 54 (Spring 1985), p. 125.

_____, 「빛을 보다」, 《뉴 리퍼블릭》 3호 "Seeing the Light," *The New Republic,* 3 October 1988, pp. 32-36.

헬마 잔더즈-브람스, 『독일, 창백한 어머니: 영화의 스토리텔링』 Sanders-Brahms, Helma, *Deutschland, bleiche Mutter: Film-Erzählung* (Reinbek: Rowolt, 1980).

영화와 역사

게오르크 슈미트, 『만화경의 특징: 영화 속 역사에 관해』 Schmid, Georg, *Die Figuren des Kaleidoskops: Über Geschichte(n) im Film* (Salzburg: Wolfgang Neugebauer Verlag, 1983).

_____. 『역사의 기호: 기호학적 역사학에 관한 논고』 *Die Zeichen der Historie: Beiträge zu einer semiologischen Geschichtswissenschft* (Vienna/Cologne: Böhlau, 1986).

귄터 몰트만, 칼 프리드리히 라이머, 『영화와 다큐멘터리 속의 현대사』 Moltmann, Günther, and Karl-Friedrich Reimers, *Zeitgeschichte im Film und Tondokument* (Frankfurt am Main: Musterschmidt, 1970).

데이비드 보드웰, 『극영화의 내레이션』 Bordwell, David, *Narration in the Fiction Film* (Madison: The University of Wisconsin Press, 1985).

드니스 아르칸드, 「역사 영화: 실제와 가상」, 《문화》 2호 Arcand, Denys, "The Historical Film: Actual and Virtual," *Cultures* 2 (1974), pp. 13–26.

로버트 보이어, 「정치와 역사: 유럽 영화의 경로」, 《살마건디》 Boyers, Robert, "Politics and History: Pathways in European Film," *Salmagundi* (Summer/Fall 1977), pp. 50–79.

르네 아요, 미셸 푸코, 「피에르 리비에르의 회고」, 《영화/이미지와 사운드》 (영화와 역사) 312호 Allio René, and Michel Foucault, "La retour de Pierre Rivière," *La Revue du cinéma/Image et son* ("Cinéma et historire") 312 (December 1976), pp. 29–51.

리츠-안느 보뎅, 「영화와 역사가」, 《유니버시티 비전》 2호 Bawden, Liz-Anne, "Film and the Historian," *University Vision* 2 (1968), pp. 32–36.

마크 페로, 「1917: 역사와 영화」, 《현대사 학보》 3호 Ferro, Marc, "1917: History and Cinema," *Journal of Contemporary History* 3 (October 1968), pp. 45–61.

_____. 『영화의 분석, 사회의 분석: 역사를 위한 새로운 사료』 *Analyse de Film, analyse de sociétés: Une source nouvelle pour l'historire* (Paris: Hachette, 1975).

_____. 「역사의 행위자, 산물, 사료로서의 영화」, 《현대사 학보》 18호 "Film as Agent, Product and Source of History," *Journal of Contemporary History* 18 (July

1983), pp. 357-364.

마틴 잭슨, 「사료로서의 영화: 방법론에 관한 기본적인 고찰」, 《학제적 역사 학보》 4호 Jackson, Martin A., "Film as a Source Material: Some Preliminary Notes toward a Methodology," *Journal of Interdisciplinary History* 4 (Summer 1973), pp. 73-80.

미셸 드 세르토, 장 세노 「역사영화와 그에 따른 문제들」, 《사 시네마》 10/11호 Certeau, Michel de, and Jean Chesneaux, "Le Film historique et ses problèmes," *Ça cinéma* 10/11 (1976), pp. 3-15.

_____, 「영화와 역사」(특별호), 《사 시네마》 "Cinéma et Histoire," (numéro spécial), *Ça cinéma* 10/11 (1973).

미셸 푸코, 「대담」, 《에딘버러 매거진》 2호 Foucault, Michel, "Interview," *Edinburgh Magazine* 2 (1977), pp. 20-25.

발터 쵤너, 「연구 자료로서의 영화」, 《역사 학보》 13호 Zöllner, Walter, "Der Film als Quelle der Geschichtsforschung," *Zeitschrift für Geschichtswissenschaft* 13 (1965), pp. 638-647.

볼프강 에른스트, 「디스토리: 영화와 역사 담론」, 《현대사 학보》 18호 Ernst, Wolfgang, "DIStory: Cinema and Historical Discourse," *Journal of Contemporary History* 18 (1983), pp. 397-409.

수전 포터 벤슨, 스티븐 브리어, 로이 로젠츠바이크, 『과거의 표현: 역사와 대중에 관한 에세이』 Benson, Susan Porter, Stephen Brier, and Roy Rosenzweig, *Presenting the Past: Essays on History and the Public* (Philadelphia: Temple University Press, 1986).

스티브 닐, 마크 내쉬, 「영화: 역사/제작/기억」, 《스크린》 18호 Neale, Steve and Mark Nash, "Film: History/Production/Memory," *Screen* 18 (Autumn 1977), pp. 77-91.

스티븐 히스, 「콘텍스트」, 《에딘버러 매거진》 2호 Heath, Stephen, "Contexts," *Edinburgh Magazine* 2 (1977), pp. 37-43.

_____, 「소유의 문제: 영화와 국민성」, 《시네-트랙츠》 1호 "Questions of Property: Film and Nationhood," *Ciné-Tracts* 1 (Spring 1977), pp. 2-11.

_____, 「스크린 이미지, 영화 기억」, 《시네-트랙츠》 1호 "Screen Images, Film Memory," *Ciné-Tracts* 1 (Spring 1977), pp. 27-36.

앨빈 로젠펠드, 「히틀러 상상하기」 Rosenfeld, Alvin, *Imagining Hitler* (Bloomington: Indiana University Press, 1985).

일란 아비사르, 「홀로코스트의 상영: 상상할 수 없는 것의 영화 이미지들」 Avisar, Ilan, *Screening the Holocaust: Cinema's Images of the Unimaginable* (Bloomington: Indiana University Press, 1988).

자크 오몽, 「역사서술에 관한 논고」, 《카이에 뒤 시네마》 238/39호 Aumont, Jacques, "Comment on écrit l'histoire," *Cahiers du Cinéma* 238/39 (May/June 1972), pp. 64–71.

장 보드리야르, 「역사: 복고풍 시나리오」, 《사 시네마》 Baudrillard, Jean, "L'histoire: un scénario rétro," *Ça cinéma* 1976, pp. 16–19.

_____, 「시뮬라시옹」 *Simulations*, trans. Paul Foss et al. New York: Semiotext(e), 1983.

장 피에르 베르터브-마지트, 알랭 마르티 편, 「새로운 역사, 영화, 새로운 비평」, 《영화비평》 352호 Berthub-Maghit, Jean-Pierre, and Alain Marty, eds., "Nouvelle histoire, cinéma, nouvelle critique," *La Revue du cinéma* 352 (July/August 1980), pp. 88–117.

장-루이 코몰리, 「역사적 허구—너무 많은 하나」, 《스크린》 19호 Comolli, Jean-Louis, "Historical Fiction—A Body Too Much," *Screen* 19 (Summer 1978), pp. 41–54.

존 버거, 진 모르, 「말하기의 다른 방식」 Berger, John, and Jean Mohr, *Another Way of Telling* (New York: Pantheon, 1982).

존 오코너, 「영화와 텔레비전을 통한 역사 교육」 O'Connor, John E. *Teaching History with Film and Television* (Washington, D. C.: American Historical Association, 1987).

지크프리트 지엘린스크, 「오락과 자극으로서의 역사: 텔레비전연속극 〈홀로코스트〉」, 《신 독일 비평》 19호 Zielinski, Siegfried, "History as Entertainment and Provocation: The TV series 'Holocaust'," *New German Critique* 19 (Winter 1980), pp. 81–96.

지크프리트 크라카우어, 「영화 이론」 Kracauer, Siegfried, *Theory of Film* (Oxford: Oxford University Press, 1960).

_____, 「역사: 끝에서 두 번째 세계」 *History: The Last Things before the Last*

(Oxford: Oxford University Press, 1973).

카르스텐 플레델리우스, 「역사의 기호학에 관하여: 역사의 기호학적 방법론과 사료로서 영상 기록의 구체적 특성에 관한 고찰」, 『기호학과 대중 매체』 Fledelius, Karsten, "Zur Semiotik der Geschichte: Abriss einer semiotischen Methodologie der Geschichte, mit besonderer Rücksicht auf Filmische Aufzeichnungen als historisches Quellenmaterial," in *Semiotik und Massenmedien*, ed., Günter Bentele (Munich: Ölschläger, 1981, pp. 362–370).

_____ et al., eds., 『역사와 시청각 매체』 *History and the Audio-visual Media* (Kopenhagen: Eventus, 1979).

크리스티앙 메츠, 「이야기/담론: 두 종류의 관음증에 관한 고찰」, 『영화와 방법』 Metz, Christian, "Story/Discourse: Notes on Two Kinds of Voyeurism," in *Movies and Methods*, vol. 2, ed. Bill Nicholas (Berkeley: University of California Press, 1985), pp. 543–549.

클라우스 피터 헤스, 「영화와 역사: 비평적 접근과 문학적 연구」, 《영화 이론. 참고문헌 정보와 뉴스 레터》 13호 Hess, Klaus-Peter, "Film und Geschichte: Kritische Einführung and Literaturüberblick," *Film Theory. Bibliographic Information and Newsletter* 13 (December 1986), pp. 196–226.

클로드 란츠만, 「홀로코스트에서 홀로코스트까지」, 《텔로스》 42호 Lanzmann, Claude, "From the Holocaust to Holocaust," *Telos* 42 (Winter 1979/80), pp. 137–143.

키스 트리브, 「역사와 기억의 생산」, 《스크린》 18호 Tribe, Keith, "History and the Production of Memories," *Screen* 18 (Winter 1977–78), pp. 9–22.

테오 퓌르스트노, 「역사 영화의 본질」, 《문화》 2호 Fürstenau, Theo, "The Nature of Historical Films," *Cultures* 2 (1974), pp. 27–42.

폴 비릴료, 『전쟁과 영화』 Virilio, Paul, *Guerre et cinéma* (Paris: Editions de l'Ecole, 1984).

폴 스미스, 『역사가와 영화』 Smith, Paul, *The Historian and Film* (Cambridge: Cambridge University Press, 1976).

폴 헤르나디, 「과거의 재현: 서사체 역사서술과 역사 드라마에 관한 고찰」, 《역사와 이론》 15호 Hernadi, Paul, "Re-presenting the Past: A Note on Narrative

Historiography and Historical Drama," *History and Theory* 15 (1976), pp. 45–51.

프리드리히 칼렌베르크, 「역사적 사료로서의 극영화?」, 『서독국가기록보존소의 활동에 관하여: 기록의 성격, 기록의 보존과 역사에 관한 논고』 Kahlenberg, Friedrich P., "Spielflm als historische Quelle?" In *Aus der Arbeit des Bundesarchivs: Beiträge zum Archivwesen, zur Quellenkunde und Zeitgeschichte*, ed. Heinz Boberach and Hans Booms (Boppard: Boldt, 1977), pp. 511–532.

피에르 솔랭, 「열린 현장: 역사 영화」, 《영화/이미지와 사운드》 312호 Sorlin, Pierre, "Un chantier à ouvrir: Le cinéma d'Histoire," *La Revue de Cinéma/Image et son* 312 (December 1976), pp. 84–92.

_____. 『역사 속의 영화: 과거를 다시 무대에 올리다』 *The Film in History: Restaging the Past* (Oxford: Blackwell, 1980).

피터 하르코트, 「영화, 기억, 사진의 흔적」, 《시네-트랙츠》 17호 Harcourt, Peter, "The Cinema, Memory, and the Photographic Trace," *Ciné-Tracts* 17 (Summer/Fall 1982), pp.33–38.

하인리히 무트, 「역사 영화: 역사와 영화의 근본 문제」, 《학문과 학교의 역사》 6호 Muth, Heinrich, "Der historische Film: Historische und filmische Grundprobleme," *Geschichte in Wissenschaft und Unterricht* 6 (1955), pp. 670–682.

헬무트 산체, 「문학적 회상–영화적 회상」, 『신구 논쟁』 Schanze, Helmut, "Literarisches Erinnern–filmisches Erinnern," in *Kontroversen, alte und neue*, ed. Albert Schöne (Tübingen: Niemeyer, 1986) Vol. 10, pp. 302–308.

호세 발디조네, 피에르 기베르, 「영화와 역사, 영화의 역사」, 《카이에 드 라 시네마테크》 35/36호 Baldizzone, José, and Pierre Guibbert, eds., "Cinéma et Histoire, Histoire du Cinéma," *Les Cahiers de la Cinémathéque* (numéro spécial) 35/36 (1983).

K. R. M. 쇼트, 『역사로서의 극영화』 Short, K. R. M., *Feature Films as History* (London: Croom Helm, 1981).

K. R. M. 쇼트, 카르스텐 플레델리어스 편, 『역사와 영화: 방법론, 연구, 교육 시청각적 미디어』 _____ and Karsten Fledelius, eds., *History and Film: Methodology, Research, Education, Proceedings of the Eighth International Conference on History and the Audio-Visual Media* (Kopenhagen: Eventus, 1980).

R. C. 락, 「역사서술과 영화촬영: 역사가들을 위한 영화 작업에 부치는 서언」, 《현대사 학보》 18호   Raak, R. C., "Historiography as Cinematography: A Prolegomenon to Film Work for Historians," *Journal of Contemporary History* 18 (July 1983), pp. 411–438.

독일의 역사와 정체성

게르하르트 슈바이글러, 「독일의 반미주의」, 《계간 워싱턴》   Schweigler, Gebhard L., "Anti-Americanism in Germay," *The Washington Quarterly* (Winter 1986), pp. 67–84.

고든 크레이그, 「독일인들」   Craig, Gordon A., *The Germans* (New York: New American Library, 1982).

귄터 가우스, 「독일은 어디에 있는가? 위치 찾기」   Gaus, Günther, *Wo Deutschland liegt: Eine Ortsbestimmung* (Hamburg: Hoffmann & Campe, 1983).

_____, 「서독의 세계: 비판적 시각」 *Die Welt der Westdeutschen: Kritische Betrachtungen* (Cologne: Kiepenheuer & Witsch, 1986).

귄터 그라스, 「출산」   Grass, Günter, *Kopfgeburten: oder die Deutschen sterben aus* (Darmstadt/Neuwied: Luchterhand, 1980).

노베르트 자이츠 편 「기념해야할 무능: 5월 8일」   Seitz, Nobert, ed., *Die Unfähigkeit zu feiern: Der 8. Mai* (Frankfurt am Main: Verlag Neue Kritik, 1985).

단 디너 편, 「국가사회주의는 역사인가? 역사화와 역사가 논쟁에 관하여」   Diner, Dan, ed. *Ist der Nationalsozialismus Geschichte? Zu Historisierung und Historikerstreit* (Frankfurt am Main: Fisher, 1987).

데이비드 블랙번, 제프 엘리, 「독일 역사서술의 신화들」   Blackbourn, David, and Geoff Eley, *Mythen deutscher Geschichtsschreibung* (Berlin: Ullstein, 1980).

라하르트 폰 바이체커, 「독일의 목소리: 리하르트 폰 바이체커 연설집」   Weizsäcker, Richard von, *A Voice from Germany: Speeches by Richard von Weizsacker*, trans Karin von Abrams (New York: Weidenfeld and Nicolsan, 1986)

로드릭 슈타클베르크, 「1986 대(對) 1968: 독일 역사서술의 우경화」, 《급진 역사 평론》 40호 Stacklberg, Roderick, "1986 vs. 1968: The Turn to the Right in German Historiography," *Radical History Review* 40 (January 1988), pp. 50–63.

로타르 바이어, 『동일성의 표식: 다양성과 동일성에 관한 논쟁』 Baier, Lothar, *Gleichheitszeichen: Streitschriften über Abweichung und Identität* (Berlin: Wagenbach, 1985).

루돌프 아우크슈타인 외, 「역사가 논쟁」, 『나치의 유대인 학살의 특이성에 관한 논쟁 관련 사료』 Augstein, Rudolf, et al., *"Historikerstreit": Die Dokumnetation der Kontroverse um die Einzigartigkeit der nationalsozialistischen Judenvernichtung* (Munich/Zurich: Piper, 1987).

루디지 베르크만 편, 『국가의 현 상태에 관한 소식』 Bergmann, Rudij, ed., *Nachrichten vom Zustand des Landes* (Frankfurt am Main: Fischer, 1981).

리처드 에반스, 「새로운 내셔널리즘과 오래된 역사: 서독의 역사가 논쟁에 관한 관점들」, 《근대사 학보》 59호 Evans, Richard J., "The New Nationalism and Old History: Perspectives on the West German Historikerstreit," *Journal of Modern History* 59 (December 1987), pp. 761–797.

마르틴 발저, 『독일에 관해 말하다』 Walser, Martin, *Über Deutschland reden* (Frankfurt am Main: Suhrkamp, 1988).

마리엘루이즈 얀센-유라이트 편, 『당신은 독일에 사십니까?』 Janssen-Jurreit, Marieluise, ed., *Lieben Sie Deutschland? Gefühle zur Lage der Nation* (Munich: Piper, 1985).

마틴 그리펜하겐, 실비아 그리펜 하겐, 『위기의 조국: 독일의 정치문화에 관하여』 Grieffenhagen, Martin, and Silvia Grieffenhagen, *Ein schwieriges Vaterland: Zur politischen Kultur Deutschlands* (Munich: List, 1979).

베르너 바인펠트 편, 『독일인의 정체성』 Weidenfeld, Werner, ed. *Die Identität der Deutschen* (Munich/Vienna: Hanser, 1983)

볼프강 루퍼트 편, 『추모의 작업: 독일에서 역사와 민주적 정체성』 Ruppert, Wolfgang, ed., *Erinnerungsarbeit: Geschichte und demokratische Identität in Deutschland* (Opladen: Leske, 1982).

볼프강 포흐르트, 『종점: 국가의 부활에 관하여』 Pohrt, Wolfgang, *Endstation. Über die*

Wiedergeburt der Nation. Pamphlete und Essays (Berlin: Rotbuch, 1982).

_____, 「하나의 국민, 하나의 제국, 하나의 평화」《텔로스》 56호 "One Nation, One Reich, One Peace," *Telos* 56 (Summer 1983), pp. 180–183.

볼프강 폴락, 데렉 루터, 『독일의 정체성―영년 이후 40년』 Pollak, Wolfgang and Derek Rutter, *German Identity-Forty years after Zero* (St. Augustin: Liberal Verlag, 1986).

빌프리트 브레도, 『독일 – 과도기』 Bredow, Wilfried v., *Deutschland-ein Provisorium* (Berlin: Siedler, 1985).

사울 프리들랜더, 「국가사회주의의 역사화에 관한 성찰」,《독일 역사에 관한 텔 아비브 연감》 16호 Friedländer, Saul, "Some Reflections on the Historisation of National Socialism," *Tel Aviver Jahrbuch für deutsche Geschichte* 16 (1987), pp. 310–324.

사울 프리들랜더, 마틴 브로자트, 「국가사회주의의 역사화에 관한 논쟁」,《신 독일 비평》 44호 Friedländer, Saul and Martin Broszat, "A Controversy about the Historicization of National Socialism," *New German Critique* 44 (Spring/Summer 1988), pp. 85–126.

세바스티안 하프너, 『히틀러의 의미』 Haffner, Sebastian, *The Meaning of Hitler*, trans. Ewald Osers (Cambridge, Mass.: Harvard University Press, 1983).

아르노 플라크, 『히틀러는 얼마나 더 무릎을 꿇을 것인가?』 Plack, Arno, *Wie oft wird Hitler noch besiegt?* (Düsseldorf: Erb-Verlag, 1982).

아르민 몰러 편, 『독일의 신경증: 독일인들의 망가진 정체성』 Mohler, Armin, ed., *Die deutsche Neurose: Über die beschädigte Identität der Deutschen* (Frankfurt am Main/Berlin: Ullstein, 1980).

아이크 헤니히, 『역사가 논쟁에 관하여: 파시즘은 무엇이며 어떤 목적으로 파시즘을 연구하는가?』 Hennig, Eike, *Zum Historikerstreit: Was heisst und zu welchem Ende studiert man Faschismus?* (Frankfurt am Main: Athenäum, 1988).

안드레아스 힐그루버, 『이중의 몰락: 독일 국가의 파괴와 유럽 유대인의 종말』 Hillgruber, Andreas, *Zweierlei Untergang: Die Zerschlagung des Deutschen Reiches und das Ende des europäischen Judentums* (Berlin: Siedler, 1985).

안드레이 마르코비츠, 「역사가 논쟁에 관하여」,《독일의 정치와 역사》 13호 Markovits,

Andrei S., "Regarding the Historikerstreit," *German Politics and Society* 13 (February 1988), pp. 38–45.

알프레트 에스터만 외 편, 『우리의 공화국: 서독 작가들의 정치적 진술』 Estermann, Alfred et al., eds., *Unsere Republik: Politische Statements westdeutscher Autoren* (Wiesbaden: Akademische Verlagsandtalt, 1980).

앤슨 라빈바흐, 「독일의 역사가들 나치 과거를 논하다」, 《디센트》 Rabinbach, Anson, "German Historians Debate the Nazi Past," *Dissent* (Spring 1988), pp. 192–200.

_____, 「독일 문제에서 유대인 문제」, 《신 독일 비평》 44호 "The Jewish Question in the German Question," *New German Critique* 44 (Spring/Summer 1988), pp. 159–192.

앤슨 라빈바흐, 잭 자이프스 편, 『홀로코스트 이후 독일인들과 유대인들: 서독의 변화하는 상황』 _____ and Jack Zipes, eds., *Germans and Jews since the Holocaust: The Changing Situation in West Germany* (New York/London: Holmes & Meier, 1986).

_____, 『자신의 나라를 말하다: 독일』 *Reden über das eigene Land: Deutschland*, vols. 1 ff. (Munich: Bertelsmann, 1983–).

엘리자베트 노엘-노이만, 레나트 코허, 『상처받은 국민: 독일인의 시련과 변해야 할 그들의 특성에 관하여』 Noelle-Neumann, Elisabeth, and Renate Köcher, *Die verletzte Nation: Über den Versuch der Deutschen, ihren Charakter zu ändern* (Frankfurt am Main: Deutsche Verlagsanstalt, 1987).

요헨 융, 『독일, 독일: 』 Jung, Jochen, ed., *Deutschland, Deutschland: 47 Schriftsteller aus der BRD und der DDR schreiben über ihr Land* (Salzburg: Residenz Verlag, 1979).

우베 반드라이 편, 『좋은 나라 아닌가? 국가 내의 독일어 사용 작가들』 Wandrey, Uwe, ed., *Kein schöner Land? Deutschsprachige Autoren zur Lage der Nation* (Reinbek: Rowolt, 1979).

울리케 콜프, 『일상적인 것들의 유혹』 Kolb, Ulrike, ed., *Die Versuchung des Normalen* (Frankfurt am Main: Tende, 1987).

위르겐 하버마스 편, 『"시대의 정신적 상황"에 관한 고찰: 현대 독일의 전망』 Habermas,

Jürgen, ed., *Observations on "The Spiritual Situation of the Age": Contemporary German Perspectives*, trans. Andrew Buchwalter (Cambridge, Mass.: MIT press, 1984).

_____, 「손비처리: 독일 현대사 서술의 변명적 경향」 *Eine Art Schadensabwicklung: Die apologetischen Tendenzen in der deutschen Zeitgeschichtsschreibung* (Frankfurt am Main: Suhrkamp, 1987).

일리야 레프코프 편, 「비트부르크 그리고 그 너머: 미국사와 독일 역사와 유대인 역사의 조우」 Levkov, Ilya, ed., *Bitburg and Beyond: Encounters in American, German and Jewish History* (New York: Shapolsky Publishers, 1987).

제프리 하트만, 「도덕적 정치적 관점에서 본 비트부르크」 Hartman, Geoffrey, ed. *Bitburg in Moral and Political Perspective* (Bloomington: Indiana University Press, 1986).

주디스 밀러, 「과거를 지우다: 홀로코스트에 대한 유럽의 기억 상실증」, 《뉴욕 타임즈 매거진》 1986년 11월 14일 Miller, Judith, "Erasing the Past: Europe's Amnesia about the Holocaust," *New York Times Magazine*, 14 November 1986, pp. 109-116.

찰스 마이어, 「통제할 수 없는 과거: 역사, 홀로코스트, 독일의 국민 정체성」 Maier, Charles S., *The Unmasterable Past: History, Holocaust, and German National Identity* (Cambridge, Mass.: Harvard University Press, 1988).

케네스 바킨, 「근대 독일: 뒤틀린 시선」, 《디센트》 Barkin, Kenneth D., "Modern Germany: A Twisted Vision," *Dissent* (Spring 1987), pp. 252-255.

클라우스 바겐바흐 외, 「아버지의 나라, 어머니의 언어: 1945년 이후 독일의 작가들과 그들의 국가」 Wagenbach, Klaus, et al., *Vaterland, Muttersprache: Deutsche Schriftsteller und ihr Staat seit 1945* (Berlin: Wagenbach, 1979).

페터 브뤼크너, 「설명해야 할 서독의 시련, 자아 그리고 타자」 Brückner, Peter, *Versuch, uns und anderen die Bundesrepublik zu erklären* (Berlin: Wagebbach, 1978)

페터 지흐로프스키, 「원죄: 나치 가족의 아이들」 Sichrovsky, Peter, *Born Guilty: Children of Nazi Families*, trans. Jean Steinberg (New York: Basic Books, 1988).

하겐 루돌프, 「잃어버린 기회: 서독의 망각된 역사」 Rudolph, Hagen, *Die verpassten Chancen: Die vergessene Geschichte der Bundsrepublik* (Munich: Goldmann,

1979).

하겐 슐츠,『우리는 무엇이며 우리는 무엇이 되었나: 독일의 현재를 위한 역사의 가치에 관하여』 Schulze, Hagen. *Wir sind, was wir geworden sind: Vom Nutzen der Geschichte für die deutsche Gegenwart* (Munich: Piper, 1987).

하이나르 키프하르트 편,『독일의 가을부터 황량한 독일의 겨울까지: 독일 모형에 관한 하나의 해석』 Kipphardt, Heinar, ed., *Vom deutschen Herbst zum bleichen deutschen Winter: Ein Lesebuch zum Modell Deutschland* (Königstein/Taunus: Athenäum, 1981).

한스 위르겐 하인리히 편,『독일의 유언장』 Heinrich, Hans-Jürgen, ed., *Abschiedsbriefe aus Deutschland* (Frankfurt am Main/Paris: Qumran, 1984).

한스 크리스티안 부흐 편,『주제: 독일 두 개의 머리를 가진 아이』 Buch, Hans Christian, ed., *Thema: Deutschland. Das Kind mit den zwei Köpfen* (Berlin: Wagenbach, 1978).

한스-디터 셰퍼,『분열된 의식: 1933 ─ 1945 독일의 문화와 삶의 현실에 관하여』 Schäfer, Hans-Dieter, *Das gespaltene Bewusstsein: Über deutsche Kultur und Lebenswirklichkeit 1933-1945* (Munich/Vienna: Hanser, 1981).

한스-울리히 벨러,『독일의 과거 청산? "역사가 논쟁"에 관한 논쟁적인 논고』 Wehler, Hans-Ulrich, *Entsorgung der deutschen Vergangenheit? Ein polemischer Essay zum "Historikerstreit"* (Munich: Beck, 1988).

해리 프로스,「최근의 역사 구축에 관한 논평」,《메르쿠르》435호 Pross, Harry, "Randbemerkung zu neuesten Geschichtsbildern," *Merkur* 435 (May 1985), pp. 439-444.

헤르만 뤼베,「정치사: 지역주의의 철학에 관해」,《메르쿠르》5호 Lübbe, Hermann, "Politischer Historismus: Zur Philosophie des Regionalismus," *Merkur* 5 (1979), pp. 415-424.

_____,「현재의 정치의식 속 국가사회주의」,『독재에서 독일의 길』 "Der Nationalsozialismus im politischen Bewusstsein der Gegenwart," In *Deutschlands Weg in die Diktatur*, ed. Martin Brozat et al. (Berlin: Siedler, 1983), pp. 329-349.

헬게 프로스,『오늘날의 독일은 무엇인가?』 Pross, Helge, *Was ist heute deutsch?*

(Reinbek: Rowohlt, 1982)

헬렌 엡슈타인, 『홀로코스트의 아이들: 』 Epstein, Helen, *Die Kinder des Holocaust: Gespräche mit Söhnen und Töchtern von Überlebenden* (Munich: Beck, 1987).

A. J. 고스, 『텔레비전 속 독일의 이미지: 서독과 동독의 정치적 정보 프로그램의 비교 분석』 Goss, A. J., *Deutschlandbilder im Fernsehen: Eine vergleichende Analyse Politischer Informationssendungen in der Bundesrepublik Deutschland und der DDR* (Cologne: Verlag Wissenschaft und Politik, 1980).

D. P. 칼레오 Calleo, D. P., *Legende und Wirklichkeit der deutschen Gefahr* (Bonn: Keil, 1980).

G. K. 칼텐부루너 편, 『불가피성, 존재할 수밖에 없는 민족』 Kaltenbrunner, G. K., ed., *Was ist deutsch? Die Unvermeidlichkeit, eine Nation zu sein* (Freiburg: Herder, 1980).

| 주석 |

1. 역사의 이미지들

1 영화 〈콜베르크〉의 제작에 관한 이야기와 정치적 배경에 대한 설명을 위해서는 바이트 할란의 자서전 참고. *Im Schatten meiner filme* (Güters-loh: Siegbert Mohn Verlag, 1966), pp. 180ff. 할란의 설명에 따르면, 그 영화에는 그 시절 평균 영화제작비의 8배가 넘는 8백5십만 마르크가 소요되었다. "괴벨스는 거대한 전투를 보고 싶어 했다"고 할란은 적고 있다. "그는 시대를 통틀어 '사상 최대 규모의 영화', 미국 영화 수천 편의 제작비용을 압도할 만한 영화를 만들고 싶어 했다"(p. 184). 〈콜베르크〉에 관해서는 다음을 참고. Herman Hinkel, *Zur Funktion des Bildes in deutschen Faschismus* (Steinbach/Giessen: Anabas, 1975), pp. 114-117. 할란에 관해서는 다음을 참고. Siegfried Zielinski, *Veit Harlan: Analysen und Materialien zur Auseinandersetzung mit einem Film Regisseur des deutschen Faschismus* (Frankfurt am Main: R. G. Fischer, 1981).
2 Paul Virilio, *Guerre et cinéma* (Paris: Éditions de l'École, 1984), p. 100. 출판된 영역본이 별도로 제시되지 않은 경우에, 모든 인용문은 필자가 직접 번역한 것이다.
3 Erwin Leiser, *Nazi Cinema*, trans. Gertrud Mander and David Wilson (New York: 1975), p. 132에서 재인용. 사울 프리들랜더는 이 인용문을 자신의 연구를 위한 하나의 모토로 사용한다. Saul Friedländer, *Reflections of Nazism: An Essay on Kitsch and Death*, trans. Thomas Wyer (New York: Harper & Row, 1984).
4 Leiser, *Nazi Cinema*, p. 124. 괴벨스는 1942년 2월 27일에 행한 연설에서 또한 다음과 같이 말했다. "낙관주의는 간단히 말해 전쟁 수행의 일부이다. 수치심으로 고개를 숙이거나 철학 이론을 논하는 것으로는 전투에 이길 수 없다. 그렇기 때문에 우리 국민이 좋은 분위기를 유지하게 하고 좀 더 폭넓은 대중 사이에서 도덕적 저항의 힘을 강화할 필요가 있다." Gerd Albrecht, *National-sozialistische Filmpolitik* (Stuttgart: Enke, 1969), p. 58에서 재인용.

5   Karsten Witte, "Visual Pleasure Inhibited: Aspects of the German Revue Film," *New German Critique* 24/25 (Fall/Winter 1981-82): 261.

6   리펜슈탈의 영화를 관통하는 미학에 관해서는 다음을 참고. Siegfried Kracauer, *From Caligari to Hitler: A Psychological History of the German Film* (Princeton, N. J.: Princeton University Press, 1947), pp. 300ff; Richard Barsam, *Triumph of the Will* (Bloomington: University of Indiana Press, 1975); Glenn B. Infield, *Leni Riefenstahl: The Fallen Goddess* (New York: Crowell, 1976); David B. Hinton, *The Films of Leni Riefenstahl* (Metuchen, N. J.: Scarecrow Press, 1978); Renata Berg-Pan, *Leni Riefenstahl* (Boston: Tayne, 1980); Peter Nowotny, *Leni Riefenstahls Triumph des Willens: Zur Kritik dokumentarischer Filmarbeit im NS-Faschismus* (Lollar: Prolit, 1981); Martin Loiperdinger, *Rituale der Mobilmachung: Der Parteitagsfilm 'Triumph des Willens' von Leni Riefensthal* (Opladen: Leske and Budrich, 1987)

7   Wim Wenders, "That's Entertainment: Hitler," in *West German Filmmakers on Film: Visions and Voices*, ed. Eric Rentschler (New York/ London: Holmes & Meier, 1988), p. 128. 벤더스의 비평은 처음에 동일한 영어 제목으로 다음에 수록되었다. *Die Zeit*, 5 August 1977. 그 후 벤더스의 논문집인 다음의 책에 재수록되었다. *Emotion Pictures: Essays und Filmkritiken* (Frankfurt am Main: Verlag der Autoren, 1986)

8   〈히틀러: 어떤 이력〉은 1977년 베를린 영화제에서 처음 상영되었다. 그 영화는 서독 전역의 영화관에서 큰 성공을 거두었고 "besonders wervoll"(특별히 가치 있는 것) 등급을 받았다. 1987년 1월 4일에 다음과 같은 알림 글과 함께 그 영화는 텔레비전의 황금 시간대에 편성되었는데 이는 비평이 면제된다는 의미였다. "1977년 개봉 당시, 이 영화는 많은 논란을 불러일으켰다. 이 영화는 제3제국의 역사를 묘사하려 하지 않았다. 그 대신에 아돌프 히틀러와 독일 국민의 관계를 다루고 있다. 히틀러를 형성하고 그가 권좌에 오를 수 있게 했던 환경, 그리고 최후의 파국에 이를 때까지 이어졌던 그에 대한 추종을 다루었다. 히틀러 정권의 끔찍한 범죄는 한 세대 전체가 그런 경험을 부인하게 하는 결과를 초래했다. 그런 범죄를 환영했던 사람도 없었고, 알고 있었던 사람도 없었으며, 가담한 사람도 없었다. 그러나 국민들과의 공감대에서가 아니면 과연 히틀러는 어디에서 그런 전대미문의 범죄를 저지를 결심을 할 수 있었을까? 대다수의 독일 국민이 히틀러에게 동조했다는 사실을 부인하는 것이 과연 누구에게 이로운 일일까? 그에게서 자신을 발견했다는 사실을, 그와 더불어 오래 행복했다는 사실을 부인하는 것이? 이 영화는 이 치명적인 행복이 어떤 수단에 의해 어떤 목적을 위해 만들어졌는지 보여줄 것이다. 그 행복이 얼마나 큰 망상을 담고 있었던 것일까? 그 행복이 어떤 대가를 강요했는지는 잘 알려져 있다."

9   Albert Speer, *Inside the Third Reich: Memoirs*, trans. Richard Winston and Clara Winston (New York: Macmillan, 1970). 히틀러에 대한 관심이 되살아나고 있는 현상에 관해서는 다음을 참고. Claus Heinrich Meyer, "Warum wird Hitler wieder ausgegraben? Analyse einer nostelgie," *Süddeutsche Zeitung*, 18/19 August 1973; "Hitler Veredlung: Vie in den siebziger Jahren das Führerbild restauriert wurde," *Süddeutsche Zeitung*,

17/18 May 1980. 앨빈 로젠펠드는 수많은 대중 소설과 희곡에 널리 통용되는 히틀러에 관한 묘사를 다루었다. Alvin Rosenfeld, *Imagining Hitler* (Bloomington: Indiana University Press, 1985).

10 Joachim Fest, "Revision des Hitler-Bildes?" *Frankfurter Allgemeine Zeitung* 29 July 1977.

11 Wenders, "That's Entertainment," p.127.

12 시각적 다큐멘터리 자료들 또한 대체로 히틀러의 관점에서 선별되고 정리되었다. 예를 들어, 반유대주의가 거론될 때 우리는 1900년 비엔나 출신으로 턱수염을 길게 기른 정통 유대교도들이 클로즈업되는 것을 본다. 그리고 뒤이어 젊은 시절 히틀러가 그렸던 복수하는 천사의 스케치를 보게 된다. 당시 히틀러는 화가가 되려는 열망을 품고 있었다. 페스트의 히틀러 영화에 대한 비평과 관련해서는 다음을 참고. Jörg Berlin et al., *Was verschweigt Fest? Analysen und Dokumente zum Hitler-Film* (Cologne: PahlRugenstein, 1978); Karen Jaehne, "Old Nazis in New Films: The German Cinema Today," *Cinéaste* 9 (Fall 1978): 32-35.

13 Wenders, "That's Entertainment," p. 128. 프리츠 랑을 위한 벤더스의 추도사 참고. "Death is Solution: The German Film Director Fritz Lang," in *West German Filmmakers on Film*, pp. 101-104.

14 Wenders, "That's Entertainment," p. 127-128.

15 Hans Günter Pflaum and Hans Helmut Prinzler, *Cinema in the Federal Republic of Germany. The New German Film. Origins and Present Situation. A Handbook* (Bonn: Inter Nations, 1983), p. 5 참고. Rainer Lewandowski, *Die Oberhausener: Rekonstruktion einer Gruppe 1962-1982* (Diekholzen: Regie-Verlag für Bühne und Film, 1982); Krischan Koch, *Die Bedeutung des "Oberhausener Manifestes" für die Filmentwicklung in der BRD* (Frankfurt am Main: Lang, 1985); Peter W. Jansen, "Zwanzig Jahre danach: Oberhausen und Folgen," *Jahrbuch Film* (1982/83): 26-36 또한 참고. 뉴저먼시네마의 발전에 관해서는 다음을 참고. Robert Fischer and Joe Hembus, *Der Neue Deutsche Film 1960-1980* (Munich: Goldmann, 1981); John Sandford, *The New German Cinema* (New York: Da Capo Press, 1980); James Franklin, *New German Cinema: From Oberhausen to Hamburg* (Boston: Twayne, 1983); Timothy Corrigan, *New German Film: The Displaced Image* (Austin: University of Texas Press, 1983); *New German Filmmakers from Oberhausen through the Man Film in the Course of Time: Reflections on the Twenty Years since Oberhausen* (Bedford Hills, N. Y.: Redgrave, 1984). 다음의 비평 또한 참고. Anton Kaes, "Distanced Observers: Perspectives on the New German Cinema," *Quarterly Review of Film Studies* 10 (Summer 1985): 238-245.

16 알렉산더 클루게가 회상하듯이, 그루페 47의 작가들과 오베르하우젠 영화작가들이 만난 후 그 차이는 뚜렷해졌다고, 그때부터 각 그룹은 각자의 길을 갔다. Lewandowski, *Die Oberhausener*, p. 89.

17 슐뢴도르프가 나치 과거를 다루는 방식과 관련한 〈청년 퇴를레스〉의 해석에 관해서는 다음을 참고. Eric Rentschler, "Specularity and Spectacle in Schlöndorff's Young Törless," *German Film and Litrature: Adaptations and Transformations*, ed. Eric Rentschler (New York/ London: Methuen, 1986), pp. 176-192. 슐뢴도르프를 전반적으로 다룬 연구로는 다음을 참고. Rainer Lewandowski, *Die Filme von Volker Schlöndorff* (Hildesheim/ New York: Olms, 1981).

18 예를 들어, 1966년 뮌헨에서 개최된 독일 학자들의 학술대회에서 독일 연구자들이 나치 과거를 고찰했던 방식을 고려해보라. *Gemanistik: Eine deutsche Wissenschaft*, ed. Eberhard Lämmert (Frankfurt am Main: Suhrkamp, 1967).

19 1945년과 1956년 사이에 배급된 108편의 영화 가운데 104편이 영국, 프랑스, 미국에서 제작된 것들이다. 그리고 그런 비율은 이후 몇 년 동안 사실상 변하지 않았다. Siegfried Zielinski, "Faschismusbewältigung im Frühen deutschen Nachkriegsfilm," *Sammlung: Jahrbuch für antifaschistische Literatur und Kunst* 2 (1979): 124-133.

20 DEFA 영화사의 연감(1951), Zielinski, "Faschismusbewältigung," p. 130에서 재인용. *Film- und Fernsehkunst der DDR: Traditionen, Beispiele, Tendenzen*, ed. Käthe Rülicke-Weiler (Berlin/GDR: Henschelverlag, 1979), 특히 94ff; *Film in der DDR*, ed. Peter W. Jansen and Wolfram Schütte (Munich/Vienna: Hanser, 1977); and Barton Byg, "The Antifaschist Tradition in GDR Film," *Purdue University Fifth Annual Conference on Film* (West Lafayette, Ind.: Purdue University Press, 1980), pp. 81-87.

21 오늘날의 관점에서 보면, 그 영화가 남성 주인공을 너무 강하게 강조하고 있다는 사실은 가히 충격적이다. 마치 여성에게는 그들 나름의 역사가 없는 것처럼 보인다. 여성은 남성의 환상의 투영일 뿐이다. 1970년대에 이르기까지 역사에 대한 여성적 관점은 존재하지 않았다. 헬마 잔더즈-브람스의 1980년 작품 〈독일, 창백한 어머니〉에서 여성의 재현 참고.

22 "폐허영화"에 관해서는 다음을 참고. Peter Pleyer, *Deutscher Nachkriegsfilm 1946-1948* (Münster: Fahle, 1963), *Deutschland in Trümmern: Filmdokumente der Jahre 1945-1949*, ed. Klaus Jaeger and Helmut Regel (Oberhausen: K. M. Laufen, 1976).

23 Sven Papcke, "Schade um den Neubeginn 1945: Ammerkungen zur unbewältirgten Gegenwart," *Vernunft und Chaos: Essays zur Sozialen Ideengeschichte* (Frankfurt am Main: Fischer, 1985), p. 231.

24 Lutz Niethammer, *Die Mitläuferfabrik: Die Entnazifizierung am Beispiel Bayerns* (Berlin: Dietz, 1982). 니트함머에 따르면 1948년까지 인구의 겨우 14퍼센트만이 나치 청산의 필요성을 믿었다고 한다.

25 Anton Kaes, "Literatur und nationale Identität: Kontroversen um Goethe 1945-49," in Kontroversen, *alte und neue: Akten des VII. Internationalen Germanisten-Kongreses* 10, ed. Albrechte Schöne (Tübingen: Niemeyer, 1986), pp. 199-206 참고.

26 Papcke, "Schade und den Neubeginn," p. 233.

27 Willi Höfig, *Der deutsche Heimatfilm 1947-1960* (Stuttgart: Ehnke, 1973); Klaus

Kreimeier, "Der westdeutsche Film in den fünfziger Jahren," *Die fünfziger Jahre: Beiträge zu Politik und Kultur*, ed. Dieter Bänsch (Tübingen: Narr, 1985), pp. 283-305; Heide Schlüpmann, "'Wir Wunderkinder' : Tradition und Regression im bundesdeutschen Film der Fünfziger Jahre," *Frauen und Film* 35 (October 1983):4-11; Joe Hembus, *Der deutsche Film kann gar nicht besser sein* (Munich: Rogner & Bernhard, 1981); Gerhard Bliersbach, *So grün war die Heide: Der deutsche Nachkriegsfilm in neuer Sicht* (Weinheim/Basel: Beltz, 1985); Claudius Seidl, *Der deutsche Film der fünfziger Jahre* (Munich: Heyne, 1987); Eric Rentschler, "Germany: The Past That Would Not Go Away," in *World Cinema since 1945*, ed. William Luhr (New York: Ungar, 1987), p. 213-219.

28 한스 데페(1897-1969)는 거의 70편에 이르는 그의 영화 가운데 절반가량을 1934년과 1945년 사이에 제작했다. 데페에 따르면, 나치 청산 이후 곧바로 카메라 뒤에 다시 서서 뚜렷한 나치즘과 반유대주의를 걷어낸 전통적인 UFA 영화사의 스타일을 계속 이어간 사람들이 많았다. 괴벨스의 UFA 스튜디오는 하나의 회사로 축소되었고 그 직원들, 스타일, 정신은 1950년대 내내 살아남았다.

29 비판적인 하이마트 영화에 관해서는 다음을 참고. Eric Rentschler, "Calamity Prevails over The Country: Young German Filmmakers Revisit the Homeland," Rentschler, *West German Film*, p. 103-128.

30 이런 맥락에서 《디 자이트》 1985년 3월 8일자, 15일자, 29일자에 수록된 〈특전 U 보트〉에 관한 논의 참고. 그 기사들이 다루고 있는 것은 1981년에 발표된 영화가 아니라 1985년에 발표된 6시간 분량의 3부작 텔레비전 방영본이다. 1944년의 잠수함 전(戰)을 다룬 영화는 그 시기까지 독일에서 가장 많은 자본이 투입된 영화였다. 특히 그 영화는 어쩌면 독일 영화 가운데 미국에서 상업적으로 가장 크게 성공을 거둔 영화였고 유선 방송에서 거듭 방영되었으며 비디오 대여로도 쉽게 접할 수 있었다. 전체 가구의 60%가 시청(곧 2,400만 시청자)하는 기록을 세운 서독의 텔레비전 방영은 짧지만 격렬한 논쟁을 불러일으켰다. 영화는 역사적인 주제가 흔히 그렇듯이 좀 더 큰 주제에 관한 논쟁에 추진력을 제공했다. 발표된 비평들 가운데 눈에 띄는 제목들이 있다. "군인들이 범죄자인가?" "범죄자들 또한 희생자이다."

31 Wolfgang Staudte, "Der Heldentod füllt immer noch die Kinokassen," *Der Film: Manifeste, Gespräche, Dokumente, 1945 bis heute*, ed. Theodor Kotulla (Munich: Piper, 1964), pp. 193-195 참고. Klaus Kreimeier, *Kino und Filmindustrie in der BRD: Ideologieproduktion und Klassenwirklichkeit nach 1945* (Kromberg: Scriptor, 1973), 특히 p. 108-129 참고.

32 Konrad Adenauer, "Verstädigung, Frieden und Freiheit: Ansprache in der Frankfurter Universität am 30. Juni 1952," in Konrad Adenauer: *Reden 1917-1967: Eine Auswahl*, ed. Hans-Peter Schwarz (Stuttgart: Deutsche Verlags-Anstalt, 1975), p. 255.

33 예를 들어, 서독 대통령 리하르트 폰 바이체커(Richard von Weizsäcker)의 영향력 있는 연설, "1945년 5월 8일 — 40년 후" 참고. *A Voice from Germany: Speeches by Richard von*

Weizsäcker, trans. Karin von Abrams (New York: Weidenfeld and Nicolson, 1986), p. 43-60.

34 이들 가운데 가장 중요한 것은 볼프강 슈타우테의 사회 비판적인 영화 〈검사에게 바치는 장미〉(*Rosen für den Staatsanwalt*, 1959)와 〈박람회〉(*Kirmes*, 1960), 헤르베르트 베즐리(Herbert Vesely)의 실험적인 영화 〈더 이상 도망치지 마〉(*nicht mehr fliehen*, 1955)와 〈유년 시절의 빵〉(*Das Brot frühe Jahr*, 1962), 한스 마크누스 엔젠스베르거(Hans Magnus Enzensberger)의 글이 수록된 오토마르 도미니크(Ottomar Dominick)의 데뷔작 신표현주의 작품 〈요나스〉(*Jonas*, 1957), 그리고 제3제국과 아데나워 시절 사이의 연속성에 관한 쿠르트 호프만(Kurt Hoffmann)의 풍자 〈우리 놀랍지 않은가?〉(*Wir Wunderkinder?*, 1958)이다.

35 서독 영화계에는 귄터 그라스도, 볼프강 쾨펜(Bolfgang Koeffen)도, 지그프리트 렌츠(Siegfried Lenz)도 없었다. 독일 문학에서 "억압할 수 없는 과거"를 주제로 다루는 문제에 관해서는 다음을 참고. Hamida Bosmajian, *Metaphors of evil: Contemporary German Literature and the Shadow of Nazism* (Iowa City: University of Iowa Press, 1979); Felicia Letsch, *Auseinandersetzung mit der Vergangenheit als Moment der Gegenwartskritik* (Cologne: Pahl-Rugenstein, 1982); Judith Ryan, *The Uncompleted Past: Postwar German Novels and the Third Reich* (Detroit: Wayne State University Press, 1983); Donna Reed, *The Novel and the Nazi Past* (New York: Peter Lang, 1985).

36 Peter Nau, "Die Kunst des Filmesehens," *Filmkritik* 23 (June 1979): 264. 스트라우브와 위예에 관해서는 다음을 참고. *The Cinema of Jean-Maire Straub and Danièle Huillet*, ed. Jonathan Rosenbaum (New York: Film at the Public, 1982); *Herzog/Kluge/Straub*, ed. Petr W. Jansen and Wolfram Schütte (Munich/Vienna: Hanser, 1976); Richard Roud, *Straub* (London: Secker and Warburg, 1971). 〈마호르카-무프〉의 분석에 관해서는 다음을 참고. Eric Rentschler, "The Use and Abuse of Memory: New German Film and the Discourse of Bitburg," *New German Critique* 36 (Fall 1985): 67-90, 특히 p. 74ff 참고.

37 Kraft Wetzel, "New German Cinema: Economics without Miracle," *Semiotext(e)* 4, "The German Issue" (1982): 221. 새로운 정보가 추가된 그의 다음 연구를 참고. "Die Krise des Neuen deutschen Films," *Media Perspektiven* 2 (1987): 90-99. 뉴저먼시네마의 경제적 측면에 관해서는 다음을 참고. Thomas Elsseser, "The Postwar German Cinema," in *Fassbinder*, ed. Tony Ryans, 2nd ed. (London: British Film Institute, 1979), p. 1-16; *Förderung essen Filme auf: Positionen-Situation-Materialien*, ed. Louis Saul (Munich:Ölschläger, 1984).

38 예를 들어, 독일 통신사(GPA)의 기사 참고. "Goethe-Institute betont Bedeutung der Filmarbeit," *Süddeutsche Zeitung*, 9 July 1986: "괴테 연구소는 영화가 국제적인 문화교류의 매개체로서 독일의 해외 문화정책에서 점점 더 중요해지고 있다고 믿는다." 이 자료에 따르면, 66개국 146개소의 괴테 연구소에서 매일 "30-35개의 영화 관련 행

사가 개최된다." 또한 보고서, "Fassbinder-Zyklus lockt Zuschauer: Bundesdeutsche Kulturarbeit in Osteuropa," *Das Parlament*, 22/29 December 1984 참고. 그 기사는 부카레스트 소재 서독 문화 연구소가 2년 동안 150편의 독일 영화를 상영했다고 주장한다. 또한 Elmar Brandt, "Medien und Medienprojekte zur Förderung der internationalen kulturellen Zusammenarbeit," *Zeitgeist für Kulturaustausch* 32 (1982): 67-70 참고. 주제별 연구에 관해서는 다음을 참고. Hans Günther Pflaum, *Deutschland im Film: Themenschwerpunkte des Spielfilms in der Bundesrepublik Deutschland: Materialien zur Landeskunde* (Munich: Hueber, 1985).

39 예를 들어, 1983년에는 히틀러에 대한 조직적인 저항을 다룬 폴 버호벤(Paul Verhoeven)의 영화 〈백장미〉(*Weisse Rose*) 마지막에 덧붙여진 진술에 "문제"가 있었다. 그 진술은, 서독 연방헌법재판소의 시각에서, "백장미" 같은 저항집단이 객관적으로 그 당시의 법을 위반했다고 주장했다. 더 나아가 히틀러의 "인민재판(volksgerichtshof)"에서 통과된 모든 주장은 오늘날 법에 따라 무효화 되어야 한다고 주장하기에 이른다. 괴테 연구소는 부다페스트에서 열렸던 서독 영화 주간에 그 영화를 이런 형식으로 상영하려고 했다. 그러나 상영은 금지되었다. 영화의 텍스트가 정치적으로 공격적인 것이라고 여겨졌기 때문이다. 심지어 독일 의회는 1983년 10월 27일 제31회기에 그 문제에 대한 청문회를 열었다.

40 Robert Reimer and Carol Reimer, "Nazi-retro Filmography," *Journal of Popular Film and Television* 14 (Summer 1986): 82 참고. 저자들은 또한 각 영화에 대한 해설을 담아 60편이 넘는 장편영화의 목록을 제공한다. 다음 또한 참고. *30 Jahre danach: Dokumentation zur Auseinandersetzung mit dem Nationalsozialismus im Film 1945 bis 1975*, ed. Heiko R. Blum (Cologne: Horst May Verlag, 1975). 다음의 글에서 제3제국을 배경으로 한 영화들에 대한 간략한 설명을 찾아볼 수 있다. Pail Monaco, "The Bitburg Syndrome," in *Ribbons in Time: Movies and Society since 1945* (Bloomington: Indiana University Press, 1978), p. 62-92. 아네트 인스도르프(Annette Insdorf)는 자신의 연구에서 유대인 절멸을 다룬 여러 나라의 영화를 80편 이상 다루고 있다. *Invisible Shadows: Film and the Holocaust* (New York: Random House, 1983). 또한 Judith E. Doneson, *The Holocaust in American Film* (Philadelphia/New York/Jerusalem: The Jewish Publication Society, 1987); Ilan Avisar, *Screening the Holocaust: Cinema Images of the Unimaginable* (Bloomington: Indiana University Press, 1988).

41 1974년의 이 영화들은 "복고풍"을 표방하면서 《카이에 뒤 시네마》(*Cahiers du Cinéma*)에서 영화, 대중적 기억, 역사 다시 쓰기에 관한 열띤 논쟁을 촉발했다. 그 논의는 또한 파시즘이 사람들을 매혹하는 동시에 마비시키는 하나의 운명인 것처럼 보여주는 역사 영화들의 태생적인 보수주의를 강조했다. 다음에 수록된 미셸 푸코의 인터뷰 참고. "Film and Popular Memory-Cahiers du Cinéma/Extracts", *Edinburgh Magazine* 2 (1977): 20-25, 원래는 *Cahiers du Cinéma* 251 (1974)에 수록. 그 인터뷰에서 푸코는 대중의 기억(mémoire populaire)을 둘러싼 투쟁이 시작되었다고 주장한다. 푸코는 누구든 사람들의 기억을 장악하는 사람이 과거에 관한 사람들의 지식과 경험을 모두 통제한다고 믿는다. 그

는 레지스탕스에 관한 영화가 많지 않은 것은 누군가가 레지스탕스가 잊혀지기를 원하기 때문이라고 주장한다. 파시즘에 관한 패배주의적인 영화들은 (파시즘에 관해 할 수 있는 일은 아무것도 없다는 것을 함축하며) 누구도 파시즘에서 자유롭지 않다는 것을 입증하려는 목적의 영화로서, 푸코에 따르면, 은연중에 지배 권력의 손아귀에서 작동한다. 또한 "역사/생산/기억"이라는 제목으로 *Edinburgh Magazine* 2 (1977)에 수록된 콜린 맥케이브(Colin MacCave), 스티븐 히스(Stephen Heath), 자크 랑시에르(Jacques Rancière), 장 나르보니(Jean Narboni)의 기고문 참고.

42 Karsten Witte, "Weinte sonst niemand? Hitler, Höss & Co.," *Medium* 7/8 (August 1977): 28. 또한 Siegfried Zielinski, "Aspekte des Faschismus als Kino- und Fernseh-Sujet: Tendenzen zu Beginn der achtziger Jahre," *Sammlung* 4 (1981): 47-56.

43 Karl Heinz Bohrer, "Hitler, der Held der siebziger Jahre?" *Frankfurter Allgemeine Zeitung*, 29 June 1977; Marion Gräfin Dönhoff, "Was bedeutet die Hitlerwelle?" *Die Zeit*, 26 September 1977. 동시에, 조사는 어린 학생들이 놀랄 정도로 히틀러에 관해 아는 바가 거의 없다는 점을 보여주었다. Dieter Bossman, *Was ich über Adolf Hitler gehört habe* (Frankfurt am Mein: Fischer, 1977). 예를 들어, 일부 학생은 히틀러가 이탈리아인이었거나 기독민주연맹에 소속되었다고 생각했다.

44 Nobert Elias, "Gedanken über die Bundesrepublik, Herbst 1977," *Merkur* 439/40 (September-October 1985): 734. (그 글은 1977년과 1978년 3월 사이에 쓰였지만 1985년에야 발표되었다.)

45 앞의 글, p. 744f.

46 Jilian Becker, *Hitler's Children: The Story of the Baader-Meinhof Gang* (New York: J. B. Lippincott, 1978). 독일어 번역에서는 제목에 의문부호가 덧붙여졌다. *Hitler Kinder? Der Baader-Meinhof-Terrorismus* (Frankfurt am Main: Fischer, 1978).

47 Alexander Kluge, *Die Patriotin* (Frankfurt am Main: Zweitausendeins, 1979), p. 28

48 Alexander Kluge et al., "Germany in Autumn: What Is the Film's Bas?" in *West German Filmmakers on Film*, p. 132-133.

49 앞의 글, p. 132. 〈독일의 가을〉에 관해서는 다음을 참고. Miriam Hansen, "Cooperative Auteur Cinema and Oppositional Public Sphere: Alexander Kluge's Contribution to 'Germany in Autumn'," *New German Critique* 24/25 (1981-82): 36-56. 1969년에 "독일에 관하여"라는 포괄적인 제목 아래 약 100편가량의 다큐멘터리로 독일의 과거와 현재를 다루려는 기획이 제안되었다. 그 기획은 결코 실현되지 못했다. Fischer and Hembus, *Der Neue Deutsche Film*, p. 277. 〈독일의 가을〉에 이어 두 편의 영화가 더 만들어졌다. 〈후보〉(*Der Kandidat*, 1980)과 〈전쟁과 평화〉(*Krieg und Frieden*, 1982-83)이다.

50 이는 미국인 두 명 중 하나는 이 연속극을 적어도 한 편은 보았다는 뜻이다. Sabina Lietzmann, "Die Judenvernichtung als Seifenoper: Holocaust-eine Serie im amerikanischen Fernsehen," *Frankfurter Allgemeine Zeitung*, 20 April, 1978; Thomas Kielinger, "Wie das amerikanische Fernsehen deutsche Vergangenheit bewältigt," *Die*

Welt, 22 April 1978; "Fermsehen: Gaskammern à la Hollywood?" *Der Spiegel*, 15 May 1978, pp. 228-231; Rainer Paul and Hans Hoyng, "Massenmord gemischt mit Deo-Spray," *Stern*, 27 April 1978, p. 202-207.

51 Elie wiesel, "Trivializing the Holocaust: Semi-Fact and Semi-Fiction," *The New York Times*, 16 April 1978. 텔레비전으로 방영된 〈홀로코스트〉의 양면적인 허구적 지위에 관해서는 다음을 참고. Christian Zimmer, *Le retour de la fiction* (Paris: Les Éditions du Cerf, 1984), pp. 75-76. 또한 Claude Lanzmann, "From the Holocaust to Holocaust," *Telos* 42 (Winter 1979-80): 137-143 참고.

52 Georg Lukács, *The Historical Novel*, trans. Hannah Mitchell and Stanley Mitchell (Boston: Beacon, 1963); Wolfgang Iser, "Fiction—The Filter of History: A Study of Sir Walter Scott's Waverly," in *New Perspectives in German Literary Criticism*, trans. D. H. Wilson et al., ed. Richard E. Amacher and Victor Lange (Princeton, N.J.: Princeton University Press, 1979), p. 86-104.

53 Cecil Smith, "Docudrama: Fact or Forum," *Los Angeles Times*, 17 April 1978. 제럴드 그린은 "다큐드라마"의 "본질적인 위험"을 알고 있었지만, 여기서 그는 사실과 허구의 혼합 과정을 정당화한다. "물론 그 기법은 문학 자체만큼이나 오래된 것이다. 톨스토이는 그 모든 로스토프들과 볼콘스키들과 다른 이들을 만들어냈다. 그들은 역사 속에 존재하지 않았다. 그런 다음 톨스토이는 그들을 나폴레옹들, 실제 장군들과 『전쟁과 평화』의 실제 사건들 속에 위치시킨다. … 내가 생각하기에 중요한 것은 여러분이 하나의 극적 구조에서 모두 100퍼센트 옳은 뉘앙스를 얻을 수는 없다고 해도, 여러분이 다른 어떤 방식보다도 더 효율적일지 모르는 역사의 추진력과 본질에 도달할 수 있다는 점이다. 나는 나치의 유대인 절멸에 관해 내가 보았던 어떤 것보다도 〈홀로코스트〉에 더 진실하고 잘 입증된 역사가 있다고 생각한다."

54 *Holocaust zur Unterhaltung: Anatomie eines internationalen Bestsellers*, ed. Friedrich Knilli and Siegfried Zielinski (Berlin: Elefanten-Press, 1982), p. 13-14, 44 참고.

55 사비나 리이츠만(Sabina Lietzmann)은 《프랑크푸르터 알게마이네 자이퉁》 1978년 4월 20일자 기사에서 다음과 같이 설명한다. "'홀로코스트'란 고대 이스라엘의 희생제를 일컫는 말이다. 그 희생제에서는 동물뿐 아니라 인간도 제물로 바쳤다. 신은 아브라함에게 번제를 요구했다. 아브라함은 자신의 아들 이삭을 죽일 준비가 되어 있었다. 미국에서 '홀로코스트'는 제3제국에서 벌어진 유대인의 대량학살을 의미하게 되었다. 그리고 '홀로코스트'는 이번 주 미국의 텔레비전 수상기에 매일 저녁 방영되는 텔레비전 연속극의 제목이다." 1979년에 "홀로코스트"는 서지학회(Bibliographic Institute)에 의해 "올해의 낱말"로 선정되었다.

56 서독에서 〈홀로코스트〉의 수용과 영향에 관한 여러 경험적 연구들 참고. Dieter Prokop, *Medienwirkungen* (Frankfurt am Main: Suhrkamp, 1981), p. 98-187; Yizhak Ahren et al., *Das Lehrstück Holocaust: Zur Wikungspsychologie eines Medienereignisses* (Opladen: Westdeutscher Verlag, 1982); *Betrifft 'Holocaust': Zuschauer schreiben an den WDR*, ed. Friedrich Knilli and Siegfried Zielinski (Berlin: Volker Spiess, 1983);

Joachim Siedler, *Holocaust: Die Fernsehserie in der deutschen Presse: Eine Inhalts-und Verlaufsanalyse* (Münster: Lit Verlag, 1984). 정기간행물,《매체》(*Medium*)는 특히 "미디어적 사건"인 〈홀로코스트〉의 영향을 아주 상세하게 다루었다. 특히 1979년 1호에 수록된 "Endlösung' als Medienereignis"(「미디어적 사건으로서의 "최종안"」)과 3호에 수록된 "Deutsches Weissmachen"(「독일의 표백」은 주인공의 이름 바이스(흰색)를 암시한다)을 참고. *Holocaust zur Unterhaltung* (1982)에 수록된 선별된 참고문헌들 속에는 독일어 정기간행물들에 수록된 〈홀로코스트〉 관련 글 150편이 열거되어 있다. 서독 일간지에서 진행된 논의는 수를 헤아릴 수 없을 정도이다. 독일에서 이루어진 〈홀로코스트〉의 수용에 관한 영어 논문들은 다음을 참고. Barton Byg, "Holocaust and West German 'Restoration'," *Telos* 42 (Winter 1979/80): 143-149; Mark E. Cory, "Some Reflections on NBC's Film Holocaust," *German Quarterly* 53(November 1980):444-451; *New German Critique* 19 (Winter 1980) 특별호; *German and Jews since the Holocaust: The Changing Situation in West Germany*, ed. Anson Rabinbach and Jack Zipes (New York/London: Holmes & Meier, 1986), 특히 pp. 185-283; Doneson, *The Holocaust in American Film*, p. 141-196 ("Television and the Effects of Holocaust"); Avisar, *Screening the Holocaust*, p. 130.

57 Heinz Höhne, "Schwarzer Freitag die Historiker: Holocaust: Fiktion oder Wirklichkeit?" *Spiegel* 29 Jannuary 1979, p. 22.

58 Günter Rohrbach, "Ende der Von-oben-nach-uten Kultur? Erkenntnisse und Folgerungen für die Arbeit in den Fernsehansalten," *Frankfurter Allgemeine Zeitung*, 1 Feburary 1979.

59 앞의 글.

60 독일과 미국에서 대중문화에 대한 서로 다른 태도의 오랜 전통에 관해서는 다음의 글을 참고. Anton Kaes, "Mass Culture and Modernity: Notes toward a Social History of Early American and German Cinema," in *America and the Germans: An Assessment of a Three-Hundred Year History*, ed. Frank Trommler and Joseph McVeigh, vol. 2 (Philadelphia: University of Pennsylvania Press, 1985), p. 317-333.

61 Marion Gräfin Dönhoff, "Eine deutsche Geschichtsstunde: Holocaust Erschrecken nach dreissig Jahre," *Die Zeit*, 2 Feburary 1979. 도덕성과 미학을 엄격히 구분하는 된호프의 이분법에 대한 볼프람 쉬트(Wolfram Erschrecken)의 예리한 비평 참고. "Wie einige Intellektuelle den Kopf verlieren und den anderer fordern: Holocaust und erste Folgen einer 'Revision unseres Kulturbegriffs,'" *Frankfruter Rundschau*, 5 February 1979: "그런 미학의 문제는 또한 (혹은 더 심하게 말하자면: 필연적으로) 도덕성의 문제이기도 하다는 것, 그리고 〈홀로코스트〉의 비평가들은 도덕적 이유로 미학적 유보를 표명했다는 것, 더욱이, 미학적 과정은 성찰과 학습의 과정일 수 있거나 혹은 그런 과정들이어야 한다는 것: — 〈홀로코스트〉가 유발한 실존적인 당혹감은 그런 고려의 가능성, 리얼리티와 리얼리티의 미학적 전유, 형상화, 재생산에 대한 그런 자기 비판적 취급의 가능성을 더 이상 허용하지 않는다. 그리고 이는 된

호프에게서만 그런 것도 아니다. 《프랑크프르터 알게마이네 자이퉁》에 수록된 글에서 귄터 로르바흐가 관객 수, 시장 점유율, 대중의 각성 정도를 자랑스럽게 지적했을 때, 그런 차별화된 태도는 엘리트주의적인 지적 오만이라는 호된 비난을 받으며 일축되었다. … 민중주의의 가면 아래: 새로운 형태의 성상파괴이자 예술에 대한 경멸일까?"

62 Sabina Lietzmann, "Kritische Fragen," *Frankfurter Allgemeine Zeitung*, 28 September 1978.

63 Mary Mcgrory, "The Holocaust: Indisputable, Unbearable. on 텔레비전, 'Docu' Outdoes 'Drama', but It Probably Won't Cure Anti-Semitism," *Los Angeles Times*, 20 April 1978. 미국의 관점에 관해서는 다음을 참고. *Germans and Jews since the Holocaust*, ed. Rabinbach and Zipes.

64 Günter Rohrbach,"Holocaust Im WDR," *Im Kreuzfeuer: Der Fernsehfilm 'Holocaust': Eine Nation ist betroffen* (Frankfurt am Main: Fischer, 1979), p. 45에서 재인용.

65 Heinz Werner Hübner, "Kein Lehrstück, sondern Lernstück," *Süddeutsche Zeitung*, 22 September 1978.

66 Günther Rühle, "Wenn Holocaust kommt," *Im Kreuzfeuer*, p. 59.

67 Peter Schulz-Rohr, "Keine Frage von rechts oder links," Die Zeit 23 June 1978.

68 Edgar Reitz, "Unabhängiger Film nach Holocaust?" in *Liebe zum Kino: Utopien und Gedanken zum Autorenfilm 1962-1983* (Cologne: KÖLN 1978, 1984), p. 102.

69 1985년 5월 5일 일요일에 레이건 대통령과 콜 총리가 비트부르크 군인묘역을 방문했다. 그 묘역에는 나치친위대 병사들의 무덤도 포함되어 있었기 때문에 그 방문은 길고 격렬한 논쟁을 촉발하기에 충분할 만큼 지극히 상징적인 행동이었다. 특히 미국에서 "비트부르크"는 화해라는 이름으로 범죄자와 희생자의 경계를 흐리려는 대담한 시도로 여겨졌다. 미국의 모든 주요 일간지와 정기간행물들은 레이건의 비트부르크 방문이 불러일으킨 광범위한 도덕적, 정치적 문제들을 상세하게 다루었다. 비판적인 논문집은 다음의 책 참고. *Bitburg In Moral and Political Perspective*, ed. Geoffrey Hartman (Bloomington: Indiana University Press, 1986) 그리고 철저하게 논증된 책으로 다음을 참고. *Bitburg and Beyond: Encounters in American, German and Jewish History*, ed. Ilya Levkov (New York: Shapolsky Publishers, 1987). Eric Rentschler, "The Use and Abuse of Memory: New German Film and the Discourse of Bitburg: Spectacle and Memory" (한스 위르겐 지버베르크와 장-마리 스트라우브의 주장들) On Film 14 (1985): 36-40; *Die Unfähigkeit zu feiern: Der 8. Mai*, ed. Norbert Seitz (Frankfurt am main: Verlag Neue Kritik, 1985).

70 "역사가 논쟁"이 촉발된 것은 《디 자이트》지의 1986년 7월 1일자에 실린 위르겐 하버마스의 글("손비처리," "Eine Art Schadensabwicklung") 때문이었다. 그 글은 "독일 현대사 서술의 변명적 경향"을 공격했다. 특히 히틀러의 "최종안"과 스탈린의 범죄를 비교할 수 있는지의 문제를 공격했다. 특히 논란을 불러일으킨 안드레아스 힐그루버의 연구를 논박한 하버마스의 글은 모든 미디어가 총동원된 놀랄 만큼 폭넓고 신랄한 논쟁을 촉발했다. Andreas Hilgruber, *Zweierlei Untergang: Die Zerschlagung des Deutschen Reiches*

und das Ende des europäischen Judentums (Berlin: Siedler, 1986). 이 글에서 힐그루버는 독일군의 패배를 유대인의 절멸과 비교했다. 하버마스의 글은 또한 「지나가지 않을 과거」("Vergangenheit, die nicht vergehen will," *Frankfruter Allgemeine Zeitung*)에서 에른스트 놀테(Ernst Nolte)가 굴락이 아우슈비츠를 예고했다는 명제와 함께 취했던 입장을 반박한 것이기도 했다. 사실 놀테의 주요 주장은 한 해 전에 이미 영어로 발표된 바 있었다. Ernst Nolte, "Between Myth and Revisionism? The Third Reich in the Perspective of the 1908s," *Aspects of the Third Reich*, ed. H. W. Koch (New York: Macmillan, 1985), p. 17-38. 이 주제에 관해서는 엄청난 양의 후속 연구들이 쏟아져 나왔다. 가장 설득력 있고 영향력 있는 55편의 논문이 두 권의 논문집으로 편집되었다. Rudolf Augstein et al., "Historikerstreit." *Die Dokumentation der Kontroverse um die Einzigartigkeit der nationalsozialistischen*, Judenvernichtung (Munich/Zurich: Piper, 1987), *1st der nationalsozialismus Geschichte? Zu Historisierung und Historikerstreit*, ed. Dan Diner (Frankfurt am Main: Fischer, 1987). 그 논쟁에 관한 만족할 만한 요약으로는 다음을 참고. Hans-Ulrich Wehler, Entsorgung der deutschen Vergangenheit? Ein polemischer Essay zum "Historikerstreit" (Munich: Beck, 1988). 그 논쟁은 또한 미국에서도 널리 논의되었다. James Markham, "German Book Sets Off New Holocaust Debate," *New York Times*, 6 September 1986; Judith Miller, "Erasing the Past: Europe's Amnesia about the Holocaust," *New York Times Magazine*, 14 November 1986; Gordon A. Graig, "The War of the German Historikerstreit," *New York Review of Books*, 15 January 1987; Richard J. Evans: "The New Nationalism and the Old History: Perspectives on the West German Historikerstreit," *The Journal of Modern History* 59 (December 1987): 761-797; Anson Rabinbach, "German Historians Debate the Nazi Past. A Dress Rehersal for a New German Nationalism?" *Dissent* (Spring 1988): 192-200; Roderick Stackelberg, "1986 vs. 1968: The Turn to the Right in German Historiography," *Radical History Review* 40 (January 1988); *German Politics and Society* 13 (Feburary 1988), 역사가 논쟁에 관한 특별호; *New German Critique* 44 (Spring/Summer 1988), 역사가 논쟁에 관한 특별호; Chalres S. Maier, *The Unmasterable Past: History, Holocaust, and German National Identity* (Cambridge, Mass.: Harvard University Press, 1988).

71 그와는 별개로, "여러분도 아시다시피, 독일인 가족들이 받았던 정서적 충격이 1942년 당시라면 아우슈비츠 희생자들에게는 어떤 중요한 것을 의미했을지도 모르지만, 1979년에 일어났다면, 그것은 전혀 쓸모없는 일입니다. 오늘날에 그런 충격은 정말로 쓸모없는, 시대를 초월한 형태의 충격이기 때문입니다." 이는 알렉산더 클루게가 다음의 글에서 한 말이다. Alexander Kluge, "The Political as Intensity of Everyday Feelings," *Cultural Critique* 4 (Fall 1986): 126. 이 글은 1979년 클루게가 폰타네 문학상을 수상하는 자리에서 수상 소감으로 처음 발표했다.

2. 신화로서의 독일

1 괄호 안의 페이지 번호는 영화 대본을 지시한다. Hans Jürgen Syberberg, *Hitler, a Film from Germany*, trans. Jochaim Neugroschel (New York: Farrar, Straus and Giroux, 1982). 이는 독일어 판인 *Hitler, ein Film aus Deutschland* (Reinbek: Rowolt, 1978)를 번역한 것이다. 영역본에는 영화에서 발췌한 여러 장의 스틸 사진과 8페이지 분량의 인명 색인과 주, 그리고 「독일의 비극으로부터의 구원으로서 예술」("Art as Salvation from the German Misery")이라는 제목으로 독어본에 수록되었던 장문의 서문 가운데 처음 세 단락이 포함되어 있다. 이 판본에도 역시 수잔 손탁의 서문이 포함되어 있다.

2 "내 영화의 이야기는 바로 그것의 수용에 관한 이야기이다." 지버베르크는 자신의 책, 『즐거움 없는 사회: 지난해에 관한 단상들』(*Die freudlose Gesellschaft: Notizen aus dem letzten Jahr* (Munich/Vienna: Hanser, 1981), p. 53에서 이렇게 말했다. 지버베르크의 히틀러 영화의 수용의 역사에 관해서는 특히 「히틀러 영화와 함께 한 최근 여정」("Letzte Reisen mit dem Hitler-Film"), pp. 107-199 참고. "히틀러 영화가 나오고 3년이 지난 후에, 독일에서는 이 영화에 대해 세심하고 정직하고 솔직하고 자유롭고 변증법적이거나 혹은 교육적인 검토를 거친 후 합리적이고 명백한 주장에 근거해서 '안 된다'고 하는 말조차 없다. 이럴 수가 있단 말인가!"(p. 179).

3 Susna Sontag, "Eye of the Storm," *The New York Review of Books*, 21 February 1980; 그녀의 책 『토성의 기호 아래』(*Under the Sign of Saturn*, New York: Farrar, Straus and Giroux, 1980, pp. 137-165)에 「지버베르크의 히틀러」("Syberberg's Hitler")라는 제목으로 수록되었다. 손탁의 비평에 대한 지버베르크의 논평은 『즐거움 없는 사회』, p. 60ff. 참고. 지버베르크는 손탁의 열정적이고 지적인 반응에 크게 감동받았다. 손탁의 평은 지버베르크가 그때까지 독일의 평론가들로부터 받아본 적이 없는 비평이었다. 독일의 평론가들은 전반적으로 지버베르크의 영화와 같이 (정치적일 뿐만 아니라) 복잡하고 포스트모던적인 영화는 이데올로기적인 근거에서 판단하고 일축하기 전에 먼저 그 나름의 차원에서 "읽고" 이해하고 설명하기가 어렵다고 여기는 듯하다.

4 Hans Jürgen Syberberg, Syberbergs Filmbuch (Frankfurt am Main: Fischer 1979), p. 11.

5 앞의 책.

6 앞의 책, p. 12-13.

7 8mm 다큐멘터리 영화들은 1970년에 〈나의 지난 활동 이후〉(*Nach meinem lezten Umzug*)로 불리는 편집본 영화로 묶였다. 그의 책 『즐거움 없는 사회』에서 지버베르크는 다음과 같이 말한다. "내가 오늘 하고 있는 모든 것이 이 초기 실험들에 기초를 두고 있다"(p. 306).

8 여배우 에디트 클레버(Edith Clever)와 함께 한 가장 최근 영화에서조차 지버베르크의 연극적인 지향이 뚜렷하게 나타난다. 특히 모놀로그 드라마 〈밤〉(*Die Nacht*, 1985)과 연극적인 해석의 〈엘제 양〉(*Fräulein Else*, 1987) 참고. 〈파르시팔〉(*Parsifal*, 1982)에서 지버베르크는 연극, 오페라, 행위 예술, 영화를 결합시켰다. 다음을 참고. Manfred Schneider,

"Der ungeheure Blick des Kinos auf die Welt: Die Wissensmächte Musik und Film in Wagner/Syberbergs Parsifal," *Merkur* 430 (December 1984): 882-892.

9 표현주의 연극과 표현주의 영화의 친화력에 관해서는 다음을 참고. Anton Kaes, "The Expressionist Vision in Theater and Cinema," in *Expressionism Reconsidered*, ed. G. B. Pickar and K. E. Webb (Munich: Fink, 1979), p. 90-98.

10 Ulrich Kurowski, "Was ist ein deutscher Film?" *Film-Korrespondenz* 10/11 (November 1973), p. 8-12.

11 *Syberberg Filmbuch*, p. 14 참고. "영화의 모티프와 신호들을 어떻게 필연적인 동시성과 시퀀스로 섞는지, 영화 전체를 통해 그것들이 어떻게 공명하고 감정과 지성의 시청각적인 망의 미로 같은 수학 속에서 위와 아래, 시작과 끝에 상응하는지를 이해하는 데 진혼곡, 실내악, 합창, 아리아, 소나타, 수난곡, 랩소디, 서창, 주악상, 전개, 스트레토, 변주곡, 독창, 푸가, 대위법, 수직적 혼합(vertical blending), 사선 평형 시스템(dialinear system of equilibrium), 단선적 혼합(linear interweaving), 반복, 리듬 같은 음악적 용어들로 표현되는 구성의 수학적 원리들이 도움을 주었다."

12 취리히 전시회 편람에 쓴 지버베르크의 기고문 참고. *Gesamtkunstwerk: Europäische Utopien seit 1800* (Aarau : Sauerländer, 1983), p. 434-436; 또한 다음을 참고. Bazon Broke, "Der Hang zum Gesamtkunstwerk," 앞의 책, 특히 p. 30-34. 그 글은 히틀러 영화를 이런 전통 안에 위치시킨다. 바그너에 대한 지버베르크의 관계에 관해서는 다음을 참고. Hans Rudolf Vaget, "Syberberg's Our Hitler: Wabnerianism and Alienation," *The Massachusetts Review* 23 (1982), p. 593-612.

13 다음을 참고. Friedrich A. Kittler, "Weltatem. über Wagners Medientechnologie," *Diskursanalysen* 1 (1987): 94-107. 그의 두 번째 비평서인 『숲은 검고 조용하다: 독일에서 온 소식』(*Der Wald stecht schwarz und schweiget: Neue Notizen aus Deutschland* (Zurich: Diogenes, 1984), p. 92)에 수록된 지버베르크의 또 다른 언급 참고. "리하르트 바그너는 … 영화의 입구에 서 있었다. 영화의 작곡가로서가 아니었다. 미래의 음악은 영화였다."

14 그의 책 『칼리가리에서 히틀러까지: 독일 영화의 심리학적 역사』(*From Caligari to Hitler: A Psychological History of German Film*, Princeton, N. J.: Princeon University Press, 1947)의 말미에서 크라카우어는 다음과 같이 쓰고 있다. "돌이킬 수 없이 퇴행으로 빠져든 대부분의 독일인은 히틀러에게 굴복하지 않을 수 없었다. 그러므로 독일이 처음부터 독일의 영화가 예고했던 것을 수행했기 때문에 스크린 속의 눈에 띄는 등장인물들이 이제 현실 속에 살아났다. 자유는 치명적인 충격을 의미하고, 청춘은 영원한 유혹을 의미한다고 여기는 사람들의 백일몽이 의인화된 이 등장인물들이 나치 독일의 경기장을 채웠다. 태아가 살아서 걸어다녔다. 스스로를 임명한 칼리가리들이 수많은 카이사르들에게 최면을 걸어 살인을 저지르게 한다. 헛소리를 하는 마부제(mabuse)들은 면책을 받고 환상의 범죄를 저질렀고 미치광이 이반들은 들어본 적 없는 고문들을 고안해냈다. 이런 성스럽지 못한 진행과 함께 화면에서 가져온 많은 모티프들이 실제의 사건들로 변모했다. … 그 모든 것이 화면 위에 있었던 것들이다"(272).

15 Hans Jürgen Syberberg, "Alpträume akzeptieren," *Frankfurter Allgemeine Zeitung*, 3 May 1979.
16 Walter Benjamin, "Theses on the Philosophy of History," in *Illuminations*, trans. Henry Zohn, ed. Hannah Aredt (New York: Schocken, 1969), p. 257 참고.
17 나는 한네스 뵈링거의 용어를 따르고 있다. Hannes Böhringer, "Die Ruine in der Posthistoire," *Merkur* 406 (April 1982): 367-375. 그 글에서 그는 탈-역사(*Post-histoire*)를 "포스트모더니즘의 시대"로 지칭한다(p. 371).
18 다음에 나오는 포스트모더니즘에 관한 25페이지 분량의 참고문헌 참고. Linda Hutcheon, *A Poetics of Postmodernism: History, Theory, Fiction* (New York/London: Routledge, 1988). 다음의 책들 역시 참고. *Postmoderne: Zeichen eines kulturellen Wandels*, ed. Andres Huyssen and Klaus R. Scherpe (Reinbek: Rowohlt, 1986); *The Aesthetic: Essays on Postmodern Culture*, ed. Hal Foster (Port Townsend, Wash.: Bay Press, 1983); *New German Critique* 33 (Fall 1984), "모더니티와 포스트모더니티"에 관한 특별호
19 Arnold Gehlen, "Einblicke," in *Gesamtausgabe*, vol. 7 (Frankfurt am Main: Klostermann, 1978), p. 19 and 140; Hendrik de Man, *Vermassung und Kulturverfall. Eine Diagnose unserer Zeit* (Berne: Francke, 1951), p. 135-136. 또한 다음을 참고. Nobert Bolz, "Die Zeit des Weltspiels," *Ästhetik und Kommunikation* 17 (1986), p. 113-120.
20 Arnold Gehlen, "über kulturelle Kristallisation," in *Studien zur Anthropologie und Soziologie* (Darmstadt/Neuwied: Luchterhand, 1963), p. 323.
21 Klaus Scherpe, "Dramatisierung und Entdramatisierung des Untergangs — Zum ästhetischen Bewusstsein von Moderne und Postmoderne," in *Postmoderne*, p. 270-301.
22 Syberberg, *Freudlose Geselschaft*, p. 83.
23 Eva-Suzanne Bayer, "Hitler im uns: H. J. Syberberg drecht den 3. Teil der deutchen Trilogie," *Stuttgarter Zeitung*, 15 April 1977.
24 앞의 책.
25 Max Picard, *Hitler im uns selbst* (Erlenbach-Zurich: Eugen Rentsch-Verlag, 1949), p. 207ff.
26 레니 리펜슈탈에 관한 수잔 손탁의 글 참고. Susan Sontag, "Fascinating Fascism," in *Under the Sign of Saturn*, pp. 73-105; 다음의 책 또한 참고. Klaus Theweleit, *Male Fantasies*. vol. 1, trans. Stephen Conway (Minneapolis: University of Minnesota Press, 1987). 또한 다음의 전시회 편람 참고. *Inszenierung der Macht: Ästhetische Faszination im Faschismus* (Berlin: Nishen, 1987).
27 Erica Fisher-Lichte, "Jenseits der Interpretation: Anmerkungen zum Text von Robert Wilson/Heiner Müllers 'CIVIL waS,'" in *Kontroversen, alte und neue*, ed. Albert Schöne, vol. 6 (Tübingen: Niemeyer, 1986), p. 191-201; 하이너 뮐러에 관해서는 다음

또한 참고. Hans Thies Lehmann, "Raum-Zeit: Das Entgleiten der Geschichte in Der Dramatik Heiner Müllers und im französischen Poststrukturalismus," *Text + Kritik* 73 (January 1982): 71–81; Arlene Teraoka, *The Silence of Entropy or Universal Discourse: The Postmodernist Poetics of Heiner Müller* (New Yor: Lang, 1985). 포스트모더니즘 연극에 관해서는 다음을 참고. Andrzej Wirth, "Vom Dialog zum Diskurs: Versuch einer Synthese der nachbrechtschen Theaterkonzepte," *Theater heute* (January 1980): 16–19.

28 Hans-Thies LEhmann, "Robert Wilson, Szenograph," *Merkur* 437 (July 1985), p. 554.
29 Sberberg, *Freudlose Gesellschaft*, p. 103.
30 앞의 책 (강조는 필자).
31 Roland Barthes, *The Pleasure of the Text*, trans. Richard Miller (New York: Hill and Wang, 1975), p. 53.
32 "Les Quatre cavaliers de L'Apocalypse et les vermisseux questiens. Entretien avec Michel Foucault," *Cahiers du Cinéma* (February 1980); 95f. 아이히만 재판에 관한 한나 아렌트의 설명으로는 다음을 참고. Hannah Arendt, *Eichmann in Jerusalem* (New York: Viking, 1963). 다음과 같은 부제를 달고 있다. 「악의 일상성에 관한 보고서」 ("A report on the Banality of Evil"). 다음 또한 참고. Alice Yaeger Kaplan, "Faseism and Banality," in *Reproductions of Banality: Fascism, Literatlure and French Intellectual Life* (Minnesota: University of Minnesota Press, 1986), pp. 41–58.
33 테오도르 코툴라(Theodore Kotulla)의 영화 〈어느 독일인의 삶에서〉(*Aus einem deutchen Leben*, 영문 제목: Death is My trade)는 이런 측면에 집중한다. 그 글은 아우슈비츠 수용소 소장이었던 루돌프 회스(Rudolf Hoess)의 어린 시절부터 처형에 이르는 "이력"을 이미지로 보여준다. 그 이미지들은 책상머리에 앉아 수백만 명을 살해했던 한 남자의 무미건조한 일생을 강조한다.
34 Sontag, "Syberberg's Hitler," p.154.
35 포스트모더니즘 건축의 아버지인 로버트 벤투리(Robert Venturi)는 『건축의 복잡성과 모순』(*Compexity and Contradiction in Architecture*, 1966; New York: The Museum of Modern Art, 1977, p. 44)에서 자신을 가리켜 "의미 있는 낡고 진부한 표현들을 결합시킨 사람"이라고 했다. 그의 선언문, 「직선적이지 않은 건축: 점잖은 선언문」 ("Nonstraightforward Architecture: A Gentle Manifesto")에서 그는 자신의 프로그램을 다음과 같이 이야기했다. "나는 '순수하기'보다는 혼성적인 요소들을, '깨끗하기'보다는 타협적인 요소들을, '직선적이기'보다는 뒤틀린 요소들을, '명확하기'보다는 애매모호한 요소들을, 일반적일 뿐만 아니라 고집스럽고, '흥미로울' 뿐만 아니라 지루한 요소들을, '설계되기'보다는 적응된 요소들을, 배타적이기보다는 융통성 있는 요소들을, 간결하기보다는 장황한 요소들을, 혁신적일 뿐만 아니라 퇴화된 요소들을, 직접적이고 명확하기보다는 일관성 없고 불확실한 요소들을 좋아한다. 나는 선명한 통일성보다는 혼란스러운 생명력을 더 좋아한다. 나는 불합리한 추론을 포함시키고 이중성을 공표한다. 나는 의미의 명징성보다는 의미의 풍부함을 선호한다"(p.44). 참조로 가득한 건축을 옹호하고 모호함과 모순과 역설적인

다중적인 가치에 대한 벤투리의 관심은 지버베르크의 영화 미학과 정확히 일치한다.
36 Syberberg, *Freudlose Gesellschaft*, p. 60.
37 Fritz J. Raddatz, "Die Aufklärung entlässt ihre Kinder: Vernunft, Geschichte, Fortschritt werden verabscheiedt:Mythos ist der neue Wert," *Die Zeit*, 29 June and 6 July 1984; Raimundo Panikkar, *Rückkehr zum Mythos* (Frankfurt am Main: Insel, 1985); Claud Lévi-Strauss, *Myth and Meaning* (Toronto/Buffalo: University of Toronto Press, 1978); *Faszination des Mythos*, ed. Renate Schlesinger (Basel/Frankfurt am Main: Stroemfeld/ Roter Stern, 1985); Thomas Nipperdey, "Neue Sensucht," *Süddeutsche Zeitung*, 21-2 March 1987.
38 Manfred Frank, *Der kommende Gott: Vorlesungen über die Neue Mythologie* (Frankfurt am Main: Suhrkamp, 1982), p. 9.
39 *Mythos und Moderne: Begriff und Bild einer Rekonstruktion*, ed. Karl Heinz Bohrer (Frankfurt am Main: Suhrkamp, 1983).
40 다음을 참고. Max Faust, "Deutsche Kunst, hier heute," *Kunstforum International* (December 1981-January 1982): 25-40; Mark Rosenthal, *Anselm Kiefer* (Chicago/ Philadelphia: Prestel, 1987), 특히 p. 32-75 ("On Being Berman and an Artist: 1974-1980").
41 예를 들어, 다음을 참고. Peter Handke, *Slow Homecoming*, trans. Ralph Manheim (New York: Farrar, Straus and Giroux, 1985; orig. 1979); Botho Strauss, *Der Park: Schauspiel* (Munich: Hanser, 1983); Michael Ende, *Momo*, trans. J. Maxwell Brownjohn (New York: Doubleday, 1985; orig. 1973).
42 다음을 참고. Karl Heinz Bohrer, "The Three Cultures," in *Obserbations on "The Spiritual Situation of the Age": Contemporary German Perspectives*, ed. Jürgen Habermas (Cambrige, Mass.: Mit Press), pp. 125-155. 특히 「서독 작가주의 영화에서 신화의 귀환」("The Return of Myth in West German Auteur film") (p. 142-145). 보러는 헤어조크, 벤더스, 지버베르크를 거론한다. 지버베르크에 관해서는 다음을 참고. Timothy Corrigan, ed., *Werner Herzog: Between Mirage and History* (New York/London: Methuen, 1986); Hans-Thies Lehmann, "Die Raumfabrik -Mythos im Kino und Kinomythos, " in *Mythos und Moderne*, p. 572-609.
43 이런 맥락에서, 로베르 브레송(Robert Bresson, 〈호숫가의 란슬롯 *Lancelot du Lac*〉), 에릭 로메르(Eric Rohmer, 〈갈루아인 파시발 *Perceval le Gallois*〉), 존 부어맨(John Boorman, 〈엑스칼리버 *Excalibur*〉)의 중세 신화에 대한 새로운 해석 또한 참고.
44 Hans Jürgen Syberberg, "Ludwig: Requiem für einen jungfräulichen König (1972)," in *Syberbergs Filmbuch*, p. 15.
45 앞의 책, p. 39.
46 앞의 책, p. 38.
47 다음의 책에 수록된 에른스트 블로흐의 논문들 (예를 들어, 「은빛 여우 비네토우」 "Die

Silberbüchse Winnetous") 참고 *Erbschaft dieser Zeit*, 증보판 *Gesamtausgabe der Werke*, vol. 4 (Frankfurt am Main: Suhr, 1962).
48 삼부작에 두 편의 영화가 더해진다. 그 작품들은 삼부작을 보완하는 작품들이다. 〈테오도르 히르네이스 혹은: 전직 요리사인 그 남자는 어떻게 왕의 궁정으로 갔을까?〉(*Theodor Hirneis oder: Wie man ehem. Hofkoch wird*, 1972)는 루트비히의 요리사 히르네이스의 눈으로 루트비히 2세를 바라본다. 히르네이스의 시선은 역사의 "위대한 인물"을 밑에서 바라본 탈신화적인 물질주의의 시선으로 히틀러 영화에서 집사가 등장하는 장면을 예고한다. 1975년에 5시간 길이의 다큐멘터리 〈비니프레트 바그너와 반프리트 저택의 역사〉(*Winifred Wagner und die Geschichte des Hauses Wahnfried 1914-1975*; 영문제목 *The Confessions of Winifred Wagner*))가 뒤이어 나왔다. 그 작품은 주로 바그너의 딸과 히틀러의 개인적인 친분을 다룬다. 비니프레트 바그너의 가족들과 가진 인터뷰는 실패한 예술가로서의 히틀러에 대한 지버베르크의 관심을 보여준다. 비니프레트 바그너의 가족은 일종의 대체 가정이 되었다. 다음을 참고. Marcia Landy, "Politics, Aesthetics, and Patriarchy in the Confessions of Winifred Wagner," *New German Critique* 18 (Fall 1979): 151–166. 하나의 전체로서 히틀러 삼부작에 관해서는 다음을 참고. Thomas Elsaesser, "Myth as the Phantasmagoria of History: H. J. Syberberg, Cinema and Representatio," *New German Critique* 24/25 (Fall/Winter 1981–82), p. 108–154.
49 Roland Barthes, *Mythologies*, trans. Annette Lavers (New York: Hill and Wang, 1975), p. 129; 또한 p. 151 참고: : "Myth deprives the Object of Which it Speaks of all History. In it, history evaporates."
50 Ernst Bloch, *The Principle of Hope*, trans. Neville Plaice et al., vol. 2 (Cambridge, Mass.: MIT Press, 1986), p. 756.
51 Syberberg, *Der Wald steht schwarz*, p. 96.
52 Michael Delaye and Jacques Rivette, "Entreitien avec Claude Lévi-Strauss," *Cahiers du Cinéma* 156 (June 1964): 29.
53 Ernst Cassirer, *The Myth of the State* (New Haven, Conn.: Yale University Press, 1946); Hans Blumenberg, *Work on Myth*, trans. Robert M. Wallace (Cambridge, Mass.: MIT Press, 1985).
54 Syberberg, *Freudlose Gesellschaft*, p. 100.
55 예를 들어, 다음을 참고. *Visions of Apocalypse: End or Rebirth?* ed. Saul Friedländer et al. (New York/London: Holmes & Meier, 1985); *Das Spiel mit der Apokalypse: über die letzten Tage der Menschheit*, ed. Leonhard Reinisch (Freiburg/Basel/Vienna: Herder, 1984); Hans-Jürgen Heinrichs, *Die katastrophales Moderne* (Frankfurt am Main/Paris: Qumran, 1984); Anton Andreas Guha, *Ende: Tagebuch aus dem 3. weltkrieg* (Königstein: Athenäum, 1983); Jacques Derrida, D'un ton apocalyptique adopté naguère en philosophie (Paris: Éditions Galilé, 1986); 독일 문학에서 이 "서독의 가장 새로운 분위기"에 대한 문학적 언급들에 관해서는 다음을 참고. Scherpe, "Dramatisierung

und Entdramatisierung des Untergangs," in *Postmoderne*, p. 270-301. "참변설"과 "묵시록적 담론" 관련 논의에 관해서는 다음을 참고. Michael Schneider, "Apoklypse, Politik als Psychose und Lebemänner des Untergangs," in *Nur tote Fische schwimmen mit dem Strom: Essays, Aphorismen und Polemiken* (Cologne: Kiepenheuer & Witsch, 1984), pp. 34-75; "Die Intellektuellen und der Katastrohismus Krise oder Wende der deutschen Aufklärer?" ibid., p. 76-133.

56 Max Weber, "Science as a Vocation," in *From Max Weber: Essays Sociology*, trans. and ed. H. H. Gerth and C. Wright Mills (New York: Oxford University Press, 1958), p. 139.

57 다음을 참고. Ulrich Linse, *Barfüssige Propheten: Erlöser in den zwangziger Jahren* (Berlin: Siedler, 1983).

58 다음을 참고. Ernst Bloch, "Amusement Co., Grauen, Drittes Reich" (1930년 9월 초판) in *Erbschaft dieser Zeit*, p. 65: "진지한 것은 국가사회주의의 '이론'이 아니라 국가사회주의의 에너지이다. 그 에너지는 절망과 무지에서 오는 환상적-종교적 구성요소이다 — 거의 의식되지 않는 믿음의 힘이다."

59 지버베르크 자신은 자신의 기원을 되풀이해서 언급한다. 그는 자신이 그 기원 덕분에 좀 더 자유롭게 판단할 수 있다고 믿기 때문이다. "나는 나치 사회의 밖에서 살았다." 그는 『즐거움 없는 사회』에서 다음과 같이 쓰고 있다. "그리고 오늘날 나는 저항을 통해 내 부모와 나를 분리시킬 필요 없이 그리고 이전의 박해자들에 대한 복수심을 품지도 않은 채 그 결과로 인한 상처 없이 면역을 지닌 채 움직일 수 있다"(p. 146).

60 *Syberbergs Filmbuch*, p. 306.

61 Wolfram Schlenker, Das "kulturelle Erbe" in *der DDR: Gesellschaftliche Entwicklung und Kulturpolitik 1945-1965* (Stuttgart: Metzler, 1977) 참고.

62 다음을 참고. "Konservative Revolution und die Idee der deutschen Sendung,: in *Weimarer Republik. Texte und Dokumente zur deutschen Literatur 1918-1933*, ed. Anton Kaes (Stuttgart: Metzler, 1983), p. 485-513.

63 Syberberg, *Freudlose Gesellschaft*, p. 21ff.

64 앞의 책.

65 지베베르크는 히틀러를 "영화광"으로 여긴다. 그는 1933년에서 1939년 사이에 매일 저녁 영화를 두 편씩 보았다고 한다. 그는 또한 히틀러가 제2차 세계대전을 한 편의 영화로서 "무대에 올리고" "연출했다"고 확신한다. 다음을 참고. "Hans Jürgen Syberebrg — A Cycle Concluded," *The Filmex Society Newsletter* 7(June 1979): 3: "나는 히틀러가 그저 뉴스 영상을 위해, 자신의 할리우드 서사극 영화를 보기 위해 전쟁을 일으켰다는 생각을 해본다. 그 전쟁은 이전에 만들어진 홈무비 가운데 가장 큰 규모의 홈무비가 되었다".

66 Alexander Mitscherlich and Margarete Mitscherlich, *The Inability to Mourn: Principles of Collective Behavior*, trans. Beverly R. Placzek (New York: Grove, 1975; orig.: Die Unfähigkeit zu trauern, 1958). 또한 다음을 참고. Ivo Frenzel, "Müssen wir trauer?

Wiedergelesen: 'Die Unfähirkeit zu trauern' von A. und M. Mitscherlich," *Frankfurter Allgemeine Zeitung*, 7 June 1978.
67 Margarete Mitscherlich-Nielsen, "Rede über das eigene Land," in *Reden über das eigene Land: Deutschland* (Munich: Bertelsmann, 1985), p. 60-61.
68 앞의 책, p. 62.
69 Saul Friedländer, *Reflections of Nazism*, p. 21.
70 《카이에 뒤 시네마》는 1980년 2월호를 지버베르크에 대한 특별호로 헌정했다. 100페이지 분량으로 길고 화려하게 장식되었다. 지버베르크와의 상세한 인터뷰가 여러 출판물에 등장했다. 그 가운데에는 다음과 같은 것들이 포함된다. *Le Mond*, 8 December 1977; *Télerama*, 19 July 1978; *Cinématographe* 39 (June 1978), p. 29-32; *Écran*, July 1978; *Cahiers du Cinéma* 292 (September 1978), p. 8-14. 『카이에 뒤 시네마』는 영화 〈히틀러〉에 관해 얀 라르도(Yann Lardeau), 세르주 다니(Serge Daney), 장-루이 코몰리(Jean-Louis Comolli), 프랑수아 게레(François Géré)의 긴 분석 글을 수록했다. 다음의 글들을 참고. Daniel Sauvaget, "Syberberg: Dramaturgie antinaturaliste et Germanitude," *La Revue du Cinéma/Image et son* 335 (January 1979) p. 94-102; *Revue Belge du Cinéma* no. 3 (Spring 1983) 역시 지버베르크 특별호를 출간했다. 프랑스 작가들(장 피에르 파예(Jean-Pierre Faye), 크리스티앙 짐머(Chrisitan Zimmer), 장 피에르 우다르(Jean-Pierre Oudart), 미셸 푸코)의 다른 글들이 다음의 독일어 번역본에 등장한다. *Syberebrgs Hitler-Film*, ed. Klaus Eder (Munich: Hanser, 1980). 프랑스에서 지버베르크의 수용에 관한 분석은, 여기서는 할 수 없지만, 파시즘의 유산에 대한 프랑스의 관계는 물론이고 히틀러 시절에 관한 프랑스인의 인식과 평가에 관한 정보를 제공할 수 있다.
71 미셸 투르니에(Michel Tournier)의 소설과 지버베르크의 기획은 파시즘에 대한 지극히 이중적인 태도를 공유한다. 프랑스어 제목은 괴테의 시 「난쟁이 왕」(*Erlkönig*)에서 따온 신화적 인물 난쟁이 왕을 언급한다. 사울 프리들랜더에게 (『나치즘의 고찰』에서) 『괴물』(*The Orge*)은 나치즘에 관한 "새로운 담론"에 속한다. 다음 또한 참고. Winifred Woodhull, "Fascist Bonding and Euphoria in Michel Tournier's The Ogre," *New German Critique* 42 (Fall 1987), p. 79-112.
72 Jean-Pierre Faye, "Le troisième Faust," *Le Monde*, 22 July 1978.
73 Christian Zimmer, "Our Hitler," *Telos* 42 (Winter 1979/80), p. 156 (다음 책에 처음 발표되었다. *Les Temps Modernes*, October-November 1978).
74 Sontag, "Syberebrg's Hitler" (위의 주 3 참고).
75 지버베르크의 독일에 대한 끝없는 애증 관계에 관한 수많은 예들이 그의 두 자서전 『즐거움 없는 사회』(1981), 『숲은 검고 고요하다』(1984)에서 발견된다.
76 Hans Jürgen Sybersberg, "The Abode of the Gods," *Sight and Sound* 54 (Spring 1985), p. 125.

3. 과거의 현존

1 그 묘비명은 볼프람 쉬트의 부고기사에서 인용한 것이다. "Das Herz: Die künstleriche Physiognomie Rainer Werner Fassbinders im Augenblick seines Verlustes," *Frankfurter Rundschau*, 19 June 1982.
2 "Auskunft über Deutschland: Ausländische Reaktionen auf den Tod von Rainer Werner Fassbinder," *Frankfurter Allgemeine Zeitung*, 12 June 1982.
3 앞의 책.
4 앞의 책.
5 다음을 참고. Ernst Burkel, "Responding to What you Experience: An Interview with the Film Directors Douglas Sirk and Rainer Werner Fassbinder," in Rainer Werner Fassbinder, *The Marriage of Maria Braun*, ed. Joyce Rheuban (New Brunswick, N. J.: Rutgers University Press, 1986), pp. 193-196. 이 글에서 파스빈더는 더글러스 서크에 대해 다음과 같이 이야기한다. "내가 지극히 개인적인 10편의 영화를 만든 후에, 우리가 말했던 시기, 곧 대중을 위한 영화를 만들기 위한 방법을 찾아야 할 순간이 왔다 — 그때 서크의 영화를 만나게 되었고 그 다음엔 더글러스 서크 자신을 만나게 되었다. 그것은 내게 엄청나게 중요한 일이었다. 그리고 나서 — 이 가상의 부자 관계로 되돌아가자면 — 그것은 동일한 것이 아니었고 지금도 아니다. 대부분의 부자 관계는 보통 갈등의 관계이기 때문이다. 나는, 이미 말했던 것처럼, 한 사람을 발견했고 그는 내 안에 어떤 것을 바꾸게 될 방식으로 예술을 하는 사람이었다. 나는 그가 이룬 것의 다음 단계인 어떤 것을 만들고 있다. 그리고 어쩌면 그는 이를 알고 있을 것이다"(p. 195).
6 서크의 미학과 멜로드라마의 기능에 관해서는 다음을 참고. Thomas Elsaesser, Tales of Sound and Fury: Observations o the Family Melodrama," *Monogram* 3 (1972), p. 2-15; Laura Mulvey, "Notes on Sirk and Melodrama," *movie* 25 (!977-78), p. 53-56.
7 1971년 서크에 대한 파스빈더의 분석 참고. 그 글에서 파스빈더는 그 자신의 양식적인 의도에 대해 직접 이야기한다. "Six Films by Douglas Sirk," in *Fassbinder, Maria Bruan*, p. 197-207.
8 이 점에 관해서는 이 장의 '트라우마로서의 역사' 절에서 아주 상세하게 논의할 것이다.
9 Rainer Werner Fassbinder, "Die dritte Generation," in *Rainer Werner Fassbinder: Filme befreien den Kopf, Essays und Arbeitsnotizen*, ed. Michael Töteberg (Frankfurt am Main: Fischer, 1984), p. 73. 이 문장은 에드가 라이츠의 〈하이마트〉에서 거의 말 그대로 되풀이된다.
10 다음의 글 참고. Bernd Neumann, "'Als ob das Zeitgenössische leer wäre…' Über die Anwesenheit der fünfziger Jahre in der Gegenwartsliteratur," *Zeitschrift für Literaturwissenschaft und Linguistik* 35 (1979), p. 82-95.
11 헬마 잔더즈-브람스의 〈독일, 창백한 어머니〉와 유타 브뤼크너의 〈굶주림의 시절〉은 좀 더 자전적이기는 하지만 현재의 관점에서 1950년대를 비판적으로 바라보는 비슷한 시각을 보

여준다. 에드가 라이츠는 그의 영화 〈하이마트〉에서 2시간 분량의 에피소드를 50년대에 할 애한다. 여기서도 역시 노스탤지어적이고 자전적인 요소들이 강하게 존재하지만 의문에 부 쳐지는 것은 경제 기적의 시기 동안 독선적이고 억압적이었던 독일 사회이다.

12 Walter Benjamin, "Theses on the Philosophy of History," in *Illuminations*, ed. Hannah Arendt, trans. Harry Zohn (New York: Schocken, 1969), p. 255.

13 파스빈더의 시퀀스에 대한 다음의 분석 참고. Eric Rentschler, *West German Film in the Course of Time* (Bedford Hills, N. Y.: Redgrave, 1984), 특히 p. 191-202 참고.

14 그 대화는 다음의 책에 다시 수록되었다. *Rainer Werner Fassbinder: Die Anarchie der Phantasie, Gespräche und Interviews*, ed. Michael Töteberg, p. 214-218 (Frankfurt am Main: Fischer, 1986); 여기 p. 215.

15 Fassbinder, "Ich habe mich mit meinen Filmfiguren verändert," in *Die Anarchie der Phantasie*, p. 128 (1978년 4월 첫 출간). 또한 공동연출 작품인 〈독일의 가을〉의 사회적 기능에 관한 파스빈더의 시각 참고. "그때 우리가 만나서 그 영화를 만들어야 한다고 말했던 이유 가운데 하나는 두려움과 싸우기 위해서였다. 생산수단을 가지고 있지 않았고 어쩌면 우리보다 훨씬 더 두려워했던 사람들이 당시 독일에 만연해 있었던 분위기, 어떤 형태의 비판도 환영받지 못하고 억압되어야 했던 분위기에 위협을 느끼지 않게 하는 것이 우리의 목적이었다. 우리에게는 우리가 마음대로 할 수 있는 생산수단이 있었기 때문에, 그것을 피하기 위해 우리는 분명하게 말하고 싶었다. '당신은 무슨 일이 벌어지든 관계 없이, 계속 말할 수 있고 또 계속 말해야 한다.'"(앞의 책., p. 98).

16 페터 메르테샤이머와의 대화 참고. Peter Mäthesheimer, "Ein Drehbuch ist eben keine eigene Kunstform," *ARD Fernsehspiel* (JanuaryMarch 1985), p. 46-51.

17 Gerhard Zwerenz, *Die Ehe der Maria Braun* (Munich: Goldmann, 1979). 그 소설은 그 영화를 주인공의 러브스토리로 축소한다. 파스빈더의 영화에서 너무도 중요했던 정치적 측면이 완전히 실종되었다. 영화와 그것을 소설화한 작품의 비교에 관해서는 다음을 참고. Hnas-Bernhard Moeller, "Fassbinders and Zwerenz' im deutschen Aufstieg verlorene Ehe der Maria Braun: Interpretation, vergleichende Kritik und neuer filmisch-literarischer Adaptionskontext," in *Film und Literatur: Literaische Texte und neue deutche Film*, ed. Sigrid Bauschinger et al. (Berne/Munich: Francke, 1984), p. 105-123.

18 "Geschichtsergänzung: Gespräch mit Rainer Werner Fassbinder," *ARD Fernsehspiel* (January-March 1985), p. 60. 파스빈더가 여기서 〈베로니카 포스의 갈망〉에 관해 말한 것은 또한 〈마리아 브라운의 결혼〉과 〈롤라〉에도 그대로 적용된다. 또한 1950년대에 대한 그의 평가 참고. "Frauen haben in dieser Gesellschaft mehr Freiheiten," *Film-Korrespondenz*, 16 March 1982, p. 6: "내가 1950년대를 다루면 다룰수록 제3제국이 역사적 우연이 아니었다는 것을 더 깨닫게 된다. 제3제국은 독일 사회의 형식 안에 내재해 있었거나 혹은 독일인이 자본주의로 살아가는 방식 안에 내재해 있었던 것이 분명하다."

19 Félix Guattari, "Towards a Micro-Politics of Desire," in *Molecular Revolution:*

    Psychiatry and Politics, trans. Rosemary Sheed (Harmondsworth: Penguin, 1984), p. 82-107 참고. 가타리는 다음의 글에서 이렇게 쓰고 있다. "영화는 사회적 리비도를 형성하는 거대한 기계가 되었다." "Le divak du Pauvre," *Communications* 23 (1975) p. 96

20 Rainer Werner Fassbinder, "Ich bin ein romantischer Anarchist," in *Die Anarchie der Phantasie*, p. 186.

21 전후 독일의 역사와 마리아 브라운의 개인사의 관계에 관해서는 다음을 참고. Thomas Elsaesser, "Primary Identification and the Historical Subject: Fassbinder and Germany," in *Fassbinder: The Marriage of Maria Braun*, p. 248-264.; Howard Feinstein: "BRD 1-2-3: Fassbinder's Postwar Trilogy and the Spectacle," *Cinema Journal* 23 (Autimn 1983), p. 44-56.

22 괄호 안의 페이지 번호는 출간된 제작 대본을 가리키는 것이다. The Marriage of Maria Braun, ed. Joyce Rheuben (New Brunswick, N. J.: Rutgers University Press, 1986). 그 책에는 또한 파스빈더가 쓴 글과 파스빈더에 관한 글들, 그리고 참고문헌 목록이 포함되어 있다. 서독의 출판사 쉬르머와 모젤은 *Fassbinder: Die Kinofilme* (1987-) 시리즈의 여섯 번째 책으로 〈마리아 브라운의 결혼〉의 대본을 출간할 예정이라고 발표했다.

23 Hannah Arendt, "Besuch in Deutschland 1950," in *Zur Zeit: Politische Essays* (Berlin: Rotbuch, 1986), p. 44.

24 Jean-François Lyotard, *Instructions païennes* (Paris: Galilee, 1977), p. 39.

25 Karlheinz Stirele, "Geschehen, Geschichte, Text der Geschichte," in *Geschichte: Ereignis und Erzählung*, ed. Reinhart Koselleck und Wolf-Dieter Stempel (Munich: Fink, 1973), p. 532. 또한 다음을 참고. Hayden White, "The Historical Text Literary Artifact," in *Tropics of Discourse: Essays in Cultural Criticism* (Baltimore: The Johns Hopkins University Press, 1978), p. 81-100; Reinhart Koselleck, *Futures Past: On the Semantics of Historical Time*, trans. Keith Tribe (Cambridge, Mass.: MIT Press, 1985).

26 파스빈더 자신이 카메오로 등장해서 이들 가운데 한 사람을 연기한다. 그는 마리아 브라운에게 하인리히 폰 클라이스트(Heinrich von Kleist)의 작품집 가운데 하나를 판매하고 싶어 한다. 하지만 마리아 브라운은 역사에 대한 자신의 경험을 통해서, 곧 1933년 분서사건을 통해 "현실적"이 되었고 이렇게 대답한다. "책은 너무 쉽게 타버려요. 그리고 온기를 내는 데 도움이 되지도 않죠."

27 예를 들어, 다음을 참고. 베르톨트 브레히트의 『한 밤의 북소리』(*Trommeln in der Nacht*, 1922), 에른스트 톨러(Ernst Toller)의 『힌케만』(*Hinkemann*, 1923) 혹은 볼프강 보르헤르트(Wolfgang Borchert)의 『밖에 서 있는 남자』(*Draussen vor der Tür*, 1924).

28 중요한 것은, 우리가 헤르만 브라운에 관해서는 아는 것이 거의 없다는 점이다. 파스빈더는 의식적으로 관객이 헤르만의 이야기를 구성하게 내버려둔다. 기본적으로 헤르만은 마리아의 상상 속에서만 살기 때문이다. 곧 마리아의 욕망의 이상화된 대상으로서만 살기 때문이다.

29 Hans-Dieter Seidel, "Stationen einer Deutschen," *Stuttgarter Zeitung*, 22 February 1979.

30 1980년에 베를린에서 복원된 제국의회 건물에서 열린 "국가사회주의의 집권에 관한 국제학술대회"에서 행한 연설에서 헤르만 뤼베(Herman Lübbe)는 재건시기에 서독이 정체성의 확립을 위해 과거를 억압해야 했던 것은 실존적인 필요의 문제였다고 주장했다. 그는 독일인이 자신들의 과거를 "자제"와 "신중함"으로 대하는 것을 옹호한다. 다음을 참고. Lübbe, "Der Nationalsozialismus im politischen Bewusstsein der Gegenwart," in *Deutschlands Weg in die Diktatur*, ed. Martin Brozat et al. (Berlin: Siedler, 1983), p. 329-349. 또한 그의 글에 이어진 비판적 논의와 다음의 글 또한 참고 (앞의 책, p. 350-378). 그리고 다음의 글 참고. Helmut Dubiel and Günther Frankenberg, "Entsorgung der Vergangenheit: Widerspruch gegen eine neokonservative Legende," *Die Zeit*, 18 March 1983.

31 이런 이중적 지위는 역사 영화에 흔히 가해지는 비판에서 가장 분명하게 볼 수 있다. 예를 들어, 제복이나 헤어스타일이 "역사적으로 정확하지" 않다는 등이 역사 영화에 흔히 가해지는 비판인데, 이는 영화를 제작하는 사람이 해당 시기에 대해 충분히 조사하지 않았다거나 목격자들에게 충분한 자문을 구하지 않았다고 말하는 것과 같은 것이다.

32 M. M. Bakhtin, "Discourse in the Novel," in *the Dialogic Imagination*, ed. Michael Holquist (Austin: University of Texas Press, 1982) p. 411.

33 한편으로는 "독일인"에 관해 이야기하고 다른 한편으로는 "유대인"에 관해 이야기함으로써 언어를 통한 배제를 영속적인 것으로 만든다. 다음을 참고. Henry Pachter, "On Germans and Jews: Reply to Dennis Klein," *New German Critique* 21 (Fall 1980), p. 143: "'흑인과 미국인', '몰몬교도와 미국인', 혹은 '유대인과 미국인'이라는 제목의 책이나 논문을 읽지 않는다." 『신 독일 비평』은 1980년에 세 개의 특집호(nos. 19-21)를 출간했다. 그 제목이 "독일인과 유대인"이었다. Wolfgang Pohrt, "Der deutsch-jüdische Verbrüderungskitsch," *tageszeitung* (Berlin), 8 April 1986. 볼프강 포흐르트는 이 논쟁적인 글에서 언어적 구분에 관해 쓰면서 다음과 같이 주장했다. 우리는 "사과와 과일을 비교할" 수 없다. 이 문제에 관해서는 특히 다음을 참고. Max Horkheimer, "Nachwort zu Porträts deutsch-jüdischer Geistesgeschichte," in *Gesammelte Schriften*, vol. 8, ed. Alfred Schmit and G. S. Noerr (Frankfurt am Main: Fischer, 1985), p. 192-193: "'유대인'과 '독일인'은 내게 개념의 차원이 서로 다른 용어들로 보인다. … 프로테스탄트 독일인, 가톨릭 독일인, 무신론자 독일인이 존재하는 것과 마찬가지로, 유대계 독일인이 존재한다. 유대인은 그리스도교도와 마찬가지로 그들의 애국심에서 부족함이 없다. 국가에 대한 그들의 선의에도 부족함이 없다. … 독일인과 유대인의 용어상의 대립은 이 세계에서 너무도 널리 유행하는 것처럼 들린다. 그런데 그것은 도움이 되지 않는 것이며, 점점 더 내셔널리즘과 다른 집단주의로 특징지워진다. 그리고 그 세계에서는 다수로부터 추방된 개인과 집단은 같은 나라 안에서 평화롭게 살아가기 어려운 시기를 맞게 된다. 유대인과 그리스도교도에 관해 이야기하는 것이 더 나을 것이다. 결코 과거에만 속하지 않는 전체주의적인 야만의 시대에는 진정한 그리스도교도 — 진정한 그리스도교도라는 데에 주목하라 — 는 오랫동안 유대인의 운명의 일부가 되었던 바로 그 공포에 위협을 받는다."

34 Gerhard Zwerenz, *Die Erde ist so unbewohnbar wie der Mond* (Frankfurt am Main:

März, 1973). 1986년에 그 소설은 계획된 영화대본을 수록해서 재출간되었다. 다음 또한 참고. Gerhard Zwerenz, "Linker Antisemitismus ist unmöglich," *Die Zeit*, 9 April 1976, and "Politik mit Vorurteilen," *Vorwärts*, 22 February 1986, 이 글에서 그는 다음과 같이 말한다. "파스빈더의 연극은 반(反)유대주의적이지 않다. 그러나 그것은 정치적으로 조야하고 오해받기 쉬우며 불완전하다."

35 Rainer Werner Fassbinder, *Garbage, the City and Death*, in *Rainer Werner Fassbinder: Plays*, trans. and ed. Denis Calandra (New York: PAJ Publications, 1985), p. 186.

36 Theodor W. Adorno, "Zur Bekämpfung des Antisemitismus heute," *Das Argument* 29 (May 1964): 94.

37 Alphons Silbermann, *Sind wir Antisemiten? Ausmass und Wirkung eines sozialen Vorurteils in der Bundesrepublik Deutschland* (Cologne: Verlag Wissenschaft und Politik, 1982). 알퐁스 실버만의 이 사회학 연구는 다음과 같은 결론에 도달한다. "인구의 15%에서 20%가 강한 반유대주의적 편견을 가지고 있으며 다른 30%는 다소 잠재적으로 반유대주의적이다"(p.124-125). 이 문제에 관해서는 또한 다음의 책에 수록된 논문들 참고. *Antisemitismus nach dem Holocaust: Bestandsaufnachme und Erscheinnungsformen in deutschsprachigen Ländern*, ed. Alphons Silbermann and Julius H. Schoeps (Cologne: Verlag Wissenschaft und Politik, 1986).

38 Henryk M. Broder, *Der ewige Antisemit: über Sinn und Funktion eines beständigen Gefühls* (Frankfurt am Main: Fischer, 1986), p. 10.

39 그 글은 "주어캄프 편집본" 시리즈의 803번(*Stücke* 3) 책으로 1976년 봄에 출간되었다. 하지만 거의 출간과 동시에 회수되어 파기되었다. 그 희곡은 1981년에 다른 출판사 오토렌 출판사 (Verlag der Autoren)에서 출간되었다. 1986년에 두 번째 개정판이 나왔다. 영역본 (*Garage, The City and Death*)은 초판본을 기초로 한 것이며 1985년 뉴욕의 행위 예술 저널 출판사(Performing Art Journal Publications)에서 출간되었다.

40 Joachim Fest, "Reicher Jude von links," *Frankfurter Allgemeine Zeitung*, 19 March 1976. 볼프람 쉬트(Wolfram Schütte)는 《프랑크푸르터 룬트샤우》(*Frankfurter Rundschau*)에서 페스트의 비난에 대해 답변했다.

41 Siegfried Unseld, "In dieser Forum nie mehr," *Die Zeit*, 9 April 1976. 1976년에 왜곡된 해석에 대해 충분히 정당한 두려움이 제기되었음에도 불구하고, 프랑크프루트 연극원의 새 감독으로 부임한 권터 륄은 1985년 시즌에 대한 계획에 그 연극을 포함시켰다. 언론의 무자비한 공격과 청원, 유대인 공동체와 가톨릭과 프로테스탄트 교회의 공개적인 시위에도 흔들리지 않은 그는 1985년 10월로 계획된 그 연극의 초연을 취소하지 않았다. 하지만 무대를 장악한 반대자들에 의해 공연은 무산되었다. 추가 공연도 취소되었다. 연극을 반대한 이들의 표적이 된 것은, 연극의 취약점과는 별개로, 유대인 부동산 투기꾼이라는 한 인물의 표현에 고정관념이 실렸다는 점이었다. 1976년에, 그리고 1985-1986년에 다시 그 연극 때문에 촉발된 논쟁에는 중요한 쟁점들이 포함된다. 검열과 예술의 독자성, 허구적인 재현과 의도성, 아우슈비츠 이후 유대계 독일인과 비유대계 독일인 사이의 관계, 유대인

의 정체성과 기억, 독일의 역사와 그 끔찍한 유산 등의 쟁점이 포함되었다. 다음 책은 그 논쟁을 폭넓게 기록하고 있다. *Die Fassbinder-Kontroverse oder Das Ende der Schonzeit*, ed. Heiner Lichtenstein (Königstein: Athenäum, 1985). 또한 다음을 참고. *Deutsch-jüdische Normalität…Fassbinders Sprengsätze*, ed. Elizabeth Kiderlen (Frankfurt am Main: Pflasterstrand, 1985), 그리고 다음에 수록된 열띤 토론 참고. *Asthetik und Kommunikation* 51, 52, 53/54 (1982-83), "Deutsche, Linke and Juden"이라는 제목이었다. 또한 "독일계 유대인 논쟁"이라는 제목의 《신 독일 비평》 특별호 참고. *New German Critique* 38 (Spring/Summer 1986) 특별호에는 파스빈더의 영화 〈쓰레기, 도시 그리고 죽음〉에 관해 하버드대에서 개최된 심포지엄에서 안드레이 마코비츠(Andrei S. Markowits), 세일라 벤하비브(Seyla Benhabib), 모이쉬 포스톤(Moishe Postone)이 발표한 글이 포함되었다.

42 Film-Korrespondenz 1 (16 March 1977) p. 12-15 참고; Wolfram Schütte, "Da stimmt och was nicht," *Frankfurter Rundschau*, 12 March 1977 또한 참고. 그 텍스트는 표면적으로는 작가도 모르게 주어캄프 출판사에서 출판되었다(파스빈더는 1986년 7월 21일자 《베를린 타게스자이퉁》(*Berlin tageszeitung*)에 실린 1977년 텔레비전 인터뷰에서 그렇게 주장했다).

43 Rainer Werner Fassbinder, "Gehabtes Sollen—gesollte Haben: über Gustav Freytags Roman 'Soll und Haben' und die verhinderte Fernsehverfilmung," in *Filme befreien den Kopf*, p. 36-37(1977년 3월에 처음 발표).

44 앞의 책, p. 37.

45 Schütte, "Da stimmt doch was nicht"에서 재인용. "어찌되었든, 최근 우리나라에서 부르주아 사회와 반유대주의의 복잡성에 대해 비평적으로 집착하는 것이 반유대주의를 낳을 수 있고 … 그래서 텔레비전이 나치의 자원들을 파렴치하게 이용하는 것에 대해 단 한마디의 반대도 하지 않는 바로 그 보수주의자들이 그런 비평적 집착을 의혹의 눈초리로 바라보고 금지한다는 사실에 대해 생각해보는 것은 가치 있는 일이다."

46 다음에 게재된 이에 관한 보고서 참고. *Frankfurter Allgemeie Zeitung*, 9 April 1977.

47 Rainer Werner Fassbinder, "Probleme nicht verdrängen, sondern sie bewusst machen," in *Die Anarchie der Phantasie*, p. 88 (1977년 6월에 처음 발표).

48 Joachim Fest, "Linke Schwierigkeiten mit 'links': Ein Nachwort zu R. W. Fassbinder," *Frankfruter Allgemeie Zeitung*, 10 April 1976.

49 Fassbinder, "Probleme nicht verdrängen,", p. 88. 이는 그의 다음 글에 대한 지침이었다. "Public Statement Regarding Garbage, the city and Death," *Frankfurter Rundschau*, 32 March 1976, trans. and reprinted in *West German Filmmajers on Film*, p. 155: "이 연극에도 반유대주의가 있다. 반유대주의는 이 연극에만 존재하는 것은 아니다. 예를 들어, 프랑크푸르트에도 존재한다. 이 등장인물들 — 이를 되풀이하는 것이 정말로 불필요하다는 것을 알게 되었다 — 이 작가의 의견을 대변하지 않는다는 것은 두말 할 나위 없다. 소수자에 대한 작가 자신의 입장은 그의 이전 작품에서 충분히 드러났다. 특히 논의되고 있는 싸

구려 쇼트의 일부 때문에 '새로운 파시즘'이 더 없이 염려스럽다. 그리고 그것은 바로 내가 이 연극을 쓴 이유 가운데 하나였다."

50 Fassbinder, "Gehabtes Sollen — gesolltes Haben," p. 39.
51 앞의 책, p. 38.
52 앞의 책.
53 Bertolt Brecht, *Arbeitjournal*, vol. 1 (Frankfurt am Main: Suhrkamp, 1973), p. 294. 그 항목은 1941년 8월자이다.
54 〈천사의 그림자〉(*Shatten der Engel*)에 관해서는 영화산업의 자발적인 자기 통제를 위한 활동 위원회(Working Commitee for Voluntary Self-Control of the Film Industry, FSK)의 주목할 만한 판결 참고. 그 영화에 대한 위원회의 판단은 다음과 같다. "반유대주의 영화가 아니다. 그러므로 그 주제의 발상과 전반적인 형식에서 인종주의를 선동하는 영화가 아니"라고 생각한다. 그러나 특정 대사의 문구들이 "유대인을 냉소적이고 파렴치한 계약을 하는 사람들로 보는 통념을 자극하고 유대인 부동산 투기꾼에 대해 이름 없이 항상 '부유한 유대인'으로 일컫는 것은 일반화를 초래할 수 있는 방식으로서 반유대주의 태도를 강화한다. 그리고 문제의 대사를 하는 인물이 현재 우리 사회의 일원이며 개선의 여지 없는 나치 당원으로 보이지 않는다는 점에서 그렇다." Helmut Schmitz, "'So denkt es in mir': Zum Antisemitismus-Vorwurf gegen Daniel Schmids Fassbinder-Verfilmung Schatten der Engel," *Frankfurter Rundschau*, 11 OCtober 1976.
55 Ani Goldmann, "Un nouveau 'Juif Süss': Lili Marleen," *Le Monde* 18 May 1981. 또한 다음을 참고. Thomas Elsasser, "Lili Marleen: Fascism and the Film Industry," *October* 21 (Summer 1982): 115-140. 사울 프리들랜더의 연구 『나치즘의 고찰』에서 파스빈더의 영화 〈릴리 마를렌〉은 "제3제국에 대한 존경을 지닌 새로운 담론"의 중요한 예로 다루어진다. 그 담론은 그 모든 그릇되고 위험한 영광으로 나치 시절을 다시 환기하려고 한다. 〈릴리 마를렌〉에 관해서는 특히 p. 47-53 참고.
56 Gertrud Koch, "Torments of the Flesh, Coldness of the Spirit: Jewish Figures in the Films of Rainer Werner Fassbinder," *New German Critique* 38 (Spring/Summer 1986), p. 37.
57 앞의 책, p. 38.
58 Fassbinder, *Garbage, the City and Death*, p. 180. 여기서 내 번역은 독일어 원본을 따른다. "Schuld hat der Jud, weil er uns schuldigmacht, denn er sit da."
59 파스빈더와 벤자민 하인리히(Benjamin Heinrich)의 인터뷰, "Philosemiten sind Antisemiten," *Die Zeit*, 16 April 1976:
파스빈더: 나는 유대인을 금기로 만드는 지속적인 관행이 1945년 이래 독일에 존재해왔으며 유대인을 직접 겪어 보지 않은 젊은이들에게 유대인에 대한 적대감을 낳을 수 있다고 생각합니다. 어린 시절, 내가 유대인을 만날 때마다 누군가가 내게 저 사람은 유대인이니 예의 바르게 행동하고 친절히 대하라고 속삭였습니다. 그리고 그것이 내가 28살이 되어 그 연극을 집필할 때까지 다양한 형태로 변형되어 지속되었습니다. 나는 그것이 올바른 태도라

고 생각할 수 없었습니다.

하인리히: 그렇다면 당신은 우리 모두가 키워온 친유대주의가 서독에서 일종의 게임의 규칙 같은 것이고 새로운 반유대주의를 촉발할 수도 있다고 염려하십니까?

파스빈더: 바로 그렇습니다. 로베르트 노이만은 친유대주의자가 바로 유대인을 사랑하는 반유대주의자라고 말했습니다. … 내가 제3제국에서 유대인에게 일어났던 일에서 아무런 영향도 받지 않았다고 말할 수는 없습니다. 그러나 내가 나를 공격하는 사람들보다 훨씬 적은 영향을 받은 것은 분명합니다.

60 소규모의 언더그라운드 단체인 "도둑들의 극단"이 1987년 4월 16일 뉴욕의 저지대 이스트 사이드에서 (〈쓰레기, 도시 그리고 죽음〉으로 새롭게 번역된) 그 연극을 초연했고 그 지역에서 거의 인기를 얻지 못했다. 미국에서는 공개적인 야유도 저항도 없었다. 다음을 참고. Rainer Weber, "Der reiche Jude in Manhattan," *Spiegel* 15 (1987), p. 218−220.

61 Dan Diner, "Negative Symbiose: Deutsche und Juden nach Auschwitz," *Babylon* 1 (1987), p. 9−21.

62 Friedrich Knilli, "Die Judendarstellung in den deutschen Meiden," in *Antisemitismus nach dem Holocaust*, ed. Silbermann and Scheopes, p. 115−132; Ruth K. Angress," Gibt es ein 'Judenproblem' in der deutschen Nachkriegsliteratur?" *Neue Sammlung* 26 (January−March 1986), p. 22−40, 특히 p. 32−40 의 슐뢴도르프와 파스빈더에 관한 부분 참고. 또한 다음을 참고. Heidy M. Müller, *Die Judendarstellung in der deutschsprachigen Erzählprosa* (1945−1981) (Königstein: Forum Academicum/Hsin, 1984).

63 Diner, "Negative Symbiose," p. 11.

64 아흐테른부쉬 이전에 제3제국과 유대인 박해에 대한 코믹하고 그로테스크한 영화적 표현들이 있었다: 예를 들어 찰리 채플린의 〈위대한 독재자〉, 에른스트 루비취(Ernst Lubitsch)의 〈죽느냐 사느냐〉(*To be or Not to be*), 리나 베르트뮐러(Lina Wertmüller)의 〈7인의 미녀〉(*Seven Beauties*)가 있다. 이 문제에 관해서는 다음을 참고. Uwe Naumann, *Zwischen Tränen und Gelächter: Satirische Faschismuskritik 1933 bis 1945* (Cologne: PAhl-Rugenstein, 1983).

65 Herbert Achternbusch, Das Haus am Nil (Frankfurt am Main: Suhrkamp, 1981), p. 153. 아흐테른부쉬는 그의 영화 〈구원된 히틀러〉(*Heilt Hitler*, 1986)와 그의 연극 〈린츠〉(*Linz*, 1987)에서 계속해서 제3제국을 다루었다.

66 Wolfram Schütte, "CDU−Politiker fragt Bundesregierung, 'Warum geht Fassbinder? … und Versuch einer Antwort an jemand hinterm Mond," *Frankfurter Rundschau*, 13 August 1977. 쉬트가 인용한 언론 발표는 다음과 같다. "미국의 뉴스 잡지와 가진 한 인터뷰에서 파스빈더는 서독 정부가 지원한 최상의 영화는 민주주의의 현 상황에 대해 '시시콜콜한 것까지' 확실히 하는 영화들이라고 말했다."

67 Rainer Werner Fassbinder, "Egal, was ich mache, die Leute regen sich auf," in *Die Anarchie der Phantasie*, p. 169.

68 Marc Ferro, "Film: A Counter-analysis of Society," in *Cinema and History*, trans. *Naomi Greene* (Detroit: Wayne State University Press, 1988).
69 Jean de Baroncelli, "Procés d'un miracle," *Le Monde*, 19 January 1980.
70 Rainer Werner Fassbinder, "Nur so entstehen bei uns filme: Indem man sie hine Rücksicht auf Verlauste macht. Ein Gespräch mit Wolfram Schütte," in *Die Anarchie der Phantasie*, p. 138 (1979 2월 처음 발표).
71 Hans Magnus Enzensberger, "Klare Entscheidungen und trübe Aussichten," in *über Hans Magnus Enzensberger*, ed. Joachim Schickel (Frnakfurt am Main: Suhrkamp, 1970), p. 229.
72 앞의 책.
73 앞의 책, p. 231.
74 Rainer Werner Fassbinder, "Ich bin ein romantischer Anarchist," in *Die Anarcie der Phantasie*, p. 194.
75 Rainer Werner Fassbinder, "Ich bin mich mit meinen Filmfiguren verädert," 앞의 책, p. 113.
76 크레디트에서 우리는 다음과 같은 글을 볼 수 있다. "긴장과 흥분, 논리와 공포와 광기로 가득한 사회적 게임에 관한 6부작 코미디 한 편으로 죽음의 순간까지 아이들이 그들의 삶을 견딜 수 있게 돕기 위해 우리가 들려주는 동화같다." 파스빈더와 하나의 '사회적 게임'으로서 테러리즘의 관계 청산이 (파스빈더 자신이 카메라맨이 되는) 그의 희생으로 촬영되었다.
77 Jürgen Habermas, "Die Krise des Wohlfahrtsstaates und die Erschöpfung utopischer Energien," in *Die neue Unübersichkeit: Kleine politsche Schriften* 5, ed. Jürgen Habermas (Frnakfurt am Main: Suhrkamp, 1985), p. 43. 주장을 펼치는 과정에서 하버마스는 유토피아의 종말에 관한 이 담론을 비판한다. "유토피아적 에너지가 역사의식에서 사라지고 있는 것은 아니다. 차라리 하나의 구체적인 유토피아가 종말을 맞은 것이다. 그것은 현재 작동하고 있는 사회의 잠재력을 둘러싸고 과거에 결정화된 유토피아이다"(p. 145-146).
78 Fassbinder, "Ich habe mich mit meinen Filmfiguren verändert," in *Die Anarchie der Phantasie*, p. 115.
79 앞의 책, p. 115-116.

4. 독일을 찾아서

1   Alexander Kluge, "The Political as Intensity of Everyday Feelings," *Cultural Critque* 4 (Fall 1986), p. 127. 번역은 독일어 원문에 맞게 약간 수정되었다. "Das Politics als Intensität alltäglicher Gefühle," in *Alexander Kluge*, ed. Thomas Böhm-Christl (Frankfurt am Main: Suhrkamp, 1983), p. 318.

2   1979년 9월 함부르크 영화제에서 처음 상영되었을 때 그 영화는 단축된 형태로 상영되었다. 1979년 12월에, 두 시간 길이의 〈애국자〉가 처음 상영되었다. 두 판본의 비교에 관해서는 다음을 참고. Wolfram Schütte, "Kälte- & Wärmestorm: Alexander Kluges 'Ur und Kino-'Patriotin,'" Frankfurter Rundschau, 9 January 1981. 내 분석은 두 번째 판본에 근거를 두었다.

3   1977년 가을의 사건들을 독일 역사에 관한 여섯 시간 분량의 영화를 추진하는 데 활용하려던 클루게의 본래 계획은 실행 불가능한 것으로 드러났다. 그러나 그 계획은 "동기의 과잉"을 유발했고 결국 〈애국자〉로 결실을 맺은 기획의 추구로 이어졌다. "Alexander Kluge: Die Patriotin," *Filmkritik* 11 (1979) 503-504; "Eine Baustelle ist vorteilhaufter als ganze Häuser: Ein Gespräch mit Alexander Kluge," *Spuren* 1 (1980), p. 16; Miriam Hansen, "Alexander Kluge, Cinema, and the Public Sphere: The Construction Site of Counter-History," *Discourse* 6 (1983), p. 53-74 참고. 〈애국자〉는 본래 〈독일의 가을〉 스타일의 공동연출작으로 제작될 계획이었다. 그러나 마르가레테 폰 트로타만이 공동연출을 만들었고 그 작품이 이 영화에 포함되었다. 텔레비전 수상기 한 대가 군대 식당으로 배달되는 허구적 장면이 그녀가 연출한 장면이다.

4   로베르트 무질의 『특징 없는 남자』(*The Man without Qualities*, trans. Eithne Wilkins and Ernst Kaiser, vol. 2, New York: Coward-McCann, 1954, p. 436)에 등장하는 고전적인 문단 참고. "우리의 마음을 편안하게 해주는 것은 그 단순한 시퀀스이다. 삶의 놀라운 다양성은 이제 차원이 없는 질서로 재현된다. 수학자라면 이렇게 표현할 것이다. 곧 시간과 공간에서 일어났던 모든 것의 한 가닥 끈으로, 요컨대, 악명높은 '서사의 가닥'으로 재현된다. … 대부분의 사람들은 그 자신에 대한 기본적인 관계에서 화자들이다. … 그들이 좋아하는 것은 사실의 질서정연한 시퀀스이다. 왜냐하면 그런 시퀀스는 필연성의 외관을 지니기 때문이다. 그리고 그런 인상 덕분에 그들의 삶은 그들이 혼란의 한복판에서 어느 정도 안식처를 가졌다고 느낄 수 있는 하나의 '과정'을 지닌다. 그리고 이제 울리히는 자신이 이런 기본적인 이야기의 요소를 잃은 것 같다고 말했다. 모든 것이 이제 이야기같지 않은 것이 되어버린 공적인 삶에서 그 요소는 더 이상 하나의 '가닥'을 따르지 않고 무한히 짜인 표면으로서 퍼져 나가지만, 여전히 개인적인 삶을 단단히 조이고 있다." "서사의 표면"이라는 클루게의 개념은 이 문단에서 도출되었을 가능성이 있다. 또한 장-프랑수아 료타르는 "거대서사 grand narrative"의 소멸을 이야기한다. 다음을 참고. Jean-François Lyotard, *The Postmodern Condition: A Report on Knowledge*, trans. Geoff Bennington and Brian Massumi (Minneapolis: University of Minnesota Press, 1984).

5 연대기 작가, 아키비스트, 역사 교수와 같은 등장인물들이 역사소설에 자주 등장한다. 가비 타이헤르트는 베르톨트 브레히트의 미완성 소설 『율리우스 카이사르 씨의 사업』에 등장하는 기자이자 전기 작가인 인물을 떠올리게 한다. 그는 율리우스 카이사르의 삶에 관해 역사적으로 "객관적인" 설명을 쓰려는 헛된 시도를 하며 사료를 찾아다니고 동시대인들을 인터뷰한다.

6 클루게의 등장인물은 타당한 이유로 헤세 주에서 역사를 가르친다. 1977년에 헤세 주의 문화부 장관은 고등학교 교과과정에서 역사학을 제외시킬 것이라고 선언했다. 역사는 "사회" 교과에 지리학, 사회학과 함께 통합될 예정이었다. 이는 엄청난 반대에 직면했다. 한편, 1977년에 실시된 한 조사에서는 학생들의 역사 지식이 엄청나게 부족하다는 사실이 확인되었다. 다른 한편으로, 문화부 장관은 역사를 독립된 교과로 다루는 것을 심각하게 경멸했다. 이런 관점에서 클루게의 〈애국자〉는 역사가 어떻게 학교라는 기관을 통해 매개될 수 있는지에 관한 간접적이고 역설적인 고찰일 뿐만 아니라 헤세 주의 문화정책에 관한 논쟁에 개입하는 것이기도 했다.

7 Alexander Kluge, "On Film and the Public Sphere," *New German Critique* 24/25 (1981–82), p. 206.

8 서독의 현재(1995년 당시) 수상 헬무트 콜은 1930년에 태어났다. 그래서 콜 수상 역시 이 세대에 속한다. 1984년 이스라엘을 국빈 방문했을 때, 콜 수상은 자신과 자신의 세대가 "늦게 태어나는 축복을 받았다"고 주장했다. 이런 표현은 이후 하나의 상투적인 격언이 되었다. 예를 들어, 게르트 하이덴라이히(Gert Heidenreich)는 이를 자신의 소설집의 제목으로 삼았다. *Die Gnade der späten Geburt* (Munich/Zurich: Piper, 1986).

9 클루게의 서사 몽타주인 다음의 글 참고 "Der Luftangriff auf Halberstadt am 8. April 1945," in Alexander Kluge, *Neue Geschichten*, No. 1–18, 'Unheimlichkeit der Zeit' (Frankfurt am Main: Suhrkamp, 1977), p. 33–107. 그 작품에 대한 데이비드 로버츠(David Roberts)의 철저한 분석 참고. "Alexander Kluge una die deutsche Zeitgeschichite: Der Luftangriff suf Halberstadt am 8.4. 1945," in *Kluge*, ed. Böhm-christl, p. 77–116.

10 클루게의 〈어제여 안녕(영문 제목: 어제의 소녀)〉(*Abschied von gestern; Yesterday Girl*)에 관해서는 다음을 참고. Ehno Patalas and Frieda Grafe, "Tribünew des Jungen Deutchen Films. II. Alexander Kluge," *Filmkritik* 9 (1966), p. 487–491; 미리엄 핸슨의 철저한 분석 또한 참고. Miriam Hansen, "Space of History, Language of Time: Kluge's Yesterday Girl," in *German Film and Literature: Adaptions and Transforms*, ed. Eric Rentschler (New York/London: Methuen, 1986), p. 193–216.

11 이 장에서 인용문 뒤에 이어지는 괄호 안의 번호는 알렉산더 클루게의 책 『애국자』(*Die Patriotin*, Frankfurt am Main: Zweitausendeins, 1979)의 페이지를 가리킨다. 그 책은 영화의 완전한 텍스트를 담고 있다. 뿐만 아니라 부가적인 사진과 이론적인 자료와 다큐멘터리 자료도 담고 있다.

12 『영화비평』(*Filmkritik* 11, 1979) 편집자와 나눈 대화에서 클루게는 "얼음"과 "역사"의 관계를 〈어제여 안녕〉과 〈애국자〉의 핵심으로 규정했다.

13 Walter Benjamin, *Das Passagen-Werk*, vol. 2 (Frankfurt am Main: Suhrkamp, 1983), p. 1058.
14 다음을 참고. Hannes Böhringer, "Die Ruine in der Posthistoire," *Merkur* 406 (April, 1982), p. 367-375.
15 Kluge, "Die Patriotin," p. 504.
16 다음을 참고. Hans V. Geppert, *Der 'andre' historiche Roman: Theorie und Strukturen einer diskontinuierlichen Gattung* (Tübingen: Niemeyer, 1976). 게페르트는 "허구와 역사 사이의 간격"을 전제한다(p. 34). 역사 소설들이 전형적으로 이 간격을 덮어버리는 경향이 있는 반면, "다른" 역사 소설들은 그것을 강조한다. "그것은 역사의 허구적 표현에 관한 문제가 아니라 '역사의 허구'에 관한 문제이다"(p. 135).
17 Benjamin, *Das Passagen-Werk*, p. 595.
18 Walter Benjamin, "Theses on the Philosophy of History," in *Illuminations*, ed. Hannah Aredt, trans. Harry Zohn (New York: Schocken, 1969), p. 255.
19 "Gespräch mit Alexander Kluge," Filmkritik 11 (1979), p. 518. "나는 이 모르겐슈테른 Moregenstern 시에서 코퍼랄 비란트의 무릎을 발전시켰습니다. 여러분은 쇼트들 사이의 틈에서만 그것을 볼 수 있을 것입니다. … 그리고 그것이 핵심입니다. 그 영화의 중요한 것들은 쇼트들 사이에 있습니다."
20 Alexander Klufge, "Die Utopia Film," *Merkur* 18 (1964), p. 1142 (강조는 필자).
21 Alexander Kluge, "Gespräch über Film," in Klaus Eder and Alexander Kluge, *Ulmer Dramaturgien: Reibungsverluste* (Munich/Vienna: Hanser, 1980), p. 48에서 재인용.
22 "Die Macht der Gefühle: Geschichte, Gespräche und Materialien von und über Alexander Kluge," *Ästhetik und Kommunikation* 53/54 (December 1983), p. 184. "영화작가로서 나는 어떤 효과가 발휘되기 전에 엄청난 수의 이미지들이 파괴되어야 한다는 사실을 알고 있다. 태양이 다시 빛나게 하려면 한밤의 태양을 만들 수 있어야 한다. 나는 인류에게서 무언가가 다시 움직이게 하기 위해서 일련의 이미지 전체를 파괴해야만 한다."
23 Bertolt Brecht, "The Literarization of the Theatre (Notes to the Three penny Opera)," in *Brecht on Theatre*, ed. and trans. John Willet (New York: Hill and Wang, 1966), p. 43-44.
24 페미니즘 성향의 평론가들은 여주인공이 자신을 대변하지 않고 보이지 않는 남성 논평자에 의해 묘사되고 미묘하게 풍자된다는 점에 주목해왔다. Claudia Lensen, "klein dunkel hat seinesgleichen: zu Alexander Kluges Film *Die Patriotin*," *frauen und film* 23 (April 1980), p. 6-8; B. Ruby Rich, "She says, He says: The Power of the NArrator in Modernist Film Politics," *Discourse* 6 (Autumn 1983), p. 31-47.
25 Alexander Kluge, "On Film and the Public Sphere," p. 218-219. 클루게의 몽타주 활용에 관해서는 다음을 참고. Klaus Kremeier, "Film-Montage und Montage-Film," *Spuren* 3 (1980), p. 28-30; David Roberts, "Die Formenwelt des Zusmmenhangs: Zur Theorie und Funktion der Montage bei Alexander Kluge," *Zeitschrift für Literaturwissenschaft*

und Linguistik 12 (1982), p. 104-119.
26　Theodor W. Adorno, *Aesthetic Theory*, ed. Gretel Adorno and Rolf Tiedemann, trans. C. Lenhardt (London/New York: Routledge & Kegan Paul, 1984), p. 222 (번역 수정).
27　Kluge, "On Film and the Public Sphere," p. 206.
28　할리우드의 전통적인 영화 미학의 등장에 관한 설명으로는 다음을 참고. David Bordwell, Janet Staiger, and Kristin Thompson, *The Classical Hollywood Cinema: Film Style and Mode of Production to 1960* (New York: Columbia University Press, 1985).
29　에농세(énoncé)와 에농시아시옹(énonciation), 그리고 역사(histoire)와 담론(discours)에 대한 에밀 벤베니스트(Emile Benveniste)의 구분을 다룬 크리스티앙 메츠(Christian Metz)의 상세한 설명에 관해서는 다음을 참고. Christian Metz, *The Imaginary Signifier: Psychanalysis and the Cinema* (Bloomington: Indiana University Press, 1982), p. 97. 또한 다음을 참고. Miriam Hansen, "The Stubborn Discourse: History and Story-Telling in the Films of Alexander Kluge," *Persistence of Vision* 2 (Fall 1985), p. 19-29.
30　Ernst Bloch, *Erbschaft dieser Zeit* (Frnakfurt am Main: Suhrkamp, 1977), p. 221. 또한 클루게가 브레히트에게서 즐겨 인용하는 문단을 비교해 보라. "'리얼리티의 재생산'이 리얼리티에 관해 우리에게 들려주는 바가 거의 없다는 사실 때문에 상황이 복잡해진다. 크루프(Krupp) 사나 AEG 사를 찍은 사진은 이들 회사에 관해 사실상 아무것도 드러내지 않는다. 진정한 현실은 기능적인 것들 속으로 숨어 든다. … 그러므로 무언가가 '구성되어야' 한다. 무언가 '인위적인' 것, 주어진 것이 아니라 '한데 모아진' 어떤 것이 구성되어야 한다." Kluge, "On Film and the Public Sphere," p. 218 주 4에서 재인용.
31　Kluge and Negt, *Geschichte und Eigensinn*, p. 154. 또한 다음을 참고. *Bestandsaufnachme: Utopie Film. Zwangzig Jahre neuer duetscher Film*, ed. Alexander Kluge (Frankfurt am Main: Zweitausendeins, 1983), p. 427, "우리에게는 진취적이고 탐색하는 유형의 수집가, 일종의 탐정이 필요하다."
32　Alexander Kluge, "Anmaerkungen zu Jutta Brückner," *Ästhetik und Kommunikation* 53/54 (December 1983), p. 233.
33　Kluge, "The Political as Industry of Everyday Feelings," P. 123 (번역 수정).
34　Alexander Kluge, "Zu einer Stein-Konstruktion," in Udo Klückmann, Klaus Heinrich, et al., *Foto-Assemblagen* (Berlin: Medusa, 1979), p. 29.
35　『전투의 묘사』(*Schlachtbeschreibung*, Frankfurt am Main: SuhrKamp, 1978, p. 368)에 대한 클루게의 후기 참고. "무언가를 보고 공식적인 서류를 작성하고 뉴스를 전하고 자료를 만들었던 스탈린그라드의 모든 사람이 그들 자신의 두 눈으로 볼 수 있었던 것에 의지해야 했다. 30만 명의 사람들을 강타했던 재난은 이런 수단들로는 파악될 수 없다(재난 자체가 시야를 흐렸다는 사실과는 어느 정도 별개의 문제이다)."
36　그 표현은 다음에서 나온 것이다. Claude Lévi-strauss, *The Savage Mind* (Chicago: University of Chicago Press, 1966), p. 16ff. 다음에서 클루게의 언급 참고. Kluge and Negt, Geschichte und Eigen, P. 222 "우리 책에서 우리는 삶의 관계와 조건을 마치 그것

들이 사물인 것처럼 다루고, 나란히 놓고, 떨어트려 놓고, 한데 모으고, 분산되어 있는 것들을 추적하고, 그것들을 시험하는 하나의 절차를 활용한다. 레비스트로스는 이런 작업의 과정을 '브리콜라주'라고 불렀다."

37 Viktor Shklovsky, "Art as Technique," in *Russian Formalist Criticism: Four Essays*, trans. Lee T. Lemon and Marion J. Reis (Lincoln: University of Nebraska Press, 1965), p. 7.

38 Kluge, "On Film and the Public Sphere," p. 206.

39 Alexander Kluge, "Interview," in Rainer Lewandowski, *Die Filme von Alexnder Kluge* (Hildesheim/New York: Olms, 1980), p. 39. "모든 사람은 영화관에 앉아 있건 그렇지 않건 지속적으로 한 편의 영화를 만들고 있다. 그것은 경험에 관한 영화이다. 그리고 그 영화는 기본적으로 연상적이다. 내가 독일어로 꿈을 꿀 때 … 만약 내가 무언가를 기억한다면, 나는 몽타주, 직관적 이해, 3인칭의 인식, 다성성, 역행, 공상 작용 등 영화작가가 사용하는 규칙에 따라 영화를 작업하고 있을 것이다. 그리고 그것은 한편의 영화처럼 작용한다. 그 영화가 지배하지 않는다는 조건일 때."

40 Benjamin, *Das Passagen-Werk*, p. 272.

41 앞의 책, p. 993.

42 Kluge, "Cinéma impure," *Filmfaust* 26 (1982), p. 64.

43 앞의 책, p. 62. 이 장면에 관한 면밀한 분석 또한 참고. Gerhard Bechtold, "Die Sinne entspannen: Zur Multimedialität in Alexander Kluge Texten," in Kluge, ed. Bechtold, "Die Sinne entspannen: Zur Multimedialität in AlexanderKluges Texten," in *Kluge*, ed. Böhm-Christl, p. 220-227.

44 Kluge, *Die Macht der Gefüle*, p. 195.

45 Kluge, "Cinéma pure," p. 43.

46 Alexander Kluge, "Der Phantasie-Betrieb," in *Die Filmemacher: Zur neuen deutschen Produktion nach Oberhausen*, ed. Barbara Bronnen and Corinna Brocher (Munich: Bertelsmann, 1973), p. 235. 공상의 기능에 관해서는 또한 다음을 참고. Kluge and Oskar Negt, *Öffentlichkeit und Erfahrung: Zur Organisationsanalyse von bürgerlicher und proletarischer Öffentlichkeit* (Frnakfurt am Main: Suhrkamp, 1972), p. 69ff, 여기서 공상은 현재, 과거, 미래 사이의 일종의 릴레이 상태로 해석된다.

47 Kluge, "On Film and the Public Sphere," p. 215.

48 다음을 참고. Reiner Frey and Alexander Kluge, "Eine realistische Haltung müsste der Zuschauer haben, müsste ich haben, müsste der Film haben': Gespräch mit Alexander Kluge," *Filmfaust* 20 (November 1980), p. 22. 클루게 영화의 관객에 관해서는 다음을 참고. Gerhard Bechtold, *Sinnliche Wahrnehmung von sozialer Wirklichkeit: Die multimedialen Montage-Texte Alexander Kluges* (Tübingen: Narr, 1983); Michael Kötz and Petra Höhne, *Die Sinnlichkeit des Zusammenhang: Zur Filmarbeit von Alexander Kluge* (Cologne: Prometh, 1981); Michael Kötz, *Der Traum, die Sehnsucht und das*

Kino: Film und Wirklichkeit des Imaginären (Frankfurt am Main: Syndikat, 1986), 특히 p. 51–57.
49 Kluge, "Eine Baustelle ist vorteilhafter als ganze Häuser," p. 17.
50 앞의 책.
51 앞의 책. 다음 또한 참고, Kluge, "On Film and Public Sphere," p. 211. "한 편의 영화를 완전히 이해한다는 것은 그 대상을 식민화하는 개념적 제국주의이다. 만약 내가 모든 것을 이해했다면, 그렇다면 어떤 것은 배제되었다. 우리는 그런 의식의 제국주의를 철저히 배격하는 영화를 만들어야 한다. 나는 영화 속에서 여전히 나를 놀라게 하며 내가 완전히 이해하지 않은 채 인식할 수 있는 어떤 것을 만난다. 나는 퍼붓는 빗줄기 속에 서 있는 한 마리의 푸들을 이해할 수 없다. 다만 그 장면을 볼 수 있을 뿐이다. 그 푸들을 이해한다고 말하는 것은 무의미한 일이다. 긴장을 늦춘다는 것은 내 감각들이 뛰놀게 허락하고 내 자신이 한 순간 살아 있게 된다는 것을 의미한다. 한 순간 내게서 아무것도 벗어날 수 없게 경찰 같이 감시하지 않는다는 뜻이다."
52 Kluge, *Die Macht der Gefühle*, p. 195.
53 Kluge, *Neue Geschichten*, p. 9.
54 *Briefe zur Verteidigung der Republik*, ed. Freimut Duve, Heinrich Böll, and Klaus Staeck (Reinbek: Brown, 1987); Stefan Aust, *The Baader-Meinhof Group: The Inside Story of a Phenomenon*, trans. Anthea Bell (London: Bodley Head, 1987).
55 예를 들어, 다음을 참고. Martin Walser, "Händedruck mit Gespenstern," in *Stichworte zur geistigen Situation der Zeit*, ed. Jürgen Habermas, vol. 1. *Nation und Republik* (Frankfurt am Main: Suhrkamp, 1979), p. 39–50. 같은 책에 수록된 다음의 논문들 역시 그에 못지않게 "애국적"이다. Horst Ehmke, "Was ist des Deutschen Vaterland?", Dieter Wellershoff, "Deutschland—ein Schwebezustand," and Iring Fetscher, "Die Suche nach der nationalem Identität." 그 장의 제목은 다음과 같다: "The National Question, Reconsidered." 다음 또한 참고. Willy Brandt, "Deutscher Patriotismus," *Spiegel*, 1 February 1982.
56 Lothar Baier, "Bewegte BRD," in *Gleichheitszeichen: Streitschriften über Abweichung und Identität* (Berlin: Qagenbach, 1985), p. 37. 본래 다음의 책에 수록되어 있었다. *Abschiedbrief aus Deutschland*, ed. Hans-Jürgen Heinrichs (Frankfurt am Main/Paris: Qumran, 1984).
57 Peter Scheider, *Lenz: Eine Erzählung* (Berlin: Rotbuch, 1973), p. 90.
58 예를 들어 다음을 참고. Peter Brückner, *Versuch, uns und anderen die Bundesrepublik zu erklären* (Berlin: Wagenbach, 1978); Martin Greiffenhagen and Silvia Greiffenhagen, *Ein schwieriges Vaterland: Zur politischen Kultur Deutschlands* (Munich: List, 1979); *Die deutsche Neurose: über die beschädigte Identität der Deutschen*, ed. Werner Weidenfeld (Munich/ Vienna: Hanser, 1983); *Reden über das eigene Land: Deutschland*, vols. 1 ff. (Munich: Bertelsmann, 1983–). 다음 또한 참고. René Burri,

Die Deutschen: Mit Texten von Hans Magnus Enzensberger (Munich: Schirmer/Mosel, 1986).

59 Rudolf Walter Leonhardt, "Von der Last, Deutscher zu sein: Die unbeantwortete Frage nach der nationalen Identität," *Die Zeit*, 9 September 1983; Günther Kunert, "Unsere Angst hat es uns gelehrt: Warum die Deutschen so sind wie sie sind," *Frankfurter Algemeine Zeitung*, 8 December 1979; François Bondy, "Warum wollen die Deutschen geliebt werden? Mutmassungen über ein 'schwieriges Vaterland,'" *Süddeutsche Zeitung*, 30 December 1979. 반면, 레아 플라이슈만(Lea Fleischmann) 같은 작가들은 『이 곳은 내 나라가 아니다: 어느 유대인이 서독을 등지다』(*Dies ist mein Land: Eine Jüdin verlässt die Bundeerepublik*, Hamburg: Hoffmann und Campe, 1980)와 같은 제목의 책들을 출간했다. 로타 바이에르(Lothar Baier)는 자신이 파리로 이주한 것은 이민이 아니었다는 점을 분명히 해야 했다 ("Bewgte BRD," p. 35).

60 "Gespräch mit Volker Schlöndorff: Was ist deutsch an meinen Filmen?", *Deutsche Zeitung/Christ und Welt*, 28 September 1979. 예를 들어, 다음과 같은 것을 읽을 수 있다. "나에게 독일인은 무엇일까? 독일인의 정체성은 무엇으로 시작될까? 나는 문학에서 답을 구했다. 물론, 나는 역사 속에서 추적을 시작했다. 가장 최근 독일의 과거, 나치 시대, 야만주의에 동조할 수 없었기 때문이다. 나는 그런 종류의 독일인이 되고 싶지 않았다. 모든 독일인과 마찬가지로, 나는 거듭해서 독일적인 것을 모두 부정하려고 몸부림쳤다. 내가 독일인이라는 사실이 확인되지 않을 만큼 완벽하게 외국어를 구사하려고 노력했다. 그리고 비로소 깨달았다. 그렇게 한다고 해서 내가 다른 곳에 이를 수 없다는 것을, 나는 독일로 돌아가야 하고 다시 시작할 곳을 찾아야 한다는 사실을 깨달았다.

61 (선별된) 논집들을 보라. *Thema: Deutschland: Das Kind mit den zwei Köpfen*, ed. Hans Christoph Buch (Berlin: Wagenbach, 1978); *Vaterland, Muttersprache: Deutsche Schriftsteller udn ihr Stsst seit 1945*, ed. Klaus Wagenbach et al. (Berlin: Wagenbach, 1979); *Vom deutschen Herbst zum BLeichen deutschen Winter: Ein Lesebuch Zum Modell Deutschland*, ed. Heinar Kipphardt (Königstein: Athenäum, 1981); *Lieben Sie Deutschland? Gefühle zur Lage der Nation*, ed. Marielouise Janssen-Jurreit (Munich: Piper, 1985)

62 다음의 내 글 참고. Anton Kaes, "Tucholsky uan die Deutschen: Anmerkungen zu 'Deutschland, Deutschland über alles,'" *Text + Kritik* 29 (June 1985), p. 12–23.

63 《영화비평》 11호(1979, p. 505)에 수록된 〈애국자〉에 관한 클루게의 대담 참고. 그 대담에서 클루게는 "얼음"과 "역사"의 관계에 대해 말한다. 텍스트에 인용된 시에 관해 그는 다음과 같이 말한다. "그 시는 내가 독일 역사에서 연상하는 것을 아주 강하게 떠올리게 했다."

64 앞의 책, p. 507.

65 무엇보다도, 아우슈비츠의 기원과 유산에 관한 서독 역사가들의 논쟁인 "역사가 논쟁"에서 에른스트 놀테, 안드레아스 힐그루버, 요하힘 페스트의 수정주의적 입장 참고. 힐그루버의 책은 그 제목에서 1944–1945년에 유대인들이 맞았던 운명과 동부전선에서 독일군이 맞았

던 운명을 연결시킨다. Andreas Hillgruber, *Zweierlei Untergang: Die Zerschlagung des Deutschen Reiches und das Ende des europäischen Judentums* (Berlin: Siedler, 1986). 하버마스는 이런 해석을 "독일 현대사 서술의 변명적 성향"을 드러내는 징후라고 말했다. Jürgen Habermas, "Eine Art Schadensabwicklung: Die apologetischen Tendenzen in der deutschen Zeitgeschichtsschreibung," *Die Zeit*, 11 July 1986; Historikerstreit, ed. Rudolf Augstein et al. (Munich/Zurich: Piper, 1987), p.62-76에 재수록. 힐그루버를 포함한 다른 이들의 수정주의적 목적과 클루게 사이에 공통점이 없기는 하지만, 〈애국자〉는 새로운 애국주의 담론을 공유하고 있는 것이 분명하다. 이 새로운 담론 국면에서 그 영화는 10년 전에 그랬을 것과는 다른 방식으로 반향을 일으키는 정치적인 하위 텍스트를 갖는다. 그런데 독일 비평가들 가운데 누구도 〈애국자〉에서 스탈린그라드가 독일의 비극적 역사의 일부인 반면 아우슈비츠는 그렇지 않다는 점을 지적하지 않았다.

66 클루게는 전쟁의 원리에 관심이 있다. 제2차 세계대전은 단지 일련의 전쟁 가운데 하나일 뿐이다. 영화가 막바지에 이르면서 화면 밖 음성은 우리에게 제3차 세계대전이 "13년 6주 안에, 혹은 2년 11개월 안에" 시작될 것이라고 말한다(168).

67 클루게는 희생자와 죄를 지은 사람에게 초점을 맞추지 않는다. 죄의식과 참회에 초점을 맞추지도 않는다. 그는 정체성을 찾는 일에 관심이 있다. 이 점은 1986년 진켈의 텔레비전 연속극 〈아버지와 아들〉(*Väter und Söhne*)의 시사회에서 베른하르크 진켈과 나눈 대화에서 분명해졌다. Bernhard Sinkel, *Väter und Söhne: Eine deutsche Tragödie* (Frankfurt am Main: Athenäum, 1986), p. 424-415.

68 클루게: 우리는 점점 더 죄와 참회 같은 가치를 흥미롭지 않은 것으로 미뤄두고 전혀 다른 것들을 묻고 있는데 미국의 극작(법)은 왜 언제나 죄와 참회에 관해 묻습니까? 우리가 관심을 갖는 것들은, 이를 테면, 나는 어디에서 왔을까? 나는 무엇을 알 수 있을까? 나는 무엇이 될 수 있을까? 같은 것들입니다.

진켈: 내 생각에 그것은 미국인들이 오직 선과 악에 관한 극작(법)만을 알고 있기 때문입니다. 그들의 주인공은 선하지 않으면 악하고, 착한 녀석이 아니면 악한 녀석입니다. 그리고 그로 인해 그들은 파국이 닥치면 반드시 도덕의 구속복 안에 갇혀 있는 것이죠.

클루게: 독일의 역사에서는 그렇게 하기가 어렵습니다.

68 Alexander Kluge, "Rede über das eigene Land: Deutschland," in Stefan Heym et al., *Reden er das eigene Land* (Munich: Bertelsmann, 1983), p. 80. 그리고 게다가 "… 무언가가 사라진 것이 분명하다. 그것은 독일인들이 1945년 이후 독일 역사의 모든 것을 억압하는 데에 투입했던 에너지를, 곧 애도작업(Trauerarbeit)의 실패를 설명해준다. 상실은 적어도 1930년대에 독일에 대한 단호한 개념을 수용한 감정의 차원에서 일어났다. 또한 1918년 이후 베르사유의 지시에 대한 반대에서 생겨난 열렬한 감정의 차원에서도(그리고 그것은 위로부터의 설득의 문제일 수만은 없었다). 그리고 천 년이 넘는 전통에 대한 기본적인 관계의 차원에서도 상실이 있었다"(앞의 책).

69 Cornelius Castoriadis, "Die imaginären gesellschaftlichen Bedeutuugen," *Merkur* 406 (April 1982): 332-333: "모든 사람은 자신을 '우리'와의 관계 속에서 규정한다. 그리고 다

른 사람에 의해서도 그렇게 규정된다. 그런데 '우리', 이 집단, 이 집합, 이 사회는 누구일까? 그것은 무엇일까? 우선 하나의 상징이다. 각 부족, 각 도시, 모든 민족이 언제나 그 자체의 존재를 보증해온 표지이다. 물론, 일차적으로, 이름이다. 그런데 이 관습적이고 임의적인 이름은 정말로 그렇게 관습적이고 임의적인 것일까? 그런 기표는 두 개의 기의를 지시한다. 기표는 기의들을 분리할 수 없이 혼합한다. 그것은 집합적인 것을 지시한다. 하지만 실존적 의미만은 아니다. 그 단어는 또한 집합적인 것의 내용을 어떤 자질이나 개인적 본성을 지닌 어떤 것으로 지시한다. … 우리는 (혹은 타인들은) 우리 자신을 게르만족, 프랑크족, 튜튼족, 슬라브족이라고 부른다. 만약 이런 이름들이 합리적인 기능을 지닌 하나의 상징일 뿐이라면, 그것은 이어 분명한 외적 특질로 규정되는 하나의 특정 집합에 속한 모든 사람을 언급하는 하나의 순수한 기호일 것이다. … 과거의 공동체들에게 그들의 이름은 그들을 표시하는 것일 뿐만 아니라 내포하는 것이었다. 그리고 이 내포된 의미는 실제로 추론된 것도 아니고 그럴 수도 없는 하나의 기의를 지시한다. 그것은 가상의 것이다. 상상의 내용과 구체적인 성질이 무엇이건 간에 … 양차 세계대전과 계속되는 내셔널리즘은 … 민족의 이런 가상적인 요소가 어떤 현실보다 더 지속적이라는 것을 보여주었다."

70 Kluge, "Rede über das eigene Land," p. 81.
71 앞의 책, p. 84. 다음 또한 참고. Kluge and Negt, "Geschichte und Eigenisinn, pp. 361–769. 그 문제에 관한 좀 더 포괄적인 논의를 위해서는 다음을 참고.
72 Kluge And Negt, *Geschichte und Eigensinn*, p. 390.
73 앞의 책, p. 393.
74 앞의 책, p. 391. 클루게와 네크트는 "독일 정체성의 원료"를 가지고 작업하는 것은 강의 진흙바닥을 뒤뚱거리며 지나는 것과 같았다고 말하는 것이 가치 있다고 생각한다(p. 389ff).
75 앞의 책., p. 392.
76 Kluge, "Rede berdas eigene Land," p. 91. 대담의 마지막 부분은 다음에 재수록되었다. "Mangel an Deutschland," *Merkur* 38 (January 1984), p. 423.

5. 우리의 어린 시절, 우리 자신들

1 헬무트 크로이저의 독창적인 글 참고. Helmut Kreuzer, "Neue Subjektivität: Zur Literatur der siebziger Jahre in der Bundesrepublik Deutschland," in *Deutsche Gegenwartsliteratue*, ed. Manfred Durzak (Stuttgart: Reclam, 1981), p. 77–106; Hinrich C. Seeba, "Zur Autorenpoetik der siebziger Jahre," *Monatshefte* 73 (1981), p. 140–154; David Roberts, "Tendenzwenden: Die sechziger und siebziger Jahre in literaturhistorischer Perspektive," *Deutsche Vierteljahresschrift* 56 (1982), p. 290–313; Karen Ruoff, "Rückblick auf die Wende zur 'Neuen Subjektivität,'" *Das Argument* 142 (1983), p. 802–820; Leslie Adelson, "Subjectivity Reconsidered: Botho Strauss and Contemporary German Prose," *New German Critique* 30 (Fall 1983), p. 3–59; Richard

McCormick, "The Politics of the Personal: West German Literature and Cinema in the Wake of the Student Movement," Ph. D. diss., University of California, Berkeley, 1986.
2 Christa Wolf, *Patterns of Childhood*, trans. Ursule Molinaro and Hedwig Rappolt (New York: Farrar, Straus and Giroux, 1980), p. 209.
3 1970년대 말에 유년 시절의 문제에 대한 관심이 전반적으로 되살아났다. 예를 들어, 다음을 참고. Peter Handtke, *Kindergeschchite* (Frankfurt am Main: Suhrkamp, 1981).
4 Sigmund Freud, "Remembering, Repeating and Working-through," *The Complete Psychological Works*, trans. and ed. James Strachey, vol. 12 (London: Hogarth Press and thr Institute of Psychoanalysis, 1966), p. 147-166.
5 Michael Schneider, "Fathers and Sons, Retrospectively: The Damaged Relationship between Two Generations," *New German Critique* 31 (Winter 1984): 3-51. *Die Versuchung des Normalen*, ed. Ulrike Kolb (Frankfurt am Main: Tende, 1986); Peter Sichrovsky, *Born Guilty: Children of Nazi Families*, trans. Jean Steinberg (New York: Basic Books, 1988); Helen Epstein, *Die Kinder des Holocaust: Gespräche mit Söhnen und Töchten von Überlebenden* (Munich: Beck, 1987).
6 이 "아버지들에 관한 문학"의 전조는 엘리자베스 플레센(Elizabeth Plessen)의 『너무도 슬픈 통보』(*Such sad Tidings*, trans. Ruth Hein, New York: Viking, 1979; 원제 *Mitteilung Reise: Romanessay*, Frankfurt am Main : Zweitausendeins, 1977)이다. 그 책은 그의 아버지인 작가 빌 베스퍼를 다룬다. 그는 저명한 나치 시인이었다. 이른바 아버지 문학의 예들로 다음과 같은 것들이 있다. Paul Karsten, *Der alltägliche Tod meines Vaters. Erzählung* (Cologne: Kiepenheuer und Witsch, 1978); Ruth Rehmann, *Der Mann auf der Kanzel. fragen an einen Vater* (Munich/Vienna: Hanser, 1979); Sigfrid Gauch, *Vaterspuren. Eine Erzählung* (Königstein: Athenäum, 1979); Heinrich Wiesner, *Der Riese am Tisch* (Basel: Lenos, 1979); Peter Härtling, *Nachgetragene Liebe* (Darmstsdt: Luchterhand, 1980); Christoph Meckel, *Suchbild: über meinen Vater* (1980); Jutta Schutting, Der Vater (Salzburg: Residenzverlag, 1980); Brigitte Schwaiger, *Lange Abwesenheit* (Vienna/Hamburg: Zsolnay, 1983); and Ludwig Harig, *Ordnung ist das gahze Leben: Roman meines Vaters* (Munich/Vienna: Hanser, 1985). 이 아버지-아들이라는 하위장르의 책들에 최근 더해진 것은 페터 슈나이더의 이야기이다. *Vati* (Darmstadt: Luchterhand, 1987). 그 책은 아들의 1인칭 시점으로 악명높은 수용소 의사 멩겔레와 그의 아들의 이야기를 들려준다. 아들은 아버지를 찾기 위해 남아메리카의 은신처로 향한다. 아들은 아버지에 대한 애증의 관계에 당혹해서 감정적으로 달아난다. 그의 아버지는 괴물처럼 보이지 않는다. 오히려 인자해 보인다.
7 토마스 할란의 〈총상〉은 1985년에 베를린 영화제와 칸 영화제에서 로베르크 크라머(Robert Cramer)의 다큐멘터리 〈우리의 나치〉(*Unser Nazi*)와 나란히 상영되었다. 토마스 미첼리히(Thomas Mitscherlich)의 영화 〈아버지와 아들〉(*Vater und Sohn*, 1984)은 『애도불능』의 공동저자인 그의 저명한 아버지 알렉산더 미첼리히(Alexander Mitscherlich)에 관한 작품으로

애정과 비판적 거리 사이를 오가는 작품으로서 아버지의 권위에 관한 모호한 영화 에세이이다. 1940년에 태어난 베른하르트 진켈은 I. G. Farben 석유화학 회사의 창설자 가운데 한 사람의 증손자로 3대에 걸친 가족 서사극을 관습적으로 서술하고 영화화한 〈아버지와 아들〉(*Väter und Söhne*)을 제작했다. 그 영화는 제3제국에서 산업복합체들의 점진적인 관여를 극화(하고 의인화)한다. 8시간 길이의 4부작으로 제작된 그 텔레비전 미니시리즈는 버트 랭카스터(Burt Lancaster)와 줄리 크리스티(Julie Christie)를 주인공으로 기용한 국제적 캐스팅으로 제작되었고 1986년 11월에 서독 텔레비전에서 방영되었다. 그 시리즈는 1988년 7월 〈아버지들의 죄〉라는 제목으로 쇼타임 유선 방송에서 영어로도 방영되었다. 영화의 마지막에서 아들은 뉘른베르크 재판에서 다음과 같은 말로 아버지에게 불리한 증언을 한다. "진실은 우리가 유죄라는 것입니다. 우리의 죄를 면죄받을 유일한 방법은 눈을 크게 뜨고 그 죄를 바라보고 우리가 한 짓을 보는 것입니다. 우리의 희생자, 세상을 떠난 모든 이들은 복수를 요구하지 않습니다. 그들은 전혀 다른 것을 요구합니다. 그들은 우리가 애도하기를 기다리고 있습니다."

8 Thomas Brasch, *Vor den Vätern sterben die Söhne* (Berlin: Rotbuch, 1977).

9 Karin Struck, *Die Mutter. Roman* (Frankfurt am Main: Suhrkamp, 1975); Helga Novak, *Die Eisheiligen* (Darmstadt: Luchterhand, 1979); Elfriede Jelinek, *Die Klavierspielerin* (Reinbek: Riwolt, 1983); Waltraud Mitgutsch, *Die Züchtigung* (Düsseldorf: Claassen, 1985). 어머니-딸 관계의 문학적 재현들에 관해서는 다음을 참고. *The Lost Tradition: Mothers and Daughters in Literature*, ed. Cathy N. Davidson and E. M. Broner (New York: Ungar, 1980); 또한 다음을 참고. Helga W. Kraft and Barbara Kosta, "Mother-Daughter Relationships: Problems of Self-Determination in Novak, Heinrich, and Wohmann," *German Quarterly* 46 (January 1983), pp. 74–88; Benjamin Henrichs, "Mütterdämmerung," *Die Zeit*, 22 July 1983.

10 괄호 안의 번호는 출간된 영화 시나리오를 가리킨다. 그 시나리오에는 영화의 사진과 영화에 관한 자료들이 포함되어 있다. Helma Sanders-Brahms, *Deutschland, bleiche Mutter: Film-Erzählung* (Reinbek: Rowolt 1980). (페이지 번호가 있는) 대사 부분은 그 대사들이 영화에 등장할 때에만 책에서 인용될 것이다.

11 자서전 이론에 관해서는 다음을 참고. Rolf Tarot, "Die Autobiographie," in *Prosakunst ohne Erzählen: Die Gattungen der nichtfiktionalen Kunstprosa*, ed. Klaus Weissenberger (Tübingen: Niemeyer, 1985), pp. 27–43; Paul de Man, "Autobiography as Defacement," *Modern Language Notes* 94 (December 1979), pp. 919–930; Barbara Saunders, *Contemporary German Autobiography: Literary Approaches to the Problem of Identity* (Atlantic Heights, N. J.: Humanities Press, 1985). 자전적 영화의 구체적인 문제에 관해서는 다음을 참고. Elizabeth W. Bruss, "Eye for I: Making and Unmaking Autobiography in Film," in *Autobiography: Essays Theoretical and Critical*, ed. James Olney (Princeton, N. J.: Princeton University Press, 1980), pp. 296–320.

12 Christa Wolf, *The Reader and the Writer: Essays, Sketches, Memories*, trans. John Becker

(New York: International Publishers, 1977), pp. 190-191.
13 더 나중에 찍은 영화 〈날개와 유대〉(*Flügel und Fesseln*, 1985)에서 잔더즈-브람스는 어머니-딸의 관계를 자전적으로 다루는 것으로 돌아가 예술가이자 어머니가 되는 일의 어려움을 다루었다.
14 Jean-Louis Cros, "Entretien avec Helma Sanders," *Image et son* 361 (May 1981), p. 47. 다음에 수록된 인터뷰 참고. Renate Möhrmann, *Die Frau mit der Kamera: Filmemacheriennen der Bundersrepublik Deutschland* (Munich/Vienna: Hanser, 1980), p. 152. "그리고 내가 내 아이를 갖게 되었을 때 … 나는 남자, 군인, 장군의 관점이나 중요한 시기의 관점에서가 아니라 한 어린아이의 관점에서 역사를 이야기해야 할 필요를 믿지 못할 만큼 강하게 느꼈다. 그것은 내게 엄청나게 중요한 것이 되었다. 일종의 기억의 작업, 증언의 작업으로서 내 딸에게 영화를 남기고 싶었기 때문이다. 내가 양육의 차원에서 내 딸에게 줄 수 있는 모든 것이 이 영화 안에 있다."
15 『어린 시절의 모범적 체험들』에 등장하는 크리스타 볼프의 자전적 화자는 그녀의 책 전체를 통해 기억과 역사의 재현을 문제 삼는다. 볼프에 관해서는 다음을 참고. Bernhard Greiner, "'Mit der Erzählung geh ich in den Tod': Kontinuität und Wandel des Erzählens im Schaffen von Christa Wolf," in *Erinnerte Zukunft: 11 Studien zum Werk Christa Wolf*, ed. Wolfram Mauser (Würzburg: Königshausen und Neumann, 1985), pp. 107-140; Anna K. Kuhn, *Christa Wolf's Utopian Vision: From MArxism to Feminism* (Cambridge University Press, 1988).
16 Christa Wolf, *The Reader and the Writer: Essays, Sketches, Memories*, trans. John Becker (Ne wYork: International Publishers, 1977), pp. 190-191.
17 다음을 참고. "Christa Wolf — Documentation (Interviews)," *German Quarterly* 57 (1984), p. 114 "모든 사람은 — 조금이라도 자신을 안다면 — 자신의 삶의 각 단계에서 하나의 맹점을 갖는다는 사실을 안다. 그는 무언가를 보지 못한다. 그것은 그의 인지 능력, 그의 역사와 관련되어 있다. 그리고 하나의 사회나 문명 역시 어떤 맹점을 지닌다. 정확히 이 맹점은 자멸을 가져온다. 내가 생각하기에 문학의 일은 그 맹점을 설명하는 것일 뿐만 아니라 그 안으로 들어가는 것이다. 곧 태풍의 눈 속으로 들어가는 것이 문학의 일이다. 이는 흔히 자기 탐구를 통해 일어난다. 나, 여러분, 우리 각자, 그리고 우리의 교육과 사회화는 모두 이 문명의 일부이기 때문이다. 이 맹점은 교육으로 설명되지 않았다. 교육은 우리 자신의 이성에만 연결되었기 때문이다."
18 요즘 여성들이 저술한 자서전 문학의 대중성과 시장성에 관한 비판적 보고로는 다음을 참고. Jutta Kolkenbroch-Netz and Marianne Schuller, "Frau im Spiegel: Zum Verhältnis von autobiographischer Schreibweise und feministischer Praxis," in *Entwürfe von Frauen in der Literatur des 20. Jahrhunderts*, ed. Irmela von der Lühe, Argument 92 (1982), p. 156. 1970년대 서독에서 여성 문학의 출현, 동기, 지위, 기능에 관한 전반적인 개관을 위해서는 다음을 참고. Sigrid Weigel: "'Woman Begins Relating to Herself:' Contemporary German Women's Literature" (part 1), *New German Critique* 32 (Winter

1984), p. 53-94 (Part 2), *New German Critique* 32 (Spring/Summer 1984), p. 3-22.
19 Christa Wolf, *The Quest for Christa T.*, trans. Christopher Middleton (New York: Dell, 1972), p. 45.
20 Bertolt Brecht, *Gesammelte Werke in 20 Bänden*, vol. 9, Werkausgabe edition Suhrkamp (Frankfurt am Main: Suhrkamp, 1967), pp. 487-488. 또한 독일에 관한 브레히트의 다른 시들도 참고. 1920년작, "Deutschland, Du Blondes, Bleiches" (vol. 8, p. 68) 과 1942년작 "Deutschland" (vol. 10, p. 843).
21 하이네의 유명한 시 「밤의 생각들」은 지버베르크의 영화에도 인용된 다음의 시구로 시작된다.

　　한 밤에 독일을 생각하며
　　나는 잠을 깬 채 누워 있고 잠은 달아난다.

시의 나머지 부분은 "어머니"와 "아버지-나라"의 관계를 다룬다.

　　나는 알고 있다, 그곳에 내 어머니가 없다면
　　내가 그토록 독일을 열망하지 않으리란 것을.
　　아버지의 나라는 영원히 살 것이다.
　　그러나 사랑하는 그 늙은 여인은 죽을 것이다.

다음에서 재인용. *The Complete Poems of Heinrich Heine*, Trans. Hal Draper (Boston: Suhrkamp/Insel, 1982), p. 408.
22 Bertolt Brecht, *Poems 1913-1956*, ed. John Willett and Ralph Manheim (London/New York: Methuen, 1987), p. 218-219.
23 앞의 책, p. 220.
24 "Lamentations," in *The New English Bible* (New York: Cambridge University Press, 1972), p. 836-837: "나는 온 나라의 웃음거리가 되었다/ 온 종일 그들이 조롱하며 부르는 노래의 표적이 되었다/ … 그들이 앉으나 서나 나를 얼마나 신랄하게 조롱하는지 보라."
25 Ehrhard Bahr, "Der Mythos vom 'anderen' Deutschland in der Kontroverse zwischen Bertolt Brecht und Thomas Mann," in *Kontroversen, alte und neue*, ed. Albrecht Schöne, vol. 9 (Tübingen: Niemeyer, 1986), p. 240-245.
26 예를 들어, 다음을 참고. Irmgrad Reichenau, *Deutsche Frauen an Adolf Hitler* (Leipzig: Adolf Klein, 1933). 잔더즈-브람스는 영화 대본의 서문에서 이런 해석을 다루려고 노력했다(pp. 25-26). "페스트의 히틀러 영화는 마치 여성들이 광기에 휩싸여 거대한 남근의 히틀러에게 자신들을 내맡긴 것처럼 작용한다. 마치 그들이 이 순간에 독일에서 일어난 일에 책임이 있는 사람인 것처럼 말이다. 확실히 여성들은 독일의 여러 문제를 쉽게 해결할 것처럼 보였던 강한 남성들에게 갈채를 보냈다. 그러나 내가 했던 모든 인터뷰에서 만난 많은 남성이 이 시기, 곧 모든 사람에게 영웅주의가 일종의 모험이었던 시기를 애도했다. 여성은 그

시기를 다르게, 좀 더 객관적으로 경험했다. 여성은 영웅주의에는 관심이 없었으며 그들의 남편이 집에 있기를 더 원했다."

27 1980년 베를린 영화제에서 그 영화가 상영된 후 남성 비평가와 여성 비평가 모두 한결같이 부정적인 반응을 보였다. 그런데 캐롤린 보이바우어의 비평이 그랬던 것처럼 공격적인 반응은 드물었다. Caroline Neubauer, "Wenn Du noch eine Mutter hast," *Freibeuter* 4 (1980), p. 168-169. 올라브 뮌츠베르크(Olav Münzberg)는 최근 수용에 관한 한 연구에서 그 영화에 대한 수많은 비평적 반응의 전제와 의도를 조사했다. "Schaudern vor der 'Bleichen Mutter': Eine sozialpsychologische Analyse der Kritiken zum Film von Helma Sanders-Brahms," *Medium* 10 (July 1980), p. 34-37. 페미니즘의 관점에서 그 영화의 모성 이데올로기에 대한 비평은 다음에서 찾아볼 수 있다. Ellen E. Seiter, "Women's History, Women's Melodrama: Deutschland, bleiche Mutter," *German Quarterly* (Fall 1986), p. 569-581. 또한 다음에서도 찾아볼 수 있다. Angelika Bammer, "Through a Daughter's eyes: Helma Sander's Brahms's Germany, PAle Mother," *New German Critique* 36 (Fall 1985), p 91-110.

28 다음에 수록된 잔더즈-브람스의 인터뷰 참고. Möhrmann, *Die Frau mit der Karma*, p. 155. 다음에 나오는 동화에 관한 해석 또한 참고. Irene Heidelberger Leonard, "Brecht, Grimm, Sanders-Brahms: Drei Variationen zum selben Thema: Deutschland, Bleiche Mutter," *Études Germaniques* 39 (1984), p. 51-55; Barbara Hyams, "Is the Apolitical Woman at Peace? A Reading of the Fairy Tale in Germany, Pale Mother," *Wide Angle* 10/3 (1988), p. 40-51.

29 말/남성, 말없음/여성의 구분에 관해서는 다음을 참고. Christina von Braun, *Nicht ich: Logik, Lüge, Libido* (Frankfurt am Main: Verlag Neue Kritik, 1985), p. 162ff.

30 Julia Kristeva, "Produktivität der Frau," 다음에서 재인용. Brigitte Wartmann, "Verdrängungen der Weiblichkeit aus der Geschichte: Bemerkungen zu einer 'anderen' Produktivität der Frau," in Wartmann, *Weiblich-Männlich: Kulturgeschichtlich Spuren einer verdrängten Weiblichkeit* (Berlin: Ästhetik und Kommunikation, 1980), p. 9.

31 다음을 참고. *Mutterkreuz und Arbeitsbuch: Zur Geschichte der Frauen in der Weimarer Republik und im Nationalsozialismus*, ed. Frauengruppe Faschismusforschung (Frankfurt am Main: Fischer, 1981); Rita Thalmann, *Frausein im Dritten Reich* (Munich/Vienna: Hanser, 1984); Marianne Lehker, *Frauen im Nationalsozialismus: Wie aus Opfern Handlanger der Täter wurden – eine nötige Trauerarbeit* (Frnakfurt am Main: Materialis—Verlag, 1984); *When Biology Became Detiny: Women im Weimar and Nazi Germany*, ed. Renate Bridenthal et al. (New York: Monthly Review Prress, 1984); *Unsere verlorenen Jahre: Frauenalltag in Kriegs- and Nachkriegszeit 1939-49 in Berichten, Dokumenten und Bildern*, ed. Klaus-Jörg Ruhl (Darmstadt/Neuwied: Luchterhand, 1985); Gerda Szepansky, Blitzmädel, Heldenmutter, *Kriegerwitwe: Frauenleben im zweiten Weltkrieg* (Frankfurt am Main: Fischer, 1986); Claudia Koonz, *Mothers in the*

Fatherland: Women, the Family, and Nazi Politics (New York: St. Martin's Press, 1987).

32 Sybille Meyer and Eva Schulze, "*Wie wir das alles geschafft haben*" – *Alleinstehende Frauen berichten über ihr Leben nach 1945* (Munich: Beck, 1984); "*Der Krieg ist aus – und nun?*" *Sommer' 45-Berichte, Erfahrungen, Bekenntnisse*, ed. Sybill Gräfin von Schönfeldt (Munich: dtv, 1984). 또한 다음을 참고. Ulla Schickling and Doris Weber, "Jetzt lebe ich – ob ich morgen noch lebe weiss ich nicht. Die Zeit der Zngst: Frauen erinnern sich an den Krieg," *Frankfurter Rundschau*, 4 May 1985. "지금까지 우리는 전쟁 중 우리 어머니들의 경험에 관해 생각해 본 적이 없었다. 어머니들은 우리에게 아무 말도 하지 않았고 우리는 아무 것도 묻지 않았다. 전쟁 이야기가 들려올 때마다 이야기를 들려준 것은 남성들이었다. 전쟁은 남성들의 일이라고 이야기되었다. 그러나 전쟁에는 많은 얼굴이 있다. 그 가운데 하나는 여성과 어머니들의 이야기를 반영한다. 우리는 전쟁의 이런 측면을 조사하기 시작했다. 그리고 우리는 침묵의 벽과 마주했다. 테러와 폭격의 밤과 도주의 공포를 경험한 여성들은 그에 관해 이야기하기를 원하지 않았다. 그러나 소수의 사람들은 결국 이야기를 들려주었다. 생존의 이야기를 … "

33 그 물리적 파괴의 범위는 오늘날에는 상상하기 어렵다. 베를린에서만 파편을 치우는 데에 백만 대 이상의 열차가 필요했다. 대체로 그 파편을 치운 것은 여성이었다. 다음을 참고. Luise F. Pusch and Bernd Bredemeyer, "Trümmerfrauen," in *Die Unfähigkeit zu feiern: Der 8. Mai*, ed. Nobert Seitz (Frankfurt am Main: Verlag Neue Kritik, 1985), p. 109. "전쟁 말에 4억 입방미터의 파편이 과거 독일 제국이었던 지역을 뒤덮었다. 전체 파편의 1/8 이상인 5천5백만 입방미터가 베를린을 덮고 있었다. 그 도시에서 '파편 줍는 여성들'은 하나의 신화이자 '생존을 향한 독일인의 의지'의 상징이 되었다. 가장 중요한 교통로는 물론이고 모든 주거 공간의 41%인 약 6백5십만 개의 주택이 파손되거나 완전히 파괴되었다. 가장 중요한 도시의 중심은 그저 폐허의 장이었다."

34 Judith Mayne, "Visibility and Feminist Film Criticism," *Film Reader* 5 (1982), p. 122. 또한 다음을 참고. Margarethe von Trotta, "Female Film Ae sthetics," in *West German Filmmakers on Film*, p. 89. "만약 영화에 여성적인 미학 형식 같은 것이 존재한다면, 내게 그것은 주제의 선택에 있을 것이고, 또한 세심함, 존경, 감수성, 보살핌 속에도 놓여 있을 것이다. 이런 것들을 통해 우리는 우리가 선택한 배우들뿐만 아니라 우리가 재현하는 사람들에게 접근한다. … 가장 기본적인 것은 우리가 이성과 감정, 큰 사건과 작은 사건에 차별을 두지 않는다는 것이다."

35 Cathrine A. Mackinnon, "Feminism, Marxism, Method, and the State: Toward Feminist Jurisprudence," *Sign* 8 (Summenr 1983), p. 636. "만약 양성이 동등하지 않고 상황에 편향된 시각이 개입한다면, 젠더화되지 않은 현실이나 젠더화되지 않은 관점은 존재하지 않는 것이다." 다음 또한 참고. George Simmel, "Female Culture," in *On Women, Sexuality, and Love*, trans. and ed. Guy Oakes (New Haven, Conn.: Yale University Press, 1984), p. 67. "남성과 여성 사이의 구분이 타당하지 않은 순전히 '인간적인' 문화가 존재한다는 믿음은 그런 문화가 존재하지 않는다는 것으로 귀결되는 동일한 전제 ― '인간적인' 것과 '남성'

의 조야한 동일시 — 에 기원을 두고 있다"(1911년 처음 발행). "집단 기억"의 개념에 관해서는 다음을 참고. Maurice Halbwachs, *The Collective Memory*, trans. F. J. Ditter and V. Y. Ditter (New York: Harper and Row, 1980).

36 Christa Wolf, *Cassandra: A Novel and Four Essays*, trans. Jan van Heurk (New York: Farrar, Straus and Giroux, 1984), p. 259.

37 어머니-딸의 관계에 관해서는 다음의 서문을 참고. *Theorien weiblicher Subjektivität*, ed. Barbara Naumann and Elizabeth Böhmenr (Frankfurt am Main: Verlag Neue Kritik, 1985), pp. 19-20. "어머니와 딸의 관계는 여성의 주체성에서 근간이 된다. 그 관계는 가장 이른 사회적 경험 가운데 하나로서 우리의 삶이 시작되는 바로 그 순간에 그 경험에서 한 여성이, 곧 우리의 어머니가 우리와 대면하고 우리에게 욕구의 충족과 포기, 권력과 관능을 다루는 법을 가르쳐주기 때문이다. 의식적으로든 무의식적으로든 여성은 젠더 정체성의 형성은 물론이고 그들의 딸과 아들의 개인화 과정에도 결정적으로 개입한다는 결론에 이르게 된다."

38 Christoph Meckel, *Suchbild: über meinen Vater* (Darmstadt/Neuwied: Luchterhand, 1980), p. 143.

39 Helke Sander, "krankheit als sprazhe," *frauen und film* 23 (April 1980), p. 25. 아버지에 대한 부정적인 규정은 의식적인 구성물이다. 다음을 참고. Sanders-Brahms's, "Kleine Nachrede, hinterher," in *Deutschland, bleiche Mutter*, p. 117. "이 영화는 내 아버지에게는 정당하지 않다. 아버지에게 용서를 구한다. 나의 아버지는 내가 존경하는 많은 자질을 지녔었고 지금도 지니고 있다. 심지어 나는 아버지를 존경한다. 나는 아버지에게 공정하지 않았다. 이 영화는 레네의 영화이다."

40 Margarethe Mitscherlich-Nielson, "Rede über das eigene Land: Deutschland," in *Rede über das eigene Land: Deutschland* (Munich: Bertelsmann, 1985), p. 76-77.

41 학생운동의 역사는, 그리고 그와 연결된 여성운동의 역사는 헬케 잔더의 반(半)자전적인 영화 〈주관적인 요인〉(*Der subjektive Faktor*, 영문 제목: *The Subjective Factor*, 1981)에서 페미니즘의 관점으로 제시된다. 헬케 잔더는 "여성해방 준비를 위한 활동 위원회"의 설립자였고 1968년에는 사회주의 독일 학생(Socialist German Students: SDS)의 대표단 회의에서 발언했다. 1972년에 그녀는 유력한 페미니즘 영화 잡지 《여성과 영화》(*Frauen und Film*)를 창간했다. 〈주관적인 요인〉은 파편적인 열린 형식을 통해 관객 자신의 기억을 일깨우려는 의도의 영화였다. 기억의 앨범, 화면 밖 음성을 통한 헬케 잔더의 격언조의 논평들이 자막과 텍스트, 다큐멘터리 뉴스릴 자료, 연기된 장면과 서로 다른 시간의 층위들 사이 사이에 위치한다. "콜루게적인" 열린 형식은 해결책을 제공하지 않은 채 설명된 문제들에 대한 대화를 촉진하려고 한다.

42 다음에서 재인용. "Feministischer Film," in *rororo Film-Lexicon*, "Filme," ed. Liz-Anne Bawden and Wolfram Tichy (Reinbek: Rowohlt, 1978), p. 200. 또한 다음을 참고. Gudrun Lukasz-Aden and Christel Strobel, *Der Frauenfilm: Filme von und für Frauen* (Munich: Heyne, 1985); 서독에서 페미니즘 영화의 점진적인 출현에 관한 개관으로는 다

음을 참고. Renate Möhrmann, "Frauen erobern sich einen neuen Artikulationsort: Der Film," in *Frauen Literatur Geschichte: Schreibende Frauen vom Mittelalter bis zur Gegenwart*, ed. Hiltrud Gnüg and Renate Möhrmann (Stuttgart: Metzler, 1985).

43 봇물처럼 쏟아져 나온 이 주제에 관한 문헌들 가운데 다음의 글 참고. *Women and Cinema: A Critical Anthology*, ed. Karyne Kay and Gerald Pearly (New York: Dutton, 1977); "Women and Film: A Discussion of Feminist Aesthetics," *New German Critique* 13 (Winter 1978), p. 83-107; Judith Mayne, "The Woman at the Keyhole: Women's Cinema and Feminist Criticism," *New German Critique* 23 (Spring/summer 1981), p. 27-43; Annette Kuhn, *Women's Pictures: Feminism and Cinema* (London: Routledge and Kegan Paul, 1982); E. Ann Kaplan, *Women and Film: Both Sides of the Camera* (New York/London: Methuen, 1983); *Re-Vision: Essays in Feminist Film Criticism*, ed. Mary Ann Doane, Patricia Mellencamp, and Linda Williams (Los Angeles: The American Film Institute, 1984); Gertrud Koch, "Exchanging the Gaze: Re-visioning Feminist Film Theory," *New German Critique* 34 (Winter 1985), p. 139-153. Teresa de Lauretis, "Aesthetic and Feminist Theory: Rethinking Women's Cinema," *New German Critique* 34 (Winter 1985), p. 154-175. Mary C. Gentile, *Film Feminisms: Theory and Practice* (Westport, Conn.: Greenwood Press, 1985).

44 Claohnston, "Women's Cinema as Counter-Cinema," in *Notes on Women's Cinema*, ed. Mary Ann Doane, Patricia Mellencamp, and Linda Williams (London: Society for Education in Film and Television, 1973); Laura Mulvey, "Visual Pleasure and NArrative Cinema," *Screen* 16/3 (1975), p. 6-18; Mulvey, "Feminism, Film, and the Avantgarde," *Movie* 22 (1976), p. 3-10. 다음 또한 참고. E. Ann Kaplan: "Is the Gaze Male?" in *Women and Film*, p. 23-35.

45 Helke Sander, "feminismus und film: 'i like chaos, but i don't know whether chaos likes me,'" *frauen und film* 15 (February 1978), p. 10.

46 페미니즘 영화에서 형식적으로 급진적인 이런 연출과 관련된 예로는 미셸 시트론(Michelle Citron)의 영화 콜라주 〈딸의 의식〉(*Daughter Rite*, 1978)이 있다. 이 영화는 자전적인 화면 밖 음성, 홈무비 영상 자료와 허구적인 장면들을 활용해서 어느 미국인 가정 안에서 어머니와 딸의 관계를 분석한다. 다른 예들로는 다음과 같은 것들이 있다. Laura Mulvey and Peter Wollen, *Riddles of the Sphinx* (1974); Helke Sander, *Die allseitig reduzierte Persönlichkeit-Redupers* (The All-round Reduced Personality, 1977); Lizzi Borden, *Born in Flames* (1983); and Yvonne Rainer, *The Man Who envied Women* (1985).

6. 기억으로서의 독일

1 Franz A. Birgel, "You can Go Home Again: An Interview with Edgar Reitz," *Film Quarterly* 39 (Summer 1986), p. 5.
2 〈하이마트〉는 35mm 필름으로 촬영되었지만 텔레비전을 위해 제작되었다. 이 영화는 1984년에 뮌헨 영화제에서 처음 상영되었다. 독일에서 그 영화가 거둔 엄청난 대중적 성공은 주로 황금 시간대에 방영된 데 따른 것이다. 또한 인쇄매체에도 폭넓게 광고했다. 〈하이마트〉가 서독 텔레비전을 위한 미니시리즈로 제작되었지만 라이츠는 그 영화가 — 텔레비전 연속극이 아니라 — 11장으로 구성된 한 편의 영화 혹은 "영화 소설"로 받아들여지기를 원했다. 〈하이마트〉는 이제 서독에서 교육 매체와 도서관에서 비디오카세트 형태로 대여할 수 있다. 또한 서독 대사관을 통해 미국에서도 그 영화를 입수할 수 있다.
3 라이츠는 그의 첫 장편 영화인 1967년작 〈나쁜 시대〉(*Mahlzeiten*)에서 부터 이 원칙을 고수했다. 작가주의 영화에 대한 라이츠의 지지에 관해서는 다음의 글 참고. Edgar Reitz, "Wie sie filmen — wie sie filmen möchten: Gespräch zwischen Edgar Reitz und Johannes Schaaf," *Film* (September 1967), p. 20. 작가주의 영화를 지지하는 그의 다른 논문들 참고. 예를 들어 다음의 글 참고. "Das Kino der Autoren Lebt," in Edgar Reitz, *Liebe zum Kino: Utopien und Gedanken zum Autorenfilm 1962-1983* (Cologne: Verlag KÖLN 78, 1984), p.117-124.
4 Martin Raschke, "Man trägt wieder Erde," 다음에서 재인용. Anton Kaes, ed. *Weimarer Republik. Texte und Dokumente zur deutschen Literatur 1918-1933* (Stuttgart: Metzler, 1983), p. 675. "여러분이 만약 올해 나온 출판물의 목록을 살펴보면, 독일은 농부들만 사는 곳이라는 인상을 받게 될 것이다."
5 앞의 책, p. 676.
6 Ernst Bloch, *The Principle of Hope*, trans. Neville Plaice et al., vol. 3(Cambridge, Mass.: MIT Press, 1986), p. 1376.
7 Martin Walser, "Heimatkunde," in *Heimatkunde: Aufsätze und Reden* (Frankfurt am Main: Suhrkamp, 1968), p. 40.
8 특히 다음을 참고. Dieter Bellmann et al., "'Provinz' als politisches Problem," *Kursbuch* 39 (April 1975), p. 81-127. 또한 다음을 참고. *Aufstand der Provinz: Regionalismus in Westeuropa*, ed. Dirk Gerdes (Frnakfurt am Main: Campus, 1980); Jochen Kelter, "Provinz—Aufmarschbasis gegen die Metropolen? Zur Renaissance von Heimat und Dialekt in der westdeutschen Linken," in *Literatur im alemannischen Raum: Regionalismus und Dialekt*, ed. Kelter and Peter Salomon (Freiburg: Dreisam Verlag, 1978), p. 97-102; Nobert Mecklenburg, "Regionalismus und Literatur: Kritische Fragmente," *ibid*, p. 113-124; Hermann Lübbe, "Polisher Historismus: Zur Philosophie des Regionalismus," *Merkur* 372 (May 1979), p. 415-424; Die Literatur Blüht im Tal (*Literaturmagazin* 14), ed. Jügen Manthey et al. (Reinbek: Rowohlt, 1981). 마이클 가이

슬러(Michael E. Geisler)는 라이츠의 노력을 그런 맥락 속에 위치시키기 위해 하이마트 개념과 좌파의 대면을 상세히 재구성했다. 다음을 참고. Michael E. Geisler, "Heimat and the German Left: The Anamnesis of a Trauma," *New German Critique* 36 (Fall 1985), p. 25-66.

9 다음의 책들을 참고. Winfried von Bredow and Hans-Freidrich Fotlin, *Zwiespältige Zufluchten: Zur Renaissance des Heimatgefühls* (Berlin/Bonn: J. H. W. Dietz, 1981); Ina-Maria Greverus, *Auf der Suche nach Heimat* (Munich: Kohlhammer, 1980); Peter Rühmkorf, "Heimat — ein Wort mit Tradition oder vom Angriff auf unsere Lebenszusammenhänge," *Frankfurter Allgemeine Zeitung*, 29 November 1980; *Heimat: Sehnsucht nach Identität*, ed. Elizabeth Mossmann (Berlin: Ästhetik und Kommunikation, 1981); Hermann Bausinger et al., *Heimatheute* (Stuttgart: Kohlhammermer, 1984); Walter Jens, "Nachdenken über Heimat," *Frankfurter Allgemeine Zeitung*, 9 June 1984; *Worin noch niemand war: Heimat: Eine Auseinandersetzung mit einem strapazierten Begriff: historisch — philosophisch — architektonisch*, ed. Eduard Führ (Wiesbaden/Berlin: Bauverlag, 1985). 볼프강 포흐르트(Wolfgang Pohrt)에게 하이마트는 "체념, 실패, 망명의 완곡한 표현이다. 그리고 그것은 바로 '하이마트'를 사랑하는 영화작가와 작가들이 식자층 사이에서 그렇게 많은 열렬한 지지자를 찾을 수 있는 이유이다." *konkret* 11(November 1984): 21.

10 예를 들어, 비판적인 하이마트 영화에는 다음과 같은 작품들이 포함된다. 페터 플라이슈만(Peter Fleischmann)의 〈남부 바바리아의 사냥 장면〉(*Jagdszenen aus Niederbayern*, 1968), 폴커 슐뢴도르프의 〈콤바흐 빈민들의 갑작스런 부〉(*Der plötzliche Reichtum der armen Leute von Kombach*, 1971). 또한 이들 영화에 대한 볼프람 쉬트의 비평 참고. "Linke Flucht in die Vergangenheit," *Frankfurter Rundschau*, 19 May, 1971. "그러나 이 '하이마트영화들', 독일의 사회적 서부극, 좌파 역사 영화의 주제는 무엇일까? 단지 과거일까? 현재, 패전, 체념, 최근의 폭동, 마지막 저항, 현재의 절망은 아닐까? 맹목적인 분노와 실패한 혁명, 아무것도 변하지 않거나 변하지 않았다는 생각, 모든 것이 그대로 남아있다는 생각은? 이제 그 분노는 뒤로 투사되고 과거 속에서 그 자신을 소진할 수 있다. 지금 여기에 대한 그리고 무엇이 될 수 있는가에 대한 어떤 전망도 없이…"

11 Edgar Reitz, "Made in Germany," *tip-Magazin* 16 (1984), p. 23.

12 "Geh über die Dörfer," *Der Spiegel*, 1 October 1984. 이 호의 표지는 훈스뤽의 풍경 속에 목가적인 부드러운 곡선의 언덕 위로 펼쳐진 구름 한 점 없이 푸른 하늘 사진 위로 마리아를 연기했던 여배우 마리타 브로이어(Marita Breuer)의 얼굴을 겹쳐서 보여준다. 멀리 보이는 계곡과 교회, 몇 채의 집이 푸른 초원과 숲과 잘 경작된 들판에 둘러싸여 있는 것을 볼 수 있다. 그리고 다음과 같은 글귀가 적혀 있다. "하이마트를 향한 그리움(Sehnsucht nach Heimat)." 이런 하이마트의 이미지 — 처녀지의 풍경, 작은 마을, 그 모든 것 위로 떠 있는 온화한 어머니의 얼굴 — 는 키치와 상투적 표현이 될 잠재력을 분명하게 보여준다.

13 아르민 베얀트(Armin Weyand)와 가진 대담에서 에드가 라이츠, "Heimat: Eine

Entfernung," *Frankfurter Rundschau*, 20 October 1984.
14 이런 대비에는 오랜 전통이 있다. 페르디난트 퀴른베르거(Ferdinand Kürnberger)의 『미국에 대한 혐오증』(*Der Americamüde*, 1855)과 같이 미국에 대해 비판적인 소설들 참고. 그 소설에서 주인공은 유명한 시인 니콜라우스 레나우로 나이팅게일의 노래를 듣지 못하는 "영혼 없는" 미국에 있다는 것을 더 이상 참을 수 없다. 구세계와 신세계, 하이마트와 먼 땅의 대비는 빔 벤더스의 영화들에서도 하나의 모티프이다. 예컨대, 〈도시의 엘리스〉(*Alice in den Städten*)와, 무엇보다도 〈파리, 텍사스〉(*Paris, Texas*) 같은 영화들이 그렇다. 그 영화들에서는 제목만으로도 고향과 먼 곳 사이의 아이러닉한 긴장이 표시된다. 하이마트에 대한 그리움과 이런 그리움을 결코 달랠 수 없다는 사실을 아는 것 사이의 내적 긴장이 라이츠의 영화 〈하이마트〉의 주인공을 특징짓는다. 그리고 〈파리, 텍사스〉에서 트레비스가 집에 도착하자마자 다시 떠나 홀로 길을 나서는 선택을 했을 때 그 긴장이 변주된다.
15 Press Kit for Heimat, *Wsetdeutscher Rundfunk*, 1 August 1984.
16 시간에 대한 도시적(직선적) 경험과 시골의(순환적) 경험 사이의 차이에 관해서는 다음을 참고. John Berger, *Pig Earth* (New York: Pantheon Books, 1979), 특히 그의 다음 글 참고. "Historical Afterword," p. 195-213.
17 괄호 안의 페이지 번호는 출판된 시나리오를 가리킨다. Edgar Reitz and Peter Steinbach, *Heimat: Eine deutsche Chronik* (Nördlingen: Greno, 1985). 대본은 영화의 "읽기용 버전"으로 의도된 것이다. 그 대본은 영화의 최종 판본과 다르다. 특히 에피소드의 순서가 다르다. 대사의 문단은 영화에 나오는 대사와 동일한 경우에만 책에서 인용했다. 영화의 사진을 엮은 책 역시 출간되었다. *Heimat: Eine Chronik in Bildern* (Munich: Bucher, 1985).
18 Anna Mikula, "Edgar Reitz, ein Deutscher," *Zeit-Magazin*, 26 October 1984, p. 42. 그가 오늘날 자신을 다시 독일인으로 생각하고 있는지 여부를 묻는 질문에, 라이츠는 다음과 같이 대답했다. "내 기억 속의 이미지는 독일적인 것들이다. 나는 기억을 지어낼 수 없기 때문에 독일적인 기억을 생산한다. 그러나 '하이마트'와 국가는 모순된 용어들이다."
19 Anton Kaes, *Kino-Debatte: Literatur und Film 1909-1929* (Munich: dtv, 1978), p. 23에서 재인용.
20 이는 미국 영화의 등장으로 분명하게 입증된다. 2천3백만 명의 (대다수가 문맹인) 유럽 이민자들이라는 대규모 관객이 없었다면 미국 영화의 성장은 생각할 수 없는 것이었다. 유럽 이민자들은 1890년대와 1912년 사이에 동부 해안가의 대규모 산업 중심지에 정착했다. 무성영화의 이미지는 영어를 알지 못해도 이해할 수 있는 것들로 이민자들에게 미국에서의 일상생활을 알려주었다. 영화가 점점 더 부르주아 관객에게 영합하면서 (예를 들어, 채플린의 초기 영화에 나타나는) 이 슬랩스틱 영화의 민중주의적이고 반(反)권위주의적인 측면은 억압되었다. 그런 뒤에 문학을 각색한 영화가 대신했고 일상적인 삶에 대한 (보통 비판적인) 관찰을 대신했다. 새로운 매체에 대한 독일인의 다양한 태도는 다음의 책에 정리되어 있다. Anton Kaes, ed., *Kino-Debatte*, 특히 p. 59-81 참고.
21 Sigfried Krakauer, *Theory of Film: The Redemption of Physical Reality* (London/New York: Oxford University Press, 1965), p. 304.

22 앞의 책, p. 309. 크라카우어가 자신의 입장을 지지하기 위해 인용한 미술사가 어윈 파노프스키의 테제 또한 참고. "초기 모든 재현 예술의 과정은 정도의 차이가 있을지언정, 세계에 대한 하나의 이상적인 개념을 확인시킨다. 이들 예술은 위에서 밑으로 작용하는 것이지, 이른바 밑에서 위로 작용하는 것이 아니다. 예술은 무형의 물질에 투사된 하나의 아이디어를 가지고 시작하는 것이지 물리적 세계를 형성하는 대상들로 시작하는 것이 아니다. … 우주에 대한 물질주의적 해석에 합당한 것은 영화이다. 오직 영화만이 합당하다. 그리고 그런 해석은 좋든 싫든 오늘날의 문명에 널리 스며들어 있다"(p. 309).
23 A. T., "Entretien avec Edgar Reitz," *Jeune Cinéma*, no. 125 (March 1980), p. 20.
24 앞의 책, p. 19.
25 Edgar Reitz, "Unabhängiger Film nach Holocaust?" in *Liebe zum Kino*, p. 102.
26 일상생활의 역사에 관한 논쟁과 관련해서는 다음을 참고. *Lebenserfahrung und kollektives Gedächtnis: die Praxis der "Oral History,"* ed. Lutz Niethammer (Frankfurt am Main: Syndikat, 1980); Thomas Schmid, "'Oral History' und die Kultur der Unterschichten," *Merkur* 397 (June 1981): 613–620; Jürgen Kocka, "Plädoyer für Alltagsgeschichte," *Merker* 414 (December 1982), p. 1244–48; Hans-Ulrich Wehler, "Neoromantik und Pseudorealismus in der neuen 'Alltagsgeschichte,'" in *Preussen ist wieder chic … Politik und Polemik* (Frankfurt am Main: Suhrkamp, 1983), p. 99–106; Klaus Tenfelde, "Schwierigkeiten mit dem Alltag," *Geschichte und Gesellschft* 10 (1984), p. 376–394; Jürgen Kocka, "Zurück zur Erzähung? Plädoyer für historische Argumentation," ibid., p. 395–408; Martin Broszat et al., *Alltagsgeschichte der NS-Zeit. Neue Perspektive oder Trivialisierung?* (Munich: Oldenbourg, 1984); Carlo Ginzburg, *Spurensicherung: über verborgene Geschichte, Kunst und soziales Gedächtnis* (Berlin: Wagenbach, 1983). 최근 발전에 관해 영어로 발표된 비평으로는 다음을 참고, MArtin Jay, "Songs of Experience: Reflections on the Degate over Alltagsgeschichte," *Salmagundi* 81 (Winter 1989), p. 29–41.
27 Volker Ulrich, "Den Namenlosen eine Stimme verleihen: Die 'Barfusshistoriker' machen von sich reden," *Das Parlament*, 17–24 May 1986.
28 Theodor W. Adorno, "Amorbach," in *Parva Aesthetica* (Frankfurt am Main: Suhrkamp, 1968), p. 20–21.
29 Walter Benjamin, "Der Erzähler," in Benjamin, *Gesammelte Schriften*, vol. 2/2 (Frankfurt am Main: Suhrkamp, 1977), p. 439: "전쟁이 끝났을 때 사람들이 벙어리가 되어 전선에서 돌아온 것을 알아채지 못했나? 자신들의 경험을 전달할 수 있는 그들의 능력은 더 풍부해진 것이 아니라 오히려 더 형편없어졌다."
30 예: 에두아르트(신문을 읽으면서): "뮌헨에서 스파르타 당원들이 전차에 탄 승객들을 강탈했대." 폴린: "맙소사, 샤프바흐에는 전차가 없으니 얼마나 다행이에요."
31 "나는 그런 성가심이 좋습니다." 라이츠는 다음에 수록된 대담에서 이렇게 말했다. *Frankfurt Rundschau*, 20 October 1984. "흑백은 현재나 과거를 의미하지 않습니다. 꿈이나 현실을 의미하지도 않습니다. 그것은 여전히 이 영화의 독특한 특성으로 남아있습니다."

라이츠의 찬사를 받는 프랑스의 다큐멘터리 작가 크리스 마르케 또한 『붉은 대기』(*Le fond de l'air est rouge*)에서 뚜렷한 동기 없이 흑백에서 컬러로 전환해서 얻게되는 소외효과를 활용한다.

32　Pier Paolo Pasolini, "Das Kino der Poesie," in *Pier Paolo Pasolini*, ed. Peter W. Jansen and Wolfram Schütte (Munich/Vienna: Hanser, 1977).

33　Georg Wilhelm Friedrich Hegel, "Vorlesunggen über die Philosophie der Geschichte," *Werke in 20 Bänden*, vol. 12 (Frankfurt am Main: Suhrkamp, 1970), p. 42.

34　Edgar Reitz, "Das Unsichtbare und der Film: Refelxionen zum Handwerk, angeregt durch Chris Markers Sans soleil," in *Liebe zum Kino*, p. 127.

35　Susan Sontag, On Photography (New York: Farrar, Straus and Giroux, 1977), p. 15. 다음 또한 참고. John Berger and Jean Mohr, *Another Way of Telling* (New York: Pantheon, 1982), p. 89: "사진은 시간 속에서 한 순간을 간직한다. 그리고 그 순간이 또 다른 순간의 압력을 받아 지워지는 것을 막아준다. 이런 점에서 사진은 기억에 저장된 이미지와 비교될 지도 모른다. 그럼에도 불구하고 둘 사이에는 한 가지 근본적인 차이가 존재한다. 기억된 이미지는 지속적인 경험의 잔재인 반면, 사진은 단절된 사례의 외형만을 분리시킨다.

36　Walter Benjamin, "These on the Philosophy of History," in *Illuminations* trans. Harry Zohn, ed. Hannah Aredt (New York: Schocken, 1969), p. 255.

37　Reitz, "Das Unsichtbare," p. 131에서 재인용.

38　Roland Bartheses, *Camera Lucida*, trans. Richard Howard (New York: Hill and Wang, 1981), p. 88.

39　전쟁과 영화의 독립에 관해서는 다음을 참고. Paul Virilio, *Guerre et Cinéma* (Paris: Editions de l'Ecole, 1984).

40　반대로 텔레비전은 완전히 부정적인 관점에서 등장한다. 안톤은 외로운 노모의 생일에 그녀에게 컬러 텔레비전 수상기를 선물한다. 그의 어머니는 그 선물을 꺼내지 않은 채로 놓아둔다.

41　Reitz, "Das Unsichtbare," p. 130.

42　앞의 책, p. 131.

43　Wolfram Schütte, "Neue 'Heimat,'" *Frankfurter Rundschau*, 24 October 1984.

44　Anna Mikula, "Edgar Reitz, ein Duetscher," *Zeit-Magazin*, 26 October 1984, p. 42.

45　예를 들어, 튜린 소재 괴테 연구소에서 있었던 "내셔널리즘과 정체성"이라는 제목의 연속 강연(1985)이나 1986년 "독일 재통일(Unteilbares Deutschland)"을 위한 신탁위원회가 후원한 "하이마트"에 관한 학술대회 참고; 1983년 이래 "우리의 나라: 독일에 관한 연설(Reden über das eigne Land: Deutschland)"이라는 제목으로 뮌헨에서 큰 인기를 누렸던 일요 연속 강연 참고.

46　Gertrud Koch, "How Much Naivet? Can Wew Afford? The New Heimat Feeling," *New German Critique* 36 (Fall 1985), p. 13–16; 또한 프리드리히 칼렌버그(Friedrich P. Kahlenberg), 게르트루트 코흐(Gertrud Koch), 클라우스 크라이마이어(Klaus Kreimeier),

하이데 슐뤼프만(Heide Schlüpmann)과 〈하이마트〉에 관해 벌인 논쟁을 옮겨 적은 글 또한 참고. 본래 《여성과 영화》(Frauen und Film 38, May 1985, p. 16–20)에 발표되었다. 《신 독일 비평》의 같은 호에도 〈하이마트〉에 관한 기록이 포함되었다. 미리엄 핸슨(Miriam Hansen)이 편집하고 소개했으며 카르스텐 비테(Karsten Witte), 짐 호버만(Jim Hoberman), 토마스 엘세서(Thomas Elsaesser)의 글이 수록되어 있다. 또한 그 영화에 대한 역사가의 시각을 위해서는 다음을 참고. Kenneth D. Barkin, "Modern Germany: A Twisted Vision," *Dissent* (Spring 1987), p. 252–255.

47 Henry de Bresson, "Un Pays se trouve âme et refuge," *Le Monde*, 22 November 1984. 《르몽드》의 같은 호에는 라이츠 브로이어(Reitz Breuer)와 마리타 브로이어(Marita Breuer)의 인터뷰와 자크 시클리어(Jacques Siclier)의 장문의 글이 포함되어 있다. 시클리어의 글은 다음과 같은 말로 결론을 맺고 있다. "〈하이마트〉는 … 20세기의 위대한 독일의 영화(German film)이며 독일에 관한 영화(The film of Germany)이다." 또한 다음의 상세한 논의와 인터뷰 참고. *Libération*, 24–25 November 1984; *Nouvelle Observateur*, 23 November 1984; *Télerama*, no. 1819 (21 November 1984).

48 Jordan Mejias, "Ärgernisse: 'Heimat' in New York," *Frankfurter Allgemeine Zeitung*, 2 May 1985.

49 James Markham, "West German TV Specials Spark Debate on Reconciliation with Nazi Era," *New York Times*, 24 April 1985.

50 J. Hoberman, "Once in a Reich Time," *Village Voice*, 16 April 1985.

51 Timothy Garton Ash, "The Life of Death," *The New York Review of Books*, 19 December 1985.

52 Edgar Reitz: "Unabhägiger Film nach Holocaust?" in *Liebe zum Kino*, p. 98.

53 앞의 책, p. 100.

54 앞의 책, p. 102.

55 영화가 완성된 직후 〈독일제〉라는 제목이 〈하이마트〉로 변경되었다. 원제는 도입부 장면에서 바위에 새겨진 상태로 여전히 볼 수 있다.

56 Reitz, "Made in Germany," p. 23.

57 Heike Hurst, "Edgar Reitz: Comment être encore un Allemand?" *Nuit Blanche*, no. 21 (1985), p. 70; 번역은 다음을 따랐다. Koch, "How Much Naviet? Can We Afford?" p. 13.

58 앞의 책.

59 Christin Zimmer, "Our Hitler," *Telos* 42 (Winter 1979/80), pp. 150–151(번역문은 약간 수정되었다). 〈쇼아〉에서 절멸의 현장을 다시 찾은 한 생존자는 다음과 같이 말한다. "당신은 그것을 다시 설명할 수 없습니다. 누구도 여기서 벌어진 일을 상상할 수 없습니다. 그건 불가능한 일입니다. 누구도 이해할 수 없습니다."

60 9시간 30분 길이로 1986년 베를린 영화제에서 발표되었고 1986년 3월에 독일 텔레비전에서 방영된 클로드 란츠만의 영화 〈쇼아〉에 관해서는 다음을 참고. Lothar Baier, "Täter und Opfer," *Frankfurter Rundschau*, 7 September 1985 "〈쇼아〉는 비트부르크에 대해 상상

할 수 있는 가장 강력한 대답이다. 범죄자와 희생자 사이의 지울 수 없는 뚜렷한 차이가 다시 한 번 확인되었다. 클로드 란츠만의 독창적인 다큐멘터리가 우연히 때마침 등장해서 독일의 새로운 미키-마우스 월드에 균형을 바로 잡는다. 그곳에서는 아우슈비츠와 동독인의 추방이 동일하게 파스텔 색채를 띤다." 다음 또한 참고, Klaus Kreimeier, "Unsagbares sagen," *epd Film* 2 (1986), p. 24-27. 그리고 다음 또한 참고, Heike Hurst, "Gespäch mit Claude Lanzmann, 'Der erste befreiende Film seit 1945,'" *Frankfurter Rundschau*, 1 February 1986.

61 페흐너(Fechner)의 〈재판〉은 독일 영화비평가들로부터 호평을 받았다. 텔레비전 시청자들은 그 영화를 외면했다. 다음을 참고, Karl-Heinz Janssen, "Über das Böse und das Tugendhafte," *Die Zeit*, 16 November 1984; Volker Hage, "Ich war es. War ich es?" *Frankfurter Allgemeine Zeitung*, 27 November 1984.

62 Sebastian Haffner, *The Meaning of Hitler*, trans. Ewald Osers (Cambridge, Mass.: HArvard University Press, 1983); Hans-Dieter Schäfer, *Das gespaltene Bewusstein: Deutsche Kultur und Lebenswirklichkeit 1933-1945* (Munich/Vienna: Hanser, 1981). 셰퍼는 나치 시절의 새로운 "소비 사회", "경제 기적", "신분 상승"에 관해 말한다. 억압된 과거와 검열 없이 대면하라는 셰퍼의 호소는 정확히 라이츠의 기획과 동시에 등장했다. "독일인들이 그들 자신의 역사를 격리시키기 위해 쌓은 벽을 허물고 그들의 현재와 연결된 맥락에서 그들의 엄혹한 과거를 인식하기 시작할 때에 비로소 그들은 그들 자신을 의식할 수 있을 것이다"(162).

63 1982년 방영된 마이클 호프만(Michael Hoffmann)과 해리 레이먼(Harry Raymon)의 텔레비전 영화 〈빗방울〉(*Regentropfen*)은 〈하이마트〉에 대한 필수적인 보완으로 볼 수 있다. 그 영화는 어린 아이 베니의 관점에서 이야기된 것으로서 1933년 2월 훈스뤽의 작은 마을에서 유대인의 삶에 대한 통찰을 제공한다. 그 영화는 유대인이 그 도시의 사회에 완전히 통합되어 있었고 훈스뤽의 사투리를 말했음에도 불구하고 그 가족에게 사회적 차별이 가중되고 결국 그들이 사회적으로 배제되는 과정을 다루고 있다. 그 영화는 (그 가족이 아버지의 병환으로 인해 이민을 떠날 수 없다는 소식을 전하면서) 다음과 같은 문장으로 끝을 맺는다. "걱정 마, 우리는 잘 해낼 수 있을 거야."

64 〈영시〉의 시나리오는 라이츠와 〈하이마트〉를 공동집필한 페터 슈타인바흐가 집필했다. 그 영화는 라이프치히 교외지역(슈타인바흐의 출생지)에서 1945년 여름에 투링기아와 작센에서 미군이 철수하고 러시아군이 도착하기 직전에 벌어진 일을 다루고 있다.

65 Peter Handke, *Über die Dörfer* (Frankfurt am Main: Suhrkamp, 1981), p. 74. 최근 오스트리아 문학에는 하이마트와 시골생활에 대한 비판적인 묘사가 풍부하다. 다음을 참고, Gert Jonke, *Geometirscher Heimatroman* (Salzburg: Residenz, 1969); Gerhad Roth, *Landläufiger Tod* (and *Dorfchronik zum Landläufigen Tod*) (Frankfurt am Main: Fischer, 1984); 뿐만 아니라 토마스 베른하르트가 "가톨릭-국가사회주의식" 가정교육과 대면하는 것 또한 참고, Thomas Bernhard, *Auslöschung* (Frnakfurt am Main: Suhrkamp, 1985). 최근 하이마트에 대한 서독의 접근법은 노스탤지어적이고 양면적이다.

Siegfried Lenz, *Heimatmuseum* (Hamburg: Hoffmann and Campe, 1978); Guntram Vesper, *Nördlich der Liebe und südlich des Hasses* (Munich: Hanser, 1979); Peter O. Chotjewitz, *Saumlos*, (Reinbek: Rowohlt, 1982); Anna Wimschneider, *Herbstmilch: Lebenserinnerungen einer Bäuerin* (Munich: Piper, 1984).

66 Martin Broszat, "Plädoyer für eine Historisierung des Nationalsozialismus," *Merkur* 435 (May 1985), p. 384. "우리의 역사의식을 '정상화'하는 일은 장기적인 차원에서 나치 시대를 배제할 수 없고 그것을 우회해서는 성공할 수 없다. 나치 과거로부터 거리를 두고 덮어두는 것은 억압의 또 다른 형식이다. 그리고 새로운 금기를 만들어낸다." 다음 또한 참고, James M. Markham, "West German TV Specials Spark Debate on Reconciliation with Nazi Era," *New York Times*, 24 April 1985.

67 논란을 불러일으킨 예닝거(Jenninger)의 연설 「과거에 대한 책임에 관해」("Von der Verantwortung für das Vergangene")는 *Die Zeit*, 25 November 1988에 전문이 다시 수록되었다. 또한 번역되어 수록된 발췌문이 *New York Times*, 12 November 1988에 수록되어 있다. 또한 다음을 참고. Richard L. Marcus, "Jenninger Cut Too Close to the Truth," *New York Times*, 22 November 1988.

68 이는 스티븐 그린블랫의 용어로 다음의 책에 등장한다. Stephan Greenbladt, *Shakespearean Negotiations: The Circulation of Social Energy in Renaissance England* (Berkeley/Los Angeles: University of California Press, 1988).

7. 에필로그

1 다음을 참고. "Wages of War. ABC Saga Storms the Ratings," *Time* 28 February 1983. 또한 다음의 커버스토리 참고. "The $40 Million Gamble," *Time*, 7 February 1983. 〈전쟁의 소용돌이〉의 후속편, 〈전쟁과 회상〉(*War and Remembrance*)이 상업광고와 함께 총 30시간 동안 방영될 계획이다. 처음 12시간은 1988년 11월에 ABC 방송사에서 방영되었다. 1억 1천만 달러 이상의 경이적인 비용을 들여 제2차 세계대전 중의 사건들을 다룬 그 미니시리즈는 제작하는 데 실제 제2차 세계대전보다 더 여러 해의 시간이 걸렸다고 전해진다. 〈전쟁과 회상〉의 첫 부분은 5년 전 ABC 방송사가 〈전쟁의 소용돌이〉라는 제목으로 얻었던 것에 비해 전반적으로 낮은 평가를 받았다.

2 다음을 참고. Theodor Lessing, *Geschichte als Sinngebung des Sinnlosen oder Die Geburt der Geschichte aus dem Mythos* (1927; Munich: Matthes & Seitz, 1982).

3 역사가들에게 영화가 지니는 가치에 관해서는 다음을 참고. Peter Sorlin, *The Film in History: Restaging the Past* (Oxford: Blackwell, 1980); John E. O'connor, *Teaching History with Film and Television* (Washington, D.C.: American Historical Association, 1987); Marc Ferro, *Cinema and History*, trans. Naomi Greene (Detroit: Wayne State University Press, 1988). 또한 다음을 참고. Keith Tribe, "History and the Production of

Memories," *Screen* 18 (Winter 1977-78), p. 9-22; Mimi White et al., "The Conjuncture of History and Cinema: How Historians Do Things with Film," *Iris* 2 (1984), p. 137-144. 《현대사 학보》(*Journal of Contemporary History*)는 역사와 영화의 상호작용을 다루기 위해 두 개의 특별호(1983년 7월호와 1984년 1월호)를 발간했다.

4 Botho Strauss, *Diese Erinnerung an einen, der nur einen Tag zu Gast war* (Munich: Hanser, 1985), p. 49.

5 Wilhelm Roth, *Der Dokumentarfilm seit 1960* (Munich/Lucerne: Bucher, 1982), p. 194. "우리에게 아직도 영화에 의해 만들어지지 않은 기억이 남아 있을까? 모든 것이 매개되는 것이 아닌가? 우리 자신의 기억과 영화의 이미지는 어떻게 연결되는 것일까?"

6 Peter W. Jansen, "Das Kino in seinem zweiten Barock: Aspekte des internationalen Films," *Jahrbuch Film* (1979-80), p. 23.

7 Max Picard, *Hitler in uns selbst* (Erenbach-Zurich: Eugen Rentsch Verlag, 1949), p. 46-47. 또한 다음을 참고. Alexander Kluge, "Die Macht der Bewusstseinsindustrie und das Schicksal unserer Öffentlichkeit: Zum Unterschied von machbar und gewalttätig," in *Industrialisierung des Bewusstseins: Eine kritische Auseinandersetzung mit den "neuen" Medien*, ed. Klaus von Bismarck et al. (Munich/Zurich: Piper, 1985), p. 51-129. Eric Breitbart, "The Painted Mirror: Historical Re-creation from the Panoroama to the Docudrama," in *Presenting the Past: Essays on History and the Public*, ed. Susan Porter Benson, Stephen Brier, and Roy Rosenzweig (Philadelphia: Temple University Press, 1986), p. 105-117.

8 Günther Anders, *Die Antiquiertheit des Menschen*, vol. 1., "über die Seele im Zeitalter der zweiten industriellen Revolution"(1956; Munich: Beck, 1987), 특히 다음 장을 참고, "Die Welt als Phantom und Matrize: Philosophische Betrachtungen über Rundfunk und Fernsehen" (p. 9-211); Marshall McLuhan, *The Gutenberg Galaxy* (1962; New York: Signet, 1969); Jean Baudrillard, *Simulations*, trans. Paul Foss, Paul Patton, and Philip Beitchman (New York: Semiotext(e), 1983).

9 Chris Marker, "Das Unsichtbsre und der Film," in Reitz, *Liebe zum Kino*, p. 131. 워커 퍼시(Walker Percy)는 그의 소설 『영화 관객』(*The Moviegoer*, 1960; New York: The Noonday Press, 1967)에서 영화 관람 현상을 가리켜 "인증"이라고 말한다. "요즘 한 사람이 동네 어딘가에 살고 있을 때 그 장소는 그에게 인증되지 않는다. 그가 그곳에서 슬프게 살아갈 가능성이 높고 그의 내면에 있는 공허감은 그것이 그 곳 전체를 사라지게 할 때까지 커질 것이다. 그러나 만약 그가 바로 그 곳을 보여주는 한 편의 영화를 본다면 그는 적어도 한동안은 아무 곳에나 사는 사람이 아니라 어떤 곳에 사는 사람으로서 살 수 있게 된다" (63). 마찬가지로 훈스뤽의 한 농부는 라이츠의 텔레비전 연대기 〈하이마트〉에 대해 다음과 같이 말했다고 전해진다(〈하이마트〉에 관한 신문기사에서 인용). "나는 여기 훈스뤽에서 50년 동안 살았다. 나는 이곳에서 태어났고 이곳은 내 고향이다. 그러나 나는 텔레비전 방송을 보고 나서야 이곳이 얼마나 아름다운지 알게 되었다."

옮긴이 후기

　이 책은 안톤 캐스의 *From Hitler to Heimat: The return of History as Film*(Cambridge: Harvard University Press, 1989)을 번역한 것이다. 1973년 스탠포드 대학교에서 박사학위를 받은 캐스는 1975년부터 어바인 소재 캘리포니아 대학교의 비교문학과에서 강의를 시작했다. 1981년 버클리 소재 캘리포니아 대학교로 자리를 옮긴 뒤에는 독일학과에 적을 두고 영화와 미디어 학과에도 관여하면서 문학과 영화를 아우르는 비평이론에 기초해 독일의 무성영화, 미국의 필름느와르, 뉴저먼시네마, 다큐멘터리, 트라우마적 기억까지 폭넓은 주제들을 다루어왔다. 그 결과 학제적이고 역사적인 접근법이 그의 연구의 중요한 특징으로 자리 잡았다.

　이 책에서도 그 점을 분명하게 확인할 수 있다. 1980년대 초반 뉴저먼시네마 진영의 다섯 작가가 만든 다섯 편의 영화, 위르겐 지버베르크의 〈히틀러, 한 편의 독일 영화〉, 라이너 베르너 파스빈더의 〈마리아 브라운의 결혼〉, 알렉산더 클루게의 〈애국자〉, 헬마 잔더스-브람스의 〈독일, 창백한 어머니〉, 에드가 라이츠의 〈하이마트〉를 다룬 이 책은 구조만 두고 보면 자칫 단순한 영화비평서를 연상시킨다. 하지만 캐스는 영화를 작가의 창의성에 바탕을 둔 자기완결적인 하나의 "작품"으로 보는 대신 다양한 물질적·이데올로기적 조건들을 반영하는 한편, 사회적 담론의 형성에 작용하는 하나의 동인으로서, 곧 일종의 "사건"으로 다룸으로써 이들에 대한 일종의 문화사를 시도한다.

캐스에 따르면, 이 책에서 다루고 있는 다섯 편의 영화는 1977년 이른바 "독일의 가을"과 1979년 미국 드라마 〈홀로코스트〉의 독일 방영이라는 두 사건에 대한 직접적인 대응에 따른 결과였다. 독일인들이 바더-마인호프 단원들의 요인 납치와 암살 등 극단적인 테러 행위와 이들에 대한 정부의 강압적인 대응으로 초래된 공포 상태, 이른바 "독일의 가을"을 통해 제대로 청산되지 않은 과거가 얼마나 음험한 모습으로 현존하고 있는지를 깨닫게 되었다면, 서독에서 〈홀로코스트〉의 방영이라는 미디어적 사건을 통해서는 자신들의 과거가 자신들의 수중에 있지 않다는 사실과 함께 영화가 과거에 관한 논쟁을 주도하고 지배적 담론을 형성할 수 있다는 사실을 깨닫게 되었다.

캐스는 이들 다섯 편의 영화가 이런 충격에 어떻게 대응했는지를, 곧 과거의 청산과 회수라는 양면적인 임무를 어떻게 수용하고 이들 영화가 그것을 수행하는 과정에서 영화의 담론적 힘이 어떻게 발휘되었는지를 정교하게 분석했다. 히틀러를 수많은 사람들의 욕망의 투사체이자 무수한 이미지들로 환원하면서 "평범한" 독일인들의 무고함이라는 허구를 문제 삼았지만 동시에 독일인들이 상기하고 돌파해야 할 트라우마로서 홀로코스트보다 스탈린그라드의 패배에 무게를 둔 지버베르크. 서독의 초창기를 비판적으로 검토하며 유토피아적 이상의 파괴를 힐난하였지만 친유대주의의 허위성을 폭로하기 위한 기획으로 반유대주의의 금기에 도전하면서 둘 사이의 경계를 위태롭게 넘나들었던 파스빈더. 개인의 자전적 기억, 특히 여성과 어린이로 대변되는 소외된 시선으로 전쟁의 경험을 재규정하려 하였지만 부모세대에 대한 날선 비판을 공감과 안타까움으로 전화시킨 잔더스-브람스. 과거에 접근하려는 허구의 역사 교사가 벌이는 애처로운 행동을 자구적으로 재현해 희화화함으로써 과거에 대한 현재의 부주의한 취급을 풍자했지만 내셔널리즘과 "애국심"의 분리를 통해 "독일" 국민의 정체성 회복을 꾀한 클루게. 나치 이데올로기에 복무했을 뿐만 아니라 전후 독일의 과거를 "표백"하는 데에도 동원되었던 "하이마트(고향)"에 대한 이상화된 시선을 해체했지만 동시에 그에 대한 향수를 자극한 라이츠. 캐스는 이들의 움직임 속에서 움트고 있는 과거에 대한 수정주의적 태도를 감지한다. 1987년 역사가 논쟁을 통해 극적으로 표출될 태도가 이미 이들에게서 예고되고 있을 뿐만 아니라 어떤 의미에서는 이들에 의해 조성되고 있었다고 평가한다. 그렇게 캐스는 이들 다섯 편의 영화를 입구삼아 과거에 대한 독일인들의 태도에서 일고 있는 변화의 궤적을 추적했을 뿐만 아니라 과거의 재현에서 영화는 단순히 현실의 반영이거나 좀 더 의식적인 경우 이미 산출된 정보들을 재현하는 수동적인 도구가 아니라 좀 더 적극적이고 주도적으로 논쟁과 의식의 변화를 유도할 수 있는 매체라는 사실을 분명하게 보여주었다.

여기에 더해, 캐스는 서론을 통해 나치 시절부터 전후 시기까지 독일 영화산업과 "국가"가 맺고 있는 특수한 관계를 개괄하고 자신이 분석한 다섯 편의 영화를 그 연속선에 배치함으로써 또 다른 형태의 역사, 독일 영화에 대한 일종의 연대기적 역사를 완성한다. 사실 캐스는 지크프리트 크라카우어의 책 『칼리가리에서 히틀러까지: 독일 영화의 심리학적 역사』의 제목을 차용하면서 자신의 책이 마치 크라카우어 기획의 연속인 것처럼 보이게 해서 자신의 연대기를 바이마르 시기부터 전후 뉴저먼시네마에 이르는 시점까지 독일 영화의 전체시기를 아우르는 것으로 만드는 효과를 거둔다. 그러나 한편으로, 크라카우어의 접근법과 자신의 접근법이 갖는 근본적인 차이를 환기하는 것 역시 놓치지 않는다. 머리말에서도 설명되고 있듯이, 크라카우어의 기획은 제목에서 독일인의 심리적 기질, 혹은 바이마르 시기의 물질적 조건들의 영화적 반영인 칼리가리와 현실의 히틀러, 혹은 파시즘을 연결시킨 인과적 역사 서술임을 분명히 했다. 반면 캐스는 히틀러를 영화 〈히틀러〉로 교체하는 방식으로 크라카우어의 제목을 교묘히 비틀어 자신의 연구가 현실의 반영이 아니라 트라우마적 과거와 씨름하는 현상 그 자체인 영화 〈히틀러〉에서 영화 〈하이마트〉로 이어지는 다섯 영화를 분석하고 있다는 사실을 환기한다. 그렇게 해서 캐스는 독일 영화 연구의 변천사를 곁들인 독일 영화사를 완성한다.

겨우 다섯 편의 영화를 분석해서 독일의 영화사, 기억의 문화사, 그리고 역사에 대한 메타 비평을 하나로 녹여내어 영화와 역사의 관계를 다각적으로 조명한 이 책의 탁월함은 30년 가까운 세월이 흐른 지금까지도 전혀 빛이 바래지 않았고 아직 이에 필적할 만한 연구를 찾아보기 어려울 정도이다. 사실 이 책은 독일의 문학과 영화, 역사에 관한 방대한 지식과 이들의 분석을 위해 참조하고 인용한 다양한 지적 전통들만으로도 독자들에게 훌륭한 지적 성찬을 제공할 것이 분명하다. 아울러 독일인들 못지않게 과거로부터 자유롭지 못한 우리 사회, 특히 지난 몇 년간 과거사를 둘러싸고 그 어느 곳보다도 격한 홍역을 앓고 있는 우리의 현실을 가늠하는 데에도 이 책은 훌륭한 지침서가 될 것이다.

찾아보기

주요 작품

⟨08/15⟩ 37
⟨13월의 해⟩(*In einem Jahr mit 13 Monden*) 150
⟨1900⟩ 293
⟨24세의 판매사원 안젤리카 우르반⟩(*Angelika Urban, Veräuferin, 24 Jahre*) 238
⟨5막 7장: 프리츠 코르트너 음모와 사랑을 예행연습하다⟩(*Fünfter Akt, siebente Szene: Fritz Kortner probt Kabale und Liebe*) 74
⟨7인의 미녀⟩(*Pasqualino Settebellezze*) 346
⟨가을 소나타⟩(*Autumn Sonata*) 213
⟨감정의 힘⟩(*Die Macht der Gefühle*) 193
⟨교각⟩(*Die Brücke*) 37
⟨국가의 탄생⟩(*Birth of Nation*) 103
⟨굶주림의 시절⟩(*Hungerjahre*) 237
⟨귀향⟩(*Heimkehr*) 189
⟨그 시절⟩(*In jenen Tagen*) 31
⟨그리고 우리 머리 위에 있는 하늘⟩(*Und über uns der Himmel*) 30
⟨근무교대⟩(*Rotation*) 29
⟨나는 열아홉 살이었다⟩(*Ich war 19*) 29
⟨나폴레옹⟩(*Napoléon*) 104
⟨내전⟩(*CIVIL WarS*) 87, 88
⟨달로의 여행⟩(*Le voyage dans la lune*) 72
⟨독일 자매⟩(*Die Bleierne Zeit*) 48
⟨독일, 창백한 어머니⟩(*Deutschland, bleiche Mutter*) 9, 136, 172, 213, 216, 219, 226, 230, 237, 240, 247, 253, 261
⟨독일의 가을⟩(*Deutschland im Herbst*) 50~53, 64, 127, 129, 159, 169, 194, 201
⟨디어 헌터⟩(*Deer Hunter*) 292
⟨라 아바녜라⟩(*La Habañera*) 125
⟨라콩브 뤼시앵⟩(*Lacombe Lucien*) 45
⟨롤라 몽테스⟩(*Lola Montès*) 73
⟨롤라⟩(*Lola*) 53, 130, 131, 161
⟨루트비히: 미혼의 왕을 위한 진혼곡⟩(*Ludwig: Requiem für einen jungfräulichen König*) 71, 98, 100, 101
⟨리시⟩(*Lissy*) 29
⟨릴리 마를린⟩(*Lili Marleen*) 126, 150

〈마리아 브라운의 결혼〉(Die Ehe der Maria Braun) 9, 53, 126, 129~132, 135, 139~143, 160, 172, 220, 261, 265
〈마지막 구멍〉(Das letzte Loch) 152
〈마지막 지하철〉(Le Dernier Métro) 45
〈마티아스 크나이슬〉(Mathias Kneissl) 36
〈마호르카—무프〉(Machorka-Muff) 40, 41
〈말로우〉(Malou) 237, 238
〈맘락 교수〉(Professor Mamlock) 29
〈반츠베크의 도끼〉(Beil von Wandsbeck) 29
〈밤과 안개〉(Nuit Et Brouillard) 48, 203
〈밤보다 더 강한〉(Stärker als die Nacht) 29
〈배 위의 크리펜 박사〉(Dr. Crippen an Bord) 272
〈베로니카 포스의 갈망〉(Die Sensucht der Veronika Voss) 53, 126, 130, 131, 150, 161
〈베를린 알렉산더 광장〉(Berlin, Alexanderplatz) 126, 129
〈베트남에서 멀리 떨어져〉(Loin de Vietnam) 50
〈보도 아래에 해변이 있다〉(Unterm Pflaster ist der Strand) 238
〈불안은 영혼을 잠식한다〉(Angst essen Seele auf) 125
〈블룸 사건〉(Affäre Blum) 28
〈비엔나 호텔의 야간 배달부〉(Il Portiere Di Notte The Night Porter) 45
〈뿌리〉(Roots) 291
〈사계절의 상인〉(Händler der vier Jahreszeiten) 125
〈사랑은 죽음보다 차갑다〉(Liebe ist kälter als der Tod) 124
〈사막의 여우〉(The Desert Fox) 38
〈사물의 상태〉(Der Stand der Dinge) 198
〈새로운 해변으로〉(The New Shores) 125

〈쇼아〉(Shoah) 280, 281
〈스타워즈〉(Star Wars) 101
〈슬픔은 그대 가슴에〉(Imitation of Life) 125
〈신기루〉(Fata Morgana) 98
〈신랑, 코미디언, 포주〉(Der Bräutigam, die Komödiantin und der Zuhälter) 124
〈아버지와 아들〉(Väter und Söhne) 53
〈악마의 장군〉(Des Teufels General) 37
〈애국자〉(Die Patriotin) 9, 52, 81, 165~167, 169, 171, 172, 174, 177, 181~187, 191, 193, 198, 201, 203, 206, 215, 225, 247, 295
〈양철북〉(Die Blechtrommel) 53, 197
〈어둠 속의 결혼〉(Ehe im Shatten) 28, 29
〈어머니, 저 살아 있어요〉(Mama, ich lebe) 29
〈어제여 안녕〉(Abschied von gestern; Yesterday Girl) 166, 168
〈에피 브리스트〉(Effi Briest) 126
〈엠〉(M) 83, 84
〈역사 수업〉(Geschichtsunterricht) 42
〈영시〉(Stunde Null) 285
〈우리들 속에 살인자가 있다〉(Die Mörder sind unter uns) 29, 30
〈위대한 독재자〉(The Great Dictator) 83
〈위대한 사랑〉(Die grosse Liebe) 20
〈유대인 쥐스〉(Jud Süss) 150, 212
〈유리의 심장〉(Herz aus Glas) 98
〈의지의 승리〉(Triumph des Willens) 20, 32
〈자브리스키 포인트〉(Zabriskie Point) 160
〈잔 다르크의 수난〉(La Passion de Jeanne d'Arc) 217
〈재판〉(Der Prozess) 280
〈저주받은 사람들〉(The Damned) 45
〈저지대 바바리아의 사냥 장면〉(Jagdszenen aus Niederbayern) 36

〈전쟁의 소용돌이〉(*The Winds of War*) 291, 292
〈젊은 독수리들〉(*Junge Adler*) 36
〈제3세대〉(*Die dritte Generation*) 159
〈지상에서 영원으로〉(*From Here to Eternity*) 38
〈지옥의 묵시록〉(*Apocalypse Now*) 292, 293
〈지크프리트〉(*Die Nibelungen: Siegfried*) 97, 104
〈천국이 허락한 모든 것〉(*All That Heaven Allows*) 125
〈천사의 그림자〉(*Schatten der Engel*) 150
〈청년 퇴틀레스〉(*Der junge Törless*) 27
〈초원은 푸르다〉(*Grün ist die Heide*) 35
〈총상〉(*wundkanal*) 212
〈충복〉(*Der Untertan*) 29
〈카나리스〉(*Canaris*) 36
〈카를 마이〉(*Karl May*) 98, 100, 101
〈카젤마허〉(*Katzelmacher*) 124
〈칼리가리 박사의 밀실〉(*Cabinet of Dr. Caligari*) 30
〈코야니스카시: 균형 잃은 삶〉(*Koyaanisqatsi*) 98, 182
〈콜베르크〉(*Kolberg*) 17, 18, 212
〈콰이 강의 다리〉(*The Bridge on the River Kwai*) 38
〈쿨레 밤페: 세상의 주인은 누구인가?〉(*Kuhle Wampe or Who Owns the World?*) 42
〈크림힐트의 복수〉(*Kriemhilds Rache*) 104
〈태양 없이〉(*Sans Soleil*) 271, 294
〈테오도르 히르네이스 혹은: 전직 요리사인 그 남자는 어떻게 왕의 궁정으로 갔을까?〉(*Theodor Hirneis oder: Wie man ehem. Hofkoch wird*/영문명: *Ludwig's Cook*) 90

〈특전 U 보트〉(*Das Boot*) 37, 276
〈파리, 텍사스〉(*Paris, Texas*) 295
〈프리미에르〉(*Premiere*) 20
〈하이마트〉(*Heimat*, 에드가 라이츠 작) 9, 36, 117, 136, 198, 211, 230, 246, 247, 250, 251, 253, 258~261, 264, 266, 268, 270~281, 284, 285, 287, 288
〈하이마트〉(*Heimat*, 카를 프뢸리히 작) 272
〈홀로코스트〉(*Holocaust*, 텔레비전 연속극) 9, 54~64, 166, 246, 259, 277, 278,
〈화해불가; 혹은 폭력이 난무하는 곳에서는 폭력만이 도움이 된다〉(*Nicht versöhnt oder Es hilft nur Gewalt, wo Gewalt herrscht*) 41
〈히틀러, 어떤 이력〉(*Hitler: A Career*) 21, 23, 148, 230
〈히틀러, 한 편의 독일 영화〉(*Hitler: A Film from Germany*) 10, 12, 71, 80, 99

주요 인명

강스, 아벨(Abel Gance) 104
겔렌, 아르놀트(Arnold Gehlen) 81
고다르, 장-뤽(Jean-Luc Godard) 50
괴링, 헤르만(Hermann Goering) 89
괴벨스, 요제프(Joseph Goebbels) 17~20, 36, 89, 104, 108, 111, 148, 228, 230
괴테, 요한 볼프강(Johan Wolfgang Goethe) 32, 44, 73, 74, 117
굴룩스만, 앙드레(André Glucksmann) 121
그라스, 귄터(Güter Gras) 53, 157, 167
그리피스, D.W.(D.W. Griffith) 103, 179
그린, 제럴드(Gerald Green) 56
그림, 빌헬름(Wilhelm Grimm) 189
글라스, 필립(Philip Glass) 98, 182

네크트, 오스카(Oskar Negt) 167, 205
노박, 헬가(Helga Novak) 213
노발리스, 프리드리히 폰(Friedrich von Novalis) 101
노이만, 로베르트(Robert Neumann) 151
니체, 프리드리히(Friedrich Nietzsche) 110, 117

더치케, 루디(Rudi Dutschke) 122
데페, 한스(Hans Deppe) 35
되블린, 알프레드(Alfred Döblin) 134
두도프, 슬라탄(Slatan Dudow) 29
뒤라스, 마르게리트(Marguerite, Duras) 70, 143
뒤렌마트, 프리드리히(Friedrich Dürrenmatt) 74
드릴로, 돈(Don DeLillo) 291
드만, 헨드리크(Hendrik De Man) 81

라스페, 얀-카를(Jan-Karl Raspe) 47
라이츠, 에드가(Edgar Reitz) 8, 10, 25, 36, 53, 116, 117, 136, 168, 211, 228, 230, 245~248, 251~256, 258~261, 263~266, 270~279, 281, 282, 285, 286, 288, 289, 295
라이히-라니츠키, 마르셀(Marcel Reich-Ranicki) 59
라캉, 자크(Jacques Lacan) 239
랍, 쿠르트(Kurt Raab) 124
랑, 프리츠(Fritz Lang) 24, 83, 84, 104
레네, 알랭(Alain Resnais) 48, 50, 203
레닌(V. Lenin) 85
레만, 한스-티에스(Hans-Thies Lehmann) 88
레비스트로스, 클로드(Claude Levi-strauss) 191
레싱, 고트홀트 에프라임(Gotthold Ephraim) 117
레안더, 자라(Zarah Leander) 125, 253, 272
레이건, 로널드(Ronald Reagan) 63
레페니즈, 볼프(Wolf Lepenies) 67
로르바흐, 귄터(Güther Rohrbach) 58, 61
로브그리예, 알랭(Alain Robbe-Grillet) 70
롬멜, 만프레트(Manfred Rommel) 51
롬멜, 에르빈(Erwin Rommel) 51
료타르, 장-프랑수아(Jean-François Lyotrd) 134, 166
루트비히 2세(Ludwig II) 90, 98, 99, 101, 102
룩셈부르크, 로자(Rosa Luxemburg) 51
뤼만, 하인츠(Heinz Rühmann) 39
뤼미에르 형제(Lumière brothers) 74, 257
륄, 귄터(Güther Rüle) 62
리펜슈탈, 레니(Leni Riefenstahl) 20, 24, 32, 34
린, 데이비드(David Lean) 38
릴리엔탈, 페터(Peter Lilenthal) 148

마르케, 크리스(Chris Marker) 271, 294
마이, 폴(Paul May) 37
마이네케, 프리드리히(Friedrich Meinecke) 32
마컴, 제임스(James Markham) 276
만, 토마스(Thomas Mann) 117, 222
말, 루이(Louis Malle) 45
매클루언, 마셜(Marshall McLuhan) 294
멀비, 로라(Laura Mulvey) 239
메인, 주디스(Judith Mayne) 231
메치히, 쿠르트(Kurt Maetzig) 28
메히텔, 안젤리카(Anjelika Mechtel) 127
멜리에스, 조르쥬(Georges Méliès) 72

모르겐슈테른, 크리스티안(Christian Morgenstern) 172
모차르트, 볼프강 아마데우스(Wolfgang Amadeus Mozart) 79, 101
무질, 로베르트(Robert Musil) 26, 166
뮐러, 하랄트(Harald Mueller) 97
뮐러, 하이너(Heine Müller) 47
미어라펠, 예닌(Jeanine Meerapfel) 237
미철리히, 알렉산더(Alexander Mitsherlich) 113
미철리히-닐젠, 마르가레트(Margarete Mitsherlich-Nielsen) 113, 114, 235

바그너, 리하르트(Richard Wagner) 75, 77, 78, 87, 93, 98, 99, 104, 110, 111, 117
바더, 안드레아스(Andreas Baader) 47, 122
바롱셀리, 장 드(Baroncelli, Jaen de) 154
바르트, 롤랑(Roland Barthes) 90, 101, 271
바이덴만, 알프레드(Alfred Weidenmann) 36
바이스, 페터(Peter Weiss) 210
바쟁, 앙드레(André Bazin) 74
바키, 요제프 폰(Josef von Baky) 30
바흐친, 미하일(M. M. Bakhtin) 141
발저, 마르틴(Martin Walser) 168, 250
버거, 존(John Berger) 267
베데킨트, 프랑크(Frank Wedekind) 73
베리만, 잉마르(Ingmar Bergman) 213
베버, 막스(Max Weber) 109
베토벤, 루드비히 판(Ludwig van Beethoven) 114
벤, 고트프리트(Gottfried Benn) 81
벤더스, 빔(Wim Wenders) 21, 24, 25, 122, 198, 295
벤야민, 발터(Walter Benjamin) 79, 89, 165, 170, 171, 173~175, 186, 264, 270

보드리야르, 장(Jean Baudrillard) 294
보러, 카를 하인츠(Karl Heinz Bohrer) 97
볼프, 콘라트(Conrad Wolf) 29
볼프, 크리스타(Christa Wolf) 28, 168, 209, 210, 220, 233
뵐, 하인리히(Heinrich Böll) 39, 48, 51
부뉘엘, 루이스(Luis Buñuel) 169
브라쉬, 토마스(Thomas Brasch) 212
브라운, 에바(Eva Braun) 89
브란트, 빌리(Willy Brandt) 156~158
브레송, 앙리 드(Henry de Bresson) 275
브레히트, 베르톨트(Bertolt Brecht) 13, 41, 42, 73~75, 111, 117, 124, 171, 176, 177, 220~222
브렌타노, 클레망스(Clemens Brentano) 201
브로더, 헨리크(Henryk MBroder) 144
브로이어, 마리타(Marita Breuer) 243
블랑쇼, 모리스(Maurice Blanchot) 154
블레이크, 윌리엄(William Blake) 93
블로흐, 에른스트(Ernst Bloch) 100, 102, 109, 180, 186, 248
비스콘티, 루키노(Luchino Visconti) 45
비키, 베른하르트(Bernhard Wicki) 37
비테, 카르스텐(Carsten Witte) 20, 46

산더, 헬케(Helke Sander) 235
살로몬, 에른스트 폰(Ernst von Salomon) 33
샤브롤, 클로드(Claude Chabrol) 25
서크, 더글러스(Douglas Sirk Detlef Sierck) 124
셀린느, 루이 페르디낭(Louis-Ferdinand Céline) 71
셰퍼, 한스-디에터(Hans-Dieter Schäfer) 282

손탁, 수잔(Susan Sontag) 71, 94, 116, 269
쉬글라, 한나(Walter Scott) 119
쉬이테, 볼프람(Wolfram Schütte) 274
쉬콜로프스키, 빅토르(Victor Shklovsky) 182
쉴러, 프리드리히(Friedrich Schiller) 111
슈나이더, 페터(Peter Schneider) 122, 153, 196
슈미트, 다니엘(Daniel Schmid) 150
슈미트, 헬무트(Helmut Schmidt) 156
슈베르트, 프란츠(Franz Schubert) 201
슈타우테, 볼프강(Wolfgang Staudte) 29, 30, 148
슈타인바흐, 페터(Peter Steinbach) 254
슈트라우스, 보토(Botho Strauss) 97, 112, 194
슈티프터, 아달베르트(Adalbert Stifter) 94
슈페어, 알베르트(Albert Speer) 19, 21, 89, 228
슈펭글러, 오슈발트(Oswald Spengler) 81
슈프링거, 악셀(Axel Springer) 123
슐라이어, 한스 마르틴(Hans Martin Schleyer) 47, 50
슐뢴도르프, 폴커 (Volker Schlöndorff) 25, 27, 36, 51, 53, 148, 197
스탈린, 요제프(Joseph Stalin) 86, 91, 110
스트라우브, 장-마리(Jean-Marie Straub) 39, 40

아데나워, 콘라트(Konrad Adenauer) 156
아도르노, 테오도르(Theodor W. Adorno) 109, 121, 144, 175, 179, 231, 263
아렌트, 한나(Hannah Arendt) 133, 152
아르토, 앙투안(Antoine Artaud) 71
아이슬러, 한스(Hans Eisler) 203
아이히만, 아돌프(Adolf Eichmann) 27, 122, 210
안더스, 귄터(Günter Anders) 294
안토니오니, 미켈란젤로(Michelangelo Antonioni) 160
애쉬, 티모시 가튼(Timothy Garton Ash) 276
야스퍼스, 카를(Karl Jaspers) 152
에디슨, 토머스(Thomas Edison) 72
에르하르트, 루트비히(Ludwig Erhard) 156
에르하르트, 하인츠(Heinz Erhardt) 39
에이젠슈테인, 세르게이(Sergei Eisenstein) 179
엔데, 미카엘(Michael Ende) 97
엔슬린, 구드룬(Gudrun Enslin) 47, 48, 122
엘리아스, 노르베르트(Norbert Elias) 49
엥겔, 에리히(Erich Engel) 28
엥겔스, 에리히(Erich Engels) 272
예닝거, 필립(Philipp Jenninger) 288
옐리네크, 엘프리데(Elfriede Jelinek) 213
오퓔스, 막스(Max Ophüls) 73
욘존, 우베(Uwe Johnson) 168
우치키, 구스타프(Gustav Ucicky) 189
웨이츠, 탐(Tom Waits) 121
위예, 다니엘(Danille Huillet) 39, 40
위젤, 엘리(Elie Wiesel) 54, 291
윌슨, 로버트(Robert Wilson) 87, 88
이리가레, 루스(Luce Irigaray) 239

잔더즈-브람스, 헬마 (Helma Sanders-Brahms) 9, 116, 136, 172, 207, 211, 213~215, 218~220, 222, 224~228, 230~232, 236, 238, 240, 241, 247, 253, 260, 285, 295
젤, 프리드리히-빌헬름 폰(Friedrich-Wilhelm von Sell) 147

조이스, 제임스(James Joyce) 71
존스톤, 클레어(Claire Johnston) 239
주크마이어, 카를(Karl Zuckmayer) 37
지버베르크, 한스 위르겐(Hans Jürgen Syberberg) 8, 12, 65, 68~83, 85~96, 98~101, 103~107, 109~117, 122, 131, 168, 199, 211, 295
진네만, 프레드(Fred Zinnemann) 38
진켈, 베른하르트(Bernhard Sinkel) 53
짐머, 크리스티안(Christian Zimmer) 116
짐멜, 게오르크(Georg Simmel) 134

채플린, 찰리(Charlie Chaplin) 83
츠베렌츠, 게르하르트(Gerhard Zwerenz) 130, 143
치미노, 마이클(Michael Chimino) 292

카네티, 엘리아스(Elias Canetti) 83
카바니, 릴리아나(Lilana Cavani) 45
카스토리아디스, 코넬리우스(Cornelius Castoriadis) 204
카시러, 에른스트(Ernst Cassirer) 104
케른, 페터(Peter Kern) 84
코이트너, 헬무트(Helmut Käutner) 31, 37
코폴라, 프란시스 포드(Francis Ford Coppola) 70, 292
코흐, 게르트루트(Gertrud Koch) 279
쿠네르트, 귄터(Günter Kunert) 67
퀸, 프레디(Freddy Quinn) 249
큐브릭, 스탠리(Stanley Kubrick) 94
크라우스, 카를(Karl Kraus) 198
크라카우어, 지크프리트(Siegfried Kracauer) 9, 78, 257
크리스테바, 줄리아(Julia Kristeva) 227, 239
클라이스트, 하인리히 폰(Heinrich von Kleist) 97
클루게, 알렉산더(Alexander Kluge) 9, 10, 25, 26, 42, 43, 49, 50, 52, 64, 72, 77, 78, 92, 165~206, 215, 225, 246, 256, 260, 295
키르스트, 한스 헬무트(Hans Helmut Kirst) 37
키싱거, 쿠르트 게오르크(Kurt Georg Kiesinger) 156
키퍼, 안젤름(Anselm Kiefer) 97

타르코프스키, 안드레이(Andrej Tarkowskij) 98
투르니에, 미쉘(Michel Tournier) 115
투홀스키, 쿠르트(Kurt Tucholsky) 199
트렝커, 루이(Luis Trenker) 34
트로타, 마르가레테 폰(Margarethe von Trotta) 48
트뤼포, 프랑수아(François Truffaut) 25, 45

파스빈더, 라이너 베르너(Rainer Werner Fassbinder) 9, 10, 43, 52, 116, 121~162, 172, 220, 256, 260, 265, 285, 295
파이만, 클라우스(Claus Peymann) 97
파졸리니, 피에르 파올라(Pierre Paolo Pasolini) 266
팡크, 아르놀트(Arnold Fanck) 34
페스트, 요아힘(Joachim Fest) 21~24, 76, 145
페터젠, 볼프강(Wolfgang Petersen) 37
페흐너, 에버하르트(Eberhad Fechner) 280
포드, 존(John Ford) 25
폰타네, 테오도르(Theodor Fontane) 126, 165, 181
폰토, 위르겐(Jürgen Ponto) 47
푸코, 미셸(Michelle Foucault) 17, 92, 186

프라이타크, 구스타프(Gustav Freytag) 126, 146~149
프랭크, 맨프레트(Manfred Frank) 97
프로이트, 지크문트(Sigmund Freud) 113, 186, 235
프리드리히 대제(Frederick the Great) 104
프리드리히, 카스파르 다비드(Kaspar David Friedrich) 94, 105, 111, 189
프리들랜더, 사울(Saul Friedläder) 115, 165
플라이슈만, 페터(Peter Fleischmann) 36
피카르트, 막스(Max Picard) 85, 293, 294

하버마스, 위르겐(Jürgen Habermas) 159
하우프, 라인하르트(Reinhardt Hauff) 36
하이네, 하인리히(Heinrich Heine) 201, 221
하이드리히, 라인하르트(Reinhard Heydrich) 55
하인, 크리스토프(Christoph Hein) 245
하프너, 세바스티안(Sebastian Haffner) 282
한젠, 롤프(Rolf Hansen) 35
한트케, 페터(Peter Handke) 97, 112, 209, 213, 286
할란, 바이트(Veit Harlan) 17, 18, 150, 212
할란, 토마스(Thomas Harlan) 212
헤겔, 게오르크 빌헬름 프리드리히(Georg Wilhelm Friedrich Hegel) 267
헤렌되퍼, 크리스티안(Christian Herrendoerfer) 21
헤르만, 이름(Irm Hermann) 124
헤서웨이, 헨리(Henry Hathaway) 38
헤스, 루돌프(Rudolf Hess) 32
헤어조크, 베르너(Werner Herzog) 25, 98, 122
헬러, 앙드레(André Heller) 93~96, 105, 106

호거, 한넬로어(Hannelore Hoger) 163, 184
호르크하이머, 막스(Max Horkheimer) 231
호버만, J(J. Hobermann) 276
호흐후트, 롤프(Rolf Hochhuth) 168, 210
횔덜린, 프리드리히(Friedrich Hölderlin) 80, 117
히믈러, 하인리히(Heinrich Himmler) 89
히옵, 한네(Hanne Hiob) 221

주요 용어

구술사 219, 229, 254
국가사회주의(National Socialism) 20, 22, 24, 25, 27~30, 45, 52, 53, 95, 126, 146~148, 150, 168, 175, 221, 222, 248, 249, 252, 275, 279, 281, 282, 284
그루페 47(Gruppe 47) 26
뉴저먼시네마 25~27, 43, 44, 50, 52, 121, 122, 124, 167, 194, 295
데파(DEFA) 28, 29
독일의 가을 47, 49, 64, 200
반미주의(Anti-Americanism) 252
반유대주의(Anti-Semitism) 143~152, 236, 249, 288
아우슈비츠(Auschwitz) 27, 54, 55, 111, 122, 123, 151, 152, 203, 276, 279
역사가 논쟁 63
우파 영화사(UFA) 20, 35, 125, 161, 283
재건 시기 131, 132, 162, 229, 287
폐허영화(Rubble Film) 30
포스트모더니즘 80, 83, 88, 95

지은이

Anton Kaes

안톤 캐스는 스탠퍼드 대학교에서 박사학위를 받은 뒤 1978년부터 캘리포니아 대학교 어바인의 비교문학과에서 강의를 시작했다. 1981년 캘리포니아 대학교 버클리로 자리를 옮긴 뒤에는 독일학과와 영화와 미디어 학과를 오가며 연구와 강의를 이어왔다. 문학과 영화를 아우른 비평 이론을 바탕으로 무성영화, 독일 영화사, 미국의 필름 누아르, 트라우마와 문화적 기억에 이르기까지 다양한 주제를 포괄한 캐스의 연구 활동에서 가장 눈에 띄는 점은 학제적이고 역사적인 접근법이다.

1970년대 말에서 80년대 초까지 독일에서 제작된 다섯 편의 영화를 통해 독일의 영화사, 기억의 문화사, 그리고 메타 역사적 비평을 하나로 녹여내면서 역사와 영화의 관계를 다각적으로 조명한 『히틀러에서 하이마트까지』는 캐스의 지적 편력을 고스란히 보여준다.

프리츠 랑의 고전 영화 〈엠〉을 하나의 작품이 아닌 역사적 사건으로서 재해석한 M.(London: British Film Institute, 2000)에서, 그리고 1차 세계대전 이후 전쟁의 트라우마가 전쟁 영화들을 통해 어떻게 재현되고 기억되고 대면 되는지, 동시에 영화의 기술적 변화가 전쟁의 기억을 대하는 태도에 근본적으로 어떤 변화를 초래하고 사회의 심리적 기조를 어떻게 변화시켰는지를 분석한 *Shell Shock Cinema: Weimar Culture and the Wounds of War* (Princeton, N.J.: Princeton University Press, 2009)에서도 그는 이런 지적 모험을 이어갔다.

최근에 캐스는 1930~40년대 할리우드에서 활동한 독일계 유대인 영화작가들의 "이중적 정체성"이라는 문제와 다큐멘터리 영화들에 관한 글을 준비하고 있다.

옮긴이

김지혜

서강대 사학과에서 박사과정을 마쳤다. 한양대학교, 연세대학교, 서강대학교, 한국교원대학교, 세종대학교에서 영화와 역사를 주제로 강의했고 현재는 한국기술교육대학교에서 강의하고 있다. 역서로 『영화, 역사』, 『역사 속의 매춘부들』, 『로버트 단턴의 문화사 읽기』, 『잭 구디의 역사 인류학 강의』, 『영화로 본 새로운 역사』(공역), 『대중의 국민화』(공역)가 있다.

한국연구재단총서 학술명저번역 548

히틀러에서 하이마트까지
역사, 영화가 되어 돌아오다

1판 1쇄 찍음 | 2013년 11월 11일
1판 1쇄 펴냄 | 2013년 11월 21일

지은이 | 안톤 캐스
옮긴이 | 김지혜
펴낸이 | 김정호
펴낸곳 | 아카넷

출판등록 2000년 1월 24일(제2-3009호)
100-802 서울시 중구 남대문로5가 526 대우재단빌딩 16층
전화 | 6366-0511(편집) · 6366-0514(주문)
팩스 | 6366-0515
책임편집 | 김일수
www.acanet.co.kr

ⓒ 한국연구재단, 2013

Printed in Seoul, Korea.

ISBN 978-89-5733-318-1 94900
ISBN 978-89-5733-214-6 (세트)

이 도서의 국립중앙도서관 출판시도서목록(CIP)은
서지정보유통지원시스템 홈페이지(http://seoji.nl.go.kr)와
국가자료공동목록시스템(http://www.nl.go.kr/kolisnet)에서 이용하실 수 있습니다.
(CIP제어번호: CIP2013023972)